〔宋〕朱震 ◇ 撰　种方 ◇ 点校

汉上易传

中华书局

目　录

前　言

　　汉上易传,又名周易集传,作者朱震(一〇七二~一一三八),字子发,谥文定,人称汉上先生,是两宋之际著名的理学家、易学家。汉上,一说为朱震号,一说为朱震所居之地。朱震的籍贯,一说为荆门军(今湖北荆门市),一说为邵武军(今福建邵武市)。其生平事迹可见宋史儒林传。朱震于北宋政和五年(一一一五)中进士,累仕州县,以廉洁著称。靖康元年(一一二六),除太学春秋博士,与同样精通春秋的著名学者胡安国相友善。宋室南渡之后,胡安国荐朱震于高宗,召为司勋员外郎,称疾不至。参知政事赵鼎又荐其“廉正守道,士人冠冕,使备讲读,必有裨益”,因此朱震得以奏对高宗,高宗问以易、春秋之旨,应对颇合上心,除祠部员外郎,兼川、陕、荆、襄都督府详议官。当时正值百废待兴之时,朱震意识到江汉流域的经济地位和战略地位,提出利用军屯法稳住阵脚,并鼓励以军队为管理机构,沿江发展商业活动,善加经营,伺机北图。之后,朱震迁秘书少监,侍经筵,转起居郎兼资善堂赞读。资善堂是宋代皇子的读书处。绍兴五年(一一三五),皇子赵瑗(即后来的宋孝宗)被封为建国公,高宗听从赵鼎的建议,以范冲充当翊善,朱震充当赞读,时称"极天下之选"。高宗云:"朕令国公见冲、震必设拜,盖尊重师傅,不得不如此。"后朱震又屡迁中书舍人兼翊善、给事中兼直学士院、翰林学士等职,其间多有嘉言善策。绍兴八年(一一三八),朱震谢病乞宫观,旋知礼部贡举,会疾卒。

据宋史艺文志所载,朱震的著作有易传十一卷,卦图三卷,易传丛说一卷,但朱震进周易表自称"易传九卷",而今日见到的所有版本,易传部分均为十一卷。至于历代目录,明朱睦㮮万卷堂书目著录的易传为九卷,焦竑国史经籍志则著录了一部署名为朱震的集传十一卷,丛记一卷,与一部未署著者的汉上易传九卷。其他目录,如陈振孙直斋书录解题、晁公武郡斋读书志等,著录的汉上易传亦均为十一卷。陈振孙云"序称九卷,盖合说、序、杂卦为一也",道出了卷数不合的成因。此外,郡斋读书志还收录了朱震的另一部著作,即论语直解十卷,此书是其担任资善堂翊善时讲解论语的记录,遗憾的是,该书已亡佚。

朱震所生活的年代约在二程与朱熹之间,此时正是宋代道学与易学发展变化的关键时刻。黄宗羲撰写宋元学案时,将朱震定位为谢良佐门人,归于上蔡学案,全祖望则注意到朱震思想的特殊性,在不改"上蔡门人"定位的同时,单独分出汉上学案。实际上,朱震推崇二程、张载,又说"良佐之贤,亲传道学,举世莫及",并曾为谢良佐之子克念请官,但绍兴六年(一一三六)陈公辅上书,认为当下"伊川学"之风当纠,朱震当时身在经筵,不发一言为此事力争,被人诟病。故而宋史最终将他归入儒林传,而非道学传。

汉上易传成书于绍兴四年(一一三四),是朱震花费十八年心血的成果。其中的易学理论与易学思想,极富个人特色。

从解易理论的角度来说,他一定程度上可归入象数派,但也显示出独立于时代风气的个人取向。汉上易传中大量使用汉魏古注所偏爱的取象说来解释周易,同时接受了邵雍的象数学,又广泛采用了爻变、反对、互体、之卦、乾坤生六子、辟卦等辅助取象说的解易理论,甚至连纳甲、值日、爻辰、星位这一类象数派学者亦多不取的理论,朱震也有所运用。如仅在卦变这一方面,他说"易之为书,无非变也",认为卦变是周易成书的基础,并且总结出"京房八卦相生,变而成六十四卦之说"、"虞翻、蔡景君、伏曼容旁通之说"、"左氏所记卜筮之言曰之某卦之说"、"虞氏所论动爻之说"、"虞氏、蔡景君、伏曼容、蜀才、李之才所谓自某卦来之说"六种卦变理论,并全部予以肯定。

但从最终判定依据,即易学思想上来说,他又应归入由王弼开创、兴盛于宋代的义理派,体现出了理学家治易的时代风气,如信服二程、张载,致力于从周易卦爻中挖掘微言大义,如君子小人之别,君子谨守中正之道的修身工夫,以及人君选贤任才、平治天下的方法等等。总体看来,义理发挥才是朱震阐释周易的最终落脚点,而种种象数理论,只是其梳理文本的工具。一言以蔽之,即其以取象为"器",以义理为"道"。正因如此,在解释周易时,朱震也采用了很多与义理阐发相关的理论,如爻位说、二位中爻说、乘承比应说等等。

正如朱震在进周易表中所说，该书的宗旨是"以易传为宗，和会雍、载之论，上采汉、魏、吴、晋、元魏，下逮有唐及今"，即以程颐的周易程氏传为基础，合会汉、宋之间易学各家的各种理论与说法，试图创造出打破象数、义理二派对立，融会贯通的易学。纵观易学史，取象、爻位这两套解易理论系统，往往互相对立，非此即彼，而朱震却试图将二者融会贯通，这正是其易学最为独特之处。

朱震对需卦九三爻辞"需于泥，致寇至"的一段解释，很能体现出这种融会贯通的特点。他说："坎水坤土，水泽之际，为泥。九三刚健之极，进逼于险，已将陷矣，'需于泥'也。上六坎在外，为灾，故曰'需于泥，灾在外也'。九三守正可也，动则上六乘之。坎为盗，盗有戎兵，寇也。……上乘三成坤，为舆，坎为车多眚，则败也。九三正而明，能抑其刚健，持之以敬慎而不动，谁能败哉？敬者，持其正也。"这一段话，首先以坎水坤土的八卦取象，解释"需"、"泥"、"寇"等意象的来历，从而解释爻辞，其次结合九三阳爻刚极有险的爻位特点，说明爻辞判断为不顺利的缘故。这两部分其实并不冲突，因为前者解释的是爻辞的字面意思，后者解释的是爻辞的吉凶判断。最后，则根据爻位的特点，进一步阐发敬慎持正则不败的道理。这一整段阐释条理分明，是典型的朱震解易法，包括取象、爻位、义理阐发三部分论证，显示出"三段式"的逻辑结构。在朱震的易学体系中，取象、爻位两种易学理论各有分工，偏重不同，完美结合在一起，共同为最终的义理升华服务，多了第一层象数分析，相比其他尽扫象数的义理学家们，反而更增添了一层说服力。

　　汉上易传的价值，还在于对宋以前的珍贵易说以及异文这两方面资料的保存和研究，因此颇受历代考据学者们的重视。如附录周易丛说中记载"郭璞曰：鱼者，震之废气也，巽王则震废"，就被李道平收录在周易集解纂疏之中。再如针对随卦彖传"天下随时"的"时"字，朱震辨析说"胡旦曰：'王肃本作"随之"'，篆字'之'为'屮'，'时'为'旹'，转隶者增'日'为'时'，胡说为长"，具体辨析的正误尚需再论，但作为异文资料来说，具有重要价值，后来惠栋在周易述中，就选择改"时"为"之"。

　　汉上易传现存的版本情况比较简单。目前最早的版本为中国国家图书馆藏宋刊本，四部丛刊续编已影印出版。可惜原本现已不知去向，影印版除一些细微痕迹，如个别文字之漫漶变化过程无法完全体现出来之外，基本保存了这部宋版书的原貌，且该宋版本身品质较高，因此这次整理将其定为底本。此本卷一、卷二及卷五若干页原阙，四部丛刊续编影印时即选毛氏汲古阁影宋抄本予以配补。此本附录只有汉上先生履历一卷（亦系配补），本书亦将其收入附录部分。

　　本次整理使用的校本有三：

　　一，国家图书馆藏汲古阁影宋抄本，简称"汲古阁本"。此本中华再造善本已影印出版。稍加对比即可看出，该本正是由本书底本，即四部丛刊续编所影之宋本影抄而成，此校本底本原藏汲古阁，钤有汲古阁收藏印，且二者除一些钤印外，内容、版式、行款完全相同。四部丛刊续编影印出版宋刊本时曾对一些漫漶文字进行了描补，致误不少，校以汲古阁本，即可还原底本原貌。

二,通志堂经解所收汉上易传,简称"通志堂本"。通志堂本应属另一版本系统,该本与底本、汲古阁本多有异文,校勘精当,具有较高参考价值,且在履历之外,还附有前二本所无之朱震进周易表一篇,以及周易卦图三卷、周易丛说一卷,这四卷附录虽然晚出,但是与宋史艺文志及进周易表所言相合,宋元学案毫不怀疑地予以引用,同时内容符合朱震的一贯思想,具有一定可信度,所以一同被收入本书附录。

三,文渊阁四库全书所收汉上易传,简称"四库本"。该本显以通志堂本为底本,异文多与通志堂本相同,且同样收录了进表、卦图、丛说(无履历)。四库本偶有抄写造成的错讹,这次整理主要将其作为通志堂本的辅助使用。

除以上四种附录外,本书还附录了建炎以来系年要录(节选)、宋史朱震传、汉上学案、汉上易传提要等内容,以便读者进一步了解朱震其人其事。

本次校勘秉持审慎不轻改的原则。底本显误改字出校,但版刻易混字,如己、已、巳,戊、戌等径改不出校;校本显误则不出校。但为保存异文,如底本非显误,异文亦可通,则选择不改字出异文校。如底本、校本均误,造成没有依据、只能进行理校的情况,则以不改字出校为主。前四个附录因只有通志堂本、四库本有所收录,则灵活借助本校与他校。另外,汉上易传书中的引文,均参考相关书籍予以他校,但只对可能会影响理解的异文出校。

种方

周易集传序

圣人观阴阳之变而立卦,效天下之动而生爻,变动之别,其传有五:曰动爻、曰卦变、曰互体、曰五行、曰纳甲。

而卦变之中又有变焉:一三五阳也,二四六阴也,天地相函,坎离相交,谓之位;七八者,阴阳之稚,六九者,阴阳之究,稚不变也,究则变焉,谓之策;七八九六或得或失,杂而成文,谓之爻。昔周人掌三易之法,一曰连山,二曰归藏,三曰周易。七八者,连山归藏也;六九者,周易也。经实备之:策三变而成爻,爻六变而成位。变者以不变为体,不变者以变者为用。四象并行,八卦交错,而天地万物之情可见矣。其在系辞曰"爻象动乎内,吉凶见乎外",又曰"道有变动故曰爻"。此见于动爻者也。

乾生三男,坤生三女。乾交乎坤,自姤至剥,坤交乎乾,自复至夬,十有二卦,谓之辟卦。坎离震兑谓之四正,四正之卦分主四时,十有二卦各主其月。乾贞于子而左行,坤贞于未而右行,左右交错,六十卦周天而复。阴阳之升降、四时之消息、天地之盈虚、万物之盛衰,咸系焉。其在易之复曰"七日来复",象曰"至日",在革曰"先王以治历明时",在说卦曰"震,东方也"、"巽,东南也"、"离,南方之卦也"、"兑,正秋也"、"乾,西北之卦也"、"坎,正北方之卦也"、"艮,东北之卦也"。此见于卦变者也。

乾生者四卦,坤生者四卦,八卦变复生六十二。坎、离,肖乾、坤者也。大过、小过、颐、中孚,肖坎、离者也。故乾、坤不动而坎、离四卦亦莫之动。其略陈于杂卦,其详具于六十四卦之象。所谓"辨是与非"者也。此卦变之中又有变焉者也。一卦含四卦,四卦之中复有变动。上下相揉,百物成象。其在易则离、震合而有颐,坤、离具而生坎。在系辞则罔罟取离、耒耨取益、为市取噬嗑、舟楫取涣、服乘取随、门柝取豫、杵臼取小过、弧矢取睽、栋宇取大壮、棺椁取大过、书契取夬,又曰"八卦相荡",又曰"六爻相杂,唯其时物也",又曰"杂物撰德"。此见于互体者也。

一生水而成六,二生火而成七,三生木而成八,四生金而成九,五生土而成十。生于阳者成于阴,三天两地也;生于阴者成于阳,两地而三天也。天以三兼二,地以二兼三,五位相得,合而为五十。其在系辞曰"天一地二、天三地四、天五地六、天七地八、天九地十",在说卦曰"巽为木"、"坎为水"、"离为火"。此见于五行者也。

乾纳甲壬、坤纳乙癸、震纳庚、巽纳辛、坎纳戊、离纳己、艮纳丙、兑纳丁。庚戊丙三者,得于乾者也;辛己丁三者,得于坤者也。始于甲乙,终于壬癸,而天地五十五数具焉。其在易之蛊曰"先甲三日,后甲三日",在巽曰"先庚三日,后庚三日",在离曰"己日乃孚",在系辞曰"悬象著明莫大于日月"。此见于纳甲者也。

凡此五者之变,自一二三四言之谓之数,自有形无形言之谓之象,自推考象数言之谓之占。圣人无不该也,无不遍也,随其变而言之谓之辞。辞也者,所以明道也。故辞之所指,变也、象数也、占也无不具焉,是故可以动、可以言、可以制器、可以卜筮。盖不如是不足以明道之变动,而尽夫时中也,故曰"系辞焉而命之,动在其中矣"。

夫易,广矣,大矣,其远不可御矣,然不越乎阴阳二端,其究则一而已矣。一者,天地之根本也,万物之权舆也,阴阳动静之源也,故谓之太极。学至于此止矣,卦可遗也,爻可忘也。五者之变反于一也,是故圣人之辞因是而止矣。

周易上经乾传第一〔一〕

翰林学士左朝奉大夫知制诰兼侍读兼资善堂翊善

长林县开国男食邑三伯户赐紫金鱼袋朱震集传

䷀乾下乾上

乾,元亨利贞。

乾,健也。元,始也。亨,通也,升降往来,周流六虚而不穷者也。利者,得其宜也。贞者,正也。初九、九三、九五,正也。九二、九四、上九,变动亦正也,故九二曰"龙德而正中者也"。乾具此四德,故为诸卦之祖,程颢曰:"一德不具不足谓之乾。"伏羲初画八卦,乾坤坎离震巽兑艮。因而重之,归藏之初经是也。商人作归藏,首坤次乾,夏后氏作连山,首艮而乾在巳〔二〕,其经卦皆六十有四。至于文王,首乾次坤,以乾坤坎离为上篇,震巽艮兑为下篇,系以卦下之辞,周公继之,乃有爻辞。

初九,潜龙勿用。九二,见龙在田,利见大人。九三,君子终日乾乾,夕惕若,厉,无咎。九四,或跃在渊,无咎。九五,飞龙在天,利见大人。上九,亢龙有悔。用九,见

〔一〕通志堂本"传"下多"卷"字,四库本题作"汉上易传卷一",下均同。
〔二〕"巳",四库本作"七"。

群龙无首,吉。

易有四象:六、七、八、九。七、八,不变者也。六、九,变者也。归藏、连山用七、八,易用六、九,而七、八在其中。变者以不变者为基,不变者以变者为用。陆绩曰:"阳在初称初九,去初之二称九二,则初复七;阴在初称初六,去初之二称六二,则初复八矣。"卦画七、八,经书九、六。七、八为象,九、六为爻。四者互明,圣人之妙意也。乾为马,六爻皆以龙言之,何也?乾体本坤,阳以阴为基也。自震变而为乾,震变乾则乾为龙,乾变震则震为马,故震其究为健。

彖曰:大哉乾元,万物资始,乃统天。云行雨施,品物流形。大明终始,六位时成。时乘六龙以御天。乾道变化,各正性命,保合大和,乃利贞。首出庶物,万国咸宁。

夫子作上彖、下彖、上象、下象、文言、上系、下系、说卦、序卦、杂卦十篇以赞易道,其篇不相附近,不居圣也。至陈元、郑众传费氏易,马融作传,郑康成传之。康成之后,注连经文。王辅嗣始分彖辞附于爻下,乾存古文也。

一者,数之始,乾之元也。阳生于子,万物资之而有气,一变而七,七变而九,四之为三十六,六之为二百一十有六,而乾之策备矣。乾,天也,万物资始于天,天之道始于一,故曰"乃统天",此赞元也。六爻天地相函,坎离错居。坎离者,天地之用也;"云行雨施",坎之升降也;"大明终始",离之往来也:所谓亨。万物殊品,流动分形,阴阳异位,以时而成。乾自子至戌,坤自未至酉,男卦从乾而顺,女卦从坤而逆,所谓时也。六位循环,万物生生而不穷者乎,此赞亨也。圣人"时乘六龙",潜、见、跃、飞,御天而行,体元亨也。乾坤相交,是生变化,万物散殊,各正性命。性源同而分异,命禀异而归同。"太和"者,相感缊缊之气,天地之所以亨也。"各正性命",保之而存,合之而聚,不贞则不利,故曰"乃利贞"。不曰"乾坤"而曰"乾道"者,乾行坤从,天之道也,此赞利贞也。乾为首,震生万物;坤为众,变震为蕃庶。积震成乾,首出乎庶物之上,五辟、四诸侯、三公、二大夫、初元士,各正其位,"万国咸宁",体利贞也。乾,君道,体"元亨利贞",而后尽大君之道。

象曰:天行健,君子以自强〔一〕不息。

易者,象也,有卦象,有爻象。"象也者,言乎象者也",言卦象也。"爻象动乎内",言爻象也。夫子之大象,别以八卦取义,错综而成之。有取两体者,有取互体者,有取卦变者。大概彖有未尽者,于大象申之。

天所以为天者,健也。万里一息,其行不已,君子以是自强不息,不敢横私其身也。夫不息则久,久则征,征则悠远,悠远则博厚,博厚则高明。博厚配地,高明配天。乾言"不息",配天也,坤言"厚德",配地也,两者诚而已矣。独于乾言诚者,诚,天之道也。

"潜龙勿用",阳在下也。"见龙在田",德施普也。"终日乾乾",反复道也。"或跃在渊",进无咎也。"飞龙在天",大人造也。"亢龙有悔",盈不可久也。用九天德,不可为首也。

夫子小象辞也。晋太史蔡墨曰:"在乾之姤曰'潜龙勿用',在乾之同人曰'见龙在田'。"此系辞所谓乾一索、再索、三索,陆绩所谓初

〔一〕"强",原作"疆",据通志堂本、四库本改。

九、九二也。初九变坤,下有伏震,"潜龙"也,阳气潜藏在下之时。玄曰:"昆仑旁薄,幽也。"二居地表,田也。坤变为离,离为文,文章炳明,"见龙"也。龙德而见,如日下照,施及于物者普矣。玄曰:"龙出乎中,龙德始著也。"三变离、兑,日在下,"终日"也。初九、九二,"乾乾"也。初九始正也,九三终正也。终则有始,反复乾乾,动息不离于道者也。三则极,极则反,反则复,非"终日乾乾",能之乎?玄曰:"首尾可以为庸。"程颢曰:"'终日乾乾','对越在天',盖上天之载,无声臭也。"初、二、三有伏震,震为龙、为足,五为坎,九四变离、兑,兑为泽,泽,渊也,足进乎五,"或跃"也,伏震为龙,退而"在渊"也。九居四,履非其位,宜有咎,进则无咎。尧老而舜摄,舜老而禹徂征之时乎?玄曰:"东动青龙,光离于渊。"程颐易传曰:"量可而进,其适〔一〕时则无咎。"九五坎变离,离为飞,乾为天,离渊而飞,"飞龙在天"也。离为目,见也,九五动,九二大人应而往造之,"利见大人"也。玄曰:"龙干于天,长类无疆。"上九变兑,兑为毁折,亢满之累也。盈极则虚,不可久也。玄曰:"南征不利。"九,阳刚之极,乾天德在万物之先,复用阳刚之极,则刚过矣,人所不能堪也。九、六,阴阳之变也。九变则六,六变则九,九、六相用,刚柔相济,然后适乎中。关子明曰:"以六用九。"易传曰:"以刚为天下先,凶之道也。"伏爻何也?曰:京房所传飞伏也。乾坤、坎离、震巽、兑艮〔二〕,相伏者也。见者为飞,不见者为伏。飞,方来也;伏,既往也。说卦巽"其究为躁卦",例飞伏也。太史公律书曰"冬至一阴下藏,一阳上舒",此论复卦初爻

〔一〕程传"其适"作"适其",于义更通。
〔二〕"艮"字后原有"兑"字,以理断之,当为衍文,故删。

之伏巽也。

文言曰：元者，善之长也。亨者，嘉之会也。利者，义之和也。贞者，事之干也。君子体仁足以长人，嘉会足以合礼，利物足以和义，贞固足以干事。君子行此四德者，故曰"乾，元亨利贞"。

文言者，错杂四德、六爻，反复成文，设为问答，往来相错，亦文也。故太玄准之以玄文。

"天地之大德曰生"，元者，生物之始，善之长也，其在人则仁也。亨者，天地之极通，众美之期会也。利由屈信相感而生，或屈或信，各得其宜。义者，宜也，语义则利在其中矣。贞，正也，在物则成也，玄所谓"水包贞"也。有德乃有事，德不正则事不立，立事之谓干。唯仁者宜在高位，故"君子体仁足以长人"，凡长于人皆长也。物不可以苟合，必致饰焉，故"嘉会足以合礼"，"嘉会"如"嘉魂魄"是也。利，顺物理而行之，各得其所欲者也，故"利物足以和义"。守正坚固，不为万物之所桡夺，乃能建立庶事，故"贞固足以干事"。君子刚健不息，行此四德，故曰"乾，元亨利贞"。张载曰："天下之理得，元也。亨，会而通也。说诸心，利也。一天下之动，贞也。"

初九曰"潜龙勿用"，何谓也？子曰：龙德而隐者也。不易乎世，不成乎名。遁世无闷，不见是而无闷。乐则行之，忧则违之。确乎其不可拔，潜龙也。

九二曰"见龙在田，利见大人"，何谓也？子曰：龙德而正中者也。庸言之信，庸行之谨，闲邪存其诚。善世而不伐，德博而化。易曰"见龙在田，利见大人"，君德也。

九三曰"君子终日乾乾,夕惕若,厉,无咎",何谓也？子曰:君子进德修业。忠信所以进德也,修辞立其诚所以居业也。知至至之,可与几也;知终终之,可与存义也。是故居上位而不骄,在下位而不忧。故乾乾因其时而惕,虽危无咎矣。

九四曰"或跃在渊,无咎",何谓也？子曰:上下无常,非为邪也;进退无常〔一〕,非离群也。君子进德修业,欲及时也,故无咎。

九五曰"飞龙在天,利见大人",何谓也？子曰:同声相应,同气相求。水流湿,火就燥,云从龙,风从虎,圣人作而万物睹。本乎天者亲上,本乎地者亲下,则各从其类也。

上九曰"亢龙有悔",何谓也？子曰:贵而无位,高而无民,贤人在下位而无辅,是以动而有悔也。

乾之变化,"龙德"也。初九变坤谓之"潜龙","龙德而隐"者也。初之四,变九为六,易世也。初九隐伏,"不易乎世"也,"易"如"天下有道,吾不与易也"之"易"。历有元会运世,"世"者,辰也。初九子之四易午,故曰"易世"。震为声,巽见震伏,"不成乎名"也。二为中,二动为庸,初九依乎中庸,初之四成兑说,"遁世而无闷"也。初九变不正,"不见是而无闷"也。"不见是而无闷"者,举世非之而不加损也。之四,行也,兑说,乐也,"乐则行之"也。

〔一〕"常",四库本及<u>王弼</u>周易注作"恒"。

退而失位为忧,忧则退违之也。巽为木在下,"确乎其不可拔,潜龙也"。初九一爻之四,或曰遁,或曰行,何也? 曰:自依乎中庸言之,二阴,遁也;自初九之四言之,行也。此所谓曲而中也。

九二之动,"龙德而正中"者也。"庸"者,中之用也。二之五,兑为口、为言,上行为行,"言"、"行"也。言中庸而应,"庸言之信"也;行中庸而正,"庸行之谨"也。言行变化不失其中,故谓之庸。初九、九三上下正,"闲邪"也。九二动正中,"存诚"也。诚自成也,非外铄也。闲邪则诚自存,犹之烟尽火明,波澄水静,闲之者谁欤? 莫非诚也。言信行谨,闲邪存诚,其德正中。自二之五,善涉乎世矣,然且不自伐,以正中而游人闲者也。兑,隐矣。二,不行矣。不闻其言,不见其行,"不伐"也。德施而光普,"博"也;文明而巽,"化"也。唯至诚为能化,其德如是,宜之五为君也,是以利见九五之大人,故曰"君德",五,君位也。颜子择乎中庸而弗失之,夫子告之以为邦,九二君德故也。

乾刚之德自初至三,"进德"也。九二动成巽,巽为事,业者事之成,动而巽,"修业"也。兑为口,正以动,"忠信"也。忠信,所以进德也。巽言不离于忠信,"修辞"也。二正,"诚"也。巽为股,"立"也。修辞以立诚,诚立而其业定,修辞所以居业也。初九知中之可至,则行而至之,初可与乎几也;九三知中之不可过,则动而终之,三可与存乎义也。"义"者,时措之宜也。玄曰:"诸一则始,诸三则终,二者其得中乎。"是故九三动而弗处,"居上位而不骄"也;初九遁而无闷,"在下位而不忧"也。是则"乾乾"者,进德修业立诚以居之而已,非安夫上位而不去也。故"乾乾因其时而惕,虽危无咎"。巽为多白眼,"惕"也。九三之动,危厉也。离日在上为朝,在五为昼,在三四为日昃、为夕、为终日,在二为暮夜、为明入地中。日在三故曰"夕惕"。

九四动之五,进而上也,复之四,退而下也,故曰"或跃"。或,疑辞也,谓非必也。九四动,正也,之五不正,疑"为邪"。四臣位,五君位,出乎臣之类,"离群"也。三阳为群,然上下、进退无常者,乃九三"进德修业",至是欲及时尔,故进则无咎,不然四近君多惧,安得无咎?易传曰:"圣人之动,无不时也。"

五变之二成巽,下有伏震,巽风震雷,"同声相应"也;二动之五成兑,下有伏坎,兑泽坎水,"同气相求"也。五之二,兑泽流坎,"水流湿"也;二之五,离火见,离,燥卦,"火就燥"也。五变来之二,二有伏震,"云从龙"也;二巽往之五,五兑成虎,"风从虎"也。九五中正而居天位,"圣人作"也;二震为万物,离目为睹,"万物睹"也。九五变六,六本乎地,故亲下而见二;九二应五,九本乎天,故亲上而见五。易传曰:"乾之二、五,则圣人既出,上下相见,共成其事,所利者见大人也。"九居上处极,贵而失尊位,"无位"也。王弼谓初、上无位,误也。三变成坤,坤为众,"民"也。三不变,"高而无民"也。贤人九三,刚正也,不变以应之。贤人在下位而上无辅也,故动则有悔。贵高而盈,亢则穷也。爻辞曰"大人",文言曰"圣人"。圣人,有大之极而不为其大,大而化也。

"潜龙勿用",下也。"见龙在田",时舍也。"终日乾乾",行事也。"或跃在渊",自试也。"飞龙在天",上治也。"亢龙有悔",穷之灾也。乾元用九,天下治也。

易传曰:"言乾之时也。""潜龙勿用",时在下也。"见龙在田",时可止也。舍,止也。井初六为九五舍之,与此象异。二阳方进而未泰,故可舍止,音"芟舍"之"舍"。九二变遁,艮有止意。"终日乾乾",进而行事之时,非乾乾不能堪其事。巽,行事也。"或跃在渊",上下进退无常,"自试"时也。"飞龙在天",在上而致治时也。"亢龙有悔",阳穷于九,阴穷于六,位穷于上,穷则变,变则通,通则久,上九穷不知变,穷之灾也。天灾曰灾,数极时也。<u>玄</u>有三统九会,阳以九终,以极数也,然天人有交胜之理,故有悔。天德不可为首,用九不见其首则不过,不过,中也,六位得中,"天下治也"。

"潜龙勿用",阳气潜藏。"见龙在田",天下文明。"终日乾乾",与时偕行。"或跃在渊",乾道乃革。"飞龙在天",乃位乎天德。"亢龙有悔",与时偕极。"乾元用九",乃见天则。

> 易传曰:"言乾之义也。"乾伏坤见,"阳气潜藏",故曰"潜龙勿用"。坤文离明,德施之普,光于天下人,"文明"也,故曰"见龙在田"。三阳方行,亦与之行,故"终日乾乾",行不息也。周公继日待旦之时乎? 四,人位,五,天位,离人之天,水火相息,乾道革矣,故曰"或跃在渊",天不可阶而升也。不曰位乎君位,而曰"位乎天德"者,成性跻圣也,张载曰"受命首出,则所性不存焉",故曰"飞龙在天"。"亢龙有悔",上极也。"消息盈虚,与时偕行"则无悔,"偕极"则穷,故有悔也。六九相变,天地之道不可违之则也。"乾元",始也。于其始也用九,其终不过矣,以其不可过也,故曰"天则"。"见天则",则知中道乃固然之理,非人能为之也。

"乾元"者,始而"亨"者也。"利贞"者,性情也。乾始能以美利利天下,不言所利,大矣哉。大哉乾乎! 刚健中正,纯粹精也。六爻发挥,旁通情也。时乘六龙,以御天也。云行雨施,天下平也。

"元"者,乾之始,刚反而动,"亨"在其中矣。"利贞"者,乾之性情也,性情犹言资质也。动而生物,利也。不有其功,常久而不已,贞也。贞,正也。始则亨,亨则利,利则贞在其中。诸卦言利者,指事而言之,利于此或不利于彼。乾始,万物资之,天下至大无不蒙其利者,不言所利则其利大矣,故谓之"元",元又训大故也。夫子欲言乾道之大,其辞有不能尽者,故曰"大哉乾乎"。乾,总言之,则刚不桡也,健不息也。健者,积刚而成也。悉数之,则中正而不倚也,纯全而粹美也。一、三、五,正也。二、五,中也。中而正者,其九五乎?八卦皆纯也,纯而粹者,其重乾乎?故玄准之以晬,其首辞曰"阳气袀晬清明"。道至于纯粹,无以复加矣,而六者皆原于一。一者何?乾始也。天地之本,万物之一源,精之又精,刚健中正,纯粹自此而出,故曰"刚健中正,纯粹精也"。易传曰:"精谓六者之精极也。"以一言该之曰正,正者,乾之性也。六爻发越挥散,旁通于诸卦,被于三百八十四爻,无往而不利者,乾之情也。情,变动也;性,不变者也。"时乘六龙"者,以御天而行也。"云行雨施"者,天下平均也。二者体元亨也,元亨则利贞在其中矣。盖"云行雨施,品物流形",则万物各正其性命矣。郑康成本作"情性"。

君子以成德为行,日可见之行也。"潜"之为言也,隐而未见,行而未成,是以君子弗用也。

君子学以聚之,问以辩之,宽以居之,仁以行之。易曰"见龙在田,利见大人",君德也。

九三重刚而不中,上不在天,下不在田,故"乾乾"因其时而"惕",虽危"无咎"矣。

九四重刚而不中,上不在天,下不在田,中不在人,故"或"之。或之者,疑之也,故"无咎"。

夫"大人"者,与天地合其德,与日月合其明,与四时合其序,与鬼神合其吉凶。先天而天弗违,后天而奉天时。天且弗违,而况于人乎?况于鬼神乎?

"亢"之为言也,知进而不知退,知存而不知亡,知得而不知丧。其唯圣人乎!知进退存亡而不失其正者,其唯圣人乎!

> 君子"积善成德",以其成德行之为行。日可见于外而不可掩者,行也,九二是也。隐之为言,隐伏而未见于世,行而其德未成,是以弗用。张载曰:"未至于圣,皆行而未成之地。"
>
> 初九正其始,二益之而说,"学以聚之"也。聚者,升而上也。兑为口,"问以辩之"也。二动中虚,虚则有容,"宽以居之"也。动而以巽行,"仁以行之"也。学、聚、问、辩、宽、居、仁、行,二与五应,有君德也,是以言行如上云。
>
> 九三、九四以刚乘刚而不中,过乎刚也。二为田,九三居下位之上,虽上不在天,而下已离田,动则危且有咎,故"乾乾"不息,因其可危之时而惕,则"虽危无咎"矣。中二爻,人也。四上不在天,下不在田,或进而之五,则中不在人,可惧之地也,故疑而未决。上下进退,不必于处,是以无咎。九三之惕、九四之疑,可谓能用九矣,虽重刚不中,何患于过乎?
>
> 道者,循万物之理而行其所无事者也。天地之覆载,日月之照临,四时之消长,鬼神之吉凶,岂有意为之哉?大人其道与天地日月四时鬼神合,故顺至理而推行之,先、后天而不违,天且不违,而况

于人乎？况于鬼神乎？鬼神者，流行于天地之间者也。是以九五利见大人也。

亢者，处极而不知反者也。万物之理，进必有退，存必有亡，得必有丧。亢知一而不知二，故道穷而致灾。人固有"知进退存亡"者矣，其道诡于圣人，则未必得其正，不得其正则与天地不相似。"知进退存亡而不失其正"者，其唯圣人乎。故两言之，前曰"大人"，此曰"圣人"，知进退存亡不失其正，则德合阴阳，与天地同流而无不通矣，此大而化之者也。

䷁坤下坤上

坤，元亨利牝马之贞。君子有攸往，先迷，后得主利。西南得朋，东北丧朋。安贞吉。

彖曰：至哉坤元，万物资生，乃顺承天。坤厚载物，德合无疆，含弘光大，品物咸亨。"牝马"地类，行地无疆，柔顺利贞，君子攸行，先迷失道，后顺得常。"西南得朋"，乃与类行。"东北丧朋"，乃终有庆。安贞之吉，应地无疆。

万物资乾以始而有气，资坤以生而有形。乾始而亨，无所待也，是以能大。坤待乾而行，乃能至于大，有气而后有形也。故乾元曰"大哉"，坤元曰"至哉"。天，健也，坤顺而承之，故曰坤。天先地后而生万物，坤为大舆，自下载之，积厚也。天，无疆者也，坤，所以配之者。载物之德合乎无疆，故地配天，坤合乾，乾坤之始皆谓之"元"。"光"者，坎离也；"大"者，乾阳也。静翕，"含"之也，以育其根；动辟，"弘"之也，以成其形。一静一动，品物咸亨，故曰

"亨"。"品物咸亨"者,离之时也。乾为马,坤变之为牝马,"牝马地类"也。"无疆"者,乾之行也。坤依乾而行,以柔承刚,以顺承健,乃能行地无疆,故曰"利牝马之贞"。利牝马之贞,则非不言所利,此坤之利所以异于乾之利欤。君子乾之象,柔顺坤之德。一、三、五,天也;二、四、六,地也。阳以奇为正,阴以偶为正。阳先阴后,柔顺承乾,乃得坤正,则柔顺者利于承乾,以为正也。是以君子体坤而行,行者,"攸往"也,故曰"君子攸往",犹乾言"时乘六龙"、"首出庶物"也。一、三、五不得其正,"先迷"也,失坤道也。牝鸡无晨,西云不雨,故曰"先迷"。二顺一、四顺三、六顺五,顺乾得主,坤道有常,有常者坤之利也,臣待君唱,女须男行,故曰"后得主利"。<u>子夏传</u>曰:"先迷后得主也。"二进至三,坤体成,"西南",坤也;止而不进成艮,"东北",艮也。坤阴生于午,至申三阴成矣,自申抵戌,群阴"得朋",宜若有得也,而至亥成坤,万物皆虚,故曰"西南得朋,乃与类行"。乾阳生于子,至寅三阳成矣,自寅抵辰,阴类浸亡,宜若有丧也,而至巳成乾,万物皆盈,故曰"东北丧朋,乃终有庆"。是以得君者臣之庆,得亲者子之庆,得夫者妇之庆,三者未有不离其朋类而得者也,故曰"东北丧朋,乃终有庆"。坤以顺为正,而地之顺天而无疆者,顺夫正也。臣有献替,妇有警戒,子有几谏,各安其正,乃能悠久而无穷。安贞之吉,应乎地之所以无疆也,故曰"安贞吉"。<u>张载</u>曰:"东北丧朋,虽得主有庆而不可怀也。"<u>虞翻</u>以月之生死论之,曰"从震至乾,与时偕行","消乙入坤,灭藏于癸","坤终复生"。"阴阳之义配日月",其大致则同。

象曰:地势坤,君子以厚德载物。

天高西北,地倾东南,以顺之故。水潦有所归而万物各得其所,君子积顺德而至博厚,故能容载万物。

初六,履霜坚冰至。象曰:"履霜坚冰",阴始凝也。驯致其道,至坚冰也。

阴者,小人之道也。一阴生于午,剥乾之初也。五阴而霜降,六阴而坚冰。初六之动,柔成刚,"阴始凝"也。莫之御焉,骎骎然驯致乎盛阴,而小人之道极矣。故观其所践履,则一阴始凝,知其必至于"履霜坚冰"也。震为足,自下而进,履也。或曰:坤之初六,五月也,何以有履霜坚冰之象?曰:所谓见微者也。寒露者,剥之初六也;霜降者,剥之六五也。剥之初六即坤之初六也,剥之六五即坤之六五也,剥穷成坤上六也。露者,坤之气,寒气入之,故露为霜。立冬水始冰,亦坤之初六也,于斗建为亥。乾金之气为冰,故坤之初六一爻,自姤卦言之为五月,自剥卦言之为九月,至五阴而霜降,自坤卦言之为十月、为亥,至六阴而成冬,玄所谓"水凝地坼"。非见不见之形者,其能知小人之祸于甚微之时乎?

六二,直方大,不习无不利。象曰:六二之动,直以方也。"不习无不利",地道光也。

六二中正而动,中故直,正故方。直者,遂也。方者,不易其宜也。易曰:"乾其静也专,其动也直,是以大生焉。"又曰:"坤至柔而动也刚,至静而德方。"而说卦乾为直,坤为方,方亦刚也,故曰"六二之动,直以方也"。重坎为习,二动成坎,"不习"也。动而之五得正,"不习无不利"也。坎为光,光,大也。易传曰:"二为坤之主,中正在下,尽地之道,故以'直方大'三者形容其德。由直方大,故不习而无不利,不习谓自然也,在坤道则莫之为而为也,在圣人则从容中道。"

六三，含章可贞，或从王事，无成有终。象曰："含章可贞"，以时发也。"或从王事"，知光大也。

坤、离为文、明，三文之成为章，坤见离伏，"含章"也。人臣当含章不耀，以其美归之君。六三不正，非容悦者也，可正也。六三动则正，惟含章也，故当可动而动，"以时发也"。坤德含弘光大，含章者，坤之静也，以时发者，坤之动也。静而含，动而弘，坤之所以承天欤。乾为王，伏巽为事，三内卦之上为成，上为外卦之终。"或从王事"者，三之上也。坤作成物，无以成功自居，有终其事而已。为臣而终其事，职当然也。六三以是从王事，得恭顺之道，"知光大"矣。坎离合为知，知如日月之明，光大也。邵雍曰："阳知其始而享其成，阴效其法而终其劳。"

六四，括囊，无咎无誉。象曰："括囊无咎"，慎不害也。

坤为囊，六四动成艮，艮为手，"括囊"也。六四正，动则不正。四有伏兑，兑为口。不正，"无誉"可也，"无咎"何邪？六四当天地否塞、贤人遁藏之时，不利君子正，故止其口而不出者，慎也，慎以全身，故于义不害。若立人之本朝，道不行矣，而括囊缄默，罪也，安得无咎？故此爻不以位言之。

六五，黄裳，元吉。象曰："黄裳元吉"，文在中也。

五，尊位，六居之。人臣当此，唯守中居下，乃得元吉，否则必凶。"黄"，地之中色。"文"者，地道之美见于山川动植者也。"裳"，下体之饰。曰黄则守中，有地道之美而不过，故曰"文在中也"。曰裳则居下，虽处尊位而不失坤之常，唯守中不过，斯能居下矣。以是而动，动则得二，"元吉"也。"元吉"者，言其始本自吉，非变而吉也，故元吉在吉为至善。

上六，龙战于野，其血玄黄。象曰："龙战于野"，其道
穷也。

> 上六坤之穷，十月也，其位在亥，乾之位，十一月复震，震变乾为
> 龙。上六变乾，乾为天，卦外，天际也，"野"之象。野莫知所适之
> 地，坤道已穷，动而不已，臣疑于君，乾坤交战，君臣相伤，不知变
> 通故也。

用六，利永贞。象曰："用六永贞"，以大终也。

> 六，阴柔之极，不济之以阳刚，则邪佞之道，故以九用六，乃能永久
> 不失其正。杜钦曰："地道贵敛[一]，阳始之，阴终之，未始离阳，故
> 曰'以大终也'。"

文言曰：坤至柔而动也刚，至静而德方。后得主而有常，
含万物而化光。坤道其顺乎，承天而时行。

积善之家必有余庆，积不善之家必有余殃。臣弑其君，
子弑其父，非一朝一夕之故，其所由来者渐矣，由辩之不
早辩也。易曰"履霜坚冰至"，盖言顺也。

直，其正也。方，其义也。君子敬以直内，义以方外，敬
义立而德不孤。"直方大，不习无不利"，则不疑其所
行也。

阴虽有美，含之以从王事，弗敢成也。地道也，妻道也，
臣道也。地道无成而代有终也。

天地变化，草木蕃；天地闭，贤人隐。易曰"括囊，无咎

〔一〕"敛"，原作"钦"，据<u>通志堂</u>本、<u>四库</u>本改。

无誉",盖言谨也。

君子黄中通理,正位居体,美在其中,而畅于四支,发于事业,美之至也。

阴疑于阳必战,为其嫌于无阳也,故称龙焉。犹未离其类也,故称血焉。夫"玄黄"者,天地之杂也,天玄而地黄。

至柔、至静者,坤之体也。动而刚方者,坤之用也。方亦刚也,以其不可易言之谓之方。其体则坤,用则随乾,观其所动,而坤之顺德见矣。含万物而生之〔一〕者,阴含阳也。玄曰"天郁化精,地隐魄荣",隐,所谓"含万物"也。及其化生,"品物咸章",保厥昭阳,坤道乃光,坤之"光"即乾之"光大"也。玄曰:"天炫炫出于无畛,熿熿出于无垠。"炫炫、熿熿,所谓"化光"也。坤道至矣,一言可尽,其顺矣乎。天动地随,其行有时,故"承天而时行"。

善不善之报必有余者,驯而不已,积之既久,则末流必多,乾坤是也。"家",言臣子也。坤积至五,子弑父,臣弑君,离日坎月,自下而进,非一朝一夕之故,其所由来者渐矣,辩之不早,其祸至此,矧不辩乎?先儒尝以乾坤论之,谓君子之道有时而消,于是有坤化阳灭者矣,然而复出为震者,"余庆"之不亡也;小人之道有时而消,于是有阳息阴尽者矣,然而极姤生巽者,"余殃"犹在也。观诸天道,月之生死,晦尽而生明,既满而成亏,先儒余庆、余殃之论,为不诬矣。是故有虞之子不肖而陈、齐永祚,商辛之后有国而禄父再亡。

―――――――

〔一〕四库本无"之"字。

"敬"者,操持其诚心而弗敢失也,二动以直,"敬以直内"也。直内,言内省不疚,其理直也。"方"者,义之不可易也,有所不为、有所不行也,二往之五,"义以方外"也。"诚"者,合内外之道,内直外方,"敬义立"矣。敬义立则相应、相与,其德不孤,放诸四海而准,以"直方大"也。爻动为行,巽为不果,二动震见巽伏,"不习无不利",则"不疑其所行"也。上曰中则直,此言"直其正",何也?曰:正而不中者有矣,中则正矣。

天地之间,万物粲然而陈者,皆阳丽于阴,托之以为美者也。阳尽则阴之恶毕见,不能自美矣。然阴虽有阳之美,当含蓄之以从王事,待时而发,不有己也,岂敢当其成功哉?乾巽,"从王事"也。地道无成,顺天而行。乾知太始,坤代有终,自然之道也。故臣终君之事,妻终夫之事,不言子者,臣、子一也。

泰之时,天地变化,草木亦蕃,而况人乎?否之时,天地闭塞,贤人亦隐,而况草木乎?三才一理也,是故并言之。"括囊无咎",非闭其言而不出,盖言谨也。谨者,庄子所谓"慎为善"也。阴进至三成否,否泰反其类,故其言如此。

坤五"黄中",动而成坎,传所谓"坤之比"也。坎为通,有美在中而通于理。理者,中正也,天地万物之所共由者也。通于理则大美具矣,美在其中矣。五,君位,六变九,"正位"也。正位而居坤体,不失为臣之道,"黄裳"也。九五艮,艮为手,二五相易成震,震为足,"畅于四支"也。巽为事,业者事之成,"发于事业"也。诚则形,形则不可掩,故"美在其中"。畅于四支,发于事业,通于理者,无往而不通,其伊尹、周公、共伯和之事乎?

月盛则掩日,臣强则疑君,"阴疑于阳必战"。十月纯坤用事而称龙者,天地未尝一日而无阳,亦未尝一日而无君子,为其纯阴嫌于无阳也,故称龙焉,乾在故也。上六之动,坤成乾,其体剥。剥者复之反,震变也。十一月复,复初九庚子,子,坎之位,坎为血,震为玄黄。血,幽阴也。上六疑阳,未离阴类,故称"血"焉。震者,天地之一交,天玄而地黄,玄者,坎中之阳,黄者,离中之阴,天地之杂也。"其血玄黄"者,君臣相伤也。虽欲力胜,莫之助也。故圣人于初六戒之,上六则无及已。郑本作:"为其兼于阳也,故称龙焉。"

或问:初之四、二之五、三之上,六爻反复相应,何也?曰:京房所传世应也。三画之卦,一二三重为六爻,四即初,五即二,上即三,各以其类相应。邵雍曰:"有变必有应也,变乎内者应乎外,变乎外者应乎内,变乎下者应乎上,变乎上者应乎下。"本乎天者亲上,本乎地者亲下。变之与应,常反对也。故卦一世者四应,二世者五应,三世者上应,四世者初应,五世者二应,六世者三应。在易言应者,一十有九卦。昔之言应,如子太叔论"迷复凶"是也,至虞翻始传其秘,然未尽善。系辞曰:"变动不居,周流六虚。上下无常,刚柔相易。"世应者,相易之一也,故曰"两则化,一则神"。

䷂震下坎上

屯,元亨利贞,勿用有攸往,利建侯。

彖曰:屯,刚柔始交而难生,动乎险中,大亨贞。雷雨之动满盈,天造草昧,宜建侯而不宁。

自屯彖而下,乃以卦变为象。屯、临之变自震来,四之五。震者,乾交于坤,一索得之,"刚柔始交"也。四之五成坎,坎,险难,"刚柔始交而难生"也。易传曰:"始交而未畅为屯,在时则天下未亨之时。"此以震、坎释屯之义也。

安乎险而不动与动乎险中不以正,皆非济屯之道。初九,正也。四之五得位,大者亨以正而利也。以天地观之,刚柔始交,郁而未畅,雷升雨降,其动以正,则万物满盈乎天地之间,有不大亨乎?此以初九、九五释"元亨利贞"也。震,雷也。坎,雨也。兑泽上而成坎,故为雨。初九,屯之主也。初往之五,行必犯难,益屯而不能亨矣。君子宜守正待时,故"勿用有攸往"。此言初九也。天造之始,草创冥昧,人思其主,能乘时众建诸侯,使人人各归以事主,虽有强暴,谁与为乱哉?四为诸侯,九五在上,六四正位,分民而治,"建侯"也。虽则建侯,而未始忘乎险难。震为草,乾之始也,坤为冥昧,坎为劳卦,故曰"天造草昧,宜建侯而不宁"。此再言初九、九五也。

以卦气言之,十月卦也,太玄准之以礥。

或曰:圣人既重卦矣,又有卦变,何也?曰:因体以明用也。易无非用,用无非变。以乾坤为体,则以八卦为用;以八卦为体,则以六十四卦为用;以六十四卦为体,则以卦变为用;以卦变为体,则以六爻相变为用。体用相资,其变无穷,而乾坤不变。变者,易也,不变者,易之祖也,所谓"天下之动,贞夫一"也。故曰"刚柔相推,变在其中矣。系辞焉而命之,动在其中矣",又曰"辞也者,各指其所之"。考其所命之辞,寻其辞之所指,则于变也,若辨白黑矣。夫易之屡迁,将以明道,而卦之所变,举一隅也。推而行之,触类而长之,存乎卜筮之所尚者,岂有既哉?故在春秋传曰某卦之某卦者,言其变也,若伯廖举丰之上六曰"在丰之离",知庄子举师之初六曰"在师之临"。其见于卜筮者,若崔子遇困之大过者,六三变也;庄叔遇明夷之谦者,初九变也;孔成子遇屯之比者,初九变也;<u>南蒯</u>遇坤之比者,六五变也;<u>阳虎</u>遇泰之需者,六五变也;<u>陈仲</u>遇观之否者,六四变也。周官太卜掌三易之法,其经卦皆八,其别皆六十有四。八卦谓之经,则六十四卦为卦变可知,故曰"卦之所变,举一隅也"。<u>王弼</u>尽斥卦变以救易学之失,救之是也,尽斥之非也。

象曰:云雷屯,君子以经纶。

坎在上为云,雷动于下,云蓄雨而未降,屯也。屯者,结而未解之时,雨则屯解矣。彖言"雷雨之动满盈"者,要终而言也。解丝棼者,纶之经之。"经纶"者,经而又纶,终则有始。屯自临变,离为丝,坎为轮,纶也。离南坎北,南北为经,"经纶"也。君子经纶以解屯难,凡事有未决,反复思念,亦此象也。

初九,盘桓,利居贞,利建侯。象曰:虽"盘桓",志行正也。以贵下贱,大得民也。

初九刚正,屯难之始。上有正应,震,动体,进则犯难成巽,为进退。九居四不安,故"盘桓"。<u>子夏传</u>曰:"盘桓犹桓旋也。"盘桓不进,利于守正,不进非必于退也,志在行其正也。初九不忘上行之谓"志",志,刚中也。"志行正"也,可不盘桓以待时乎?初动济屯,四,诸侯位,建国命侯资以辅。五屯难未解,众阴不能自存,有刚正之才,使之有国,则众从之。阳贵阴贱,坤众为民,九退复初,"以贵下贱,大得民也",故曰"利建侯"。夫子时楚有四县,<u>赵简子</u>命下大夫受郡,必言"利建侯"者,建侯,万世之利也。或问:震又成巽,何也?曰:所谓"杂物撰德"也。撰,数也。且以屯论之。坎,阳物也。震,动也。四比于九五,自三柔爻数之,至于九五,巽也。震,阳物也。巽,阴物也。刚者阳之德,柔者阴之德,刚柔杂揉不相逾越,故曰"杂而不越"。先儒传此谓之互体,在易噬嗑彖曰"颐中有物,曰噬嗑",离、震相合,中复有艮。明夷彖曰"内文明而外柔顺,以蒙大难",又曰"内难而能正其志",坎,难也,离、坤相合,中复有坎。在系辞曰"八卦相荡",先儒谓坎、离卦中互有震、艮、巽、兑。在春秋传见于卜筮,如周太史说观之否曰"坤,土也。巽,风也。乾,天也。风为天于土上,山也。有山之材而照之以天光,于是乎居土上"。自三至五〔一〕有艮,互体也。王弼谓互体不足,遂及卦变,锺会著论力排互体,盖未详所谓易道甚大矣。

六二,屯如邅如,乘马班如,匪寇婚媾,女子贞不字,十年乃字。象曰:六二之难,乘刚也。"十年乃字",反常也。

九五,屯之主,六二中正而应,共济乎屯者也,故曰"屯如"。二乘初九,欲往应五,迫于刚强,邅回而不能去,故"邅如"。乾变震为作足之马,震为足,"乘马"也。初不应五,二欲应之,与马别矣,故"乘马班如"。春秋传曰"有班马之声",杜氏曰"班,别也"。五坎为盗,盗据山险,"寇"也。男曰婚,女曰姻,媾,男女合〔二〕也,九五应六二,"婚媾"也。五自初九视之,有险难之象,"寇"也;自六二视之,"匪寇"也,"婚媾"也,特以"乘刚"故耳。初九、六二,正也。而致六二之难者,刚乘柔则顺,柔乘刚则逆。妻不亢夫,臣不敌君,天地之道,故曰"六二之难,乘刚也"。二五相易,五之二成兑,兑,女子也,二之五成坤,坤为母。女子而为母,字育也。坤见坎毁,刚柔以中正相济,屯解之象。坤为年,其数十,六二守正,不苟合于初而贞于五,是以"不字"。屯难之极,至于十年。二五合,刚

〔一〕"五",原作"四",观卦三、四二阴爻无法成艮,以理改之。
〔二〕"合",四库本作"别"。

柔济,兑女"乃字"。屯本临二之五,合则九反二、六反五,坤为常,故曰"反常也"。王弼曰"屯难之世,其势不过十年",孰谓弼不知天乎? 坤为年,何也? 曰:岁,阳也。阳生子为复,息为临、为泰,乾之三爻也。夏后氏建寅,商人建丑,周人建子,无非乾也。古之候岁者,必谨候岁始,冬至日、腊明日、正月旦日、立春日,谓之四始,四始亦乾之三爻也。坤,十月,阴也,禾熟时也。故诗"十月纳禾稼",春秋书"有年"、"大有年",丧礼三年者,二十七月也。

六三,即鹿无虞,惟入于林中,君子几不如舍,往吝。象曰:"即鹿无虞",以从禽也。君子舍之,往吝穷也。

六三柔不当位,不安于屯,妄动以求五。五,君位,艮为黔喙,震为决躁,鹿也,言有求于君。若上六变而应三,艮变巽、离,有结绳为罔罟之象,艮为手,虞人,指踪而设罔罟者也。上六在君之侧而不应,譬之即鹿无虞人以道其前,岂惟不得鹿乎? 往而徒反,退之三,陷于林莽中矣。艮为山,震为木,林也。三、四为中,"林中"也。六三有"从禽"之欲,不知事有不可,贪求妄动,是以陷于林中而不恤,故曰"即鹿无虞,以从禽也"。君子,初九也,知不可往,往无所获,且有后患,故见几而舍之。舍,止也,艮也。君子安于屯,不若六三徒往而穷,自取疵吝。

六四,乘马班如,求婚媾,往吉无不利。象曰:求而往,明也。

六四柔而正,上承九五。坎为美脊之马,艮为手,"乘马"也。四自应初,五自应二,其情异,乘马而班别者也,故曰"乘马班如"。六四虽正,有济屯之志,五不求而往,岂能行其志哉? 五求四,男下女,阴阳相合,斯可往矣,往之上得位,故"吉无不利"。艮为手,求也,坎为月,震,东方,"明"之时也。九五有明德,故求,故求而往吉无不利,否则志不应,有凶。易言出入、往来,何也?曰:出入以度,内外也。卦有内外,自内之外曰出,自外之内曰入。出者,往也;入者,来也。往者,屈也;来者,伸也。出入、往来、屈伸,相感而无穷。天道东面望之,来也;西面望之,往也。故晋之出为明夷之入,蹇之往为解之来。

九五,屯其膏,小贞吉,大贞凶。象曰:"屯其膏",施未光也。

坤为民,兑为泽,五之二成兑,有膏泽下于民之象,膏泽下则五之所施光矣。坎为月,有光之象故也。屯之时,九五得尊位,六三不正,处内卦之极,震体而有坤,权臣挟震主之威,有其民者也。六三壅之,九五之膏泽不下,故曰"屯其膏",言人君之屯也。九五中正守位,六二、六四、上六自正,阴为小,故"小贞吉"。五动而正三,以君讨臣,则三复乘五,盖膏泽不下,五之施未光,民不知主,祸将不测矣,故"大贞凶"。易传曰:"膏泽不下,威权已去,而欲骤正之,求凶之道也。"鲁昭公、高贵乡公之事是也。若盘庚、周宣修德用贤,复先王之政,诸侯复朝。以道驯致,为之不暴,又非恬然不为。若唐之僖、昭也,不为则常屯,以至于亡矣。

上六,乘马班如,泣血涟如。象曰:"泣血涟如",何可长也。

上六,屯之极也。五坎为美脊之马,动而乘之,上应三,五自应二,虽欲用五济屯,其情异矣,乘马而班别也。上动成巽,巽为号,上反三成离,为目,坎为血,"泣血"也。上不得乎君以济屯,难极矣,无如之何,是以泣尽继之以血,连而不已,上之三,连两离爻,故曰

"涟如"。然屯极矣,极则必变,"何可长也"?巽为长。

☳☶坎下艮上

蒙,亨,匪我求童蒙,童蒙求我。初筮告,再三渎,渎则不告,利贞。

彖曰:蒙,山下有险,险而止,蒙。"蒙亨",以亨行,时中也。"匪我求童蒙,童蒙求我",志应也。"初筮告",以刚中也。"再三渎,渎则不告",渎蒙也。蒙以养正,圣功也。

止于外不可进也,险在内不可止也。险而止,莫知所适,蒙也。此以艮、坎二体言蒙也。

蒙者屯之反,屯者物之稚,故蒙而未亨,有屯塞之义。九二引而达之,屯塞者亨矣。屯九五大者亨,五反为二,以亨道行也。蒙有可亨之理,当其可亨之时而亨之,使不失其中者,"时中"也。学者禁于未发,发而后禁,则过时而弗胜,故曰"蒙亨,以亨行,时中也"。此以九二言亨也。

艮为少男,"童蒙"也。"我"者,二自谓也。二在下不动,有刚中之德以自守,"匪我求童蒙"也。二柔顺,与五相应,艮为手,求之象,"童蒙求我"也。童蒙求我,然后二以志应五,志谓"刚中"也。二为众阴之主,四阴皆求于二,而"志应"者,应五也。震为草,以手持草,"筮"也。筮,占决也。五动二应,"初筮告"也。初筮告者,"以刚中"也。不问而告与问一而告二,皆非刚中。夫不愤不启,不悱不发,蒙塞极矣,于是求达焉。则一发而通,通则不复塞矣,此初筮所以告也。六三、六四不与二相应,"再三渎,渎则不告”也。不待其欲达,随其屡问而告之,决之不一,不知所从,则必燕謦废学,褒其师训。“渎”与“黩”同。此以二、三、四爻言亨蒙之道也。

蒙自二至上体颐,颐,养也。九二一爻,自发蒙者言之,“刚中”也,然而未正,故戒之以“利贞”;自蒙者言之,纯一之德未发,童蒙养之,至于成德,跻位乎中正,则圣功成矣。盖学未至于圣,未足谓之成德。故夫子十五志于学,至于七十而纵[一]心所欲不逾矩,则“蒙以养正”,作圣之功也。虞翻曰:“二志应五,变得正而蒙亡。”此以二、五言利贞也。

在卦气为正月,故[二]太玄准之以童。

象曰:山下出泉,蒙,君子以果行育德。

坎水在山下,有源之水,泉也。“山下出泉”,未有所之,蒙也。泉积盈科,其进莫之能御,故君子果其行必育其德。德者,行之源;育德者,养源也。果行则发而必至,震为行,乾刚为德,坎水上为云、下为雨,在山下为泉,象其物宜也。

初六,发蒙,利用刑人,用说桎梏,以往吝。象曰:“利用刑人”,以正法也。

初六之动,“发蒙”也。蒙蔽之民,不善其始,至死于桎梏而不悔。

初六发蒙,利用此刑人,刑人非恶之也,“以正法”也。于其始也,正法以示之,蒙蔽者知戒,终不陷于刑辟,“用说桎梏”之道。艮手震足,交于坎木,“桎梏”之象。坎为律法也,初六动而正,“正法”也。兑为刑杀,兑见坎毁,“说桎梏”也。治蒙之初,威之以刑,

---

〔一〕“纵”,四库本作“从”。
〔二〕“故”,原作“卦”,据通志堂本、四库本改。

然后渐知善道,过此以往则吝矣。卦言"童蒙",爻言"刑人",刑所以辅教也。易传曰:"立法制刑,乃所以教也,后之论刑者不复知教化在其中矣。"

九二,包蒙吉,纳妇吉,子克家。象曰:"子克家",刚柔接也。

六五,柔也;九二,刚也。五以柔接刚,为二所包,含章有美而效之君,臣道之正也,二之吉也,故曰"包蒙吉"。二以刚接柔,为五所纳,艮男为夫,巽女为妇,妇有相成之道,虚其中以纳之,君道之正,五之吉也,故曰"纳妇吉"。二在内为家,坎为乾之子,父有子而至于纳妇,子克荷其家者也。九二而致其君虚中纳之,非其道广、其施博,积诚以包蒙,能若是乎?譬之"子克家"者也。二不能包,则五不肯纳,上柔不接,家道废矣,故曰"子克家,刚柔接"也。二[一]为家,何也?曰:二,内也,大夫之位,大夫有家,杂卦曰"家人,内也"。

六三,勿用取女,见金夫,不有躬,无攸利。象曰:"勿用取女",行不顺也。

六三,蒙而不正之阴,坎有伏离,离目为见,上九不正,下接六三成兑,兑为少女,"取女"也。艮,少男,夫也。乾变为金,"见金夫"也。坤为身,兑折之为躬,三之上,"不有躬"。坤为顺,三不正,行不顺,"无攸利",故戒以"勿用取女"。取女贵正,女正则家人吉。六三见利而悦,不能自有其躬,上九说之以利,于德为不正,于理为不顺,取是女而欲正家,是亦蒙矣。

〔一〕"二",原作"一",据通志堂本、四库本改。

六四,困蒙,吝。象曰:困蒙之吝,独远实也。

阳为实,九二刚实,发蒙之主。二与五应,三动而近二,四独远之,
若动而应初,则与二相近。四怀居不动,独远于二,介于不正,无
以发其蒙,困不[一]知学,吝自取也。二坎三动成兑,泽无水,困
也,故曰“困蒙之吝,独远实也”。阳为实,何也?曰:阴消为虚,阳
息为实。消息盈虚,相为去来。消则降,息则升;实则满,虚则耗。
升者,贵也;降者,贱也;满者,富也;耗者,贫也。阴阳相循,祸福
更缠,故又为贵贱、贫富、祸福之象。太玄曰:“盛则入衰,穷则更
生。有实有虚,流止无常。”又曰:“息与消纠,贵与贱交,祸至而
福逃。”

六五,童蒙吉。象曰:童蒙之吉,顺以巽也。

艮,少男,童也。五求于二成坤,坤,顺也;二往资五成巽,巽,巽
也。顺则易从,巽则易入。顺则乐告之以善道,巽则优柔以开道
之。以此治蒙,优于天下矣,“童蒙之吉”也。五,君位,成王求助
之爻乎。

上九,击蒙,不利为寇,利御寇。象曰:“利用御寇”,上下顺也。

为寇者,九二也。击蒙御寇者,上九也。坎为盗,体师盗,用师寇
也。艮为手,击也。为寇者利于蒙[二]暗昏乱之时,蒙极而解,则
是非定,蒙暗明,故曰“不利为寇”。上九乘其蒙解之时,自上之三
击之,坎毁成兑,民悦而从之,上下之情顺也,孟子谓“取之而燕民

〔一〕“不”,通志堂本、四库本作“而”。
〔二〕“蒙”,原作“家”,据通志堂本、四库本改。

悦"也,坤为顺,故曰"利用御寇,上下顺也"。易传曰:"若舜征三苗,周公诛三监,御寇也。"蒙,屯之反,何也?曰:姤变者六,复变者六,遁变者十有二,临变者十有二,否变者十有二,泰变者十有二。反复相变,圣人所以酬酢也。陆震亦曰:"卦有反合,爻有升降,所以明天人之际,见盛衰之理焉。"

䷄乾下坎上

需,有孚,光亨,贞吉,利涉大川。

彖曰:需,须也,险在前也。刚健而不陷,其义不困穷矣。"需,有孚,光亨,贞吉",位乎天位以正中也。"利涉大川",往有功也。

需,须也,须,待也。刚健上行,遇险未动,待时者也,故曰"需,须也,险在前也"。坎,险也。阳陷于阴中,"陷"也。"困"者,水在泽下也。需自二而上,有困反之象。三阳刚而健,能须以进,动而不屈,不陷于险,善用刚健者也,故曰"刚健而不陷,其义不困穷矣"。此以两体言乎需也。

须以进者,需有孚而后进也。孚者,己也;孚之者,人也。岂能遽孚之哉?需自大壮变,大壮四阳同德,四与五孚,未进之时,虽未得天位,其德固已刚健有孚,特道未彰尔。及其自四而进,则"位乎天位",乃"光亨"也。光,坎离之象。"光亨"者,以贞吉也。九五正中,待物之须而不匮者,唯正中乎,故曰"贞吉"。需道至于光亨,位乎天位,为须之主,万物需之,"贞吉"也。二者,夫子之待价也。五者,天下之望成汤也。此以二、五言需之才也。坎为大川,自四之五,"往"也。乾刚须时而往,何难不济?故曰"利涉大川,往有功也"。

于卦气为二月,故太玄准之以奘、傒。

象曰:云上于天,需,君子以饮食燕乐。

云上于天,蓄膏泽而未降,须也。君子蓄其才德,未施于用,亦须也。饮食以养其气体,燕乐以养其心志,居易俟命,待时而动,盖需有饮食之道。膏泽,所以养万物也。坎为水,兑为口、为和说。

初九,需于郊,利用恒,无咎。象曰:"需于郊",不犯难行也。"利用恒,无咎",未失常也。

三乾,天际也。四在内外之交,曰"郊"。五坎为险难,初九正应六四,而险难在前,当守正不动,以需其应,不先时而动,不犯难而上行,故曰"需于郊,不犯难行也"。风雷相与,不失其正。天地可久之道曰"恒",谓五变,四动而交乎下也。九五虚中以需,六四屈己以下之,如是应时之需,则上下相与,可久而无咎。阴之从阳,地道之常也。初九阳在下,需六四之应而以巽行,以上下言之,"未失常也"。九五刚健中正而曰"犯难"者,非其应而往,无因而至,前志未通也。或问:"利用恒"也、"顺以巽"也、"乾道乃革"也,何取于卦也?曰:卦变也,所谓之某卦也。需"利用恒"者,需之恒也。蒙六五"顺以巽"者,蒙之观也。乾九四"乾道乃革"者,乾之小畜也,小畜之中又有离、兑,故曰革,是谓天下之至变。

九二,需于沙,小有言,终吉。象曰:"需于沙",衍在中也。虽小有言,以吉终也。

五坎为水,二、三兑为泽。水往矣,而其刚留于泽者,刚卤也,二在泽中,刚而柔,沙之象,沙,近于险者也。五不应二,故二需之。九二得中,刚而能柔,待时而动,其动必以正。积诚既久,二五相合,坎化为坤,险难易而为平衍矣。需于沙而不妄动,则平衍固在其中矣,故曰"需于沙,衍在中也"。六四与五,近而相得。四见二不应而需之,与己[一]异趋,"小有言"宜矣,兑口为言也。君子自守,亦何伤哉? 夫子不进犹不免于有言,矧余人乎? 二非终不进也,动则正,正则吉,而兑毁,虽小有言,终无凶也,故"终吉"。象言"以吉终"者,二之五以吉行,故有终,勉之也。

九三,需于泥,致寇至。象曰:"需于泥",灾在外也。自我致寇,敬慎不败也。

坎水坤土,水泽之际,为泥。九三刚健之极,进逼于险,已将陷矣,"需于泥"也。上六坎在外,为灾,故曰"需于泥,灾在外也"。九三守正可也,动则上六乘之。坎为盗,盗有戎兵,寇也。寇虽险,我动不正,而迫之已甚,则至,故曰"致寇至"。上乘三成坤,为舆,坎为车多眚,则败也。九三正而明,能抑其刚健,持之以敬慎而不动,谁能败哉? 敬者,持其正也。三、四下有伏艮,艮,止也,慎之象。故曰:"自我致寇,敬慎不败也。"

六四,需于血,出自穴。象曰:"需于血",顺以听也。

乾变坎为血,九五大壮乾变,故曰"血"。坎为隐伏,兑为口,穴也。六四,处险者也。据坎、兑之际,三阳自下而进,故曰"出自穴"。六四安其位,以一阴碍之,有险在前,进退不可,则阴阳必至于相伤,小人安险,不伤不已,故曰"需于血"。为六四者,不竞而顺以听之则善,故曰"需于血,顺以听也"。惟顺以听,是以三阳出自穴而无违焉。六四,坤,顺也;坎,耳,听也。

〔一〕"己",四库本作"五"。

九五,需于酒食,贞吉。象曰:"酒食贞吉",以中正也。

需至于五,阴已退听,难已获济,位乎天位,应天下之须。坎、震为酒,兑口在下,酒食之象。酒食,所以养人者也,故曰"需于酒食"。九五为需之主,应之以中正而已。天下之需于五者,无须不获,各足其量而止,如饮酒者止于醉,食者止于饱,需者无穷,应者不动,故"贞吉"。"贞吉"者,以中而正也。中则养之者不过,过则应之有时而穷,故曰"酒食贞吉,以中正也"。坎〔一〕、震为酒,何也?曰:震为禾稼,麦为曲糵,东方谷也,故东风至而酒涌。

上六,入于穴,有不速之客三人来,敬之终吉。象曰:不速之客来,敬之终吉。虽不当位,未大失也。

需者讼之反。三阳自外而入,坎、兑为穴,故曰"入于穴"。客在外,主人以辞速之曰"吾子入矣,主人须矣"。九五,需之主也。三阳乾,兑居西北之位,客也,自外而入,主人未应,"不速之客"也。三人者,三爻也,故曰"不速之客三人来"。"敬"者,持其正也。上六、九三当位而应,九二、初九不当位而不应。君子固有至于是邦,无上下之交者,岂可以不速之客而不敬乎?三阳,同类也,敬其一不敬其二,则需之者所失大矣。爻辞言"不速之客三人来,敬之终吉",而象辞去其三人,止曰"不速之客来"者,为上六也。上六于二、于初为不当位也,当位而应则得一人,不当位而兼应之则得三人。自不当位言之则失也,自得三人言之,则"虽不当位,未大失"也。"终吉"者,不失其正,故吉。卦体需也,有所失人,则失需之义矣。卦四阳君子,二阴小人,于六四戒之以顺听,于上六戒

〔一〕"坎",原作"次",据**通志堂本**、**四库本**改。

之以敬客,君子得位则小人必得其所,故为小人谋者如此。

䷅坎下乾上

讼,有孚,窒惕,中吉,终凶。利见大人,不利涉大川。

彖曰:讼,上刚下险,险而健,讼。"讼,有孚,窒惕,中吉",刚来而得中也。"终凶",讼不可成也。"利见大人",尚中正也。"不利涉大川",入于渊也。

乾,健也。坎,险也。两者相敌,所以讼也。无险则无讼,无健则不能讼,险而健故讼。此以两体言讼也。

讼自遁来,九三之二,二有孚于五。刚来掩于二阴之中,刚实有孚信,而见窒于人,不窒则无所事于讼矣。虽有孚也,然刚失位,见窒于二阴。邪正是非,上未辩也,能惕惧处柔,讼而不过乎中,则免矣。离为目,巽为多白眼,惕之象,故曰"有孚,窒惕,中吉,刚来而得中也"。此以讼三之二言九二之才也。

讼刚过而不反,终成其讼,必凶,故曰"终凶,讼不可成也"。此以成卦上九言讼之终也。

九五,大人听讼者也。中正在上,无所偏系,君子、小人各得其平,故九二利见之,以中正为尚也。离为目,见也,有善听者然后孚信,惧而得中吉,故曰"利见大人,尚中正也"。此以九五言讼之主也。

讼一变巽、二变鼎、三变大过,坎水变兑,川壅为泽,乾首没于泽中,"入于渊"也。天下之难,未有不起于争。刚、险不相下,君子、小人不相容,难始作矣。圣人见其讼也,戒之中正,戒之不可成。若济之以争,是以乱益乱,相激而为深矣。汉唐之乱始于小人为

险,君子疾之已甚,其弊至于君子、小人沦胥以败而国从亡,故曰
"不利涉大川,入于渊也"。此以卦变终言一卦之义也。

在卦气为清明三月节,故太玄准之以争。

卦一变、二变,何说也?曰:在贲之彖曰"柔来而文刚,分刚上而文
柔",在无妄之彖曰"刚自外来而为主于内",此举一隅也。刚柔相
变,上下往来,明利害吉凶之无常也。是故一卦变六十有三,此焦
延寿易林之说也。

象曰:天与水违行,讼,君子以作事谋始。

天西行,水东行,"违行"也,行相违乃有讼。巽为事,乾阳始于坎,
作事而谋始则讼不作,窒讼之源也。

初六,不永所事,小有言,终吉。象曰:"不永所事",讼不可长也。虽小有言,其辩明也。

初与四应,九二间之,此初六所以讼也。初往讼二,四来应初,坎
毁巽降兑见,坎,险也,兑,说也,巽为事,坎又为可,不永所讼之事
也。讼,事之险者,"不永所事",以讼不可长也,永其讼者,未有不
及祸者也。兑为言,阴为小,"小有言"也。初六往而直己,九四体
离而明,四刚、初柔各得其正,故虽小有言,而其辩易明,明故"终
吉",初以四为终也。易传曰:"在讼之义,同位而相应,相〔一〕与者
也,故初与四为获其辩明;同位而不相得,相讼者也,故二与五为
对敌也。"

九二,不克讼,归而逋,其邑人三百户无眚。象曰:不克讼,归逋窜也。自下讼上,患至掇也。

〔一〕"相",原脱,据通志堂本、四库本补。

二五本相应,以两刚不相下,此二所以讼五也。然五,君也,其德中正,以不正而讼中正,不可也,况以臣讼君乎?"不克讼"者,义不克也,故退归而逋,则其邑人三百户得以无眚,不然五来讨二,祸及邑人矣。"归"者,二自五而反。"逋"者,失位而窜。坎为隐伏,坤为众,坎动入于众中,窜也,故曰"不克讼,归逋窜也"。自下讼上,于势为逆,于义为非,祸患至于逋窜,自取之,犹掇拾也。二去成艮手,掇拾之象。乾策三十有六,坤策二十有四。九二变则二、三坤策,四、五乾策,合而言之,"三百"也。坤为户,二在大夫位,为邑。自三至五历三爻,坎在内为眚,二动去位则无眚,故曰"其邑人三百户无眚"。太玄曰"两虎相牙,掣者全也",归而逋之谓乎?古者诸侯建国,大夫受邑。诸侯之下士,视上农夫,食九人,中士倍下士,上士倍中士,大夫倍上士,卿四大夫,君十卿禄,天子之大夫视子男,大国之卿当小国之君,然则诸侯之卿,当天子之大夫也,食二百八十有八人。三百户,举全数也。

六三,食旧德,贞厉,终吉。或从王事,无成。象曰:"食旧德",从上吉也。

乾为刚德,上九阳极而老,"旧"也。三之上成兑为口,"食旧德"也。食旧者,食其素分,犹言不失旧物也。古者分田制禄,公卿以下必有圭田,以德而食,其来旧矣。公卿以下所食,如周官家邑、小都、大都之田是也。三公位乾,上九,郊之象。六三当争胜之时,不丧其旧,以下讼四而从上也。三从上而四间之,宜有讼。然三柔而明,柔则不能讼,明则知不可讼而止,是以从上而食旧德。六三介九二、九四两刚之间而失位,"厉"也。往从上九,则上屈其刚就之,无所事讼,得位而食,"终吉"也。三之从上,非苟从也,"或从王事",以成功归之。已终其事,不以无事而食,是以"食旧德"也,非从上之吉乎?乾五为王,巽为事,三,内卦之成,上,外卦之终,故曰〔一〕"或从王事","无〔二〕成"有终。窦婴讼田蚡,上下相激,至亡其身,不知六三之吉也。<u>易传</u>曰:"讼者刚健之事,故初则不永,三则从上,二爻皆以处柔不终而得吉,四亦不克而渝得吉,讼以能止为善也。"

九四,不克讼,复即命,渝安贞,吉。<u>象</u>曰:"复即命,渝安贞",不失也。

讼生于仇敌,故有忿争,不安其命者焉。九四上承五,下乘三,而初为应。五,君也,不可讼也。三从上,初从四,无与为敌者,故"不克讼"。乃克其刚强欲讼之心,而与初相应,相应则情义相得,各复其所,何讼之有?各复其所者,"复即命"也。命者,正理也。复即命则变前之失,安于正理矣。讼者,始于刚强而不明。九四处柔体离、巽,柔巽故无狠怒,明则知可否,斯九四所以能复者欤?巽为命,何也?曰:巽为风,风者,天之号令,在人则命也,受之于天也,故先儒以巽为命、为号令、为事。巽象曰"申命行事",正与否则系乎爻位之得失。<u>陆绩</u>曰:"讼之复,乾变而巽。"

九五,讼,元吉。<u>象</u>曰:"讼元吉",以中正也。

九五听讼之主,未能使人无讼,何谓"元吉"?大人得尊位,以中正在上,无所偏系,邪枉之道不行,故吉。"元吉"者,其始本吉,吉之至善者也,此<u>皋陶</u>、<u>淑问</u>、<u>召伯</u>听讼之爻。

上九,或锡之鞶带,终朝三褫之。<u>象</u>曰:以讼受服,亦不

〔一〕"曰"字,四库本无。
〔二〕四库本"无"字前多一"以"字。

足敬也。

三限乎上下之际,腰之象也。上九之三,"或锡之"。乾变为金,腰以金饰,"鞶带"也。三,离日之上,为"终朝"。兑为毁折,伏艮为手、为"受服"。三复位,鞶带毁,有褫之象也,故曰"或锡之鞶带,终朝三褫之"。自五之三历三爻,"三褫"也。"敬"者,人以其正足惮,故敬之。上九成讼而居上位,受服不以正,知其虽有是物,亦不足取敬于人,内自愧耻,不安其服,是以"终朝三褫之"。争讼逆德,非人之本心,故不克讼则归而逋窜,以讼受服则愧而三褫。

䷆坎下坤上

师,贞,丈人吉,无咎。

彖曰:师,众也。贞,正也。能以众正,可以王矣。刚中而应,行险而顺,以此毒天下而民从之,吉又何咎矣。

坤,众也。五阴而一阳为之主,利于用众。二有震体,震,动也,聚众而动之,亦用众也。周官自五人为伍,积之至于二千五百人为师,亦众也,故曰"师,众也"。用师之道,以正为本。九二动之五,正也。苟动不以正,出于忿鸷骄矜,虽迫之以威,非得其心也。惟一本于正,使众人皆得其正,天下之民将归往之,王者之道也。师自复来,初之二者也。一变师,二变谦,三变豫,四变比,至比而得尊位,可以王矣,要终而言也,故曰:"贞,正也。能以众正,可以王矣。"丈人者,尊严可信,长者之称。身在险中,服其勤劳,则众应之,"能以众正[一]"者也。震为长之象,言九二也。武王之于尚

[一] "正"字原脱,据通志堂本、四库本补。

父、宣王之于方叔是已。子夏传本作"大人"。

将帅之道,不刚则慢而不肃,刚而不中则暴而无亲,刚中矣,而上无柔中之主以应之,则睽孤内顾,动辄见疑,己且不暇恤,其能成功乎?古者人君之用将,既得其人矣,跪而推毂,付之斧钺,进止赏罚,皆决于外,不从中制,是以出则有功。语天下之至险者,无若师也。师动以义而民从之,虽至险而行之以顺也。坎自初之二,进而上行,"行险而顺"也。凡药石攻疾谓之毒,师之所兴,伤财害物,施之天下至惨也,圣人不得已而用之,以去民之害,犹用毒药以攻疾,虽曰毒之,其实生之。以此毒天下,而民安有不从者哉?兼是五者唯九二乎?是以吉而无丧败,合于义而无咎也。坎为险,又为毒者,险难之所伏也,医师聚毒药以攻疾,所以济险难也,故又为药,故曰:"刚中而应,行险而顺,以此毒天下而民从之,吉又何咎矣。"

在卦气为立夏四月,故太玄准之以众。

象曰:地中有水,师。君子以容民蓄众。

物之在天地间至多者,无若水也。地中能有之,师之象也。故土虽致密而含通流泉,河海之大,不能出其涯涘。君子宽以容民,又有度量,上下维持以蓄众。系辞曰"阳一君而二民,阴二君而一民",民谓阴爻也,有阳爻则阴爻为民。所谓"容民"者,言内卦也。坤为众,所谓"蓄众"者,言外卦也。或曰:隐至险于大顺,伏师旅于民众,井田之法也。

初六,师出以律,否臧凶。象曰:师出以律,失律凶也。

坎、坤为律,律谓之法者,度量衡之法,起于黄钟之九寸,黄钟,坎位也。尔雅曰:"坎,律铨也。"兵法:"地生度,度生量,量生数,数生称,称生胜。""师出以律",则教道素明,兵卒有制,胜敌之道也。初六不正,动则坤、坎毁,师失律之象也。"否臧",失律也,否读为

“可否”之“否”,刘遵曰“否字,古之不字也”,失律者为不善,否臧则不善,杜预亦曰“否,不也”。故辞曰“否臧”,象曰“失律”,失律则凶矣。或曰:师出无名而以律,可谓臧乎?曰:司马掌九伐之法,不正而动,是亦失律,安得不凶?春秋传晋荀首曰:“在师之临,曰‘师出以律,否臧凶’。执事顺成为臧,逆为否。众散为弱,川壅为泽,有律以如己也,故曰‘否臧’,其律竭也。盈而以竭,大〔一〕且不整,所以凶也。”曰师之临者,初六动而成兑也。坤为众,坎为律、为川。坤毁则众散,坎毁则川壅而律竭。

九二,在师中,吉,无咎,王三锡命。象曰:“在师中吉”,承天宠也。“王三锡命”,怀万邦也。

卦五阴听于一阳,在下而专制其事者也。人臣惟在师可以专制,然专制疑于擅权,不专制无成功之理,得中道乃吉,而于义无咎。九二刚居柔,威和并用,得中者也,故能承天宠。“天宠”者,龙光也。乾在上为天,五坎为光,二震为龙,二〔二〕之专制以五宠之。譬之地道,“含万物而化光”,非天地之施乎?惟在师得中乃能承天宠,不然,怙宠而骄,必有凶咎。莫敖自用,得臣刚而无礼,安能承天宠哉?坤在上为邦,四诸侯,三公,五乾为王。九自四历三爻,二有伏巽为命,“王三锡命,怀万邦也”。古者诸侯入为天子之卿,天子之卿为六军之将,王锡命之至于三,极数也,然亦不过乎中,万邦所以怀欤。过则滥赏,有功者不悦,非所以怀来之。九自五之二,怀来也。

六三,师或舆尸,凶。象曰:“师或舆尸”,大无功也。

〔一〕“大”,春秋左传作“夨”。
〔二〕“二”,原作“一”,据通志堂本、四库本改。

九二以刚中之才行师,上下当顺以听,坎耳坤顺也。六三在下卦之上,又动而主之,则尸其事者众也,故曰"师或舆尸"。坤为舆,舆又训众,三动得位,尸之也。坎变兑,毁其师也,故大者无功而凶。荀卿论兵曰:"权出一者强,权出二者弱。"易传曰:"军旅之任不专一,覆败必矣。"

六四,师左次,无咎。象曰:"左次无咎",未失常也。

六四之动,震为左,日〔一〕在地下,暮夜之时。师宿为次。坎,阻水也。险难在下,救者当倍道赴之,动而左次,阻水以自固,岂用师之常哉?宜有咎。然六四柔能自正,而下无应,知其不可行,量敌虑胜,临事而惧,未失坤之常也,于义为无咎。春秋书齐师、宋师次于聂北救邢,按兵待事,卒能救邢,何咎于次哉?易传曰:"度不能进而完师以退,愈于覆败远矣。可进而退,乃为咎也。易发此义以示后世,其仁深矣。"

六五,田有禽,利执言,无咎。长子帅师,弟子舆尸,贞凶。象曰:"长子帅师",以中行也。"弟子舆尸",使不当也。

五应二,二为田。震为稼,坎为豕,田豕害稼,四时之田皆为去害。二往之五成艮手,为执,伏兑为言,"执言"者,奉辞罚罪也。六五柔中以任将帅,二执言而行,去民之害,不得已而用师。譬如田猎,田既有禽,然后取之。田有禽则非无名,兴师执言则我有辞,于义无咎矣,故曰:"田有禽,利执言,无咎。"然六五柔,于用人不可不戒。九二震为长子,帅众而众从之者,以刚居柔,威克厥爱,以中道行师也。若五动成艮,于震为弟,于乾为子,之三则坎毁

〔一〕"日",原作"目",据四库本改。

既使二主师，又使三主之，“舆尸”也。所任不一，虽正亦凶。九五，正也。艮手有上使之意，上使不当也。舆尸之凶圣人再言之者，任将不可不重也。易传曰：“自古任将不专而致覆败者，如晋荀林父邲之战，唐郭子仪相州之败是也。”

上六，大君有命，开国承家，小人勿用。象曰：“大君有命”，以正功也。“小人勿用”，必乱邦也。

上六动，乾在五上。五，君位，“大君”也。大君者，号令之所自出也，故履之上九、临之六五，皆曰“大君”。上之三成巽，巽为命，“大君有命”也。有命以正，有功也。有大功者，“开国”使建国；有小功者，“承家”使受邑也。四，诸侯位，震为长子，主宗庙社稷，开国者也。二，大夫，为家，初阴在下承之，承家者也。巽三在二、四之中，有“开国承家”之象，上师之，成宗庙之位。古者赏人必于祖庙，示不敢专，故于上六并言之。六三不正为小人，三之上，小人用于上，成坤，“必乱邦也”。行师之时，贪愚皆在，所使未必皆君子。及其成功而行赏，则君子当使之开国承家，小人厚之以金帛，优之以禄位，不害其为赏功也。盖胙之土，万世之利，尊有德所以示训，若小人无厌，有民人社稷，其害必至于乱邦。周颂赉“大封于庙”，言锡予善人也。光武中兴，臧宫、马武之徒，奉朝请而已，得此道也。然寇、邓诸贤无尺寸之土，亦过矣。易传曰：“小人易致骄盈，况挟功乎？汉之英、彭所以亡也。”或问：坤为土、为国邑，古亦有言之者乎？曰：周太史为陈侯之子筮之，遇观之否。观四〔一〕，诸侯之位也。坤为土，变而为乾，乾父坤母，继父母之国者也，故曰“其代陈有国乎”。内卦坤为土，风行地上，不处者也，

〔一〕通志堂本、四库本“四”前多一“六”字。

故曰"风行而著于土,其在异国乎"。此皆以坤土为国也。<u>毕万</u>将仕于<u>晋</u>,遇屯之比,初九变也。<u>辛廖</u>占之曰:"震为土,车从马,公侯之卦。"又曰:"公侯之子孙必复其始。"二,大夫位也,言自大夫复为诸侯,以坤土动于下也。

䷇坤下坎上

比,吉,原筮,元永贞,无咎。不宁方来,后夫凶。

彖曰:比,吉也。比,辅也,下顺从也。"原筮,元永贞,无咎",以刚中也。"不宁方来",上下应也。"后夫凶",其道穷也。

"比吉"者,比而吉也。凡物孤则危,群则强。父子、夫妇、朋友,未有孤危而不凶者,人君为甚。故比而吉,谓九五也。"比,辅也",一阳在上,四阴在下顺从之,比所以吉也,故曰"比,吉也。比,辅也"。此合两体言比也。

然比当慎,不可以不与善,不可以不长久,不可以不正。有是三者,乃可以无咎。以其当慎也,故"原筮"以决其所从,原,再也,如原蚕、原庙之原。比自复来,一变师,二变谦,三变豫,自谦至豫,有艮手持震草占筮之象,故曰"原筮",原筮则其慎至矣。复初九始于正,四变成比,不离于贞,"元永贞"也。元,君德也,善之长也,乾刚之始也。盖比道之难,既原筮以审之,其始也相比以善,其终也永贞,则无咎矣。不然,虑之不审,其始比之不善,或贞而不永,岂能无咎?"原筮,元永贞"者,九五也。九五之刚,乾元也,故曰元,位乎中正,故永贞,故曰"以刚中也"。坎往则坤来,坎,劳卦,不宁也,坤为方,"不宁方来"也。比之时,下虽比辅,不敢自

宁,则上下相应,多方来矣,故曰"不宁方来,上下应也"。谦坤三
四五爻先来比之,上六独安其位而不来,欲来则已,后不来则履险
而逼,道穷而不知变,故凶。上六之所以凶者,后夫三爻也,故曰
"后夫凶",比道贵先故也。

象曰:地上有水,比,先王以建万国,亲诸侯。

地上有水,相比而无间。乾五,王也;四,诸侯位。坤土在上,国
也。坤为众,万国诸侯,众多也。比,师之反,九二为五,有先王
"建万国、亲诸侯"之象。"建万国"者,众建也。建万国则民比其
国君,亲诸侯则国君比于天子。封建自上古圣人至于三代不废,
享国久长,秦罢侯置守,二世而亡,此封建不可废之验也。患封建
不得其道耳,得其道者,建万国是已。夏承唐虞,执玉帛者万国,
成汤之时七千七百七十三国,成周千八百国。而夫子必曰"建万
国"者,众建诸侯而少其力也,众建则多助,少其力则易制。观此,
则周官诸侯之制,疑若非周公之意也。

初六,有孚,比之无咎,有孚盈缶,终来,有它吉。象曰: 比之初六,有它吉也。

初六不正,未能信者也。比道以信为本,中心不信,人谁亲之? 以
是比人,宜有咎。四与初本相应,初动而正,往比之,则有孚信矣,
孚者,信之应也,春秋传曰"小信未孚",故"有孚,比之无咎"。初
六坤土,坤为腹,动之四成兑,兑为口,巽为绳。土器有腹、有口,
而绳引之,坎水盈其中,"盈缶"也。缶所以汲,质素之器,诚之象。
水盈其中,亦诚信充实而无闲之象,"有孚"之谓也。比之有孚,何
咎之有? 故曰"有孚盈缶"。初,始也;四,终也。初自四复位,"终
来"也。四非正应,谓之"它",子夏曰"非应称它"。初比之以诚

信，其终也来，有它之吉矣。若始比不以诚，其能终有它乎？故曰"比之初六，有它吉也"。陆绩曰"变而得正，故吉"，是也。

六二，比之自内，贞吉。象曰："比之自内"，不自失也。

六二、九五，中正相比，刚柔正而位当。圣人犹曰"比之自内"者，六二，柔也，恐其自失也。二处乎内，待上之求然后应之，比之自内者也，故"贞吉"，正则吉也。不能自重，汲汲以求比，动而自失其正，道亦不可以行矣。枉尺直寻，未有能直人者也，故曰"比之自内，不自失也"。易传曰："士之修己，乃求上之道。降志辱身，非自重之道也。故伊尹、武侯救天下之心非不切，必待礼至而后出也。"

六三，比之匪人。象曰："比之匪人"，不亦伤乎。

"比之匪人"与"否之匪人"同义，子夏曰"处非其位，非人道也"。三、四处中，人位也。人道相比以正，六三柔而不正，处非其位，远比于上六，以非道而不应，近比乎六四、六二，以不正而不受。天地之间未有不相亲比而能自存者也，比之而人莫与，不亦可伤乎？虞翻曰："体剥，伤象。"弥子瑕曰"孔子主我卫，卿可得也"，孔子曰"有命"。鲁桓公求会于卫，至桃丘，卫侯弗与之见。求比而不得，不亦可伤乎？可伤则悔吝不必言也。

六四，外比之，贞吉。象曰：外比于贤，以从上也。

四以五为外，内外相形而后有也。六四当位，不内比于初，绝其系应，外比于五，守正不动，则相比以诚矣，故"贞吉"。五以德言之，刚健中正，贤也；以位言之，君上也。以正比贤，以臣比君，外比之所以吉欤？易曰"东北丧朋，安贞吉"，六四之谓乎？

九五，显比，王用三驱，失前禽，邑人不诫，吉。象曰：显

比之吉,位正中也。**舍逆取顺,**"**失前禽**"**也。**"**邑人不诚**"**,上使中也。**

九五,比之主,坎为明,显明比道者也,故曰"显比"。五位乎正中,比者因以比之,不规规以求比于物,比之以正中之道,所以吉也,故曰"显比之吉,位正中也"。乾五为王,自四至二历三爻。坤为舆、为众,坎为轮,田猎之象,"王用三驱"也。艮为黔喙,坎为豕,震为决躁,内卦为后,外卦为前,向上为逆,顺下为顺,故曰"失前禽"也。显比之道,譬之从禽。王者之于田也,三面驱之,阙其一面,逆而向我则舍之,背而顺我之射则取之,舍之者,明比也,取之者,明不比也,所谓正中也。施于征伐,叛者伐之,服者舍之,故曰"舍逆取顺,失前禽也"。坤在下为邑,谓二也。邑人者,二乾也。二之五,艮见兑伏,兑为口,"邑人不诚"也。王者之比,天下无远迩、无内外、无亲疏,不以邑人近则告诫而亲之,不以僻陋之国远则不诚而疏之,使人人以中道相比,无适无莫,则吉若显比矣,其道犹狭未吉也,故曰"邑人不诚,上使中也"。或曰:安知舍逆之为向我,取顺之为射取之? 曰:观其所杀而知也。射者,从禽左而射之,由左达右,诗曰"公曰左之,舍拔则获"。故田有三杀:自左膘达于右腢为上杀,射右耳本为中杀,射左髀达于右䯍为下杀。面伤不献,剪毛不献。郑康成曰:"禽在前来,不逆而射之也,去又不射也,唯其走者,顺而射之。"王弼亦曰:"趣己则舍之,背己而走则射之。"

上六,比之无首,凶。象曰:"**比之无首**"**,无所终也。**

六三动而比上,上比乎三成乾,乾为首。三者上〔一〕之始,上者比

────────────

〔一〕"上"前疑脱"比"字。

三之终，三不知比上则比之无首，上不知比三则比之无终，"比之无首，无所终"矣。正者宜吉，然上六不免于凶者，正而不知[一]用也。道与人，同者也，不相亲比与比之而无首，虽正亦凶。

☰乾下巽上

小畜，亨，密云不雨，自我西郊。

彖曰：小畜，柔得位而上下应之，曰小畜。健而巽，刚中而志行，乃亨。"密云不雨"，尚往也。"自我西郊"，施未行也。

柔自姤进而上行，至四得位，上下五刚说而应之，说则见畜矣。一柔畜五刚，小畜大，臣畜君也，爻非所应，亦曰"应之"，阴者，阳之所求也，故曰"柔得位而上下应之，曰小畜"。此以六四言小畜之义也。

下乾，健也；上巽，巽也。九二、九五，刚中也。健而济之以巽则易入，刚不过乎中则志行，于上下两者得则柔道亨，而阳为阴所畜矣，故曰"健而巽，刚中而志行，乃亨"。此以两体、二五言小畜之才也。

兑，盛阴也。"密云"者，兑泽之气上行也。"雨"者，阳为阴所得，相持而下者也。六四志在畜君，以往为尚，畜君者，好君也，不得于君，其能畜乎？故曰"密云不雨，尚往也"。此再以六四言小畜也。

乾，天也，在内外之交而见天际，郊之象。兑，西也。"我"者，内为

〔一〕四库本无"知"字。

主,柔自下升。天地之理,阳唱则阴和,西郊,阴也,密云不雨,阴先唱也,以臣畜君,虽尚往也,然不待唱而先之,则其施未行。"施"者,膏泽下流也。柔得位,待唱而往,则君施行矣,故曰"自我西郊,施未行也"。圣人言此,示臣强之戒。且曰:阴畜阳,小畜大,终不可以成大事。乾,天下之至健,至难畜者,非刚健笃实,辉光日新其德,岂能畜?

在卦气为四月,故太玄准之以敛。

象曰:风行天上,小畜,君子以懿文德。

天,刚德,文,柔德,风行天上,刚为柔所畜,小者畜也,君子以是懿文德。传言:"太虚无碍,大气举之。"

初九,复自道,何其咎,吉。象曰:"复自道",其义吉也。

圣人欲明阳不受畜于阴之义,故以履、小畜二卦反复明之。小畜,履之反,初本在上,二本在五,三本在四,故初、二皆以复言之,三,受畜而不得复者也。初者,九之位,正也,正者君子之道。初九不受畜而复,四犹未为得,所宜有咎。然由正道而复,四亦以柔道下之,何其咎哉?于义吉也。

九二,牵复,吉。象曰:牵复在中,亦不自失也。

小畜以一阴畜五阳,五本二之位,五动则二应,同志者也。二乾体刚健,五巽体柔巽,二进而欲复其所,五以同志牵挽而复之。巽为绳、为股,艮为手,"牵复"也。二,牵挽而后复者,畜之已深,不若初九自道而复为易。然在小畜之时,五能下之,引类自助,为得中道,二复而在中,亦不自失其正,而吉两得之也。易传曰:"同患相忧,二、五志同,故相牵连而复,二阳并进则阴不能胜,得遂其复矣。"

九三,舆说辐,夫妻反目。象曰:"夫妻反目",不能正室也。

子夏传、虞翻本"辐"作"輹",当作"輹"。上九、九三本相应,若动而成震,坤,其舆也,阳画,舆下横木也,为輹。九三见畜不可动,兑为毁折,"舆说輹"矣,其能进乎?震为夫,离为妻、为目,巽为多白眼。九三刚而不中,见畜而怒,故反目相视,妻制其夫,男女失位,不能正室也。三、四巽、离,有家人象,故以室言之。妻,齐也,敌夫之辞。震、离同象,故曰"夫妻"。初、二畜于巽而复,独九三畜于六四而不复者,九三失道,比于四而悦之也。阳无失道,阴岂能畜之?圣人详言此者,为阳畜于阴之戒。易传曰:"未有夫不失道而妻能制之也。"春秋传晋献公筮嫁伯〔一〕姬于秦,遇归妹之睽,史苏占之,曰"车脱其輹"。归妹外卦震也,上六变离震毁,车脱其輹,与此爻及大畜九二同象。

六四,有孚,血去惕出,无咎。象曰:"有孚惕出",上合志也。

五,君位,体巽,四近而相得,以正相比,臣畜君者也。四不系于初,诚信孚于上,"有孚"也。三阳务进而上,四以一阴乘之,若畜之以力,阴阳相伤,可不惕惧乎?唯诚信孚于上,而与上之志合,则物莫之伤,而惕惧远矣。伏坎为血、为加忧,巽为多白眼,惕也。"血去惕出"者,四五相易,合志之象。象辞不言"血去",盖"惕出"则血去可知。九五之刚,六四在下,止畜其欲,非诚信感之,上下志合,是婴龙鳞也,岂能畜哉?惟其有孚志合,守正而见信,故

〔一〕"伯",原作"相",据通志堂本、四库本改。

以此处上下之际而无咎。自古人臣得位,上畜乎〔一〕君,下畜乎众,君子不如六四之有孚,未有不伤。霍光之于魏相、萧望之,卒见伤也。

九五,有孚挛如,富以其邻。象曰:"有孚挛如",不独富也。

五近四相得,无应以分其志,有孚也。易言"交如"者,异体交也;言"挛如"者,同体合也。四、五同巽体,君臣合志,"挛如"也。小畜一阴畜五阳,常恐力不足而见伤。五〔二〕于畜时,虽得尊位而不能畜,以其富也。委之于邻,并力而畜之,"有孚挛如",则众阳皆为我用矣。阳实为富,阴虚为贫,四虚五实,而五与之共位食禄,四得尽其心,能以富用其邻也。"以",如"师能左右之曰以"。相比为邻,巽、离亦邻也。"富以其邻","不独富",谓富善人也。

上九,既雨既处,尚德载,妇贞厉,月几望,君子征凶。象曰:"既雨既处",德积载也。"君子征凶",有所疑也。

大畜畜之以止,畜极则散;小畜畜之以巽,极则畜道成矣。上九动而畜三,九三止而见畜,坎见兑泽流,"既雨"也,既雨则阳与阴和矣。九三不往而还其所,"既处"也,既处则不进矣。阳刚健,既雨、既处岂一日畜之哉?柔巽易入,阳说而受制,则刚者退避,柔者尚之,积之甚微,至于载之而有不知也。坎为轮,乾,阳德也,而在下,巽,阴德也,而在上,阳反载之矣。巽为妇,当以柔巽从夫为德,阴而畜阳,柔而畜刚,非德之正。以是为正,守而不变,危厉之

〔一〕"乎",原脱,据通志堂本、四库本补。
〔二〕"五",原作"王",据通志堂本、四库本改。

道。譬之月也,望则阴道盛满,即复亏而成巽,巽畜乾,岂妇德哉?坎为月,离日在兑西,月望之时也。六四未中,"几望"也。君子,上九也。阴盛阳消,君子有害,动而去之则正。"征",以正行也,然不可动,动则凶,故不得已而处,"有所疑"也,巽为不果,疑也。可动者,其唯小畜之初乎?

䷉兑下乾上

履虎尾,不咥人,亨。

彖曰:履,柔履刚也。说而应乎乾,是以"履虎尾,不咥人,亨"。刚中正,履帝位而不疚,光明也。

履,践也。言践履之道,一柔而履二刚,上为乾刚所履,不言"刚履柔"者,三柔,履之主也,以柔履刚,践履之难,处之得其道,履之至善也,故曰"柔履刚"。此以六三一爻言履之义也。

卦后为尾,兑为虎、为口,虎口,咥人者也。乾,健也,上九极乾,六三以柔履其后,上九与三相易,上复成兑,是履猛虎之尾,怒而见咥者也。三,兑体,下说乎人之情,上应乎乾,上极健而我应之以和,虽刚而不忤,和而不流,柔而不犯,推是道以行,蹈吕梁之险可也,故处乎五刚之间,柔而能亨。关子明曰:"履而不处,其周公乎。"故曰:"说而应乎刚,是以履虎尾,不咥人,亨。"此合两体言履至危而亨也。

九五以天德临下,刚不中正,有所偏系,则君子畏祸将去之,小人以柔邪而进,阳为阴所病矣。九五中正,践帝位,立乎万物之上,无所累其心,舜、禹之有天下也,履道至此,光明格于上下矣。离为明,疚,病也,阴阳失位为病。六三不正,五不应之,"不疚"也。

故夫子赞之曰:"刚中正,履帝位而不疚,光明也。"今之王,古之帝也。独于履言"帝位"者,<u>易</u>君德而当君位者五卦,否、无妄、同人、遁、乾体也,而无履之时。有是德,有是时,而履是位者,唯履而已。上下履位,物物循理之时也。

在卦气为六月,<u>太玄</u>准之以礼。

象曰:上天下泽,履,君子以辩上下,定民志。

天泽相际,目力之所极,则视之一也,而上下实异体,不可不辩。礼者,人所履,表微者也。坤为民,巽为不果,疑也,故君子以礼辩上下,定民志。古之治天下者,思去民之疑志以定之尔。

初九,素履,往无咎。象曰:素履之往,独行愿也。

初在履之下而正,安于下,不援乎上者也。四动而求之,斯可往矣。往以正,不失其素履。往成巽,巽为白,亦素也,故"往无咎"。履九五中正,君位也,四爻不正,初九独正,往之四者,将以正夫众不正,"独行愿"也。非厌贫贱也,非利富贵也,是以"往无咎"。<u>易传</u>曰:"夫人不能自安于贫贱之素,则其进也乃贪躁而动,求去乎贫贱尔,非欲有为也。既得其进,骄佚必矣,故往则有咎。"

九二,履道坦坦,幽人贞吉。象曰:"幽人贞吉",中不自乱也。

二动成震,震为大途,坤为平衍,"履道坦坦"也,道中正也。初动二成坎,坎为隐伏,初未往,二伏于坎中,"幽人"也,幽人言静而无求。及〔一〕初复位,动而不失其正,幽人之贞也,正则吉。初

〔一〕"及",原作"反",据<u>通志堂</u>本、<u>四库</u>本改。

之应四,动而往,静而来,上下无常也。而幽人守正,所履坦坦者,自若其中,不自乱也。坤为乱,二正得中,"不自乱"也。久幽而不改其操者,其唯九二乎?易传曰:"九二阳志上进,故有幽人之戒。"

六三,眇能视,跛能履,履虎尾,咥人凶,武人为于大君。象曰:"眇能视",不足以有明也。"跛能履",不足以与行也。咥人之凶,位不当也。"武人为于大君",志刚也。

六三离为目,兑毁之,眇也,眇者不能视远,言其知不足以有明也;巽为股,兑折之,跛也,跛者不能行远,言其才虽有上九之应,不足以相与而行也。卦一阴介五阳刚健之中,才知不足,处非其位,柔不胜刚,必有凶祸,故曰"咥人之凶,位不当也"。卦后为尾,兑为虎、为口,履乾之后,三往乎上成兑,虎口啮之,咥人之象。六三位不当,一也。在卦言"不咥人,亨",爻言"咥人,凶"者,卦体说而应乎乾,应则以柔应刚,以说应健,如列御寇所谓"达其怒心"也,爻则才知不足而有为于大君,妄动也,是不知宋王之猛者也。乾五为君,上九,大君也。兑,西方,肃杀之气,武也。天右行,故天事武。三居中,志也。六柔居三,"志刚"也。六三往之上九,武人有为于大君,志刚则决,不虑其才知不足而决于有为,致咥之道,盆成括是已。观六三妄动而凶,则知初九之往为吉矣。

九四,履虎尾,愬愬,终吉。象曰:"愬愬终吉",志行也。

九四履三阳之后,下有兑虎,"履虎尾"也。五刚,四近君多惧,然以阳居阴,谦而不处,动成震,震为恐惧,"愬愬"也。恐惧则敬慎,敬慎则动无非正。始也履虎尾，终也恐惧不失其正，而志上行于君，"终吉"也。中为志，动则行。

九五，夬履，贞厉。象曰："夬履贞厉"，位正当也。

六三"履虎尾，咥人，凶"者，位不当也。九五其位正，其德当，而"贞厉"者，刚天德不可为首也。九五履乎正位，当用六三之柔济乎刚，健而说，决而和，斯可以履天下之籍矣。人君擅生杀之柄，不患乎无威，患乎刚过不能以柔济，则臣下恐惧而不进，人君守此不变，危厉之道。兑为决，三、五相易成夬，故曰"夬履"。或曰：六三不正，何以用之？义取柔济刚也。易传曰："古之圣人居天下之尊，明足以照，刚足以决，势足以专，然未尝不尽天下之议。"

上九，视履考祥，其旋元吉。象曰：元吉在上，大有庆也。

祥者吉之先，见生于所履者也。视我之所履，则吉之来可考而知之矣。天下之理未有出而不返者也，上九所履不邪，其旋反者必元吉也。阳为大、为庆，上动以正，乃致大有吉庆之道，故曰"元吉在上"。三在内为离目，"视履"也。上动而三有庆，"其旋元吉"也。上，履之终，故其祥可考焉。

周易上经乾传第一〔一〕

〔一〕"周易上经乾传第一"，四库本作"汉上易传卷一"，下均同。

周易上经泰传第二

翰林学士左朝奉大夫知制诰兼侍读兼资善堂翊善

长林县开国男食邑三伯户赐紫金鱼袋朱震集传

䷊乾下坤上

泰，小往大来，吉亨。

彖曰："泰，小往大来，吉亨"，则是天地交而万物通也，上下交而其志同也。内阳而外阴，内健而外顺，内君子而外小人，君子道长，小人道消也。

小者自内而往，大者自外而来。阴阳之气，往来相交故亨，交以正故吉，"吉亨"者，吉以亨也。以天地言之，乾坤交而成震，震，"万物通"也，天地之泰也；以上下言之，上下交而二、五不失中，"其志同"也，君臣之泰也。不交则不通，不同则不交，此再言"泰小往大来"，所以"吉亨"也。

以气言之，内阳而外阴则通；以德言之，内健而外顺则通；以天下言之，内君子而外小人则通。泰者，通而治也。是故君子内则其道日长，小人外则其道日消，如是乃能存泰而不入于否矣。关子明曰："乾来内，坤往外，则君子辟，小人阖，故名之曰泰，反是名之曰否。作易者其辟君子而通小人之阖也，故以君子名其卦。"

在卦气为正月,故太玄准之以达、交。

象曰:天地交,泰,后以财成天地之道,辅相天地之宜,以左右民。

泰者,天地交也。“财成”、“辅相”者,以人道交天地也。兑刻制,坤成物,因天地之道而财成之也,则物不屈于欲。震左兑右,“辅相”也,因天地之宜而辅相之,则人不失其利。“左右”,亦震、兑也。坤为民,“财成”、“辅相”、“以左右民”者,立人道也。财、裁古通用。

初九,拔茅茹,以其汇征,吉。象曰:拔茅征吉,志在外也。

茅上柔下刚而洁白,君子之象也。拔其一则其根牵引,连茹而起,君子引类之象也。茹,根也。三阳同志,外有应,初九上应四,四来援之成巽,初往成震。震为蕃鲜,巽为白,茹者,初九之刚也。初往则二、三同类牵连而进。伏艮为手,拔茅连茹,“以其汇征”也。征,正行也,利于正行故吉。君子在上,必引其类,将以合君子之类,并天下之力,以济其道于泰,不然,小人以朋比而强,君子以寡助而弱,亦何由泰哉?

九二,包荒,用冯河,不遐遗,朋亡,得尚于中行。象曰:“包荒,得尚于中行”,以光大也。

兑为泽,震为萑,陂泽荒秽之象。二之五,以阳包阴,“包荒”也。坎为大川,出乾流坤,行于地中,河之象也。震足蹈川,徒涉也,徒涉曰冯,“冯河”也,勇于蹈难而不顾者也。二近五远,“不遐遗”也。阳与阳为朋,二绝其类而去,“朋亡”也。人怛于泰,政缓法弛之时,当有包含荒秽之量,以安人情,用冯河越险之勇,以去弊事。

民隐忽于荒远,人材失于废滞,故戒以"不遐遗"。近己者爱之,远己者恶之,大公至正,或夺于私昵,故戒以"朋亡"。四者具,乃得配六五而行中道,所以然者,光明广大,不狭且陋也。六五柔中以下九二,二刚中而配五,坎离日月,充满六合而无私照,其道光大,如是则无一物不泰矣。易言道大无所不容者曰"光大",思虑褊狭者,未光大,陋之谓也。时已泰矣,苟浅中不能容之,则轻人才,忽远事,植朋党,好恶不中,不足以厌服人心,天下复入于否。六五曰"中以行愿也",九二曰"中行",中道者所以存泰也。横渠曰:"舜、文之治不过是矣。"

九三,无平不陂,无往不复,艰贞无咎,勿恤其孚,于食有福。象曰:"无往不复",天地际也。

初、二上往,四、五复位。坤,平衍也,化为山泽,平者陂矣。若九三不守其位,而又往上六,坤复泰将成否,故戒之。观"无平不陂",则知"无往不复"矣。九三在天地之际,往者当复,泰者当否,时将大变,唯艰难守贞,确然不动,乃无咎。三与上六,有孚者也。阴阳失位为忧,忧,恤也。三、上相易,"恤其孚"也。天地反复之际,外之小人必因内之君子有危惧之心,乘隙而动,著信于我,君子应之,则大事去矣,祸至于覆其宗。"艰贞","勿恤其孚",不以利害之心移其守,以拒险诐之势,以塞反复之路,自信而已,"于食有福"矣。兑为口,三阳为福。君子之干禄也,修身俟命,人之信否,无以为也,故能永享安荣,与有泰之福。或曰:时运已往,艰贞其如何?曰:天人有交胜之理。关子明曰:"象生有定数,吉凶有前期,变而能通,故治乱有可易之理。"大哉人谟,其与天地终始乎!

六四,翩翩,不富以其邻,不戒以孚。象曰:"翩翩"、"不

富”，皆失实也。“不戒以孚”，中心愿也。

阳实为富，阴虚为贫。以，用也。邻，五与上也。阳必求阴，阴必
求阳，阴阳之情也。三阳在下，上与三阴相应，故阴得其主而安于
上，君子在内小人安于外之象也。三阳相率而往，三阴失实，各复
其所，故翩翩然下之初六成巽，巽为鸡，而五与上亦从之而复，不
富而用其邻也。“不富”者，“失实”也。“翩翩”者，回翔而后下之
意，譬如叶坠井中，翩翩而下，以井气扶之也。君子初去位，小人
犹有顾忌，君子尽去，然后飞扬矣。君子有益于世也如此，可使一
日去位乎？兑口，“戒”也。上下相应，“孚”也。君子往则小人
来，兑象毁，“不戒以孚”也。不正之间独行正者，君子之愿也；众
正之间而行不正者，小人之愿也。愿皆出于中心，而分君子、小人
者，正不正之间耳，是以君子“艰贞”。圣人言此，明天地将闭，上
下各复其所，虽有圣智，莫能止也。易传曰：“理当然者，天也；众
所同者，时也。泰既过中，则变矣。”

六五，帝乙归妹，以祉元吉。象曰：“以祉元吉”，中以行
愿也。

史谓汤为天乙，又有帝祖乙、有帝乙，阳虎谓帝乙为微子之父，而
子夏曰“‘帝乙归妹’，汤之归妹也，汤一曰天乙”。京房载汤嫁妹
之辞曰：“无以天子之尊而乘诸侯，无以天子之富而骄诸侯。”阴之
从阳，女之顺夫，本天地之义也。往事尔夫〔一〕，必以礼义。则“帝
乙”，汤也。

五，君位，乾九二居之，“帝”也。帝，天德也。女以嫁为“归”。震

〔一〕“尔夫”，原作“尔天”，通志堂本作“尔夫”，四库本作“而复”，据通志堂本改。

为长男,兑为少女,由长男言之,妹也。六五降其尊位,下交九二,"帝乙归妹"之象。五以柔中下交九二刚明之贤,而顺从之,九二复以刚中上交于五,而其道上行,五以是成治泰之功,则以中道致福而获元吉也,故曰"以祉元吉"。祉,福也。"元吉"者,吉之至善也。夫上交于五者,岂唯九二之愿?亦六五之愿。二、五道行,君臣并吉,非其愿乎?故曰"中以行愿也"。

上六,城复于隍,勿用师,自邑告命,贞吝。象曰:"城复于隍",其命乱也。

上六治极而乱,以一卦言之,阙土为"隍",积而成"城",泰兑之象。城高而坠,复归于隍,泰反为否也。师,众也,坤为众。"城复于隍",则天地闭塞,君失其民,故"勿用师"。邑,二也。巽为命,泰兑口为告,坤为乱。四之初成巽,"告命"也。五之二,"自邑告命"也。上之三成坤,"其命乱"也。当是时,虽九五正,其道不行于下,"贞吝"也。虽自邑人人而告谕之,其命曰乱,不可正矣。盖泰之方中,君臣同心乃可以治泰,过此则变,必至于大乱而后已。

䷋坤下乾上

否之匪人,不利君子贞,大往小来。

彖曰:"否之匪人,不利君子贞,大往小来",则是天地不交而万物不通也,上下不交而天下无邦也。内阴而外阳,内柔而外刚,内小人而外君子,小人道长,君子道消也。

天地相交,是生万物,其卦为泰。人于其中,为天地万物之主,观之人则天地相交,万物咸备,故三偶在上,三奇在下,鼻口居天地

之中,交泰也。天地当交而否之,匪人道也。圣人位乎两间以立
人道,否之则人道绝灭矣,故曰"否之匪人"。泰初、三、四、上得
位,二、五以正相易,正者众,君子多也;否初、三、四、上不正,二、
五独正,正者少,不正者众,小人多也。泰多君子,否多小人,岂天
降之才有殊哉?否时君子消,小人长,自中人以下化之为不正,虽
有君子,寡徒少偶,难乎免于衰世,于是有"善人载尸"、"哲人之
愚"。"括囊,无咎无誉",故曰"不利君子贞"。大者自内而往,小
者自外而来。乾、坤不交,震反成艮,艮者,万物之终也,故曰"万
物不通也"。坤在上为邦,在下为邑,治天下之道,自庶人达于大
夫,大夫达于诸侯,诸侯达于天子,上下不交,坤反于下,则民困而
主不恤,下怨而上不知,俗已败而政不修,虽有邦国,内外塞矣,故
曰"天下无邦也"。

以气言之,内阴而外阳,乾阖而坤也;以形言之,内柔而外刚,气反
而死也。一阴自姤长而为遁、为否,小人之道日长,君子之道日
消,其祸至于空国而无君子,极坤疑乾,君臣相伤,故圣人于此终
言之。

象曰:天地不交,否,君子以俭德辟难,不可荣以禄。

天地不交,上下否塞也。泰坤,嗇嗇,"俭"也。兑泽,险〔一〕难也。
震,蕃鲜,"荣"也。否反泰,乃有君子当天地不交之时,以俭德避
难,不食而遁去,虽有厚禄,不可荣之之象。

**初六,拔茅茹,以其汇,贞吉,亨。象曰:拔茅贞吉,志在
君也。**

〔一〕"险",原作"俭",据通志堂本、四库本改。

初六自下引九四以退,有艮、巽。九四应初,巽成震。艮为手,
"拔"也。巽为白,震为蕃鲜,上柔下刚而洁白者,"茅"也。"茹",
九四之刚也。三阳同类,"以其汇"也。四应初,正也。能与其类,
退而守正,得处否之吉,身虽退伏,其道亨矣。五为君,四近君,志
中也。屈伸进退,相为用也。君子之退,以小人得志,故安于下以
俟其复,未尝一日忘君也。君子所以屈而能伸,退而能进,此否所
以为泰之本欤?故曰:"拔茅贞吉,志在君也。"

六二,包承,小人吉,大人否,亨。象曰:"大人否,亨",不乱群也。

五包二,二承之,"包承"也。顺以承上,小人之正也。六二在否之
时,得位在内,小人也,故曰"小人吉"。九五中正在外,包小人而
容之,虽包小人,而亦不乱于小人之群。坤为乱,三阴,小人群也。
包则和,不乱群则不流,此大人处否而亨欤?不曰君子者,处否而
亨,非大人不能,若同流合污,则否而已,焉得亨?天地相函,阴阳
相包,否六二、六三,姤九三,皆以阳包阴,大者宜包小也。

六三,包羞。象曰:"包羞",位不当也。

六三得时,进而处上,九四辞尊,退居于下,见六三则包容之,而六
三始有处不当位之羞。何以知其羞乎?体巽而自动,是以知其羞
也。管仲谓齐侯"恭而气下,言则徐,见臣有惭色"是也。六二、六
三,小人之致否者也。君子与之力争,则否结而不解矣。自古君
子不忍于小人以及祸害者常多,故易为君子谋,必包容之,使下者
知所承,上者知所愧,庶几有泰之渐也。三、四相易,巽成离,离为
目,羞愧之象,与恒九五"或承之羞"同。

九四,有命无咎,畴离祉。象曰:"有命无咎",志行也。

九四否道已革，故于此言济否之道。四为朝廷，五为君，巽为命。
"畴"，类也。"祉"，福也。九四刚而履位，有济否之才而近君，能
下君命于朝廷。五锡以六二之祉福，则阳德亨矣，否可以济矣，人
谁咎之哉？四应初，三应上，君子之类，附丽其祉以进，九四之志
行乎下矣。五锡二成离，离，丽也，志者，中也。荀谞谓："志行乎
群阴也。"易传曰："君道方否，据逼近之地，所恶在居功取忌，若动
必出于君命，威福一归于上，则无咎而其志行矣。"

九五，休否，大人吉，其亡其亡，系于苞桑。象曰：大人之吉，位正当也。

"休"，息也。九四否道已革，九五息否之时，二、五相易，阴息于
五，故曰"休否"，言九五之动也。大人居尊位，正也，中正而健，德
当乎位也。位者，圣人之大宝，虽有其德无其位不可也，有其位无
其时不可也。息天下之否者，其唯有其位、有其德，又有其时乎？
故曰"大人之吉，位正当也"，言九五之不动也。然未离乎否也，故
又戒之。九五不动，不能与二相易，则安其位者也，保其存者也，
有其治者也。安其位者必危，保其存者必亡，有其治者必乱，故曰
"其亡其亡"，此又因九五不动以明戒也。"苞桑"，其叶丛生者
也。巽为木，上玄下黄，三阳积美而根于坤土，其根深固，"苞桑"
也。巽为绳，系也，维也。虑其危亡且乱，当系之、维之，使其根深
固，以防否之复，故曰"系于苞桑"，如是则大人吉。非位正德当，
能无凶乎？易传曰："汉之王允，唐之李德裕，不知此所以致祸
败也。"

上九，倾否，先否后喜。象曰：否终则倾，何可长也？

上九否之终，天运极矣，人情厌矣。君子动于上，六三应于下，否

毁兑成,如决积水而倾之,莫之能御也。始也否塞,"先否"也;终也倾否,"后喜"也。兑为说,阴阳得位为喜,巽为长,理极必反,否终则倾,何可长也?易传曰:"反危为安,易乱为治,必有刚阳之才,故否之上九则能倾否,屯之上六不能变屯。"

䷌ 离下乾上

同人于野,亨,利涉大川,利君子贞。

彖曰:同人,柔得位、得中而应乎乾,曰同人。同人曰"同人于野,亨,利涉大川",乾行也。文明以健,中正而应,君子贞[一]也,唯君子为能通天下之志。

姤阴自初进,至二成卦。以阴居阴,"得位"也。二,"得中"也。乾九五位正德当,二以柔顺应之,各得其正而其德同,故曰"同人"。人道父子、君臣、夫妇、朋友、长幼,其位不同而相与会于大同者,中也,过与不及,睽异而不同矣。人受天地之中以生,未始不同,得其所同然则心同,心同则德同,故曰"柔得位、得中而应乎乾,曰同人"。此以二、五释同人之义也。

"乾",天也,曰"同人"何也?三画以初为地,二为人,三为天,重卦四即初也,五即二也,上即三也。六二应乎九五,同人也,以其同人,故曰"同人"、"曰同人"。上九,天际也,故曰"野",野者,旷远无适莫之地。常人之情,其所同者不过乎昵比之私,而同人之道,不以系应,达于旷远,无适无莫,其道乃亨,有一不同为未亨也。同人至于上九,则远近内外无不同者,故曰"同人于野,亨"。

〔一〕"贞",四库本、周易注作"正",朱震下文引用时亦作"正"。

二自下至上皆成兑泽,决为大川,险阻艰危之象。乾,健也,能与天下同之,其行健矣,则险阻艰危何往不济? 故曰"利涉大川,乾行也"。乾行自子至巳,坤行自午至亥,二柔上进,乾爻下行。不曰"坤行"者,同人坤变乾,初九子上至巳,圣人因以寓乾坤之行焉。坤为文,坤变离为文明。文,理也。万物散殊,各有其理,而理则一。圣人视四海之远,百世之后如跬步、如旦暮者,通于理而已。惟烛理明则能明乎同人之义,然非〔一〕克己行之以健,不蔽于欲者,不能尽其道,克己则物与我一矣。文明以健,然后中正无私,靡所不应,天下之志通而为一。夫同人之义,以四言该之,文明也,健也,中也,正也;以一言尽之,正而已矣。不正则烛理必不明,行己必不刚,施诸人必无相应之理,反求于心不能自得,其能通天下之志乎? 故曰"文明以健,中正而应,君子正也"。唯君子为能通天下之志。此合二五、两体以言同人之才也。

易传曰:"小人惟同其私意,故所恶者虽是而异,所比者虽非亦同,其所同者则阿党,盖其心不正也,故同人之道利在君子贞。"

以卦气言之为七月,故太玄准之以昆。

象曰:天与火,同人,君子以类族辨物。

天体在上而火炎上,二、五相与,"天与火"也,同人之道,同而无间,如天与火然,故曰"天与火,同人"。离,丽也,一阴丽于二阳,阳本乎天,炎上者,"类"也,故君子以"类族"。然乾,阳物也,离,阴物也,其物各异,故君子以"辨物"。类族者,合异为同;辨物者,散同为异。

初九,同人于门,无咎。象曰:出门同人,又谁咎也?

〔一〕"非",原作"则",据四库本改。

初九动艮为门,人道,同乎人者也。同人于门内,不若同人于门外之为广也,故曰"同人于门"。初九动失正,宜有咎,四来同之,初、四各得其正,盖善者人之所同然,其谁咎我哉? 故曰"出门同人,又谁咎也"。

六二,同人于宗,吝。象曰:"同人于宗",吝道也。

二往同五,复成离,五来同二,复成乾,往来相同,乾、离各反其本宗,"同人于宗",所同狭矣,吝道也。易传曰:"同人不取君义,私比非人君之道。"

九三,伏戎于莽,升其高陵,三岁不兴。象曰:"伏戎于莽",敌刚也。"三岁不兴",安行也。

离为甲胄、为戈兵。三动有震、巽、艮之象。震、巽,草木,"莽"也。艮为山,在下体之上,"陵"也。震为足,巽为高,"升于高陵"也。三不动则"伏戎于莽",言九三刚而不中,不能同人,与五争,应二者五之所同,九三贪其所比,据而有之,故伏戎于莽,将以攻五,虑其不胜,又升高陵而望焉。然五阳刚居尊位,二本同五,非三之所当有,于义屈矣,故望其敌知不可犯也,反于中知义不可行也,乃退而守,下比于二,二亦自若。然则非道而同乎人者,动而争之不可得也,不动而比之不可得也,奚益矣? 终岂能行哉? 故曰"伏戎于莽,敌刚也。三岁不兴,安行也"。乾为岁,三岁,三爻也。

九四,乘其墉,弗克攻,吉。象曰:"乘其墉",义弗克也,其吉则困而反则也。

九三动而争二,成坤土,在内外之际,"墉"也。九四乃欲捣虚,自上乘之,故曰"乘其墉"。四动入坎险,有弓矢相攻之象,故曰

“攻”。三非犯己，二非己应，虽乘墉入险，岂其宜哉？故曰“乘其墉，义弗克也”。二〔一〕动四乘之成坎，四动上复乘之成兑，兑、坎，困象也，故曰“困”。弗克攻则已矣，何谓“吉”？吉者，正也，谓其乘墉入险，力已尽而二不应，困而知反，反而不失其则也，是以吉。则者，理之正，天地万物之所不能违者，岂势力所能夺哉？古易本云“反则得则，得则吉也”，一本云“反则得，得则吉也”，定本作“其吉则困而反则也”。

九五，同人先号咷而后笑，大师克相遇。象曰：同人之先，以中直也。“大师克〔二〕相遇”，言相克也。

三“伏戎于莽”，四“乘其墉”，动而争二、五，成巽、震、坤，坤为丧，巽为号，震为声，“号咷”也。二非三、四之所能有，三、四不动，二自往同于五，离目动为笑，理之所同，非争之所能得，非不争之所能亡，故曰“九五，同人先号咷而后笑”。当三、四动时，九五若动而争之，非用大师，不能克三、四之强而与二相遇。坤为众，自上入险而克三，三亦自下而克五，有师之象，言用力如是其难，始克相遇，遇非会之正也，故曰用大师克相遇，言相克也。三、五相克而与二遇，岂会之正哉？王弼谓“执刚用直，不能使物自归”是也。然同人之先号咷何耶？曰“以中直也”，直者，乾之动也，理之所在也。理直矣，三、四抑之，望人者深，故号咷也。观乎所同，物情见矣，故不得其所同则怨，怨而无告则号咷随之。岂惟人哉？鸟雀亡其类则啁啾而鸣，大兽亡其群则踯躅而悲，未有失其所同，不如同人之先者也。易传曰：“九五君位而爻不取人君同人之义者，盖

〔一〕“二”，通志堂本、四库本作“三”。
〔二〕通志堂本、四库本、周易注无“克”字。

人君当与天下大同,而五专以私昵应于二,失其中正之德,非君道也。又先隔则号咷,后遇则笑,乃私昵之情,非大同之体也。二之在下,尚以同于宗而为吝,况人君乎?"

上九,同人于郊,无悔。象曰:"同人于郊",志未得也。

上九在外,远于二,未得志也。动而得正,内同九三,虽未得二,不为无所同也,故动而无悔。九三乾,天际而在内外之交,有郊之象。同人于刚健之爻,三伏戎,四乘墉,五用大师,上九远于二,处不争之地,动而无悔,九三自至。同人之义,其在于不与物争而物情自归乎?

䷍乾下离上

大有,元亨。

彖曰:大有,柔得尊位,大中而上下应之,曰大有。其德刚健而文明,应乎天而时行,是以元亨。

小畜"柔得位而上下应之",六四也。六四畜之以巽,是以小畜。大有"柔得尊位"则有利势,得"大中"之道则得人心,而又执柔履谦,有而不恃,故上下五阳皆应,能有其大。六五而言大中,五者,大中之位,柔得之也,故曰"大有"。不言有大者,大不可有也。此以六五一爻言有其大。

夫天下,至大也,有其大者未必能元亨,致元亨者由乎其才。内乾,刚健也;外离,文明也。刚健则不息,文明则能顺万物之理而明。有是德矣,推而行之,不失其时者,随天而行也。盖六五自同人之二,固始以正矣,以时而行,是以元亨。此合两体推原六五,言大有之才也。才者,能为是德者也。

同人曰"文明以健",大有曰"刚健而文明",何也？同人九五,健矣,不言刚者,刚"天德不可为首",不言刚,抑之也。大有六五柔得尊位,嫌于刚不足,故曰刚健。或曰：大有,师宾之道也。曰大有尚贤自六五言,上九乃有师宾之象,彖言"尚贤"者,唯大畜也。

象曰：火在天上,大有,君子以遏恶扬善,顺天休命。

大有自姤,一阴四变,皆有恶与善之象。恶者,不正也；善者,正也。乾阳,休善也。巽,命也。至于五变成离,离为火,在天上,明盛大有之时。恶者遏绝,善者显扬,此岂人力之所能为哉？"顺天休命"而已。故古者进贤退不肖之命,谓之"休命",或谓之"明命"。

初九,无交害,匪咎,艰则无咎。象曰：大有初九,无交害也。

初九守正无交,在他卦未有害,大有"柔得尊位,大中上下应之",而初九无交则害也。正匪可咎,艰以守正,择可而后交,则无咎。交道难,不可苟合也。四来下初,己乃可动,此王丹自重之爻乎？

九二,大车以载,有攸往,无咎。象曰："大车以载",积中不败也。

六五不有其大,屈体下交九二,而倚任之,犹"大车"也。坤为舆,乾变坤为大车。九二刚中而居柔,刚则不胜,中则不过,居柔则谦顺,具此三者,往之五,以任天下之重,犹车载也。大有,物归者众,富有之时。六五中而未极,故"有攸往,无咎",往之得正也,盛极则不可往矣。阳为重,五,中也,积重其中而刚不倾挠,"积中不败"也。"大车以载"者,贵夫"积中不败"也。大有六五而任小才,不胜其任矣。

九三,公用亨于天子,小人弗克。象曰:"公用亨于天子",小人害也。

三者公之位,春秋传晋文公将纳王,使卜偃筮之,遇大有之睽,曰:"吉,遇'公用亨于天子'之卦,战克而王享,吉孰大焉。"杜预曰:"大有九三爻辞也。"则卜偃时读易作"公用享于天子",杜预亦然。京房曰:"享,献也。"干宝曰:"享,燕也。"姚信作"享祀"。义虽小异,然读为享则同,今从旧读。三、五相交,三乾变离、兑。乾为天,离为日,兑为泽,卜偃谓"天为泽以当日,天子降心以逆公",是也。夫天子施泽于下,降心而说,有粲然之文者,莫如公之享于天子也。天子飨诸侯之礼必于祖庙,六五承上九宗庙,飨于祖庙之象也。上六备九献之礼,乃以圭瓒裸宾客,设太牢体荐之俎,备金石之乐,升歌下管于献酬之时,王以琥璜、绣黼、束帛送爵。坤、离为文明,三、五相际之象。九三刚健而正,与五同功,故用此爻当天子之飨,则无骄亢矣。若小人处之,柔弗胜其任,处之不当,必有满盈之害,岂特害于而家哉?三、五既交,易刚为柔,圣人因柔以著戒焉。

九四,匪其彭,无咎。象曰:"匪其彭,无咎",明辩〔一〕晢也。

"彭",子夏传读作"旁",旁,盛满貌。离,大腹象也。大有至四盛矣,昧者处之,盈满而不知变,安得无咎?九四不安其位,震见离毁,惧而守正,抑损不至于满,"匪其彭",故无咎。所以然者,以其明而辩,于盈虚之理甚白也。离为明,兑口为辩,晢,荀氏作晰。

〔一〕"辩",通志堂本、四库本作"辨"。

六五,厥孚交如,威如吉。象曰:"厥孚交如",信以发志
也。威如之吉,易而无备也。

> 五执柔守中,以诚信交于下,而其孚在二。"孚",信之应也。二交
> 于五,体异志同,"厥孚交如"也。二以诚信交五,发五之刚志。谓
> 之"发"者,五本有刚,因二而发之,"信以发志",积诚不已,至于
> 不怒而威则吉。"威",刚严也。六柔变九而在上,威之象也。大
> 有之时,人心安易,若专尚柔顺,则下无戒备,凌慢生矣。二乾为
> 易交,五离变乾,二复成离,离为戈兵,下有戒备之象。易传曰:
> "夫以柔孚接下,众志悦从,又有威严使之有畏,善处大有者也。"

上九,自天祐之,吉无不利。象曰:大有上吉,自天祐也。

> 系辞曰:"天之所助者顺也,人之所助者信也,履信思乎顺,又以尚
> 贤也,是以'自天祐之,吉无不利'。"此特曰:"大有上吉,自天祐
> 也。"上九大有之极,盛极则衰,凶将至矣,而"上吉"者,以"自天
> 祐"也。六五履信思顺,尚贤而人助之,人助之则天助之,"吉无不
> 利"。上、五相易,乾成兑,兑为言,而正,信也。坤,顺也,乾为天,
> 兑为右,右,助之也。上九动而正,正则吉,故曰"大有上吉"。

䷎ 艮下坤上

谦,亨,君子有终。

彖曰:谦,亨。天道下济而光明,地道卑而上行。天道亏
盈而益谦,地道变盈而流谦。鬼神害盈而福谦,人道恶
盈而好谦。谦尊而光,卑而不可逾,君子之终也。

> 复三变、剥四变,皆成谦。彖辞以剥上九言之者,在上而降下者,

谦也,处下而能卑者,常也,未足以尽谦之义。上九降三,六三升乎上,此谦所以亨也。尊卑相去,其位不同,于是情睽势隔,上下不通,尊者既屈,卑者获伸,然后上下交而功勋成矣。以天地言之,天道下济,地道上行,万物化生,其道光明。而所以光明者,阳济乎阴也,非"谦亨"乎?曰"济"、曰"光明",坎象也。此以剥之上九、六三升降言谦亨也。

天阳地阴,鬼神者,天地之大用,人也者,参天地而行鬼神者也。天地也,鬼神也,人也,以分言之则殊,以理言之则一。故观日月之进退,则知天地之亏益矣;观山川之高庳,则知地道之变流矣;观人事之得丧,则知鬼神之祸福矣;观物论之取舍,则知人情之好恶矣。变祸为害者,言不利也,是数者无不以盈为去,以谦为尚。九在上,盈也,三往损之,则为"亏盈",为"变盈",为"祸盈",为"恶盈";三在下,谦也,九来益之,为"益谦",为"流谦",为"福谦",为"好谦"。"流"之者,坎也,"益"之、"福"之、"好"之者,阳也。此再以上九、六三论盈虚之理,明谦也。

九三自上位降而言之,则"尊而光","天道下济"是也。自九三卑位言之,则"卑而不可逾",山在地中是也。谦之为德,其至矣乎?所处尊矣,道则弥光也;所执卑矣,而德则弥尊也。君子观诸天地,验诸幽明,故处卑而不争,居尊而能降,愈久而不厌,乃能有终,故曰"君子有终"。此再以九三言君子体谦而终也。上者,外卦之终;三者,内卦之终也。

以卦气言之,小寒也,故太玄准之以少。

象曰:地中有山,谦,君子以裒多益寡,称物平施。

"裒",郑、荀诸儒读作"捊",取也,字书作"掊"。山在地中,则高者降而下,卑者升而上,高卑适平。刘表曰:"谦之为道,降己而升

人者也。"以象考之,上三阴,"多"也,下二阴,"寡"也,艮为手,揝
也,故君子取有余益不足。以贵下人,则贵贱平矣;以财分人,则
贫富平矣;以德分人,则贤不肖平矣。然物之不齐,物之情也。所
谓"平"者,非漫无[一]尊卑上下差等也,称物而施,适平而止。平
者,施之则也。坎为水,天下之平施者,无若水也。

初六,谦谦君子,用涉大川,吉。象曰:"谦谦君子",卑以自牧也。

初六本复之六三,以柔退居谦之下,谦之又谦者也,谦谦,故能得
众。用之以犯大难,况居平易乎? 三坎为大川,初动之四成巽股,
"涉大川"也。"自牧"者,自养也。牧畜者,扰之得其宜,一童子
自后鞭之,足以制其刚,夫然后其刚可用也。坤为牛,艮为少男。
初处柔在内,其动刚,"卑以自牧"也。君子卑以自牧则能谦,谦则
能得众,此爻施之于自牧则可,施之于他则卑已甚矣。

六二,鸣谦,贞吉。象曰:"鸣谦贞吉",中心得也。

谦自初六卑以自牧,积其德至于六二,柔顺而中正,其乐发于声音
而不自知,故"鸣谦"。动成兑,兑为口、为说,虽鸣也,而非求应,
以正为吉,吉自有也,是以求福不回,守正而已,非中心自得,无待
于外者,能之乎? 何以知其自得? 以"鸣谦"也。

九三,劳谦,君子有终,吉。象曰:劳谦君子,万民服也。

坎,劳卦,三与五同功,九三劳而有功,以阳下阴,安于卑下,艮见
兑伏,劳而不伐,有功而不德,君子致恭以存其位之道也。内卦以
三为终,故曰"劳谦,君子有终,吉"。夫有血气者必有争心,故有

―――――――――

〔一〕"无",原阙,据通志堂本、四库本补。

能而矜之,有功而伐之,未有不争,争则危矣。九三致恭,上下五阴宗之,万民服矣,其谁争之? 所以能存其位,存其位所以有终吉也。万,盈数,合乾坤阴阳之策乃盈是数,唯天地之元始生万物足以当之。易言“万国”、“万民”、“万夫”,大之辞也。易传曰:“古人有当之者,周公是也。”

六四,无不利,㧑谦。象曰:“无不利,㧑谦”,不违则也。

六四坤体,柔顺而正,上以奉六五之君,下以下九三劳谦之臣,上下皆得其宜,故曰“无不利,㧑谦”。艮为手,止也。震,起也。手止而复起,有挥散之象。六四挥散,其谦之道布于上下,“㧑谦”也。所以奉上下,下“无不利”者,非事是君为容悦也,非持禄养交也,不违其则而已。人之大伦,天下之正理也,理之所至,天地万物之所不能违,故谓之“则”。不违其则,无往而不得其宜,则无不利矣。子夏曰“‘㧑谦’,化谦也,言上下化其谦也”,京房曰“上下皆通曰挥谦”,是也。谓三㧑之、四化之,误矣。

六五,不富以其邻,利用侵伐,无不利。象曰:“利用侵伐”,征不服也。

阳实,富也;阴虚,贫也。“邻”,谓四与上也。“以”,用也,能左右之也。富而能以其邻者,常也;不富而能以其邻者,以六五处尊位而谦虚。能以其邻,则能得众,得众故“利用侵伐,无不利”。五动成离、坎,上与四变,有弓矢、甲胄之象,“以其邻”也。动之二,入坎险,“侵伐”也。“征”者,上伐下,以正而行也。司马法曰“负固不服则侵之”,圣人虑后世观此爻有干戈妄动、不省厥躬者,故发之曰“征不服也”。六五谦虚,六二恃险不应,乃可以侵伐,禹征有苗是也。若我不谦虚,彼不肯服,自其宜也。

上六,鸣谦,利用行师征邑国。象曰:"鸣谦",志未得
也,可用行师征邑国也。

> 六五"征不服",上六又曰"征邑国"者,征邑国非侵伐也,克己之
> 谓也。君子自克,人欲尽而天理得则诚,诚则化物无不应,有不应
> 焉,诚未至也。上六极谦至柔,九三当应,止于下而不来,故"鸣"。
> 阴阳相求,天地万物之情,坤为牛,应三震,有鸣之象,故曰"鸣
> 谦"。鸣而求应,志未得也,然则如之何?反求诸己而已,其在胜
> 己之私乎?克己则无我,物我诚[一]一,则物亦以诚应之矣。坤在
> 侯位为国,在大夫位为邑,上至二体师,上以正行之。三,正也,三
> 之上,坎险平,"征邑国"也,故曰"可用行师征邑国也"。易传曰:
> "邑国,己之私有也。征邑国,谓自治其私也。"

䷏坤下震上

豫,利建侯行师。

象曰:豫,刚应而志行,顺以动,豫。豫顺以动,故天地如
之,而况建侯行师乎?天地以顺动,故日月不过而四时
不忒;圣人以顺动,则刑罚清而民服。豫之时义大矣哉!

> 豫,谦之反,谦九三反而之四,四动群阴应之,其志上行,以顺理而
> 动也。我动彼应,岂不豫乎?豫,和豫也,休逸闲暇之谓也,故曰
> "豫,刚应而志行,顺以动,豫"。此以九四合坤、震二体而言豫也。
> 谦九三在三公之位,自二以上有师体,反之则三升四,四为诸侯,
> 三公出封之象,故"利建侯"。师动而往,行师之象,故"利行师"。

〔一〕"诚",原阙,据通志堂本、四库本补。

二者皆顺以动。周之大封,汤武之征伐,无非顺民欲也。顺民欲则民说之,说,豫也。"豫顺以动",虽天地之大,犹不能违,故天地如其理而动,"而况建侯行师乎"？乾坤,天地也。坎有伏离,日月也,二至也。天之动,始于坎,历艮与震而左行;地之动,始于离,历坤与兑而右行。是以日月会为牵牛〔一〕,万物成于艮,故曰"天地以顺动,故日月不过而四时不忒"。此以九四互体论坤、震之义也。

坎为律,"刑罚"也。坤为众,"民"也。艮,止也。圣人之动,必顺乎万物之理。法之所取,必民之所欲也;法之所去,必民之所恶也。故法律止于上,刑罚清简也,众止于下,民服从也,故曰"圣人以顺动,则刑罚清而民服"。此以互体之坎变艮推广坤、震,以尽豫之义也。

然意味渊长,言之有不能尽,故夫子赞之曰"豫之时义大矣哉"。易传曰"豫、遁、姤、旅〔二〕言'时义',坎、睽、蹇言'时用',颐、大过、解、革〔三〕言'时',各以其大者也。"

以卦气言之,春分也,太玄准之以乐。

或问:互体之变有几?曰:体有六变。春秋传毕万筮仕于晋,遇屯之比,辛廖占之曰:"震为土,车从马,足居之,兄长〔四〕之,母覆之,众归之,六体不易。"廖以震、坤合而言六体也。且以豫卦九四论之,自四以上,震也,四以下,艮也,合上下视之,坎也。震有伏巽,艮有伏兑,坎有伏离,六体也。变而化之则无穷矣,故曰"杂物撰

〔一〕"牛",原脱,据通志堂本、四库本补。

〔二〕"旅",原脱,据伊川易传补。

〔三〕"革",原作"萃",据伊川易传改。

〔四〕"居之兄长",原阙,据通志堂本、四库本补。

"德",其"微显阐幽"之道乎?

象曰:雷出地奋,豫。先王以作乐崇德,殷荐之上帝,以配祖考。

雷之出地,奋然而作万物,豫之时也。九四具天地、日月、雷霆、风雨,万物化生。"作乐",起于冬至黄钟之象。郊野者,天际也,在内外之际为郊。坤为牛,坎为血,阳为德。豫自复三变,初九升四,"作乐崇德"也。杀牛于郊,荐上帝也。"上帝",乾在上之象。"殷",盛也。自四至上,震变坤,坤为众,故曰"殷"。礼有"殷奠"、"殷祭",言盛也。五变比,乾为考,六变剥,乾为祖,"以配祖考"者,报本反始也。

初六,鸣豫,凶。象曰:"初六鸣豫",志穷凶也。

四者豫之主,初六不中正而顺,从逸豫者也。初、四相易成震,震为声,有相应而鸣之象,从逸豫而发于声音者也,故"鸣"。初六豫之始,于其始也鸣豫,至于末流则志穷而凶。中为"志",谓四也。初复动而之四,则止〔一〕而不行,其志穷矣,太康、后羿之事乎?

六二,介于石,不终日,贞吉。象曰:"不终日,贞吉",以中正也。

四艮为石,初、三不正,二介于不正之间,上交于三而不谄,下交于初而不渎,确然如石,不可转也。夫始交者,安危之几,不谄、不渎则不过乎中,故曰"介于石"。三为内卦之终,二动离为日,"不终日"也。所谓"几"者,始动之微,吉之端可见而未著者也。离目〔二〕为见,见

〔一〕"止",原作"上",据通志堂本、四库本改。
〔二〕"目",原作"日",据四库本改。

之是以不俟终日而作,作则动也。豫之时,上下逸豫失正,诸爻之才多与时合。二以中正自守,不溺于豫,可谓见几矣,备豫之道也。不俟终日而作以贞,故吉。"贞"者,守正之谓也。心不动则中正,中也故见不中,正也故见不正,中正故知微、知柔,不罹于咎,故曰"介于石",焉用终日?

六三,盱豫悔,迟有悔。象曰:盱豫有悔,位不当也。

三、四处位不当,同而不和者也。睢盱,上视而不正也,向秀曰"小人喜悦佞媚之貌"。四,豫之主,三以柔顺承之,动成巽,巽为多白眼,睢盱上视,佞媚以求豫,而四不动,则悔其动[一],故"盱豫悔"。三不能去,且静而待之,四又不动,故"迟有悔",悔其不动。四,艮体,止于上。三动巽,为进退,故动静皆有悔。三犹豫如是,无他,位不当也。小人悦于豫,宁悔,而终不以所处为不当而去之,柔不正故也。

九四,由豫,大有得。勿疑,朋盍簪。象曰:"由豫,大有得",志大行也。

四为豫之主,五阴顺从,由己以致豫,故曰"由豫"。以一阳而得[二]五阴,大者有得也,故曰"大有得"。然不免于疑者,在近君危疑之地,无同德之助,众阴不从五而从己也。"疑"谓伏巽,巽为不果。坎见巽伏,故"勿疑"。"盍",合也,五交四也,言积诚不已,下情通于上也。坎为发、为通,四刚在上下众柔之际,交而通之,犹簪也。发非簪则散乱不理,安有发之柔顺而不从簪乎?夫朋归己而致疑于五者有二:招权也、专功也。下情通于上,上下既交以诚,

---

〔一〕"则悔其动",原作"则悔悔其不动四",据通志堂本、四库本改。

〔二〕"得",通志堂本、四库本作"从"。

何疑于招权？不有其功，归美于上，其中洞然，何疑于专功？四、五相易，伏巽象毁，则四刚中之志上行，率天下而从五，何疑于朋之众乎？五不疑四，四不疑五，君臣上下各守其正，为由豫也大矣。先儒以坎为发，何也？曰：以巽为寡发而知也，乾为首，柔其毛也，故须象亦然。

六五，贞疾，恒不死。象曰："六五贞疾"，乘刚也。"恒不死"，中未亡也。

四以刚动为豫之主，众之所归，权之所主也。五以柔弱沉冥于逸豫而乘其上，岂能制四哉？六五受制于四而不可动，亦不复安豫矣。故此爻独不言豫，不可动则于正为有害，故曰"贞疾"。"恒"，震、巽也，天地可久之道也。六五动则有震、巽恒久之象，人君中正，然后六二为之用，九四同德也，何"乘刚"之有？五不可动，以失正也，故九四为腹心之疾，然主祭祀、守位号而犹存者，正虽亡而"中未亡"也。"中"者，人心也，中尽亡则灭矣，故曰"贞疾，恒不死"，言贞虽有疾，其中固在，能动以正则可久矣，恒未常死也。坤为死，震为反生，"未亡"之象。周室东迁，齐、晋二〔一〕伯托公义以令诸侯，"中未亡"也。失天下者多矣，必曰"豫"者，威权之失必自逸豫也。谀臣进，女谒行，大臣专主威，则社稷移矣。易传曰："若五不失君道，而四主于豫，乃任得其人，安享其功，如太甲、成王也。"

上六，冥豫，成有渝，无咎。象曰：冥豫在上，何可长也？

上六豫之终，沉冥于豫，成而不变者也。坤为冥昧。古之逸豫之

〔一〕"二"，原作"一"，据通志堂本、四库本改。

人,固有不恤名声之丑、性命之危而乐之者,不知因佚乐之过。变前之为,乃善补过也,何咎之有?故曰:"成有渝,无咎。"圣人发此义,以勉夫困而学者焉。上六动之三成巽,巽为长,四坎为可,冥豫在上而不变,未有不反,何可言也。

䷐ 震下兑上

随,元亨利贞,无咎。

彖曰:随,刚来而下柔,动而说,随。大亨贞,无咎,而天下随时,随时之义大矣哉。

随自否来,上九之初。刚,人之所随;柔,随人者也。上九过刚而不反,君子、小人相绝,非道也。刚来下于柔,柔往而随之,下动而上说,动而可说,所以随也。自初九言之,君子之道,为众所随,人君屈己以随善者也。自六二、上六言之,臣下之奉命,学者之徙义,临事之从长,无非随也,故曰"随"。此以刚柔相易,合两体而言随也。上九之初,大者亨也,其亨以贞。上九过刚,尝有咎矣,无咎者,善补过也。大者亨以贞,利于正也,又善补过,至于无咎,天下岂不动而说以随之乎?故曰"元亨利贞,无咎"。此以初九一爻言随之道也。

易传曰:"随之道利在于正,随得其正,然后能大亨而无咎。失其正,则有咎矣,岂能亨乎?"春秋传穆姜往东宫,筮之,遇艮之八,史曰"是谓艮之随",姜曰"是于周易曰'随,元亨利贞,无咎',有四德者,随而无咎"。盖穆姜时以"元亨利贞"为随之四德。夫子作彖辞,然后明"元亨利贞"者,大亨正,非若乾之四德也。

夫天下之随君子者,随其正也。君子之动者,随其时也。时无常是,以正为是。君子得其正,天下是之,是之斯随之矣。天下之物,静而在下莫如泽也。惊蛰既至,雷动于泽中,泽气随之。下者上,静者动,谁为之哉? 时也。故曰"大亨贞,无咎,而天下随时"。然随时之义,非达权知变者不能尽,或因或革,或损或益,人之所说,不以强去,人所不说,不以强留,如天地之随时,乃无咎矣,故曰"随时之义大矣哉"。"天下随时",王昭素曰"旧本多不连'时'字",王弼亦曰"得时则天下随之矣,随之所施,唯在于时也",胡旦曰"王肃本作'随之'"。篆字"之"为"屮","时"为"旹",转隶者增"日"为"时",胡说为长。

在卦气为惊蛰二月中,故太玄准之以从。

象曰:泽中有雷,随,君子以向晦入宴息。

雷降于兑,息于坤。坤,"晦"也。泽中有雷,"向晦"也。天地之动静,阴阳之明晦,自大观言之,昼夜之道也。君子随时之道,著而易见者,莫若随昼夜也。昼则向明而动作,夜则向晦而宴息,自有天地而来,未有能违之者,知此则知用天地阴阳矣。君子日用而知,小人日用而不知。

初九,官有渝,贞吉,出门交有功。象曰:"官有渝",从正吉也。"出门交有功",不失也。

五乾为君,巽为命,四,受命于君以帅其属官之象也。初应四动,其属也。初随四,四随事,事有变动,刚而不知变,不足以随事。渝,变也,故曰"官有渝"。变有正否,变而不正,惟官是随,非交修不逮也,不知大亨正无咎也。九四变而正,以刚下柔,其道足以使人随之。初九随之者,随其正也,不随其不正也。正则吉,故曰"从正吉也"。人之情,随同而背异,随亲昵而背疏远,故朋友责善,或牵于妾妇附耳之语,溺于私也。初在内安之,又比于二,二、初相易,皆失正,私昵之为害也,故戒之以"出门交有功"。四艮为门,初舍二,出交于四,"出门"也。出门交之,不失其正,何往而无功? 故曰不失其正也。易传曰:"随当而有功。"

六二,系小子,失丈夫。象曰:"系小子",弗兼与也。

四艮为少男,有乾父坤母,小子也。初震为长男,有巽妇,夫也。随利于正,初九,正也,九四,不正也,二与四同功。以情言之,柔必随刚,阴必随阳,初九、九四,皆阳刚也,其能兼与之乎? 四虽在上,不正也;初虽在己之下,正也。六二系情于四,比初不专,虽与之相比而情不亲,虽有中正之德而所随非其人,其失在于不能权轻重也,故曰"系小子,失丈夫,弗兼与也"。临事择义,于六二、六三见之。

六三,系丈夫,失小子,随有求,得,利居贞。象曰:"系丈夫",志舍下也。

先儒旧读"舍"音"捨",张弼读"舍",与乾九二"时舍也"之"舍"同。辞曰"利居贞",象曰"志舍下也",以"舍"训"居",弼读为长。三、四相比,近也。四、三无应,宜相亲也。以阴承阳,以下随上,顺也。三宁失其亲比而顺者,而系情于初,以初正四不正也,故曰"系丈夫,失小子"。三柔不能自立而随初,是去昏而随明,背非而随是,违不善而从善,得随之宜也,初亦以三同体而又下之。故三之随初,有求而得。艮为手,求也。初、三相易,得正也。三苟知随而已,不知自处以正,人将拒我,其能久乎? 盖随人宜以柔,处己当以正。六三之随,"利居贞"也,此三所以系初欤? 巽为绳,系也。

九四，随有获，贞凶。有孚在道，以明何咎。象曰："随有获"，其义凶也。"有孚在道"，明功也。

三不随四，四据而有之，"获"也。"获"，难辞也。二与三当随五，为四所隔，下而从初。四在大臣之位，处可惧之地，与五争三，能无凶乎？三、四易位，正也，虽正亦凶，义不可有三，故曰"贞凶"，象曰"其义凶也"。然四终不可以有三乎？曰：非不可有也。动而有孚于道，无意于有三，而三自随之，可也。初九其行以正，所谓道也，道之所在，故初九为随之主。四动正，与初相应，"有孚在道"也。四正而诚孚于道，则三亦唯正之随，岂唯有三，而二亦随初，是率天下以随五，而成随之功。三、四易位成离，离为明，以明则无获三之咎，无咎则无凶可知，故"有孚在道"者，明之功也。易传曰："孚诚积中，动必合道，故下信而上不疑。古人有行之者，伊尹、周公、孔明是也。"

九五，孚于嘉，吉。象曰："孚于嘉，吉"，位正中也。

阳为美，九五位正中，美无以加于是矣，故曰"嘉"。"于嘉，吉"者，诚信孚于二也。二，正中也，五不有其美，随六二之中道，则得物之诚，二乐告以善，故能不过而止于至善，观乎位正中，则知孚于二而吉矣。道之中，天地万物所不能违，有之则生，无之则死，故谓之至善，谓之至美。虽子路之勇、禹之智、大舜之明德，不能加毫毛矣。易传曰："自人君至于庶人，随道之吉，惟在随善而已。下应六二之正中，随善之义也。"或问：午亦有美矣，何谓阳为美？曰：阴，舍阳以为美者也。至兑而阴见阳伏，至坤而万物虚、阳美尽，则午之美亦尽。故"嘉之会"者，谓乾亨也，坤"品物咸亨"者，"含弘光大"也，坤岂能专之？是以坤三含美以从王，天保归美以报上。

上六,拘系之,乃从维之,王用亨于西山。象曰:"拘系之",上穷也。

上六,随之穷也。穷则变,变则不随。然而随者非礼义拘系之,又从而维持之,不能也。三、上相应,三有艮、巽。艮手,拘之也;巽绳,系之也。上穷反三,复成巽,乃从而系维之也。拘之使不动,系之使相属,系维之使不得去。三,坤也,坤为众,众之悦随上六,固结有如此者。昔周之太王用此爻以亨于西山,杖策而去,随之者如归市,非得民之随,岂能使已穷而更随,至于不可解乎?兑,西也,艮为山,乾五为王。三、上往来不穷,亨也。先儒以此为<u>文王</u>之爻,误矣,故<u>易</u>传正之曰:"周之王业盖兴于此。"

䷑ 巽下艮上

蛊,元亨。利涉大川,先甲三日,后甲三日。

彖曰:蛊,刚上而柔下,巽而止,蛊。"蛊,元亨",而天下治也。"利涉大川",往有事也。"先甲三日,后甲三日",终则有始,天行也。

<u>春秋</u>传秦医曰:"于文,皿虫为蛊,谷之飞亦为蛊。在<u>周易</u>,女惑男,风落山,谓之蛊。"<u>尚书</u>大传曰:"乃命五史,以书<u>五帝</u>之蛊事。"<u>杂卦</u>曰:"蛊则饬也。"则蛊非训事,事至蛊坏乃有事也。泰初九之刚上而为艮,上六之柔下而为巽,刚上柔下,各得其所。事已治矣,下巽而已,莫予违也,上亦因是止而不复有为,则祸乱之萌乃伏于已治之中,遂颓靡而不振,亦何异于皿虫、谷飞、男惑、山落之类哉?故曰"刚上柔下,巽而止,蛊"。此以泰变合二体而言蛊也。

然治蛊之道不远,在乎上下之志交而元亨,则天下复治矣。泰初九,始也,始而动,刚柔相易而亨,"元亨"也,元亨而"天下治",始而亨者也。兑为泽,决之为川,初九越兑成艮,艮为指,"利涉大川"也。初九犯难,顾望而不为,蛊不可得而治矣。上下志交,动以济大难,往事乎蛊也,巽为事,故曰"元亨,利涉大川,往有事也"。此因初、上之交言治蛊之道也。

天道之行,终则有始,无非事者,圣人于蛊、巽二卦明之。蛊,东方卦也;巽,西方卦也。"甲"者,事之始;"庚"者,事之终。始则有终,终则更始,往来不穷。以日言之,春分旦出于甲,秋分暮入于庚。以月言之,三日成震,震纳庚,十五成乾,乾纳甲,三十日成坤,灭藏于癸,复为震。甲、庚者,天地之终始也。蛊,事之坏也;巽,行事也。变更之始,当虑其终;事久而蛊,当图其始。"先甲三日",图其始也。蛊一变大畜,乾纳甲,再变贲,离为日,乾三爻在先,"先甲三日"也;三变颐,四变噬嗑,离为日,五变无妄,乾纳甲,乾三爻在后,"后甲三日"也。先甲者,先其事而究其所以然;后甲者,后其事而虑其将然。究其所以然,则知救之之道;虑其将然,则知备之之方。一日、二日至于三日,虑之深,推之远,故能革前弊,弭后患,久而可行,图始者至矣。汉尝削诸侯之地矣,唐尝讨弑君之贼矣,令下而兵起,言出而祸随,昧治蛊之道也。不曰"乾行"者,周而复始也。纳甲之说,乾纳甲子、甲寅、甲辰,而壬在其中,纳壬午、壬申、壬戌,而甲在其中,坤纳乙、癸亦然。易传曰:"后之治蛊者,不明乎圣人'先甲'、'后甲'之戒,虑浅而事近,故劳于救乱而乱不革,功未及成而弊已生矣。"

夫蛊言"先甲"、"后甲"于彖,巽言"先庚"、"后庚"于九五一爻,何也?曰:蛊者,巽九五之变也,上刚下柔,巽而止,所以为蛊也。巽则九五位乎中正,事有过中而当变更,则更之而适于中,蛊何由生乎? 明此九五之功也。

以卦气言之三月卦,故太玄准以务、事。

象曰:山下有风,蛊,君子以振民育德。

风,木之气。山,百物之所阜生。木气动摇于土石之下,阳升风鼓,草木敷荣,饬蛊之象。黄帝书曰:“东方生风,风生木。”传言:“景霁山昏,苍埃际合,崖谷若一,岩岫之风也。”君子体之,于民也,振作之使不倦。将振作之,则自育其德,德日进则民德生矣。震动在外,“振民”也;兑泽在内,“育德”也。育德者,振民之本。史言“风落山”,取女说男蛊之象,此言饬蛊之象,故取象异。

初六,干父之蛊,有子考无咎,厉,终吉。象曰:“干父之蛊”,意承考也。

乾为父,泰初九之上,父往矣,“考”也。坤子来居父之位,父往而其事不正,“咎”也。有子干之,考可以无咎矣。厉,危也。子居父之位以事之,不正,为危厉之道,则变而之正,于考为“无咎”,于己为“终吉”,堪任其事者也,故曰“有子”。然变其事而之正,无乃改父之道乎? 曰:柔巽者,子承考之意也,变其事而之正,致其考于无咎者,子“干父之蛊”也。巽柔而已,陷父于有咎而不恤焉,岂考之意哉? 故以我之意逆父之意而承之,则变其事可也,变事者,时有损益,不可尽承,所以从道也。孝子生也谕父母于道,及其没也以意承考,事死如事生之道也。贞,事之干也,“干父之蛊”,则初六变而正矣。“意”者,中心之所欲也,坤为中,巽柔坤也,故曰“意”。

九二,干母之蛊,不可贞。象曰:“干母之蛊”,得中

道也。

> 坤居尊位，母也。以阴居阳，处之不当，事之蛊也。九二巽为子，应五而处内，"干母之蛊"者也。坤阴柔为难辅，处之不当则当正，然正之则刚或至于伤恩，不正之则致母于有咎，故"不可贞"。言巽而动，优柔不迫，得中道则善矣，事柔弱之君亦然。易传曰："以周公之圣辅成王，成王非甚柔弱也，然能使之为成王而已，不失其道则可矣，固不能使之为羲、黄、尧、舜之事也。"

九三，干父之蛊，小有悔，无大咎。象曰："干父之蛊"，终无咎也。

> 上九处位不当，父之蛊也。九三重刚，"干父之蛊"而刚过中者也。刚过动则小有悔，然无大咎者，虽过而正也。三，下卦之终，故又曰"终无咎"。夫无大咎未免小有咎，圣人以谓"终无咎"，以其体巽也。易解曰："不应上，子之能争而不从其父令者也。"

六四，裕父之蛊，往见吝。象曰："裕父之蛊"，往未得也。

> 六四柔而止〔一〕，不能去上九之蛊，宽裕自守而已。"裕父之蛊"者，诸爻以刚为干蛊之道。九二、九三、初六、六五之动曰"干"，六四曰"裕"者，不刚也，不能动也。"吝"者，安其位而不能往，动成离，离目为见，故"往见吝"。初六应之，牵于下，亦不得往矣，故曰"往未得也"，汉之元帝是已。

六五，干父之蛊，用誉。象曰：干父用誉，承以德也。

> 六五居尊位尚柔，下应九二，二与之。体兑，兑为口，"誉"之象也。

〔一〕"止"，原作"上"，据通志堂本、四库本改。

二易五,柔成刚,其德中正,上承上九,"干父之蛊,用誉"也。以德承父,下之服从者众,以是去蛊,用力不劳,则干父之蛊〔一〕莫善于用誉矣。蛊之患非一世,譬如人嗜酒色、饵金石,传气于子孙者,溃为痈疽,死与不死,在治之如何耳。秦皇、汉武穷兵黩武一也,秦亡而汉存者,始皇无子而武帝有子以干之也。必曰"承以德"者,誉谓德誉,非虚誉也。隋炀以俭闻,以奢败,虚誉也。

上九,不事王侯,高尚其事。象曰:"不事王侯",志可则也。

蛊之终有"不事"者,上九自巽往于外,处蛊之上而不当位。巽为事、为高。尚,上也。五王、四侯、三公位,上执刚不屈,"不事王侯,高尚其事"。夫自台舆至王公,无非事者,不事王侯,何以贵之? 谓其志于三,三无应则去之,不累于物,其志为可则也。易传曰:"伊尹、太公望之始,曾子、子思之徒是也。"所谓"志可则"者,进退合道也。

䷒ 兑下坤上

临,元亨利贞,至于八月有凶。

彖曰:临,刚浸而长,说而顺,刚中而应,大亨以正,天之道也。"至于八月有凶",消不久也。

刚自复浸浸以长大,而后有临。一气不顿,进兑为泽。三、四、五进而不已,"浸长"也。临以大临小,其进非一日而大,大则小者自顺,此临之时也,故曰"临"。兑说坤顺,说而顺,其民也。九二刚

〔一〕"蛊",原作"誉",据通志堂本、四库本改。

中,六五应乎外,则说而顺者,非苟说之,顺乎理也。临之道成而
"大亨"矣,然其端始于复之初九。刚反动于初,正也,浸长而之九
二,大者亨以正,故亨,造端不正,其能大亨乎? 此临之道也。夫
天之道,刚始于子,进而至临,又进而至泰,然后万物通,亦以正
也,故曰"元亨利正〔一〕"。彖曰"说而顺,刚中而应,大亨以正,天
之道也",天之道,言乾也。"至于八月有凶",戒进之不已也。阴
阳消长,循环无穷,自子至未,八月而二阴长,阴长阳衰,其卦为
遁。"小人道长,君子道消",不可以久。不直曰"凶"者,有凶之
道,圣人阖,小人辟君子,凶未必至。范长生以八月为否,误也,周
正建子。刘牧曰"遁之六二消临之九二",卦略曰"临刚长则柔危,
遁柔长故刚遁〔二〕",是也。临在复、泰之中,方长而戒之,不俟乎
极也,故尧、舜、禹三圣人相戒,必于临民之初,过此则无及已。
在卦气为十二月,故太玄准之以符。

象曰:泽上有地,临,君子以教思无穷,容保民无疆。

水,天下之至柔也,以土制水,宜若易者。然迫之以险隘,奔溃四
出,坏之而后已,居之以宽大,则畜而为泽矣,君子之于民也亦然。
临之以势,势有尽也;亲之以教,教无穷也。是以忘有尽之势,思
无穷之教。"教思无穷",则待之非一日也,故包容之、保有之,而
"无疆"。"无疆"者,坤德也,厚之至也。三代之民,不忘乎先王
之泽者,教之也;三代而下,一决则横流而不可复者,临之以势也。
说卦以坎为盗,兑为少女,大象以泽为民,何也? 曰:善保之则吾
民也,坎非坤众能为盗乎? 易传曰:"'无穷',至诚无致也。"

〔一〕"正",通志堂本、四库本作"贞"。
〔二〕此二句,原作"临刚长则柔微柔长故刚遁",据四部丛刊景宋本周易注改。

初九，咸临，贞吉。象曰："咸临，贞吉"，志行正也。

以大临小者，临之道；以上临下者，临之位。故诸爻位以上为临。五者，临之尊位也。初九、六五，非应也。初处下而说五，自应之，初，兑体，之五成艮，山泽相感之象。"咸"，遍感也，无心相感也，故曰"咸临"。初九正，正其始也。初与四为正应，然之四不正，五感之，动而上行，则正位以临其民，而万物正矣。舜德升闻，岂有心乎？有心则凶，不正亦凶，故曰"贞吉"。初九其始正者，非一日正也。古之人正其心，及感之而动，举斯心以加诸彼，"志行正也"。

九二，咸临，吉无不利。象曰："咸临，吉无不利"，未顺命也。

二有刚中之德而应五，动而正，"吉无不利"。无心于临，五自感之。二之五成艮，泽山象也，故亦曰"咸临"。九居二有不利，然处下而说，曰"吉无不利"者，以"未顺命"也。九二待时者乎？二至四有伏巽，巽为命，坤，顺也。易传曰："'未'者，非遽然之辞。孟子或问'劝齐伐燕，有诸'，曰'未也'，亦非遽然之也。"夫初九有应而不应，九二有应而未顺，君子之乐，"王天下有不与存焉"，临非君子之所乐也。

六三，甘临，无攸利。既忧之，无咎。象曰："甘临"，位不当也。"既忧之"，咎不长也。

六三有临下之位，而无临人之德。柔不当位，以口说人，"甘临"也。若当位，则不言而信，何俟于说人哉？子朝之文辞，新室之奸言，内不足也。处则不当，之上则不应，"无攸利"也。虽"甘临"，能无咎乎？阳浸长，自下进，宜忧也。六三知处不当位，能下九二之贤,降尊接卑,二、三相易成坎,坎为加忧,阴阳失位,既忧之,又加忧,则正,正则无咎。夫咎岂长哉? 在我而已。二至四有伏巽,巽为长,二、三相易,巽变坎,故曰"既忧之,咎不长也"。

六四,至临,无咎。象曰:"至临无咎",位当也。

临以大临小,四居下之上,为五所任而比于下,得君而近民者也。临道尚近,临之至也。以阴处四为得正,体坤为处顺,与初相应为下贤,得君近民而又兼此三者,所以无咎。此无他,位正德当也,故曰"至临无咎,位当也"。

六五,知临,大君之宜,吉。象曰:"大君之宜",行中之谓也。

兼天下之明而不自用者,知也。五处尊位,虚中而纳二,五〔一〕、二相易成坎,坎为水,内景知也。兼九二之明而不自用其明,阳为大,此大君用天下之明以临天下,于临之义为宜。相易而正,正则吉,故曰"知临,大君之宜,吉"。所谓"大君之宜"者,行中之谓也。二以刚中上行,五以柔中下行,上下相交,五兼二而用之,上下行中道也。不交,则明何由生,义何由明? 故曰"大君之宜,行中之谓也"。王弼曰:"聪明者竭其视听,智力者尽其谋能。"

上六,敦临,吉无咎。象曰:敦临之吉,志在内也。

上六临之极,极则穷,变而通之,其"敦临"乎? 上与二非正应,而阴必求阳,志在乎内者,处临之极,非内有贤人之助,不能资其临下之道。尊贤取善,以刚益柔,厚之至也,故曰"敦临",坤,厚也。二之上成艮,为笃实,厚而笃实,"敦"之象,天正则吉无咎。上、二相易而

〔一〕"五",原作"九",据四库本改。

曰"吉"、曰"无咎"者,得九二之助,然后上安其位,临道不穷,安其位所谓"吉",不穷所谓"无咎",故曰"敦临之吉,志在内也"。易传曰:"临阴柔在上,非能临者,宜有咎,以其厚于顺刚则无咎。"

䷓坤下巽上

观,盥而不荐,有孚颙若。

彖曰:大观在上,顺而巽,中正以观天下。"观,盥而不荐,有孚颙若",下观而化也。观天之神道而四时不忒,圣人以神道设教而天下服矣。

观成卦之义在于九五。九五刚大,履至尊之位,四阴观之,大者在上,而下为小者之所观。坤为众,巽为多白眼,有[一]观上之象,故曰"大观在上"。此以九五释观也。

下顺上巽,顺物之理,巽而施之也。九五无偏党反侧,建极立表,天下注目,故曰"顺而巽,中正以观天下"。此合坤、巽言九五大观在上之道也。

观,临之覆。临兑为泽,艮为手,上为宗庙。巽,入也,入宗庙而泽手,"盥"也,与内则"沃盥"之"盥"同。坤为牛,兑为刑杀,杀于下,手荐之于上,"荐"也。孚者,九五之诚信孚于下也。乾为首,兑变之,肃然在上,庄而不噰,有敬顺之貌,"颙若"也。观之道至简而不烦,其要在诚而已,无待于物也,故明之以宗庙之礼焉。宗庙之礼,所以致诚敬也。散斋七日,致斋三日。祭之初,迎尸入庙,天子说手而后酌酒,说谓之"盥"。酌酒献尸,尸得之,灌地而

〔一〕"有",原阙,据四库本补。

祭,谓之裸。裸之后,三献而荐腥,五献而荐熟,谓之荐。故献之
属莫重于裸。而"盥"者,未裸之时,精神专一,诚意未散,不言之
信,发而为敬顺之貌者,颙颙如也。故下观而化,金声而玉色,莫
不有敬顺之心。及其荐献,礼文繁缛,人之精一不若始盥之时,虽
强有力者,犹有时而倦惰矣。以此见下之观上,在诚而不在物,其
道岂不至简而不烦乎,是以观盥而不观荐也。巽眼视艮而兑伏,
观盥而不观荐之象也。巽,巽也,坤,顺也,二应于五,化为巽顺,
故曰"观,盥而不荐,有孚颙若,下观而化也"。圣人尝观诸天也,
四时本于阴阳,阴阳合而为一,一则神。神者,天之道也,故阴阳
自行,四时自运,人见其始于艮、终于艮,无有差忒而已。孰为此
者?一也。圣人观天设教,亦一而已矣。一则诚,诚则明,明则
变,变则化,不假强聒,人自服从。亦岂知所谓一哉?惟天下至诚
为能化,故曰"观天之神道而四时不忒,圣人以神道设教而天下
服"。此推原观卦之始,要其终而言之,以明大观在上,其道止于
诚,诚则顺而巽,中正以观天下矣。

以卦气言之,八月节也,故太玄准之以视。

象曰:风行地上,观,先王以省方,观民设教。

风行地上,无所不周观也。先王以巡省四方,象风之行,观民设
教,象风行于地上,巽而顺万物也。巽为多白眼,"观"也,坤为民。

易传曰:"'观民设教',如奢者示之以俭,俭者示之以礼。'省
方',观民也。'设教',为民观也。"

初六,童观,小人无咎,君子吝。象曰:"初六童观",小人道也。

初六坤冥不正而往观五,小人之观君子也,乌睹所谓正哉?不足

咎小人不足以知君子,犹童稚之观成人也。艮为少男,故曰"童观"。初九动则正,以正而往观者,君子之观君子也。然不动焉,吝也,故曰"小人无咎,君子吝"。

六二,窥观,利女贞。象曰:窥观女贞,亦可丑也。

大观在上,六二不往,阖户而观之,所见狭矣,故曰"窥观"。礼"女不逾阈",守正不动,女之贞也,故曰"利女贞"。二离为女、为目,坤为阖户,女处乎内而窥外之象。九五以中正观天下,六二守窥观而为女贞,亦可丑也,阴为丑。此爻女子居之则利,君子为之则丑。

六三,观我生进退。象曰:"观我生进退",未失道也。

卦以九五为主,"我"谓九五也。生,动也。五之三,震为动,动谓之"生"者,阳刚反动,天地之生。五之三,三则进而上;五不动,三则退而止。进退动止,观九五而已。巽为进退,三不当位,在上下之际,故其象如此。六三不能自必其进退者,在九五不在六三也,九五中正,其动必正,故六三虽不当位,未为失观之道。

六四,观国之光,利用宾于王。象曰:"观国之光",尚宾也。

四观五也。四侯位,坤为国,五王位。六四上宾于五,五降而接之,成坎、离,光也,故曰"观国之光"。四为朝廷,艮为门阙,乾五为玉,动之四为金,坤为布帛。乾、坤玄黄,币帛之文。升自门阙,陈于庭,王降而接宾,宾下升于西北,"宾于王"也。"尚"者,主人以宾为上,尚之也。古者诸侯入见于王,王以宾礼之,士而未受禄亦宾之。九五中正在上,六四体巽而正,观国之光,知尚宾,忘势矣。尚宾者,国之光也。礼主人尊宾,故坐宾于西北,主人接人以仁厚之气,故坐于东南。易言宾位者,乾也,西北方也;主人位者,巽也,东南也。

九五,观我生,君子无咎。象曰:"观我生",观民也。

五自观也。五,君也,坤为民。五动之二,坤变震为动,动谓之
"生"。天动则地应,观天道之得失,观诸地可也。天为君,地为
民。君者民之所观,而时之治乱、风俗之美恶系之,观其民则知
君。君之自观其得失者,亦观诸民而已。中庸曰:"君子之道,本
诸身,征诸庶民。"故君道得其民,君子也,于己为无咎;君道失其
民,小人也,必有失道之咎。有尧、舜之君,则必有尧、舜之民矣。
五之二,阳为君子,故曰"君子无咎"。成汤曰:"万方有罪,在予一
人。"先王[一]省方,命太师陈诗观民风,乃所以自观也。

上九,观其生,君子无咎。象曰:"观其生",志未平也。

上观五也。上来之三,仰观九五,观其动之所自出,故曰"观其
生"。三动于中,"志"也。坎险,"不平"也。三观于五,有难焉,
其志不能平,乃往于外。三动,正也,君子也,正则无咎。上九过
刚也,过则有咎。自古观其君而去者,以未平之志为忿世疾邪之
事,多失之于矫激太过,岂能无咎?夫聪明深察而近于死者,好讥
议人也;辩博闳远而危其身者,好发人之过者也。梁鸿作五噫,以
显宗之贤犹不能堪之,非失之过乎?夫子不合者多矣,进退无咎
者,君子之道也。巽究为躁,故以君子戒之。易解曰:"知微知彰,
知柔知刚,然后能观其生而不失进退之几焉。"

周易上经泰传第二

〔一〕"王",原作"主",据通志堂本、四库本改。

周易上经噬嗑传第三

翰林学士左朝奉大夫知制诰兼侍读兼资善堂翊善

长林县开国男食邑三百户赐紫金鱼袋朱震集传

䷔震下离上

噬嗑,亨,利用狱。

彖曰:颐中有物,曰噬嗑,噬嗑而亨。刚柔分,动而明,雷电合而章。柔得中而上行,虽不当位,利用狱也。

离、震合而成体,为"颐中有物"之象。九四之刚,颐中之物。嗑,合也。噬而合之,刚决而上下亨矣。推之人事,上下之际有间之者,强梗谗邪,奸宄弗率,噬而合,合而亨。易传曰:"君臣、父子、亲戚、朋友之间,有离贰怨隙者,盖谗邪间于其间也,除去之则合矣。"间隔者,天下之大害也,故曰"颐中有物,曰噬嗑,噬嗑而亨"。此合两体言"噬嗑"与"亨"之义也。

夫互体之变难知也,圣人于噬嗑彖明言之,其所不言者,观象玩辞可以类推。固者为之,彼将曰:艮、震,颐也,责离而求艮,离岂艮哉?故曰:"知者观其彖辞,则思过半矣。"噬嗑自否来,否之时刚柔不分,天地闭塞。九五之刚分而之初,刚下柔也;初六之柔分而之五,柔上行也。"刚柔分"则上下交矣,"动而明"则否塞通矣。

以阴阳言之,震,阳也,离,阴也,雷动电明,刚柔相交[一],合一而成章,则天地亨矣,故曰"刚柔分,动而明,雷电合而章"。此以初、五相易合两体以言噬嗑之才也。

噬嗑,除间之卦,不止于用狱。言"利用狱"者,专以六五言噬嗑之用。坎为律、为棘,"狱"象也。六五之柔得中而上行,下据九四之坎,"用狱"也。所谓"上行"者,以柔道行之于上也。五,君位,唯刚健中正足以当之。六五柔中,不当位也。虽不当位,而施之于用狱,则无若柔中之为利矣。或曰:柔中足以用狱乎? 曰:人君者止于仁,不以明断称也。古之用狱者,史以狱成告于正,而正听之,正以狱成告于大司寇,听之棘木之下,大司寇以狱之成告于王,王命三公参之,三公以狱之成告于王,王三宥之,然后制刑。宥之者,柔也。三宥之然后制刑者,柔中也。制刑者有司之事,不得已而听、而制刑者,人君之德。德归于上,有司不失其职于下,是以其民畏而爱之,爱之斯戴之矣,故曰:人君之用狱,无若柔中之为利也。皋陶之美舜曰:"与其杀不辜,宁失不经。好生之德,洽于民心。"夫杀不辜,则民将以虐我者为雠,好生之德洽于民心,则天下乐推而不厌。曾子曰:"上失其道,民散久矣。如得其情,则哀矜而勿喜。"士师,有司也。曾子告之如此,况人君乎? 观皋陶、曾子之言,则在于宁失也,在于哀矜也,不在乎明断审矣。自易失其传,参之以申、韩之学,人君用明断决狱讼,躬行有司之事,其弊至于刻薄少恩,民心日离,思与之偕亡。读易不察之过也,故不可不与之辩焉。

卦气秋分也,故太玄准之以阇。

〔一〕"交",底本漫漶似"文",据通志堂本、四库本改。

象曰:雷电噬嗑,先王以明罚勅法。

"勅"当作"敕"。明其罚之轻重,使人晓然易避,效电之明也。正其法令以警懈惰,效雷之动也,九四坎为律法也。三不正,"敕法"也。上三爻不正,"明罚"也。先王将明罚必先敕法,非谓法其威怒以致刑,此卦至爻变始有用刑之象。

初九,屦校灭趾,无咎。象曰:"屦校灭趾",不行也。

否下体艮为指,在下体之下为趾。巽变震,为足、为草木,以草木连足,指象没矣,"屦校灭趾"也。荀卿曰:"菲絇屦。"絇,枲也。尚书大传曰"唐、虞之象刑,上刑赭衣,中刑杂屦","杂屦"即传所谓"藨蒯"之屦。要之中刑之屦,或菲或枲,或藨或蒯,皆草为之,疑古者制为菲屦赭衣,当刑者服之以示愧耻,非无肉刑也。慎子谓"以屦当刖",误矣。周官掌囚"下罪桎","桎",足械也,械亦曰"校"。大罪者小罪之积,否初九不正,其行不已,故屦校以没其足,使止而不行,所惩者小,所戒者大,乃所以无咎。震为行,艮止之,"不行"也。无咎,正也。卦以初、上为受刑,二至五为用刑者,用刑贵中也。王弼谓初、上无位,非也,六爻非奇则偶,岂容无位?

六二,噬肤灭鼻,无咎。象曰:"噬肤灭鼻",乘刚也。

艮阴为肤,柔而近革,噬之为易,六三是也。何以知艮阴为肤?剥六四曰"剥床以肤",坤剥乾成艮也。六三不当,六二噬之,中正而动刚,乘刚而往,所刑者当,兑为口,故曰"噬肤"。艮为鼻,二动兑见艮毁,"灭鼻"也。鼻在面中,灭鼻则当息,不息则势不能久。言三虽不当,而二之用刑亦不过中,故无咎,二动宜有咎也。横渠曰:"六三居有过之地而己噬之,乘刚而动,为力不劳,动未过中,故无咎。"

六三，噬腊肉遇毒，小吝，无咎。象曰："遇毒"，位不
当也。

鸟兽全体干之为"腊"，噬之最难者也。九四不正，间于上下之际，
强梗者也。艮为黔喙之属，离为雉，日煠之，"腊肉"之象。六三位
不当，以柔噬刚，刑人而不服，必反伤之，故"遇毒"。毒，坎险也。
何知坎为毒？师曰"以此毒天下"，谓坎也。"小吝"者，六三位不
当而柔也。然"无咎"者，动则正，兑见坎毁，强梗去矣。兑口，
"噬"也。荀爽曰："噬腊谓四也。"

九四，噬干胏，得金矢，利艰贞，吉。象曰："利艰贞，
吉"，未光也。

附骨之肉谓之"胏"，胏古文作胏。横渠谓五也，六五柔中，有刚在
二刚之中，日煠之，"干胏"之象。胏比腊为易，比肤为难，九四刚
直不挠，往则克之，"得金矢"也。乾变为金，巽为木，坎为矫、为
弓，离为兵，矫木施金，加于弓上，"矢"也。金刚矢直，噬之则刚直
行矣。四、五易，坎毁成颐，"噬干胏，得金矢"。九四不正，动而
正，唯恐其不正，不正不足以噬，故"利艰贞"乃吉，不然则凶。艰
贞乃吉者，以其道"未光"，道光则安用艰贞哉？或曰：五君位，四
噬之可乎？曰：噬嗑爻辞取上下相噬，明用刑难易而已，不以君位
言之。卦五不以君位言者六卦，讼也，噬嗑也，恒也，遁也，明夷
也，旅也。讼不言君者，人君不以听讼为主，故风美召伯，颂言皋
陶而已。恒不言君者，君道不可以柔为恒。遁不言君者，君不可
遁也。明夷不言君者，失君之则也。旅不言君者，君不可以旅也，
春秋天王居于郑书"出"，诸侯去国书"奔"。噬嗑，决狱有司之
事，非人君之职，若以五为君，则二大夫、三公、四侯相噬。何哉？

易不可一端尽也。

六五,噬干肉,得黄金,贞,厉无咎。象曰:"贞,厉无咎",得当也。

噬上也,上刚而居柔,离日熯之,"干肉"之象。干肉比肤为难,比胏为易。五与上易成兑口,故曰"噬干肉"。"黄",中色,离中之坤也。上乾变为金,故曰"得黄金"。言自五噬上,噬之亦难,噬之而服,则于刚为得中矣。九居五,贞也,故曰"贞"。五未易上,有强不能噬,于正为厉,于德为有咎。噬上九而当,虽厉终无咎也,故曰"厉无咎,得当也"。"得当"者,于五刚中为当也。或曰:用刑言噬,何也? 曰:此圣人之深意也。夫示之德让,使人安于至足之分则不争,不争则无讼。今物至于噬而后合,德下衰矣。噬之当也,犹愧乎无讼,矧噬之有不当乎? 末流之祸,怨乱并兴,反覆相噬,且万物同体而使物至于噬,自噬之道也。故四之刚直上九之刚,未免于噬。夫子曰"必也使无讼乎",叔向曰"三辟之兴皆兴于叔世",圣人之意不其深乎。

上九,何校灭耳,凶。象曰:"何校灭耳",聪不明也。

四坎为耳,上九之三,巽为木,巽见坎毁,"何校灭耳"也。上九有耳,不明乎善,罪大恶积,陷于凶而不知,宜曰"耳不聪"。曰"聪不明"何也? 坎水离火,日月之光。火,外景也,于目为视;水,内景也,于耳为听。视听之用,无非明也。气交则通,精并则专。聩者专视,并耳之用于目也;瞽者专听,并目之用于耳也。上之三,离目毁,无见善之明,又不能专听,是聪复不明。"何校灭耳",责其有耳之形,无耳之用也。

䷕离下艮上

贲,亨,小利有攸往。

彖曰:"贲,亨",柔来而文刚,故亨。分刚上而文柔,故
"小利有攸往"。天文也〔一〕。文明以止,人文也。观乎
天文以察时变,观乎人文以化成天下。

> 贲本泰也,坤之上六来居于二,以一柔而文二刚,则柔得中而亨。
> "文",柔德也,故曰"贲,亨"。九二分而往于上,以一刚而文二
> 柔,刚不得中而柔得中,小者之利也。然刚不往则小者无以济之,
> 不能文矣,故曰"小利有攸往"。"柔来文刚"而得中,"分刚上而
> 文柔",柔者亦得中,上下相文而不失乎中,则"贲"也。非过饰也,
> 故曰"贲",贲者,文饰之道。曰"往"、曰"来"者,往来相错,因其
> 质而文之。易传曰:"质必有文,自然之理。理必有对待,生生之
> 本也。有上则有下,有此则有彼,有质则有文。一不独立,二则为
> 文。"以天文言之,无非刚柔交错。阴阳之精在地,象物成列,光耀
> 离合,皆刚柔也。日,阳也,而为离;月,阴也,而为坎。纬星,动
> 者,阳也,而太白、辰星为阴;经星,不动者,阴也,而析木、鹑首为
> 阳。北斗、振天二极不动,故曰"天文也"。以人文言之,坤来文乾
> 而成离,坤文而离明,"文明"也。艮,止也。父刚子柔,君刚臣柔,
> 夫刚妇柔,朋友者刚柔之合,长幼者刚柔之序,五者交错,粲然成
> 文,天理也,非人为也。上下、内外、尊卑、贵贱,其文明而不乱,各
> 当其分而止矣。文明以止,则祸乱不生,灾害不作,故日月轨道,

〔一〕郭京周易举正称"天文也"前脱"刚柔交错"四字。

五星顺序,万物自遂。天文、人文,其理一也,故曰"文明以止,人文也"。此合乾坤刚柔、艮离两体而言贲也。

圣人观乎天文,则知刚柔有常矣,故南面而立,视昏旦之星,日月之次,以知四时寒暑之变。春震、秋兑,泰之时也;夏离、冬坎,贲之时也。泰易为贲,四时互变,"时变"之象也。观乎人文,知天下之情必丽乎中正,中正者,理之所当得者也,故彰之车服,明之藻色,天下自化矣。"柔丽乎中正"者,化成天下之道也。乾,天也;二变艮,成也;二柔丽乎中,正也。仰观天文,俯观人文,不顺乎天则反求乎人文而已矣。此推原卦变以尽贲之道也。

在卦气为八月,故太玄准之以饰。

象曰:山下有火,贲,君子以明庶政,无敢折狱。

山下有火,托物以明,异乎晋之"自昭明德"也。贲,饰之象。君子体之以明庶政者,初、二、三、四,正。坤为众。"政"者,正也。"无敢折狱"者,折狱之道,在于用常人吉士,哀矜狱情,不恃明察也,不尚文饰也。或曰:噬嗑亦明也,"明罚"何也? 曰:噬嗑六三、九四、六五、上九不正,不正者罚之。贲"无敢折狱",下四爻正也。庶政明而后折狱,乃无枉滥。

初九,贲其趾,舍车而徒。象曰:"舍车而徒",义弗乘也。

艮为指,初在下体之下,动而应,足趾也。坤为舆,二坎为轮,车也。四震为大途,为足,足趾行乎大途者,徒行也。初九于六二为近,于六四为远,舍二车弗乘,宁徒行而弗辞者,六二非正应,"义弗乘"也。夫车所以贲其行,义弗当乘而乘之,辱也,非贲也,是以宁徒行,虽跣足,贲也。古之人有弗肯乘人之车,缓步以当车者,守义故也。

六二,贲其须。象曰:"贲其须",与上兴也。

二言贲饰之道。毛在颐曰须,在口曰髭,在颊曰髯。三有颐体,二柔在颐下,须之象。二、三刚柔相贲,"贲其须"也。夫文不虚生,譬之须生于颐。血盛则繁滋,血衰则减耗,非增益为之饰,"与上兴也"。"与",相与也。二、三相贲而成震,起也。柔道上行,有"兴"之象。是故冠弁衣裳,黼黻文章,雕琢刻镂,玄黄之饰,因其有尊卑贵贱之实而明之,实既不同,其文亦异。不丰不杀,惟其称也。棘子成曰"质而已矣,何以文为",不知文待质而后兴也。

九三,贲如濡如,永贞吉。象曰:永贞之吉,终莫之陵也。

六二以柔贲刚,"贲如"也。九三坎体,以刚贲柔,坎水濡之,泽润而有光耀,"濡如"也。刚柔相贲,文饰之盛,礼之致隆者也。然二非正应,以近相得,故相贲、相濡以成文。九三守正不动,二亦柔丽乎中正,故"吉"。三贲将变动而失正,则上且自外而陵之。礼者,法之大分,去争夺之道也,永正谁能陵之?今夫富商之财,足以金玉其车,文错其服,而木樋韦藩,过于朝而不嗛者,知礼法之不可以干也。苟失其正,乘其间者有竞心焉,安能自免于陵轹乎?故"终莫之陵"者,"永贞之吉"。三,下卦之终,三不动,"永贞"之象。

六四,贲如皤如,白马翰如,匪寇婚媾。象曰:六四当位,疑也。"匪寇婚媾",终无尤也。

六四、初九,以正相贲也。六四之柔下贲初九,"贲如"也。初九之刚上贲六四,成巽,六二为须,巽为白,"皤如"也。言初之贲四,纯白相贲饰也。六四当位,伏巽为不果,有"疑"志也。四所以疑者,初间于三,坎为盗,盗据内外之际,四有乘刚之险,初、四未获贲也。虽未获贲,而应之志其疾如"白马翰如",飞腾而赴之,匪九三之寇则遂"婚媾"矣。初离为雉,之四巽为鸡,"翰如"也。翰,刚爻也。震为作足之马,震变巽,故曰"白马翰如"。震长男,离中女,男女合故曰"婚媾"。纯白无伪,谁能间〔一〕之?始疑而终合,故曰"终无尤也"。四之所尤者三也,三,下卦之终。

六五,贲于丘园,束帛戋戋,吝,终吉。象曰:六五之吉,有喜也。

艮为山、为果蓏,山半为丘而有果蓏,"丘园"也。五尊位柔中,外资上九之贤,故曰"贲于丘园"。坤为帛,艮手束之,束帛五两,坤数也,三玄二𫄸,天地奇耦之文,上、五相贲之象。"戋戋",委积貌,坤为众,束帛其上,多而委积,用之以外聘,故曰"束帛戋戋"。夫五得尊位,当贲天下,六二不应,近比上九,"吝"道也。然柔中厚礼,上九自外贲之,始吝而终吉,正则吉也。阴阳得位曰"喜",上来贲五,阳得位而正,喜岂伪为之哉?好贤乐善,有得于诚心,故曰"六五之吉,有喜也"。

上九,白贲,无咎。象曰:"白贲,无咎",上得志也。

上九贲之极,有不贲者焉。圣人因天地自然之文立王制,为天下之大隆,是非之封界,分职、名象之所起也。其志在于著诚去伪,使人各由其情,不失其本真矣。末流之弊,尚文胜质而本真衰焉,岂贲饰之初志哉?志者,动于中之谓也。上九变动反三,三有伏巽而离体,离者,乾再索而成,巽之变也。巽为白,离为文,有色生

〔一〕"间",原作"闻",据汲古阁本、通志堂本、四库本改。

于无色,故曰"白贲"。白,质也;贲,文也。五色本于素,五味本于淡,五声本于虚。质者,文之本。上九变动而反本,则文何由胜?咎何由有?我志得矣,故曰"大礼必简","至敬无文",然贵本之谓文,亲用之谓理,两者合而成文,以归太一,夫是之谓大隆。故酒醴之美,玄酒、明水之尚;黼黻文绣之美,疏布之尚;莞簟之安,而蒲〔一〕越槁鞂〔二〕之尚;丹漆雕几之美,而素车之尚。荀子曰:"礼始于脱,成于文,终于悦〔三〕。"夫终则有始,质者文之始。上九之"白贲",文在其中矣。变而通之,三代损益之道,是以"无咎"而"得志"。不然,事生送死而无敬文。墨子之道,乌得为无咎?贲四至上,其变皆以巽,人文相贲,以礼让为本。

䷖坤下艮上

剥,不利有攸往。

彖曰:剥,剥也,柔变刚也。"不利有攸往",小人长也。顺而止之,观象也。君子尚消息盈虚,天行也。

剥本乾,阴侵阳,进而剥之。柔剥乎刚,下剥其上,回邪剥正道,小人剥君子,刚为柔变,故曰"剥,剥也,柔变刚也"。此以五阴剥阳言剥也。

剥而不已,一阳仅存,小人既长,君子道消,往亦无与,何所之哉?当巽言屈身避害而已,故曰"不利有攸往,小人长也"。此以上九言剥也。

〔一〕"蒲",原作"簿",据四库本、礼记改。
〔二〕"鞂",原作"秢",据四库本、礼记改。
〔三〕"悦",荀子作"税"。

圣人患君子不往,人道将绝,故又发其义曰"顺而止之",坤顺艮止也。止,小人之道,当顺其理而止之,乃〔一〕可以止。盖以象观之,剥极当止之时,五变阴,阳有可反之理,剥反晋,晋反大有,而乾体复矣。天道之行,消于巽,息于兑,盈于乾,虚于坤,消极则息,盈久则虚。君子尚之,与时偕行,能柔能刚,任理而已矣。汉、唐之季,小人道长,诸贤不能顺而止之,悉力以抗小人,是以无成功。王弼谓"强亢激拂,触忤以陨身,身既倾焉,功又不就,非君子之所尚也",故曰"顺而止之,观象也。君子尚消息盈虚,天行也"。此以艮、坤二体,剥、复升降,明处剥之道也。

在卦气为九月,故太玄准之以割。

郑康成以万物零落谓之剥者,论卦气也。彖言"象"者三,剥也,鼎也,小过也。剥、小过,卦变之象也。卦变自辟卦言之,坤变复,六变而成乾,乾变姤,六变而成坤。自反对言之,复、姤变十二卦,遁、否、临、泰变四十八卦。自下而变也,观剥之象则知之矣。自相生言之,复、姤五变成十卦,临、遁五复五变成二十四卦,泰、否三复三变成十八卦。上下相变也,观小过之象则知之矣。鼎,互体之象也,卦以阴阳、虚实、刚柔、奇耦交错互变于六爻之中,而象其物宜,观鼎之象则知之矣。观是三者,易之象举积此矣。

象曰:山附于地,剥,上以厚下安宅。

山剥而附于地,则其下厚矣。为人上者观此,故裕民敦本,务厚其下,是乃"安宅"不倾之道。书曰:"民为邦本,本固邦宁。"

初六,剥床以足,蔑贞凶。象曰:"剥床以足",以灭

〔一〕"乃",原漫漶似"尸",据汲古阁本、通志堂本、四库本改。

下也。

　　刘牧读"剥床以足蔑",按六四曰"剥床以肤",则"剥床以足"当为句绝。坤变乾也。坤,西南方也。初动成巽,巽为木,设木于西南之奥,乾人藉之,"床"之象也。剥以其足,寝其上者危矣。初有伏震,震为足,阴之剥阳,必自下始。"蔑",无之也,无君子之正则凶矣。象曰"灭"者,灭尽也,无君子之正者以灭尽之也,小人之害正如此。

六二,剥床以辩,蔑贞凶。象曰:"剥床以辩",未有与也。

　　郑康成曰:"足上称辩。近膝之下,屈则相近,申则相远,故谓之辩。辩,分也。"崔璟曰:"辩当在第足之间,床脡也。"巽为木、为股,艮为指,在初为趾,二在股、趾之间,近膝之下,股之象,脡即股也。阴浸长,次及于二,犹剥床至于股也。九二无应,未有与之者,是以小人无所忌惮。二当内不失正以自守,斯可矣,若迫穷祸患,蔑所守之正,则凶。"蔑",无之也。曰"蔑贞凶",戒六二也。剥之方长,君子而有与,犹可胜也,剥而自守其正,小人虽胜,犹未凶也。

六三,剥之无咎。象曰:"剥之无咎",失上下也。

　　上九以刚居一卦之外,六三在小人中,以柔应刚,独有辅上救乱之志,易传谓汉之吕强是也。然上九不当位,其势微弱,不能相应而有为,"失上"也。众阴并进,三独为君子,初、二既剥,安能免于众阴之所剥乎?"失下"也。上下皆失,三虽不免于剥,而义则无咎,非特立不惧者能如是乎?

六四,剥床以肤,凶。象曰:"剥床以肤",切近灾也。

艮为肤,柔而近革,六四之象。巽为床,剥床及肤,"切近灾"也。五,君位,剥阳至四而乾毁,其凶可知。象言"灾"者,阴长剥阳,天也,剥道至此,三不能止,君子其如天何?

六五,贯鱼,以宫人宠,无不利。象曰:"以宫人宠",终无尤也。

巽为鱼、为绳,艮为手,持绳,下连众阴,"贯鱼"也。艮、坤为宫,止于中也,乾为人,巽为进退,"以宫人宠"也。宫人,嫔妇御女之属,古之进御于君者。望前先卑,望后先尊,尊卑迭为进退。五得尊位,其动也正,与上同德,下制众阴,若贯鱼然咸顺于上。以宫人宠之,使尊卑有序,厚恩锡予,不及以政。宠均则势分,不及以政则无权。小大相持乃可为也,故"无不利"。六居五,宜有尤,而以正制小人者,尽道,"终无尤"也。五有伏兑为口,尤之也。不然,鱼脱于渊,其能制乎? 或曰:先儒以巽为鱼,何也? 曰:以重卦离知之。包牺氏"结绳而为罔罟,以佃以渔,盖取诸离",离中有巽,巽复有离。巽为鱼,"以渔"也;离为雉,"以佃"也。鱼、龙同气,东方鳞虫,龙为之长,震为龙,木之王气,巽为鱼,木之废气,故太玄以三八为木、为鳞,兼震、巽言之。

上九,硕果不食,君子得舆,小人剥庐。象曰:"君子得舆",民所载也。"小人剥庐",终不可用也。

坤阴剥乾四成巽,为木,至五成艮,为果,阳为大,众阴不能剥之,"硕果"也。兑为口,艮见兑伏,"不食"也。君子在外不为小人剥丧之象。"硕果不食",下而复生,剥反为复,必然之理。天地间未尝一日无阳,亦未尝一日无君子。剥终复始,间不容发也。坤为舆、为众,极乱之后,五阴奉一阳,君子于是得众而民载之,故曰

"君子得舆,民所载也"。易传曰:"诗匪风、下泉所以居变风之终
也。"艮为舍,乾为天,天际在外,野也,舍在野,庐之象。阳为君
子,小人托庇于君子。上九剥而为六,小人用事,自彻其庇,至于
无所容其躯,而在外之君子亦失其所,故曰"小人剥庐,终不可用
也"。

䷗震下坤上

复,亨。出入无疾,朋来无咎。反复其道,七日来复,利
有攸往。

彖曰:复,亨。刚反动而以顺行,是以"出入无疾,朋来
无咎"。"反复其道,七日来复",天行也。"利有攸往",
刚长也。复其见天地之心乎。

复本坤而乾交之,阴阳之反皆自内出,非由外来,而"出入"云者,
以剥、复明消息之理也。剥极成坤,阳降而入;坤极而动,阳升而
出。入,其反也;出,其动也。其出其入,群阴莫能害之。害之之
谓"疾",言刚反动而得位也。坤为顺,刚反动而得位,以顺道而上
行,斯复所以亨欤? 朋,阳之类也,一阳来复而得位无咎者,以正
也。刚动则不累于物,以顺行则不违其时,正则和而不同,斯"朋
来"所以"无咎"也。夫复所以亨者,岂一君子之力哉? 譬如舟车
必相济达,己先则拔之,彼先则推之,然后并心协力,其道大行,故
曰"复,亨。刚反动而以顺行,是以出入无疾,朋来无咎"。此合坤
震两体、初九之动以言复亨也。

天道之行,极则来反,往则必复。其复之数,自午至子不过于七。
阳生于子,阴生于午,剥、复七变,阳涉六阴,极而反初。日也,月

也,岁也,天地五行之数所不可违,而必曰"七日"者,明律历之元也。故日月五星始于牵牛,气始于夜半,历始于冬至,律始于黄钟。子云得之,为八十一首,以尽一元六甲三统九会二百四十二章之数。邵雍得之,明日月星辰元会运世,以穷天地消长无极之数,而雍尝谓子云作太玄其得天地之心乎,故曰"反复其道,七日来复,天行也"。此推剥、复之变言复之数也。

阳自复而往为临、为泰、为大壮、为夬、为乾,孰御之哉?君子之道,刚进而长,莫或御之,必至于盛。夫子曰"如有用我者,期月而已,三年有成",孟子曰"以齐王犹反手也",荀卿曰"三年,天下如一,诸侯为臣",非虚语也,故曰"利有攸往,刚长也"。此自复推之至乾以言复之成也。

易以天地明圣人之心,以为无乎不可也,以为有乎不可也。观诸天地则见其心矣。天地以万物为心,其消也乃所以为息,其往也乃所以为来,往极而来复,复则万物生生者,天地之大德也。以其所见论其所不见,天地之心其可知矣,故曰"复其见天地之心乎"。此以初九刚动言复之始也。始而亨,亨则有成矣。王弼谓"天地以本为心,寂然至无,是其本矣",此"雷在地中之象"也。彖之取象在于阳刚反动而已。易无非象也,彖也,大象也,小象也,其象各有所宜,不可以一概论。

在卦气为冬至,故太玄准之以周。

象曰:雷在地中,复。先王以至日闭关。商旅不行,后不省方。

天下之至动莫如雷,"雷在地中",动复于静,复本之时也。复,冬至之卦。剥艮为门阙,反则"闭关",闭关以止动者也。巽为近利市三倍,风行地上,为观民设教,复震见巽伏,故"商旅不行,后不省方"。"不行"、"不省方",则动者静。夏小正"十一月万物不通",夫子赞易兼用夏小正矣。

初九,不远复,无祗悔,元吉。象曰:不远之复,以修身也。

外为远,内为近。剥初尝失矣,变复,九自外来,内不远也,反动而刚复也。失而后有复,不失则无复矣。初者九之位,正其固有也。初正者善之端,修身之始,未有不正其心而能修身者。以天地言之,始于刚反动而正,乃能遂万物而成其德,故曰"不远复,以修身也",坤为身。易传曰"祗,抵也",马融音之是反。初动不正,不正则抵于悔,知不正为不善之端,而复于正则"无祗悔"。俟其悔至而后复之,复亦远矣。"无祗悔"则"元吉",元吉者吉之至善,故曰"无祗悔,元吉"。夫几者动之微,吉之先见也。颜子不善未尝不知,知之未尝复行,"无祗悔"也,故夫子赞之曰"颜氏之子,其殆庶几乎"。

六二,休复,吉。象曰:休复之吉,以下仁也。

休,息也。初九刚复,克己复礼,为仁者也。六二正中,在上无应以分其亲仁之意,近而相得,乃下之。见初九"不远复",其心休焉。中者,天下之大本,人受天地之中以生。中则正,正则大,大者仁之体。仁岂外求哉?在我而已矣。初九知几,"知至至之"者也。六二不动,即至于正中,动则失正,因是"休"矣。休则吉,所谓"吉祥止止"也,故曰"休复之吉,以下仁也"。荀卿曰"学莫便于近其人[一]",六二之谓乎。

〔一〕"人",原作"仁",据汲古阁本、四库本及荀子改。

六三,频复,厉,无咎。象曰:频复之厉,义无咎也。

频,水厓也。说文曰"人所宾附,频蹙不前而止",先儒作"嚬蹙"训之,其义亦通。三者震动之极,极则反之正成坎,坎在坤际,水厓也,水厓谓之"频"。六三厥初妄动,自厓而反,则"频复"也。频者危道,故曰"频复,厉"。频而复,虽晚矣,不犹愈于迷而不复者乎?于义为得,故曰"义无咎也"。六三困而学之者也,叔孙病不能相礼,退而学礼之爻乎?

六四,中行独复。象曰:"中行独复",以从道也。

五阴冥行,去道日远,适越而北首者也。六四行于五阴之中,独反而复,下从于初。"道",言初九也。震为大途,亦"道"也。郑康成曰"度中而行,四独应初",是也。不言"吉无咎"者,正则吉可知,"独复"则无咎。"频复"之厉,犹无咎也。四"独复"、五"敦复"不言"吉"者,不以利害言也。虞翻曰:"四在外体,不在二、五,何得称中?"夫"中"无一定之中,自初至三,以二为中,自四至上,以五为中,复卦五阴自二至上,则四为中,康成谓"爻处五阴之中"。

六五,敦复,无悔。象曰:"敦复无悔",中以自考也。

六五远于初九,中而未正,非"敦复"则有咎。五,坤体,厚也。五动而正,成艮,艮为笃实,厚而笃实,"敦"也。"成言乎艮",故艮又有成之意。"考",成也,诚者自成也。以体言之谓之中,以天道言之谓之诚,以受之于天言之谓之性。有是性则有是体,有是体则有是道,万物皆备于我,反身而诚则自成矣,其于复也何远之有?厚而笃实,用力于仁者也。荀卿曰"以中自成",易传曰"以中道自成"。

上六，迷复，凶。有灾眚，用行师终有大败，以其国君凶，至于十年不克征。象曰：迷复之凶，反君道也。

复之终以一卦言之。剥之上九反而为初，初九已复，上六迷道而不复，故曰"迷复，凶"。上穷矣，不可动，动则降三成坎。坎，灾眚也，灾自外至，眚已招也。有灾眚则天祸人患无所不有，故曰"凶"，又曰"有灾眚"。三动六上行，有师体，"用师"也。行师之义，以正去不正，已迷不复而行师，人谁服之？终有大败。师六三"师或舆尸，凶"，坎为血，大无功也。三，下之终，故曰"终有大败"。坤四诸侯位，国也，五君位，上反三成震、坎，"以其国君"也。震动，"以"也。坎，陷也。用此行师，终有大败。妄动之祸，至于以其国君陷之于凶，故曰"以其国君凶"，言迷复动则凶矣。自古迷复妄动，不胜其欲，而用兵，虽骤胜，终有大败。骤胜者，厚其毒而降之罚，是以祸至于亡身。"十"者，坤之极数。不可动则无师象，"不克征"也。"十年不克征"者，灾也，上穷也，"用行师终有大败，以其国君凶"者，眚也，二者反君道故也。上六反初九，初九，"道"也。易传曰"居上治众，当从天下之善"，夫从天下之善则改过不吝，举错当于人心，以此用众则师克，以此用国则民听，天佑人助，何凶之有？

䷘震下乾上

无妄，元亨利贞。其匪正有眚，不利有攸往。

彖曰：无妄，刚自外来而为主于内，动而健，刚中而应，大亨以正，天之命也。"其匪正有眚，不利有攸往"，无妄之往何之矣？天命不祐行矣哉？

无妄，天理也；有妄，人欲也。人本无妄，因欲有妄，去其人欲，动静语默无非天理。动非我也，其动也天，故曰“无妄”。此合乾、震言无妄也。

无妄，大畜之反，大畜上九之刚“自外来为主于内”，“主”言震也。“自外来为主于内”，如舜、禹之有天下，天下，大物也，可妄而有乎？无非天也，故曰“刚自外来而为主于内”。此以初九言无妄之主也。

震，动也，乾，健也，动而震，无妄之时，其健不息，不有其已，体天而已，故曰“动而健”。此再以乾、震言无妄也。

九五刚中在上，六二以柔中应之，刚柔相与，上下不过乎中，中则无妄。上下循天之理，故曰“刚中而应”。此以二、五言无妄也。

初九之尊位，大夫〔一〕得尊位，“大亨”也，其端始于初九，“刚自外来为主于内”而正，是以大亨。刚中而应，动不以正，亦何由健、何由应乎？故曰“大亨以正”。此以初九、九五言无妄也。

“动而健，刚中而应，大亨以正”者，无妄之才也，有是才乃可当无妄之时，致天下于无妄。易言“刚中而应”者五卦，师也，临也，萃也，升也，无妄也，“大亨以正”者三卦，萃也，临也，无妄也，独于无妄言“天之命”者，“刚自外来而为主于内”也。刚自外来可也，安能必其为主于内？动而健可也，安能使刚中而必应以正、而必至于大亨乎？非天命不能也。天命即天理也，非人为也。乾为天，巽为命，故曰“天之命”也。此以乾、巽言无妄也。

三、四、上三爻“匪正有眚”，匪正妄行而干天命，其眚自取者也。无妄之世，九五在上受天所命，六二应之，三、四、上匪正而无应，

〔一〕“夫”，大易集义粹言引作“者”。

欲往何之？三、四以五在上不可行，上九已穷，三、上相易成坎险，何所往哉？兑为右，大有六五"尚贤"，上九易五成兑，故曰"自天祐之"。无妄、大畜三、四正位兑体，有祐之象，大畜反兑为巽，不正之爻"不利有攸往"，故曰"天命不祐行矣哉"。

在卦气为寒露，故太玄准之以去。

象曰：天下雷行物与，无妄。先王以茂对时，育万物。

天下雷行而物与之者，无妄也；雷行非时而物不与者，妄也。虞翻曰"震以动之，万物出乎震"，故震为万物始。始〔一〕震终艮，"时"也，伏兑为泽，"育"也，二应五、三应上，"对"也，先王以是茂对时而育万物。"茂"，盛也。万物繁兴，不茂不足以育物，不对则妄矣，如"春毋麛、毋卵，夏毋伐大木"之类。

初九，无妄往吉。象曰：无妄之往，得志也。

初九正，无妄也；九四不正，妄也。初九以正动上往，九四应之，往而正，正则吉，其正行乎上，志者动于中也。易传曰："诚至于物，无不动者。以之修身则身正，以之治事则事得其理，以之临人则人感而化，无所往而不得志也，故吉。"

六二，不耕获，不菑畬，则利有攸往。象曰："不耕获"，未富也。

二动体而顺乎中正，无妄者也，故极言无妄可往之理。初至五有益体，"耕"也。二震为稼，艮为手，二往之五，五来应二，兑见震毁，艮手兑金，铚刈之象，"获"也。二为田，田一岁曰"菑"，三岁

〔一〕"始"，原脱，据通志堂本、四库本补。

曰"畬"。初九震足动，田之始菑象也。五〔一〕来之二，历三爻而有获象，"畬"也。乾为岁故也。夫耕者获之始，畬者菑之成，耕必有获，菑必有畬，事理之固〔二〕然，非私意所造，君子随时而已，无妄也。譬如农夫，有当首事而耕者，有当终事而获者。其于田亦然，有当首事而菑者，有当终事而畬者。当其时之可耕、可菑，则薅荼蓼，辟荒秽，不为不足；当其时之可获、可畬，则有仓廪，多田稼，不为有余。初，耕者也，二当不耕而获，耕则安矣；初，菑者也，二当不菑而畬，菑则妄矣。吾无决择，顺乎中正，可动而动，无所容心也，如是"则利有攸往"。"有攸往"者，二往五则获、畬有成矣。昔伏羲创法以利天下，神农氏、黄帝氏相继而出，至尧、舜氏而法成。若夏、商、周之损益，皆因其礼，无妄作也，其视前人创法犹己为之，是故前圣后圣若出一人，彼时此时同为一事。不然，不待时而为，则虽揽天下之美犹为妄也。曰"未富"者，盈虚之理，盈则亏之，虚则实之。二阴虚而未盈，故不耕而获，若已盈则亦不获矣，庄子所谓"天下既已治矣"是也。

六三，无妄之灾，或系之牛，行人之得，邑人之灾。象曰：行人得牛，邑人灾也。

六二中正，无妄也，三、四不正，有妄也，故以两爻明六二无妄之灾。坤为牛，四巽绳，艮手，"或系之牛"。"或"，疑辞，四见疑，以不正故疑之。三震为大途、为足，"行人"也。四不系之牛，人以其不正，或疑之，妄也。三不正而躁，亦妄也。往乘四，妄而又妄，不

〔一〕"五"，原漫漶似"三"，据汲古阁本、通志堂本、四库本改。
〔二〕"固"，原作"同"，据汲古阁本、通志堂本、四库本改。

得位。"行人得牛",牛非行人之所当得,妄动而干之,非顺乎理者
也。四来乘三,三[一]在险中,三自取之,有妄而灾,则其宜也,非
灾之者也。坤土在下为邑,邑人谓六二,六二中正顺理,静而不
往,无妄何灾矣? 然三动则二亦近于险,非自取也。庄周谓"鲁酒
薄而邯郸围"者乎? 关子明曰:"无妄而灾者,灾也。"君子于无妄
之灾如之何? 夭寿不贰,修身以俟之,所以立命也。故三、四复
位,六二卒与五应。

九四,可贞无咎。象曰:"可贞无咎",固有之也。

明人情终不妄也。九四刚而不正,刚则私欲不行,私欲不行则至
于无妄,无妄则无咎。然且有咎者,不正也。正者四之所固有
也,操存舍亡,非外铄也。九既刚矣,动则正,正则无妄,故曰
"可贞无咎[二],固有之也",致无妄者必自刚。夫妄始于欲,欲
之为害,自一芥取诸人,充之至于为盗。舜与跖之分,其初甚微
也。刚者能绝之,不以小害为无伤而不去,故此爻在妄为刚者,
圣人与之,可正也,正则刚在其中。上九亦刚,不曰"可贞"者,
妄之极也。

九五,无妄之疾,勿药有喜。象曰:无妄之药,不可试也。

九五、六二无妄相与,而九四以妄间之,九五之疾也。疾者,阴阳
失位之象。五动四成坎,坎为毒药之象,医师聚毒攻邪,济人于险
者也。易传曰:"治之而不治,率之而不从,化之而不革,若舜之有
苗,周公之管、蔡,孔子之叔孙武叔。"然而无妄之疾非妄所致,"勿
药"可也。盖九五至正,戒之在动。动而求所以攻之则不正,复入于

〔一〕"三",原漫漶似"二",据汲古阁本、通志堂本、四库本改。
〔二〕"咎",原作"妄",据通志堂本、四库本改。

妄。以妄治妄,其疾愈深。待之以正,则邪妄自复,故曰"不可试也","试"犹"尝试",言不可妄动少有所试。二不能往,五得位而二应,"勿药有喜"也。不正则二不应,其能喜乎?"喜",阳得位之象。

上九,无妄行有眚,无攸利。象曰:无妄之行,穷之灾也。

无妄之时,妄者三爻,六三、九四、上九是也。九四"可贞",六三下体之极,上九上体之极。上九,妄之尤极者也。上行之三成离,离有伏坎,坎为眚。三行之上成兑,兑为毁折,"行有眚"也。上九、六三之妄,行即得正,然且有眚者,妄极而穷,穷之灾,虽行其能免乎?爻言"眚",象言"灾",处妄之极,不有人祸必有天殃,故夫子极天人以告之。

䷙乾下艮上

大畜,利贞,不家食吉,利涉大川。

彖曰:大畜,刚健,笃实,辉光,日新其德。刚上而尚贤,能止健,大正也。"不家食吉",养贤也。"利涉大川",应乎天也。

"刚健",乾也。"笃实",艮也。大畜者,大壮九四变也。一变为需,再变为大畜。需有坎、离,相合发为"辉光"。进而上行成艮,互有兑、震,兑西震东,日所出入,"日新其德"也。刚健则不息,笃实则悠久,两者合一,畜而为德,动而有光,其光挥散,又日新无穷,进而不已,自畜其德者也,故曰"刚健,笃实,辉光,日新其德"。此合乾、艮两体而又推大壮之变以言大畜也。

刚,贤者也。大壮再变,九四之刚进居君位之上,贤者置之上位,六五以柔下之,"尚贤"也。三阳自内而往,难畜者也。"刚健,笃实,辉光,日新其德",自畜其德矣,又尊贤忘势,"刚上而尚贤",具此五者,然后能止畜其健,"大正"也,"大正"乃为天下国家之利。君子当在上,小人当在下,正也。初九、九三当位,二、五相易而正,大者正也。所以大畜者,以其利于大者正,故曰"刚上而尚贤,能止健,大正也"。此以上九在上,六五、九二相易,以言大畜之利正也。"刚上而尚贤",尊之也。尊之而不与之共天位、治天职、食天禄,贤者不可得而畜也。三至上体颐,"养贤"也。二在内为家,兑口为食。六五尊德乐道,下交九二,九二受畜而往应之,"不家食"也。王公之尊贤而又养之,贤者如是而食,则吉正也。非独一身之吉,天下之吉。不然,分国与之,视犹锱〔一〕铢也,故曰"不家食吉,养贤也"。此以二、三、四、五言大畜贤者止而受养也。

上能止健,贤者止而食,乃能得尽其心,与之犯难而不辞。兑为泽,决之为大川。震变兑成坎、艮,震足艮指而越坎,"涉大川"也。乾为天,五天位,巽为命,天命有德者,为万民也。六五下应乾,九二之五,大畜止健,贤者不家食,应乎天而行,何险难之不济哉?故曰"利涉大川,应乎天也"。此再以二、五言大畜养贤之功。

在卦气为白露,故太玄准之以积。

象曰:天在山中,大畜。君子以多识前言、往行,以畜其德。

"天在山中",以人所见为象,犹言水中观天也。圣人论天地日月皆以人所见言之,天大无外而在山中,其所畜大矣。内卦兑口,"前言"也;外卦震为行,"往行"也。二阴四阳,阳为多。大畜自大壮来,一变需,离为目,"识前言"也,再变大畜,"识往行"也。

〔一〕"锱",原作"辎",据通志堂本、四库本改。

德者刚健,"多识前言、往行",故能考迹以观其用,察言以求其心,而"畜其德"矣。夫以方寸之地,观万世之变,涂之人而上配尧、禹,非多识之其能畜乎?

初九,有厉,利已。象曰:"有厉,利已",不犯灾也。

"已",先儒读作"已","矣"之"已",王弼读作"己",今从先读。三阳务进,初九刚健之始,六四柔得位,当止畜之地,不度而进,处位不当,危厉之道也,不如已而受畜则利。夫不受畜而往,危实自取。不曰"眚"而曰"灾"者,初九正也,大畜之时宜止而往,虽正亦厉,故曰"灾"。子夏传曰:"居而待命则利,往而违上则厉。"初往四成离,离有伏坎,故曰"犯灾",不直曰"灾"也。

九二,舆说辐。象曰:"舆说辐",中无尤也。

"辐"当作"輹",王弼注作"輹"。坤为舆,自三以上为震,震为木,舆下横木,"輹"也。二不动,兑毁折之,"舆说輹"也。不动未正,宜有尤。兑为口,尤之者也。然遇畜而止,"说輹"不进,知以不动为中,是以"无尤",故曰"中无尤也"。初刚正也,二刚中也,四、五柔也,柔能畜刚,刚知其不可犯而安之时也。夫气雄九军者,或屈于宾赞之仪,才盖一世者,或听于委裘之命,故曰"大畜,时也"。

九三,良马逐,利艰贞,曰闲舆卫,利有攸往。象曰:"利有攸往",上合志也。

乾为马,九三得位为"良马"。震为作足。三阳并进,"良马逐"也。九三刚健当位得时,上九畜极,变而应之,利以驰逐。然驰逐不已,必有[一]奔蹶之患,不可恃应而不备,故戒之以"利艰贞"。

〔一〕"有",原作"自",据汲古阁本、通志堂本、四库本改。

九三,正也,动则失正,艰难守正则利,"曰闲舆卫"可也。古文作"粤",粤,於也,发语之辞。兑,口象。艮,止也。坤为舆,四正,"闲舆"也。三乾为人,震为足、为大途,人傍舆而行,闲舆而卫之象。"闲舆卫",以其"利艰贞"也。九三如此,犹谨衔策,清道路,节良马之步而徐驱焉,其进利矣,故"利有攸往"。上九阳也,变而应三,三以刚往,与上合志,志动于中者也。茂陵中书,武功爵十一,二级曰"闲舆卫",有取于此乎? 夫恃应而不知备,锐进而不知戒,鲜不及矣。

六四,童牛之牿,元吉。象曰:六四元吉,有喜也。

坤为牛,坤初为童牛。"童牛",始角时也。六四坤体,四之初为童牛,初刚往四,角触之象,四不来初,屈而不动,童牛牿之也。"牿",横角之木,周官谓之"楅"。初之四则二成巽木,初复位则刚伏于木下,牿牛之象。六四当位止刚,不以威武为之,以渐优而柔之,使无犯上之心,刚柔各得其正,故"元吉"。"元吉"者,自其始吉,吉之至善也。"喜"者,阳得位。初九不动而应己,刚者反为柔用,六四所以"有喜"也。

六五,豮豕之牙,吉。象曰:六五之吉,有庆也。

九二犯五则三成坎,坎为豕,五成巽,巽为白,自三至上体颐,豕颐中有刚且白者,"豕之牙"也。六五得尊位柔中,二退而受畜,三坎毁,兑金刻制其下而刚伏,"豮豕之牙"也。牡豕曰"豶",攻其特而去之曰"豮"。豮豕则驯扰,刚躁自止,牙不能害物矣。"庆"者,三阳受畜而为用,阴以阳为庆。"六五之吉,有庆也。"二应五得正,故"吉"。古之善畜天下者,知有血气皆有争心,难以力制,务绝其不善之本而已,犹去豕牙之害而"豮"之也。顺民之欲,因民之利,成民之才,率之以柔中,其效至于垂衣拱手而天下服。易传曰:"民有欲心,见利则动,苟不知教,虽刑杀日施,其能胜亿兆欲利之心乎?"

上九,何天之衢,亨。象曰:"何天之衢",道大行也。

畜极则通,止极则动。震为大涂,兑为口,上乾为天,"天衢"也。"何",大其声也。上动亨也,言何其天衢之亨如是乎。正者,道也,大涂亦道也,三阳上进,"道大行"也。

䷚ 震下艮上

颐,贞吉。观颐,自求口实。

彖曰:"颐,贞吉",养正则吉也。"观颐",观其所养也。"自求口实",观其自养也。天地养万物,圣人养贤以及万民,颐之时大矣哉。

郑康成曰:"颐者,口车之名。震动于下,艮止于上,口车动而止,因辅嚼物以养人,故曰颐。"此合震、艮两体而成颐也。

颐者,养也,养之以正则吉,养不以正则凶,故曰"颐,贞吉"。此以初九之正言颐养之道也。

颐自临九二变之,一变明夷,离为目,"观"也。自内观外,观其人之所养也。所养正欤,君子也;所养不正欤,小人也。观其所养,是非美恶无所逃矣,故曰"观颐"。此以临二、初变,明在人者,养之之道当正也。

四变颐,自离变艮,艮为手,"求"也。自外观内,反观己之自养,以考正与不正。"口实"者,颐中之物也。四爻皆阴,阴为虚,虚则无物,故"自求口实"。无物而求,正与不正未定也。二、四正,三、五、上不正。"自养"者正欤,君子之道也,虽贫贱不去也;自养者不正软,小人之道也,虽富贵不处也。故曰"自求口实,观其自养也"。此以上九及颐中四爻,明在己者,养之之道当正也。

观人之所养,然后观吾之自养,则所养正矣。养之道甚大,"天地之养万物","圣人养贤以及万民",亦不过震动艮止也。乾,天也,坤,地也,震,东方,万物发生,"天地之养万物也"。上九尚贤,在五位之上,坤众为民,"圣人养贤以及万民"也。天地之生,其动以正,阳降阴升,万物自遂其盛,至于盈乎天地之间,各极其分而后止,天地不劳也,动以正而已。养万民者本于养贤,贤者在上,万民自遂其生,圣人不劳也,止于养贤而已,故震动艮止之象。自己之养推之至于人之养,自人之养推之至于天地圣人。然养之道不过乎此,颐之时岂不大乎? 故曰"天地养万物,圣人养贤以及万民,颐之时大矣哉"。此以颐之成卦终言颐之道也。易传曰:"或云用,或云义,或云时,以其大者也。万物之生养以时为大,故云时。"

以卦气言之十一月卦,故太玄准之以养。

或曰:初变明夷则有离,四变成颐非离也,何以有观之象? 曰:此可以意会,难以言传。明夷之离为小过之"飞鸟",讼之坎为中孚之"豚",小过、中孚岂有离、坎? 论其所生也。变卦之法,一卦七变,八卦为六十四,四、五、六之变无复本体矣,而五行盛衰皆以本卦言之,何哉? 故曰"察性知命,原始见终"。

象曰:山下有雷,颐。君子以慎言语,节饮食。

"山下有雷",以养万物,而动亦不可过也。震为决躁,艮止之,"慎言语"也。噬嗑有饮食之象,颐中无物,"节饮食"也。言语不慎则招祸,饮食不节则生疾,皆非养之道。易传曰:"慎言语以养德,节饮食以养体。"事之至近而所系至大者,莫过于言语、饮食。在身为言语,于天下则命令、政教出于身者皆是,慎之则无失;在身为饮食,于天下则货财、资用养于人者皆是,节之则无伤。

初九,舍尔灵龟,观我朵颐,凶。象曰:"观我朵颐",亦不足贵也。

颐自明夷之离,四变而成颐,故颐初九有龟之象。伏于坤土之下,龟蛰时也。龟所以灵者,蛰则咽息不动,无求于外,故能神明而寿。君子在下,自养以正,"灵龟"之类也。六四安位,无下贤之意,初不待求,往之四成离,离为目,"观我"也。初震动体,下颐而动,口虽徒嚼,志已先动,是"舍尔"所以为"灵龟"者,"观我"而朵其颐也。"尔"言初九,"我"言六四。"舍尔"、"观我",忘己从欲,动而不正,凶之道也。夫贵乎阳者,为其特立不屈于欲,故能无禄而富,无爵而贵,守道修德,淡然无营。今躁妄以求,无耻自辱,亦不足贵也。

六二,颠颐,拂经于丘颐,征凶。象曰:六二征凶,行失类也。

二比于初,不能养其下,而反资初九之贤以自养,乾为首在下,"颠颐"也。六二,"经"也,"颠颐"则拂违其经矣。养之经,阳养阴,上养下,阳当在上养之,阴当在下而受养,故天子养天下,诸侯养一国,士、庶人各以其职受养。五处君位,二当受养于五,六五养道不足,然二亦不可越五而上征。"丘"者,上九应二之象也。艮为山,山半为丘,王肃曰"丘,小山也,物之所聚以养人者也"。盖二近于初而相得,资之以养,虽曰"颠颐",未为无所养。若近舍初九,远资上九,正行亦凶,何哉?五虽养道不足,以阴阳言之,己类,又在相应之地,上九应二则失其类矣。

六三,拂颐,贞凶。十年勿用,无攸利。象曰:"十年勿用",道大悖也。

六三当受养于上九,而六三不正,动而正,则上九不来,不动以待初九,则初九不应。既不受之于上,又无以资之于下,"拂颐"也,故"贞凶"。十,坤数之极,坤为年,"十年勿用",言十年不可动,上下无所利,养道大悖也。

六四,颠颐,吉。虎视眈眈,其欲逐逐,无咎。象曰:颠颐之吉,上施光也。

颐以上养下,六四当位,下交初九,乾首在下,"颠"也。求贤自助于刚,柔为正,正则吉,故曰"颠颐,吉"。"虎视",谓四交初也,初往成艮、离,艮有伏兑为虎,离为目,"虎视"也。易通卦验"小寒虎始交际,垂其首",垂其首者,下视也。艮、坤互有坎,重厚而深沉,"眈眈"也。虎首下视眈眈然,"下交不渎"矣。六四"其欲"在于初九,不渎则初九"逐逐"而往。震为作足,"逐"也,古文作"悠"。初往之四不正,宜有咎,然"无咎"者,以不渎故无咎。"虎视眈眈,其欲逐逐,无咎。"六四在上,施之下者,"光"也。光,坎离下照之象。或曰:虞仲翔曰坤为虎,又曰艮为虎,马融曰兑为虎,郭璞以兑、艮为虎,三者孰是? 曰:三者异位而同象。坤为虎者,坤交乾也,其文玄黄,天地之文。艮为虎者,寅位也,泰卦乾、坤交也,在天文,尾为虎,艮也,大雪十一月节后五日,复卦六二爻,虎始交。兑为虎者,参、伐之次,占家以庚辛为虎者,兑也,龙德所冲为虎,亦兑也。兑下伏艮,具此三者之象,故先儒并传之,举兑则三象具矣。

六五,拂经,居贞,吉。不可涉大川。象曰:居贞之吉,顺以从上也。

> 正者养之经,上养下,阳养阴,正也。六五柔得尊位,养道不足,资上九之贤以为养,"拂经"也。上九助五之养,有正之道,五宽以居之,顺从于上,则得正而吉。艮,止也,有居之象,故曰"居贞之吉,顺以从上也"。人君养天下以正,得众以用其健,乃可涉难。六五"拂经",其才不足,故不可涉难。上、五相易成坎,无震足巽股之象,"不可涉"也。易传曰"艰难之际,非刚明之主不可恃,不得已而济险难者有之矣",其可常乎?

上九,由颐,厉,吉。利涉大川。象曰:"由颐,厉,吉",大有庆也。

> 一阳处上,下有四阴,六五体柔无应,才不足以养天下,而天下由之以养者也,故曰"由颐"。然非养道之正也,权重位高,众忌之则必危,人臣当此任,可不兢畏而怀危惧乎?故"厉"。以刚居柔位,厉也,厉则不敢安其位,下从王事,无成有终,上下并受其福,故"大有庆"。郑康成曰"君以得人为庆",虞仲翔曰"阳得位故大有庆"。上之三成坎,有震足象,"利涉大川"也。上九佐五,以养道养天下而得民,利于涉难也。象不言者,"大有庆"则涉难在其中。上艮体颐,以静止为善,故三爻皆吉。

䷛ 巽下兑上

大过,栋桡。利有攸往,亨。

彖曰:"大过",大者过也。"栋桡",本末弱也。刚过而中,巽而说行,"利有攸往",乃亨。大过之时大矣哉。

大过阳过阴,大者过越也。郑康成曰:"阳爻过也。"卦四阳二阴,
阳居用事之地,故曰"大过,大者过也"。此以六爻言大过也。

巽为木、为长,上兑者巽之反,长木反在上,为"栋"。巽风,"桡"
万物者也,而体弱。阳为重,四阳在中,任重也。长木在上而任
重,本末皆弱,"栋桡"也。天地之理,刚柔不可以相无。刚以柔为
用,柔以刚为体,柔既不足,刚亦无自而托。譬之栋也,中虽刚强
而端柔弱,栋岂能胜其任哉?故曰"栋桡,本末弱也"。此以巽、兑
两体言大过之时也。

大过自遯六二变,刚过者九三〔一〕、九四,中者九二、九五,兴衰救
弊,补其偏而不起之处,非刚过不可也,中则无刚过之患。"刚过
而中",所谓时中也。过非过于理也,以过为中也。犹之治疾,疾
势沉痼,必攻之以瞑眩之药,自其治微疾之道观之则谓之过,自药
病相对言之则谓之中。巽在内者,巽乎内也;兑在外者,说乎外
也。内巽外说而志行,抑刚之有余以济柔之不足,则刚来柔往,阴
得位不穷,大者不过,"乃亨"。"乃"者,难辞也。君子强,小人
弱,六二不往以济之,亦何由亨?夫刚过而不反,不肖之心应之,
未有不为君子害者也。东汉之季,清议大胜,君子、小人至不相
容,大过已极而不知反,是以不亨,故曰"刚过而中,巽而说行,乃
亨"。此以卦变合二体而言济大过之道也。

大过之时,君子过越常分以济弱,能达乎时中矣。又巽而说行,以
是而往,利于有为,建大功、立大事,非大过人者不能趋此时,故曰
"大过之时大矣哉"。

在卦气为小雪,故太玄准之以失、剧。

〔一〕"三",原作"二",据汲古阁本、通志堂本、四库本改。

象曰:泽灭木,大过。君子以独立不惧,遁世无闷。

"泽",养木者也。过而灭没其木,大过也。初六以一柔巽于四刚之下而不变,巽为股,"立"也,巽见震伏,震为恐惧,独立而不惧也,所谓"以天下非之而不顾"者乎?上六处一卦之外,"遁"也,兑为说,"无闷"也,"遁世无闷",所谓"举世不知而不悔"者乎?二者非大过人不能也,王辅嗣曰"非凡所及也"。

初六,藉用白茅,无咎。象曰:"藉用白茅",柔在下也。

巽为白、为草,交乎乾刚,草白而刚,"白茅"也,先儒谓"秋茅"也。以柔藉刚,"藉"也。大过爻画,有足、有腹、有耳,器之象。坤为地,置器者。苟措诸地可也,而藉用洁白之茅。茅之为物,薄而用重,过慎也,过慎者,慎之至也。大过君子将有事焉,以任至大之事,过而无咎者,其唯过于慎乎?过非正也,初六执柔处下,不犯乎刚,于此而过,其谁咎之?虽不当位,无咎也,故曰:"慎斯术以往,其无所失矣。"

九二,枯杨生稊,老夫得其女妻,无不利。象曰:老夫、女妻,过以相与也。

兑为泽,巽为木,泽木,"杨"也。兑正秋,"枯杨"也,言阳已过也。二变而与初、三〔一〕成艮,巽木在土下,根也,枯杨有根,则其稚秀出。"稊",稚也,杨之秀也,伏震之象,故曰"枯杨生稊",郑氏易作"荑"。艮为夫,阳过,"老夫"也。巽为艮妻,初阴,"女妻"也。老夫得女妻,过而相与,犹足成生育之功,"无不利也"。盖九二刚中,用柔以济之,则无过极之失矣。

〔一〕"三",诸本作"二",据上下文意当作"三",故改。

九三,栋桡,凶。象曰:栋桡之凶,不可以有辅也。

九三巽为长木,居中任重,"栋"也。大过阳过,阴弱爻,以阳济阴,为济过之道。九三有上六正应,当相济,六济九则阳不过、阴不穷矣。则上六者,九三之辅助也。九三以大过之阳,复以刚自居而不中,过乎刚者也。以过甚之刚,动又不正,不正则上六不应,人所不与,安能当大过之任?如是有摧折败桡而已,凶之道也。所以致凶者,以不可以有其辅也。易传曰:"三居过而用刚,巽既终而且变,岂复有用柔之义?应者谓志相从也,三方过刚,上能系其志乎?"

九四,栋隆,吉,有它吝。象曰:栋隆之吉,不桡乎下也。

九四反巽在上,巽为长木,"栋"之象。阳处阴而不过,能用柔以相济者也。动而正,正则不桡乎在下之柔,故曰"栋隆之吉,不桡乎下也"。易传曰:"隆谓不系于初,不曲以从下也。"大过之时,以刚济柔为得宜,刚柔得宜而志复。应初有佗也,初六、九四非正应,故以初六为"它"。九四近君,当大过之任,不能绝去偏系,不足以任九五之重,吝道也。易传曰:"二比初则无不利,四应初则为吝,何也?曰:二得中而比于初,以柔相济之义也。四与初,志相系者也。刚柔得宜而系于阴,则害刚矣,故可吝也。"

九五,枯杨生华,老妇得其士夫,无咎无誉。象曰:"枯杨生华",何可久也?"老妇士夫",亦可丑也。

兑为泽,巽为木,泽木,"杨"也。五兑变而与上兑成震,兑,说也,震为勇、为蕃鲜,其勇、蕃鲜可说,"生华"也。巽为长而伏,何可久也?巽为妇,上六阴已穷,"老妇"也,震为长男,"得士夫"也。九变六,阴居阳,宜有咎。以阳济阴,故"无咎"。兑为口,震成兑毁,故"无誉"。虽曰"无咎无誉",然以阳而配穷,阴又不能济,得无丑乎?盖上六过极之阴,虽五当位刚中,济之以柔,不能成功也。以阳济阴,其在于未极之时乎。

上六,过涉灭顶,凶,无咎。象曰:过涉之凶,不可咎也。

乾为首,上六在首之上,"顶"也。上六本遯之六二,自二进而上行,涉四爻至上成兑,兑泽灭没其顶,涉难之过也。九二、九四刚阳过越以济难,乃克有济。上六柔而处大过之极,不量其力,至于灭顶。然上六正也,志在拯溺,不可咎也。过涉之凶,所谓"以贞胜"也。象有言"不可咎"者,义不可咎也,有言"又谁咎"者,自取祸也。

䷜ 坎下坎上

习坎,有孚,维心亨,行有尚。

彖曰:"习坎",重险也。水流而不盈,行险而不失其信。"维心亨",乃以刚中也。"行有尚",往有功也。天险不可升也,地险山川丘陵也。王公设险以守其国,险之时用大矣哉。

坎一阳二阴,在地为水。水之流动,阳也,其静,阴也。流动乎阴中者,阳陷乎阴也,陷为险难。八卦皆一字,重坎加"习",然后尽险之象,故曰"习坎"。此以两坎言坎也。

坎自临变,初九之五。坎为水,九二兑泽,决而流,流而不出乎中,"不盈"也。凡水之流,有物阻之然后盈,流而就下则不盈。不盈者,中也。初之五复为坎,"行险"也。行险而不出乎中,五必应二,"不失其信"也。水必就下流湿,万折而必东,有诸己之谓乎?

必曰"习坎"者,唯习坎乃见其然。君子动而不过,临难而不苟,似之。故辞曰"有孚",彖曰"水流而不盈,行险而不失其信"。此以卦变言坎之德也。

"心"者,中也,二、五也。"亨"者,自初之五,阳得位而亨。水之流行,虽处至险,无所不通者,"亨"也,乃以刚中而不变也。君子之在险亦然,身虽蹈难,其心则亨,亦以刚中也。初之五者,"往"也。刚得中而亨者,"往有功"也,坎之道有尚乎此。君子济难出险,亦岂离乎刚中哉? 刚中者,诚实也,诚实则金石可贯,水火可蹈,天地可动,故曰"维心亨,乃以刚中也。行有尚,往有功也"。此以卦变明处险之道也。

险者,坎之用也,能用乎险则无恶乎险矣。天地之大不可以去险,况王公乎? 坎在上,"天险"也,天之所以险者,震足止于下,不可升也。坎在下,"地险"也,地之所以险者,艮为山,坎为川,半山为丘陵也。坤在上,"国"也,五乾为王,三为三公,四为诸侯,坤国而坎据之,"王公设险以守其国"也。设险不唯城郭沟池、兵甲之利、纲纪法度,人所不能逾者皆是,所以法天地也,故曰"天险不可升也,地险山川丘陵也。王公设险以守其国"。此推明二、五反复以尽习坎之义也。

难生者,险之时也。用之以道,济天下之难者,险之用也。不知其时,不得其用,行之不以中,反陷乎险中,小则亡身,大则亡国,故夫子叹曰"险之时用大矣哉"。

在卦气为大雪,故太玄准之以勤。

象曰:水洊至,习坎,君子以常德行,习教事。

卦言坎者,水也,大象言坎者,水流之坎窞也。水流行不止,至于坎矣,复至于坎。其行洊至,有常习之象。"常德行,习教事",非一日之积,如"水洊至"也。二、五正中,"德"也。震为行,坤顺也,为民,教顺民者也。"常德行"可以涉险,"习教事"可以夷险。

初六,习坎,入于坎窞,凶。象曰:习坎入坎,失道凶也。

初六本临之六五,自外入于初,历两坎。习,重也,故曰"习坎"。窞,坎底也。道由正而行也,君子处险,当以正道乃可出险。初六不正,不能出险,反入于重坎之底,失道而凶也,此何异学泅者不知与汩俱出而溺死者乎?

九二,坎有险,求小得。象曰:"求小得",未出中也。

二刚中而陷于二阴,上有坎险,居坎而又有险者也。动而有求,五必应之,五艮为手,"求"之象。阴为小,故小有得,然未出乎险中,其刚才足以自济。易传曰:"君子处艰难而能自保者,惟刚中而已。"

六三,来之坎坎,险且枕,入于坎窞,勿用。象曰:"来之坎坎",终无功也。

六三柔而不中,履非其位,不善处险者也。往之于上,则坎险之极。五有艮木,枝倚而碍之,"险且枕"也。陆希声曰:"枕,阂碍险害之貌。"来而处三,则在上坎之底,"入于坎窞"也。来坎也,往亦坎也,终无济险之功,故终勿用。三,下之终也。

六四,樽酒簋贰,用缶。纳约自牖,终无咎。象曰:"樽酒簋贰",刚柔际也。

四自初至五,有震、坎、艮、坤。坎、震,酒也,艮鼻,震足,坤腹。樽、簋之形,皆有首、鼻、腹、足,而樽异者,有酒也,有樽酒象而簋象亦具焉。簋,贰也,贰,副之也,樽酒而簋副之。燕飨之礼,君臣、上下、刚柔相际之时也。三、四坤为土、为腹,土器有腹,"缶"也。缶,朴素之物,质之象。坤为阖户,坎、艮为穴,穴其户傍,通

日月之光,"牖"也,明之象。"约"者,交相信。四、五相易,而后
四应初、五应二,"纳约"也。约,诚信固结之象。六四柔而正,九五
刚中而正,四、五无应,四非五莫之比,五非四亦莫之承,上下协力,
可以济险,故四当刚柔相际也。用质以交于上,因五之所明以纳其
诚信,则言辞易入,险难易济,终无咎也。四、五相易宜有咎,而易则
五出险矣,故"终无咎"。终,谓上六不动也。易传曰:"自古能谏其
君者,未有不因其所明者也。故讦直强劲者率多所忤,而温厚明辩
者其说易行。"古人有行之者,左师触龙之于赵、张子房之于汉是也。
非惟告其君如此,教人亦然,孟子所谓"成德达才"是也。

九五,坎不盈,祗既平,无咎。象曰:"坎不盈",中未大也。

九五本临初九往之五,坎中而不盈,虽不盈也,有出险之理。然九
五下比六四,所系者狭,四、五相易,中存而大毁,是水不盈坎,适
至于平而止也。出险之道在刚、中、正,刚正则大,中而未大,几可
以出险,故圣人惜之曰"祗既平,无咎"而已。"祗",适足之辞。
横渠曰"不能勉成其功,光大其志",此所以为可惜欤。

上六,系用徽纆,置于丛棘,三岁不得,凶。象曰:上六失道,凶三岁也。

上动成巽,巽为绳,坤、坎为黑,变巽,"徽纆"也。巽木交坎,为丛
棘。上六柔无出险之才,处险极之时,守正可也,不当动而动,则
愈陷矣。譬如有人陷于狴犴之中,坐而省过,虽上罪也,不过三岁
得出矣。妄动求出,则举手[一]挂徽纆,投足蹈丛棘,陷之愈深,虽

[一]"手",原漫漶似"乎",据汲古阁本、通志堂本、四库本改。

三岁岂得出哉？系之、置之，不得出也。然险极必平，巽木数三，乾为岁，"凶三岁"也。初六可动而不能，上六不可动而妄动，皆"失道"也。

䷝离下离上

离，利贞，亨，畜牝牛吉。

彖曰：离，丽也，日月丽乎天，百谷草木丽乎土，重明以丽乎正，乃化成天下。柔丽乎中正，故"亨"，是以"畜牝牛吉"也。

离自遯初六三变而成，二、五皆一阴而丽二阳。物之情，未有不相附丽者也，柔必丽乎刚，弱必丽乎强，小必丽乎大，晦必丽乎明，故曰"离，丽"。遯一变六之三成无妄，再变六之四成家人，三变六之五成离。自六之四言之，离有坎，日降而月升也。自六之五言之，坎复成离，月降而日升也。乾为天，故曰"日月丽乎天"。自六之三言之，有震、巽，震为百谷，巽为草木，乾策三十六，坤策二十四，震三爻凡八十有四，百谷举成数也，坤为土，故曰"百谷草木丽乎土"。观天地日月、百谷草木附丽如此，则万物之情有不相附丽者乎？此推原卦变以明离为丽之义也。

两离，重明也，君臣上下皆有明德之象。重明而不丽乎正，则以察为明，重明而丽乎正，以之化天下，成文明之俗矣。初、二、三正，"丽乎正"也。三爻在乾天之下，有巽顺服从之象，"化成"也。故辞曰"利贞"，象曰"重明以丽乎正，乃化成天下"。此举成卦言离明之所丽也。

柔之为道，不利远者，不丽乎中正，则邪佞之道，其能亨乎？六居五,柔丽乎中而亨也;六居二,柔丽乎中正而亨也。言"柔丽乎中正",则二、五举矣。中正者,人之本心也。天下之心必丽乎中正,则重明而丽乎正,化成天下也必矣。故辞曰"亨",彖曰"柔丽乎中正,故亨"。此以二、五言离柔之所丽也,两者离之才也。

坤为牛,顺也。六二以阴居阴,为"牝牛",至顺也。"畜",养也,以刚正畜养之,成其至顺而丽于中正,则"吉",是亦柔之利也。故辞曰"畜牝牛吉",彖曰"柔丽乎中正,故亨,是以畜牝牛吉也"。此以内卦终言柔之所丽也。

在卦气为四月,故太玄准之以应。

象曰:明两作,离,大人以继明照于四方。

"明两作"者,丽乎明也。郑康成曰:"作,起也。"明明相继而起,大人重光之象,尧、舜、禹、文、武之盛也。兑有伏震,离有伏坎,震东兑西,坎离南北,"照四方"也。

初九,履错然,敬之无咎。象曰:履错之敬,以辟咎也。

遁艮为指,指在下体之下为趾。五来践初,"履"也。初欲丽四交巽,巽为进退,故其履错然进退。动则失正,失正则有咎,故敬之不敢动,以辟有咎。荣辱安危系于所丽,君子处离之始,安其分义,守正而已,故无所丽,是以无咎。管宁逡巡于万乘之招,王丹偃塞于三公之贵,以辟咎乎。

六二,黄离元吉。象曰:"黄离元吉",得中道也。

黄者地之中,万物必有所丽,六二坤柔在下,丽乎中而与五合一,得中道也。夫中者,天地万物之所共由,天地之长久,日月维斗之不息,圣人之道,亘古今而无弊者也。六二得之,故能守正而不迁,乘刚而不惧,抱明德而独照,是以"元吉"。

九三,日昃之离,不鼓缶而歌,则大耋之嗟,凶。象曰:"日昃之离",何可久也?

离为日,在下,"昃"也。九三明尽当继之际,故曰"日昃之离"。盛必有衰,始必有终,生必有死。昼夜寒暑之变,达人观此,知穷必有变,乃理之常,孰知生之可羡,死之可恶,吉凶泯矣,故鼓缶而歌。"缶"者,常用之器,"歌"之者,乐其得常也。九三离腹变坤为缶,艮手击之,"鼓缶"也。兑变震而体离,口舌动有声成文,"歌"也。昧者不知变,"不鼓缶而歌",则大耋近死,戚嗟忧之,不安于死,则凶矣。九三不变,乾首巽白,处明尽当继之际,"大耋"也。八十曰耄,九十曰耋,离三爻乾坤之策九十有六,故曰"耋"。阳为大,"大耋"也,大耋犹言大老,三失应而忧嗟也。夫日昃之光,斯须入于地,虽欲附丽,何可久也? 是故君子颓然委顺,不以死生累其心。巽为长,巽变,"何可久也"。

九四,突如其来如,焚如,死如,弃如。象曰:"突如其来如",无所容也。

九四重刚而不中正,又处不当位,不善乎继而求继者也。四之五成乾、巽,乾为父,巽为子,子凌父,"突"也,"突"字古文作"倒子",不顺之子也,凌突而往,其能来乎? 言逆德也。巽木得火,"焚如"也。火王木死,"死如"也。退复三,兑毁之其下,反目而视,"弃如"也。言不容于内外者如此,故曰"突如其来如,无所容也"。先儒谓古有焚刑,刑人之丧,不居兆域,不序昭穆,焚而弃之。易传曰:"祸极矣,凶不足言也。"

六五,出涕沱若,戚嗟若,吉。象曰:六五之吉,离王公也。

离目兑泽,"出涕"也,郑康成曰"自目出曰涕"。巽为长,"沱若"
也。五失位为忧,"戚"也。兑口,"嗟若"也。六五柔居尊位,九
四凌突,故出涕戚嗟。然有吉之道,九四突五,"离王公"则吉。
四、五相易,上丽王位,正也,下丽三公,用利也,据正而用利,以顺
讨逆,何忧乎九四哉。

上九,王用出征,有嘉折首,获匪其丑^{〔一〕}。象曰:"王用出征",以正邦也。

上九丽极,有不丽者焉。上、五相易,六以正行,王用之以出征也。
上有刚德而明,故王用之。兑毁折,乾为首,阳为美,九五美之至,
"嘉"也,言用之有功,王嘉其折首。书曰"歼厥渠魁,胁从罔治",
折首者,"歼渠魁"也。丑,类也,阴又为丑。上六下应九三,阳也,
阳非阴之类,"获匪其丑"也。丑,胁从者乎?"王用出征",非乐
杀人也,正其不附者,所以正邦也。离上三爻不正,上、五相易而
正,独九四不正,四诸侯位,四正成坤土,则邦正矣。王肃易本曰
"获匪其丑,大有功也",疑今本脱之。

周易上经噬嗑传第三

〔一〕"丑"下,通志堂本、四库本、周易正义有"无咎"二字。

周易下经咸传第四

翰林学士左朝奉大夫知制诰兼侍读兼资善堂翊善
长林县开国男食邑三伯户赐紫金鱼袋朱震集传

䷞艮下兑上

咸,亨,利贞,取女吉。

彖曰:"咸",感也。柔上而刚下,二气感应以相与。止而说,男下女,是以"亨,利贞,取女吉"也。天地感而万物化生,圣人感人心而天下和平,观其所感,而天地万物之情可见矣。

"咸,感也",不曰"感"者,交相感也。咸自否变,乾,天也,坤,地也,六三之柔上,上九之刚下,天地之气感应而上下相与,则亨矣。故辞曰"咸,亨",彖曰"咸,感也。柔上而刚下,感应以相与"。此以三、上交感,六爻相应,言咸所以亨也。

关子明谓"咸者,天地之交",是也。刚下柔而为艮之九三,正也;柔上刚而为兑之上六,亦正也。艮,止也;兑,说也。上下相感以正,则止而说矣。相感之道利于正,不正则沦胥以败。男女相说,朋友非义,君臣不以道合,非"止而说"也,故辞曰"利正",象曰"止而说"。此以上六、九三合艮、兑二体言感之道当以正也。

艮少男,感而来,兑少女,应而往,匪媒不得,待礼而行,其感以正,"止而说"者也。取女如是,君子之道,造端于夫妇矣,吉孰大焉?故辞曰"取女吉",彖曰"男下女"。此以二体申言感之道也。

夫二气相感,人道相说,不过于正而已,故总言曰"是以亨,利贞,取女吉也"。"男下女"者,相感之一也。无所不感者,其唯天地乎?二气交感,雨泽时行,动者植者,自化自生。兑为泽,巽者万物洁齐之时,有化生之象。"圣人感人心而天下和平"者,无所不感,亦若天地也。否上九,圣人也;六三中位,人心也。上九之三,圣人下感乎人心也;三之上,人心感乎圣人也。乾变兑则刚者说,天为泽则高者平。不曰"以心感人"者,感人以无心也。张载曰"有意于中,滞于方隅而隘",其无心之谓乎?且天地至大,感则相与;万物至众,感则化生。天地一气,万物同体,未有感而不动者也,故曰"观其所感,而天地万物之情可见矣"。此以上、三两爻合互体推之以尽"咸感"之道也。

在卦气为四月,太玄准之以迎。

象曰:山上有泽,咸,君子以虚受人。

泽在下而达之山上,以兴云雨、利万物者,山体内虚,泽气上通,交感也。君子以是屈己,虚其中以受人之益,故能受尽言,能用大才,能任大事。

初六,咸其拇。象曰:"咸其拇",志在外也。

艮为指,在下体之下而动,为"拇",拇,足大指也。初感而动,不能自止,观其拇之动,则知志在外矣,虞翻曰"志在外谓四也"。咸之初,所感未深,而志已先动,动则四不应。易传曰:"感有浅深、轻重之异,识其时势,则所处不失其宜矣。"

六二,咸其腓,凶,居吉。象曰:虽凶居吉,顺不害也。

"腓",胻肠也。巽为股,二在下体之中,"腓"也。腓行则先动,躁
之象。二感五,不能守道自止,动而遽趋之,躁动,凶之道也。若
居位不动,顺理以待上之求,"不害"也。二动失位为疾,有害之
意。坤,顺也。易传曰:"质柔上应,故戒以先动。求君则凶,居贞
自守则吉。"

九三,咸其股,执其随,往吝。象曰:"咸其股",亦不处也。志在随人,所执下也。

巽为股,股,胫也。感上而动,三阳才刚,为内卦之主,当位宜处,
说于上六,而动亦若二阴爻然,故曰"咸其股,亦不处也"。下比于
二,二,腓也,股动则腓动。三在上,反随二不能自止,所执在下,
"执其随"者也,非为上之道。艮为手,有执意,随人谓二也,<u>虞翻</u>
谓"志在二",是已,故曰"志在随人,所执下也"。随二则感上而
往,亦吝,虽不处也,岂能往哉?是以进退皆失其宜。

九四,贞吉悔亡。憧憧往来,朋从尔思。象曰:"贞吉悔亡",未感害也。"憧憧往来",未光大也。

九四感不以正则不诚,不诚则害于感,有悔也。动则贞而吉,其悔
亡,虽勉而至,未为感害也,何以知? 勉动而贞也,故曰"贞吉悔
亡,未感害也"。四兑感于初,方来而说,初艮从于四,欲往而止,
是以九四"憧憧",劳思虑于往来之际而不能定也。四阴,初六亦
阴,故曰"朋"。四居中,在三之上,心思之所在。夫思之所至则
从,思之所不至则不从。"朋从尔思",所感亦狭矣,能无悔乎? 四
动而正,初九不应,去其偏系之私心则诚,诚则虚而无所不感。动
成坎、离,光大之象,故曰"憧憧往来,未光大也"。易传曰:"圣人
感天下之心,如寒暑雨旸然,无不通、无不应者,亦贞而已。""贞"

者,虚中无我之谓也。

九五,咸其脢,无悔。象曰:"咸其脢",志末也。

九五有伏艮,下感六二,艮为背。"脢",郑康成曰"背脊肉也",虞
翻、陆震、刘牧同。易传曰"与心相背而不见者也",故曰"咸其
脢"。九五得尊位,背其私心,以中正相感,感非其所见而说者则
得,人君感天下之正而无悔,故曰"咸其脢,无悔"。然于感之义犹
有未尽者,九五比于上六也,卦以初为本,上为末,有所志则私矣,
虽志于末,未为无所系也。尽感之义者,其唯去其所志,虚中无
我,万物自归乎? 故圣人立象尽意,又系之辞以明之也。张载曰:
"六爻皆以有应不尽卦义。"

上六,咸其辅、颊、舌。象曰:"咸其辅、颊、舌",滕口说也。

乾为首,兑外为口,内为舌。艮,止也。兑,说也。上六兑感艮,口
动而上止者,"辅"也,辅,上颔也。九三乾、艮感兑,在首而悦见于
外,面"颊"也。兑口动而内见者,"舌"也。上、三相感,不离于
"辅、颊、舌"三者而已。不能以至诚感物,徒发见于言语之间,至
于舌弊而不已者也。"滕",王昭素作"腾",腾,传也。上、三相
应,"腾口"之象,兑为说,故曰"腾口说也"。

☳☴巽下震上

恒,亨,无咎,利贞。利有攸往。

彖曰:恒,久也。刚上而柔下,雷风相与,巽而动,刚柔皆
应,恒。"恒,亨,无咎,利贞",久于其道也。天地之道,
恒久而不已也。"利有攸往",终则有始也。日月得天

而能久照,四时变化而能久成,圣人久于其道而天下化成。观其所恒,而天地万物之情可见矣。

咸以男下女,男女交感之情也。恒男上女下,夫妇居室之道也。交感之情少则情深,居室之道长则分严,故取象如此。恒,常久也。卦自泰变,初九之刚上居四,六四之柔下居初,刚上而柔下,上下尊卑各得其序,常久之道也,故曰"刚上而柔下"。此以初六、九四言恒也。

震为雷,巽为风,雷动风行,两者相薄、相与于无形而交相益者也。常久之道,阙一则息矣,故曰"雷风相与"。此以震、巽两体相应而言恒也。

巽,巽也;震,动也。飘风骤雨,天地为之不能以长久,而况于人乎?长久之道,非巽而动不可也,故曰"巽而动"。此再以震、巽言恒也。

夫刚上柔下而不能相与,不可也;相与矣,不能巽而动,不可也。三者之才具,则上下皆应,斯足以尽恒之道,故又曰"刚柔皆应"。此再以六爻相应言恒也。

且以夫妇之道观之,尊者上,卑者下,分严矣。不能相与,则情何由通?能相与矣,刚或犯义,柔不得礼,亦岂能久?巽而动,上下内外应,而家道成。推之以治国、治天下,一道也,故曰"恒"。初九之四,六四之初,宜有咎,亨则无咎。"亨"者,刚柔相与,巽而动,其动不穷也。"贞"者,泰初九也,初九以正巽而动,是以亨。乾天坤地,天地之道,常久而不已者,正而已矣,故曰"恒,亨,利贞,久于其道也。天地之道,常久而不已也"。此再以初变四言恒之才也。

易穷则变,变则通,通则久。恒非一定而不变也,随时变易,其恒不动,故曰"利有攸往"。恒一变井,再变蛊,复归于恒,三卦有震、兑、巽、坎、离、艮之象。天地之道,始于震,终于艮,既终则复始于震,而恒体不变,所以能循环不息,终始不穷,亘古今而常久也,故曰"利有攸往,终则有始也"。何以知天地之道能久哉?观诸日月之行、四时之运则知之。离为日,坎为月,坎离相易,互藏其宅,刚柔相与,不失其正。冬行北,夏行南,朝出于震,夕入于兑,得天之道,终则有始也,故能久照。春震、秋兑、夏离、冬坎,阴生于姤,阳生于复,刚柔正也。始于立春,终于大寒,终则有始也,故变化而能久成。圣人以恒致亨,始之以贞,如日月之明,四时之有经,故天下相说而巽,其化乃成。天地非恒不成,观诸天地则万物之情可见矣。此以九四一爻极其卦之变以推广常久之道也。

在卦气为七月,故太玄准之以常、永。

象曰:雷风恒,君子以立不易方。

雷风相薄,极天下之动也,而其正不动,恒也。恒自震三变,九三立而不易,君子以是处天下之至动,而"立不易方"。"方"者,理之所不可易者也。巽股为立,坤为方,动而不易其方,其不动者乎?

初六,浚恒,贞凶,无攸利。象曰:浚恒之凶,始求深也。

初本泰之六四,成巽,九出六入,有阴阳相求之象。初入卦底,在兑泽之下,巽为股,股入于泽下,入之深者也,"浚"之象,故曰"浚恒"。四震体躁动,九阳刚处非其位,不能下,初不正,不量而入,始与四交,求之太深,非可久之道,故"凶"。夫人道交际,贵乎知时而适浅深之宜,故孟子三见齐王而不言。或曰:初六不正,是以求之不可深。曰:动而正,四亦不应,虽正亦凶,况不正乎?"浚恒"之"凶",在始求太深,人未必应,情已不堪,无所往而可也,故曰"贞凶,无攸利"。

九二,悔亡。象曰:"九二悔亡",能久中也。

动而无悔,久处而不厌者,其惟中乎?恒久之道也。九二动而正,其"悔亡",以正守中,能久中也,能久中则能恒。

九三,不恒其德,或承之羞,贞吝。象曰:"不恒其德",无所容也。

九三得其所处,宜坚正守恒,而巽究为躁,动而不正,可处而不处,失恒也,故曰"不恒其德"。将进而犯上,则上为正,将退而乘二,则二得中。虽躁动矣,进退何所容乎?不得已而复,岂真能恒哉?故曰"无所容也"。三动成离目,三复成巽,兑为口。目动言巽,"羞"之象。三动而复,二在下承之,未尝动也,三于是始有"羞"矣,故曰"或承之羞"。"或",疑辞,亦巽也。九三可贞而吝,是以及此。夫子曰"人而无恒,不可以作巫医",况九三之处高位乎?

九四,田无禽。象曰:久非其位,安得禽也?

九四本泰之初九,初往之四,二成巽,巽为鸡,二在地上,"田"也,二应五则巽禽为五有矣。九四处非其位,待之于上则初不至,与初相易则巽伏而不见,四"安得禽"哉?久处非其位,自无"得禽"之理,此不知义之所当得,而失其所欲者也。冒荣招辱,贪得致亡,曷若守恒之无患?学者亦然,学无常位,亦何所托业哉?

六五,恒其德,贞妇人吉,夫子凶。象曰:妇人贞吉,从一而终也。夫子制义,从妇凶也。

坤,顺也,六五顺九二之刚,坤德之常也。恒其德则正,以顺为正者,妇人之德。坤于乾为妇,恒其德,贞在妇人则吉,正故吉也。阳奇,一也;阴偶,二也。阳始之,阴终之,六五从九二,终吉孰其焉？"从一而终"也，故曰妇无再嫁之文。六五一爻，于巽为夫，于乾为子，又有兑金刻制之象。去其不正而从正，"制义"者也。妇人嫁则从夫，夫死从子，适宜而已。父令君命，有所不从，从妇则凶之道，故曰"从妇凶也"。易传曰："五，君位也，而不以君言者，盖如五之义，在夫子犹凶，况人君乎？君道尤不可以柔顺为恒故也。他卦六居君位而应刚，则未为失矣。"

上六，振恒，凶。象曰：振恒在上，大无功也。

上六处震动之极，以动为恒，不能久其德，故振奋妄动，如风振林木，不安乎上而求有功。上六、九三，正应也，妄动则下不应，谁与之成功？上、三相易，兑为毁折，"大无功也"，大无功则凶，成得臣、诸葛恪〔一〕是已。

<h1 style="text-align:center">䷠艮下乾上</h1>

遁亨，小利贞。

彖曰："遁亨"，遁而亨也。刚当位而应，与时行也。"小利贞"，浸而长也。遁之时义大矣哉。

遁，坤再交乾也。阳长则阴消，柔壮则刚遁，昼夜、寒暑之道也。二阴浸长，得位于内，君子之道渐消，是以四阳遁去，自内而之外，故曰"遁"。遁以全其刚，小人不能害其身，退而其道伸矣，故曰"遁亨，遁而亨也"。或曰：三阴进而至否，五阴极而至剥，君子犹居其间，二阴方长，君子何为遁哉？曰：否阴已盛，剥阴将穷，故否之九四、九五、上九，剥之上九，君子居之，遁阴方长，进而用事，可

〔一〕"恪"，原脱，据汲古阁本、通志堂本、四库本补。

不遁乎？然君子之遁，未尝一日忘天下。阴浸长而未盛，五刚当
位应二，则与之应而不辞矣。与时偕行，岂必于遁哉？孔子所以
迟迟去鲁，孟子所以三宿而后出昼。郑康成曰"正道见聘，始仕他
国，亦遁而后亨也"，故曰"刚当位而应，与时行也"。此再以二、五
相应伸"遁亨"之义也。

二阴浸长，方之于否，不利君子贞，固有间矣。然不可大贞，利小
贞而已。阴为小，"刚当位而应〔一〕"，六二得乎中正也。先儒谓：
居小官，干小事，其患未害，我志犹行。易传曰："圣贤之于天下，
虽道之废，岂忍坐视而不救哉？苟可致力焉，孔、孟之所屑为也。"
盖遁非疾世避俗，长往而不反之谓也。去留迟速，唯时而已，非不
忘乎君，不离乎群，消息盈虚，循天而行者，岂能尽遁之时义哉？
故曰"遁之时义大矣哉"。

在卦气，六月也，故太玄准之以逃、唐。

象曰：天下有山，遁。君子以远小人，不恶而严。

山以下陵上，天遁而去之，不可干也。三、四、五、上，君子；初、二，
小人。小人内，君子外，"远小人"也。小人远之则怨，怨则所以害
君子者无所不至。初、四，二、五相应，"不恶"也。四阳以刚严在
上临之，"不恶而严"也。"不恶"故不可得而疏，"严"故不可得而
亲，是以莫之怨亦莫敢侮，而君子、小人各得其所矣。

**初六，遁尾厉，勿用有攸往。象曰：遁尾之厉，不往何
灾也？**

卦体以前为首，后为尾，四阳避患，患未至而先遁，初六止而在后，

所处不正,危道也,故曰"遁尾厉"。往之四,虽正成离、坎,自明其节而遇险,"灾"也。不若退藏于下,自晦其明,"不往"则何灾之有?初六处下,非当位者,所处微矣,是故不去犹可以免患。易传曰:"古人处下,隐乱世而不去者多矣。"

六二,执之用黄牛之革,莫之胜说。象曰:执用黄牛,固志也。

艮手,"执"也,坤为牛,坤中为黄,艮为革,"执之用黄牛之革"也。二近初六而应五,处于内,近小人,往从五则所执"说"矣。二从五成离、兑,离火胜兑金,兑为毁折,有"胜说"之意。六二知其不可以处而比初,又不可往而从五,乃坚固以执其志,如"执用黄牛之革",则初莫之止,五莫之胜,确乎不可拔,孰能夺其所守哉?故曰"固志也"。六二柔中,故执志如此乃能遁。

九三,系遁,有疾,厉。畜臣妾吉。象曰:系遁之厉有疾,惫也。"畜臣妾吉",不可大事也。

九三得位,系于二阴而不能遁,巽绳,"系"也,故曰"系遁"。九三遁则阳失位,以动为疾,故安其位而不动,故曰"有疾"。阴方剥阳,己私系之,未失位也,而曰"厉",以动为疾,久则极惫,困笃不可救已,晋张华是也。三,极也,有"惫"之意,故曰"系遁之厉有疾,惫也"。九三为内之主,二阴自下承之,坤为臣,伏兑为妾,以此畜臣妾,则吉正也。若系志于鄙贱之人,其可"大事"乎?阳为大,巽为事,三动巽毁,不可大事也,故曰"畜臣妾吉,不可大事也"。

九四,好遁,君子吉,小人否。象曰:君子好遁,小人否也。

"好"者,情欲之所好也。九四系于初六不正之阴而相应,情好也。君子刚决,以义断之,当可遁之时舍所好,动而去,与应绝矣。动则正,正故吉,萧望之不顾王生之宠是也,故曰"君子吉"。曰"小人否"者,九动成六,六安于四,又有小人不能去之象。"否"者,不能然也。此爻与初六相应,处阴而有所系,故极陈小人之戒,以佐君子之决。易传曰:"所谓克己复礼,以道制欲者也,是以吉。小人则义不胜欲,牵于私好,相与陷于困辱危殆之途,犹不知也。"

九五,嘉遁,贞吉。象曰:"嘉遁贞吉",以正志也。

阳为美,九五中正,无以加焉,美之至也。刚中处外,可行则行也;当位而应,可止则止也。不后而往,不柔而应,不安于疾惫,不系于情好,遁之至美,故曰"嘉遁"。"贞吉"者,以自正其志而安也。"正志"者,行止无累于物也,此夫子所以疾固欤? 易传曰:"在彖则概言遁时,故云'与时行'、'小利贞',有济遁之意也,于爻至于五则遁将极矣,故唯以中正处遁言之。"

上九,肥遁,无不利。象曰:"肥遁,无不利",无所疑也。

上九盈矣,动成兑说,见于外,"肥"也。上九处卦外,内无应,动则正,无往不利,其于遁也有余矣,故曰"肥遁"。所以"无不利"者,刚决不系于四,无疑情也,巽为不果,疑也。

䷡乾下震上

大壮,利贞。

彖曰:"大壮",大者壮也,刚以动故壮。大壮"利贞",大者正也,正大而天地之情可见矣。

阴阳迭壮者也。以三画卦言之,初为少,二为壮,三为究。以重卦言之,初、二为少,三、四为壮。阳动于复,长于临,交于泰,至四爻而后壮。泰不曰壮者,阴阳敌也。过于阴则阳壮矣,犹人血气方刚,故曰"大壮,大〔一〕者壮也"。阳之初,其动甚微,动而不已,物莫能御。君子之道义,其大至于塞乎天地之间者,以刚动也,故曰"刚以动故壮"。此合震、乾二体而言壮之时也。

初九,大者正也。大者正,乃能动而不屈。壮而不以正则失之暴,不能久也。飘风暴雨、江河之大,皆不能久,故曰"利贞,大者正也"。此以初九言壮之道也。

曾子曰〔二〕"自反而缩,虽千万人吾往之矣",正故也,正故能大。天地之动也,乾始于子,坤始于午,震卯而兑酉,正也,故四时行,万物生,其大无外,以正而大也。易传曰:"天地之道,常久而不已者,亦至大至正而已,故正大而天地之情可见。"

以卦气言之,二月也,故太玄准之以格、夷。

象曰:雷在天上,大壮,君子以非礼弗履。

雷,出地者也,而在天上,大壮也。雷在天上,非所履而履,故史墨谓雷乘乾为臣强之象。然俄且降矣,君子以是动必以正,"非礼弗履"。"非礼弗履",所以全其壮也。横渠曰:"克己复礼,壮莫甚焉。"

初九,壮于趾,征凶,有孚。象曰:"壮于趾",其孚穷也。

初在下体之下,应震足而动,"趾"也。"孚",四也。初九刚在下,用壮不中,当守正不动以全其壮可也。"征凶"者,以正行亦凶,言不可行,行则两刚相敌而四不应,壮岂得用哉? 故"壮于趾"者,以其孚穷也。易传曰:"用壮而不得中,虽以刚居上犹不可行,况在下乎?"

〔一〕"大",原作"也",据汲古阁本、通志堂本、四库本改。
〔二〕"曰",原脱,据汲古阁本、通志堂本、四库本补。

九二,贞吉。象曰:"九二贞吉",以中也。

九二刚中,壮而处中,其动也正,正则吉。正吉者,以中也,盖刚正而不中者有矣。中庸曰"中立而不倚,强哉矫",其九二乎?易传曰:"居柔处中,不过乎壮者也。"

九三,小人用壮,君子用罔,贞厉。羝羊触藩,羸其角。象曰:小人用壮,君子罔也。

九三不动,阳为君子,九动变六,阴为小人,小人处极,刚而有应,必用其壮,故曰"小人用壮"。君子处此,自守其正,有刚而不用。太玄曰"罔者有之舍",罔非无也,有在其中矣,故曰"君子用罔"。然刚极矣,处两刚之间,虽正亦厉,正而济之以和说可也,故曰"贞厉",此君子所以用罔欤?震为萑苇、为竹木,在外为"藩"。兑为羊,前刚为"角",震为反生,羊角反生为"羝羊",羝羊,粘也。三往触上刚,绖于藩,六来乘之,兑毁,羊丧其很,此小人用壮之祸,可不戒乎?京房曰"壮不可极,极则败,物不可极,极则反",故曰"羝羊触藩,羸其角"。壮一也,小人用之,君子有而不用,故曰"小人用壮,君子罔也"。

九四,贞吉悔亡,藩决不羸,壮于大舆之輹。象曰:"藩决不羸",尚往也。

四阳长过中,壮之甚也而不正。君子道长之时,四以不正在上[一],宜有悔,故戒以"贞"。贞则类进之,吉,无用壮之悔,故"贞吉悔亡"。震在内外之际,为"藩",四动往之五,"藩决",刚得中,群阳自下进而不括,故曰"藩决不羸,尚往也"。曰"不羸"者,因九三

〔一〕"上",原作"世",据汲古阁本、通志堂本、四库本改。

为象也。坤为舆,震木在舆下为輹,车之毁折常在于輹,九四阳壮,"壮于大舆之輹",则何恶于壮乎? 大舆而輹壮,其往利矣,壮以任重,道行于上之象也。"贞吉悔亡",故"藩决不羸"。往而之五,藩决不羸,以壮于大舆之輹,利往也,故象辞如此。

六五,丧羊于易,无悔。象曰:"丧羊于易",位不当也。

兑为羊,羊群行善触,诸阳并进之象。六五柔不当位,阳刚方长,宜有悔,然待[一]以和易,则诸阳无所用其壮,而刚强暴戾之气屈矣,此所以无悔欤? 四、五相易,兑毁,"丧羊于易",和易亦兑也。盖位尊则能制下,德中则和而不流,以此用和,其谁不服? 光武曰"吾治天下亦柔道",六五之谓乎? 易传曰:"治壮不可以刚,人君之势不足,而后有治刚之道。"

上六,羝羊触藩,不能退,不能遂,无攸利,艰则吉。象曰:"不能退,不能遂",不详也。"艰则吉",咎不长也。

上六动成九,前刚也,前刚"角"之象。兑为羊,震为反生,羊角反生,"羝羊"也。震为萑苇、竹木,在外为藩,上动触藩,羸绁其角,"不能遂"也。退则三不应,"不能退"也。决事者当于其始详虑之,可则进,否则退。上六妄动,"不能退,不能遂",自处之不详审也,何往而利哉? 然壮终则变,能艰难守正,自处以柔,则吉,妄动之咎不长也,在我而已。巽为长,震者巽之反,故曰"不长"。

☷ 坤下离上

晋,康侯用锡马蕃庶,昼日三接。

〔一〕"待",汲古阁本、通志堂本、四库本作"持"。

彖曰:晋,进也,明出地上。顺而丽乎大明,柔进而上行,是以"康侯用锡马蕃庶,昼日三接"也。

"明出地上",进而不已,至于盛明,故曰"晋,进也,明出地上"。此合离、坤两体言晋也。

晋自临来,蹇之变也。离者,坤易乾也,离为明,自六五言之为大明,乾阳为大也,人君有明德居尊位、照天下之象。坤顺、离丽也,人臣之道主于顺,而不知其所丽,则其道不能以上行。"顺而丽乎大明",然后蹇六三之柔进而与君同德,故曰"顺而丽乎大明,柔进而上行"。此以六五一爻言晋也。

五为天子,四为诸侯。"康",褒大之,与礼记"康周公"之"康"同。六四进而之五,以诸侯近天子之光,王明而受福,九五用是降心以褒大之,"锡马蕃庶"也。乾变坎[一]为美脊之马,坤变乾为牝马,坤为众,蕃息庶多,言不一种也。周官校人:"天子十有二闲,马六种;邦国六闲,马四种。凡朝觐、会同,毛马而颁之。""锡马蕃庶",亦进之意也。日在中天为昼,艮为手,坤三爻,"三接",三,极数也。不唯锡予,又亲礼之。大行人之职,诸公三飨,三问,三劳,昼日访问之时三接,极盛之礼,所以康诸侯者至矣,非"顺而丽乎大明,柔进而上行",何由至是哉?故曰"是以康侯用锡马蕃庶,昼日三接也"。此以六五兼两体而言处晋之道。

或曰:午为马,火畜也,故古者差马以午出,入马以日中,而说卦以乾、坎、震为马,何也?曰:乾、离同位,日与天同体,金与火相守则流。以五行言之,火为马;以八卦言之,乾为马。观诸天文,七星为马,离也,离者午之位。汉中之四星曰天驷,东壁之北四星曰天

〔一〕"坎",原漫漶似"次",据汲古阁本、通志堂本、四库本改。

厩,建星六星曰天马,乾、坎也,房为天驷,东一星为天马,震也,故马以三卦言之。昔者国有戎事,各服其产,而冀北之马独为良马者,乾也。震为龙,其究为健,健,乾也。辰为角、亢,与房及尾共为苍龙之次,故马八尺以上曰龙,世传大宛余吾之马出于龙种。龙,飞天者,离也;马,行地者,乾也。而马政禁原蚕,蚕以火出而浴龙星之精,与马同气。察乎此,则知乾、离同位矣。

在卦气为二月,故太玄准之以进。

象曰:明出地上,晋,君子以自昭明德。

乾曰“自强”,晋曰“自昭”,二者自己为之。人力无所施,天行日进谁使之哉?明德者,己之所自有也,进而不已,其德自昭,如日有光,出则被乎万物,非有心于昭昭也。易传曰:“去蔽致知,昭明德于己也。明明德于天下,昭明德于外也。”

初六,晋如摧如,贞吉罔孚,裕无咎。象曰:“晋如摧如”,独行正也。“裕无咎”,未受命也。

晋之始见,有应则动而进,故“晋如”。动而九四不应,知其不可进,则自抑而退,故“摧如”。“摧”者,抑其动也。始进未孚,戒在不正以求四之知,唯独行正道,乃获“贞吉”。积诚不已,未有不孚者,故曰“贞吉罔孚”。初坤体顺,其进也不汲汲以失守,其退也不悻悻以伤义,绰然有余裕,卒归于无咎,故曰“裕无咎”。然“裕无咎”者,以进之始未受命也,若已仕而有官守,上不见信,不得其职,致为臣而去可也,裕安得无咎?四艮为手,“受”也,巽为命。初动,震见巽伏,“未受命”。易传曰:“若夫有官守而不孚于上,废职失守以为裕,则一日不可居矣。”

六二,晋如愁如,贞吉。受兹介福,于其王母。象曰:

"受兹介福",以中正也。

六二得位,居晋之时而五不应,故"晋如愁如"。二至五有离目、艮鼻、坎加忧,嚬蹙之象,故"愁如",言进之难。知道未行,为天下忧之,然守贞则吉。"王母",六五,动也,柔得尊位,五动成乾,乾为王,坤为母,"王母"也。数亲自二而上,二为己,三为考,四为祖,五坤,祖之配也,故祖母谓之"王母"。二虽难进,无援于上,然柔顺中正,履贞不回,久而必孚,况同德乎?未有五不动而应之者,故"受兹介福,于其王母",五动阳为福、为大,"介",大也。二中正,五动亦中正,是以二受五之福,故曰"以中正也"。

六三,众允,悔亡。象曰:众允之志,上行也。

坤为众,三不当位,众所未允,宜有悔。晋之时三阴在下,同顺乎上,三顺之极而有应,三志上行,则二阴因之,得丽乎大明。上九应之成兑,兑为口,三得正,"众允"之也。众允则悔亡,此大臣因众之愿而效之上者也,以此居位,虽柔必强,何忧乎不胜其任哉?

九四,晋如。鼫鼠贞厉。象曰:"鼫鼠贞厉",位不当也。

"鼫鼠",子夏传作"硕鼠",硕,大也。艮、坎为鼠,阳为大。鼠,昼伏夜动者也,坎为加忧。九四刚而不正,处晋明之时,窃据上位,忧畏而不安,硕鼠也。大明在上,三阴进而丽乎明,四处位不当而不知退,于正为厉,知非而去,未失为虞丘子也。

六五,悔亡,失得勿恤,往吉无不利。象曰:"失得勿恤",往有庆也。

六五柔不当位,有悔者,于进德为失,不刚故也。坎为加忧,"恤"也。五能舍己,往而从上九,上正其君于道,柔者刚矣则"悔亡",失者得而坎毁,故曰"悔亡,失得勿恤"。五,明之主,患在于矜智遂非,以失为耻,故戒以"失得勿恤"。不惮从人,不留情于既失,则往正而吉,无所不利,邦国之庆也。悔者亡,失者得,忧者喜,"庆"之谓也。阳为"庆",故辞曰"往吉无不利",象曰"往有庆也"。易传曰:"不患不能明,患其用明之过,故戒以'失得勿恤'。"

上九,晋其角,维用伐邑,厉,吉无咎,贞吝。象曰:"维用伐邑",道未光也。

上九前刚,"角"象也。上,晋之极,至于角穷矣,犹进而不止,危厉之道,维用于伐邑则可,虽危厉而吉。"伐邑"者,自治也,若施之征伐,则凶有咎,穷兵故也。上穷反三,入于坎险,坤在内为邑,邑,己之自有,故此"伐邑"有自治之意。伐邑则九得正,厉者吉,吉则于自治为无咎,亦犹"冥升,利于不息之贞",所以自治者,于进道有"未光"也。上反三,坎、离毁,"未光"之象。易传曰:"人之自治,刚极则守道固,进极则迁善速。"六三之行、六五之往,皆不曰"晋"者,三行则上反三,五往则上反五,反非进也,故二爻不言"晋"。

䷣离下坤上

明夷,利艰贞。

彖曰:明入地中,明夷。内文明而外柔顺,以蒙大难,文王以之。"利艰贞",晦其明也。内难而能正其志,箕子以之。

离为日、为明,坤为地、为晦。坤上离下,"明入地中"。夷,伤也。晋日在上,旦昼也,明夷"明入地中",暮夜也。郑康成曰:"日在地上,其明乃光,至其入也,明乃伤矣。"晋者,明君在上,群贤并进,丽于大明之时,明夷者,暗君在上,明者在下,见伤之时,故曰"明夷"。此以坤、离两体言明夷也。

明夷晋之反,离为"文明",坤为"柔顺",坎为险难,阳为大。文王当纣之时,内含"文明",外体"柔顺",蒙"大难"而免于难,故曰"内文明而外柔顺,以蒙大难"。"文王以之",言文王用明夷之一卦也。初九、六二、九三,正也。明夷之时,不晦其明则有祸,失其正则其明熄灭,处之者利在于艰贞而已。艰贞者,有其明而晦之也,如日在地中,其明可晦,正不可动,故曰"利艰贞,晦其明也"。坎险在内,"内难"也。箕子、纣同姓,近则身在商邑之中,难在内者也。佯狂被发,自守其志,囚奴而不变,其于正也难矣,故曰"内难而能正其志,箕子以之",言箕子用明夷"利艰贞"之三爻也。文王、箕子虽若不同,其用明夷之道则一也。

在卦气为九月,故太玄准之以晦。

象曰:明入地中,明夷,君子以莅众,用晦而明。

明夷者晋之反。坤为众、为晦,离为明。初九、九三入而治之,"莅众"也。天下至众,以明莅之,则知有时而困,人情不安,"用晦而明",则亲疏、小大无所不容,众为我用,此垂旒黈纩而明目达聪之道也。

初九,明夷于飞,垂其翼。君子于行,三日不食。有攸往,主人有言。象曰:"君子于行",义不食也。

晋上九反而为明夷之初九。离为鸟,自上下下,"于飞"也,见伤而"垂其翼"者也。柔为毛,刚,其翼也。小人之害君子,必害其所以行,使不得进。君子明足以见微,故去位而行。离为日,之四历三爻,兑口在上,"三日不食"也。断之以义,虽困穷饥饿而不悔,故曰"君子于行,义不食也"。之四,"有攸往"也。巽,东南方,主人位,兑口为有言。君子所为,众人固不识也。方初九以正见伤于明夷之始,其事隐而难见,微而未著,自常情观之,岂不离世异俗乎?此所以"主人有言"。然君子不[一]恤也,义之当然,纳履而行,何往而不贫贱哉?易传曰:"待其已显则无及矣,此薛方所以为明,而扬雄所以不获去也。穆生之去楚,二儒且非之,况世俗之人乎?故袁闳之于东汉,亦以为狂也。所往而人有言,何足怪哉?"

六二,明夷夷于左股,用拯,马壮,吉。象曰:六二之吉,顺以则也。

此爻因初九之往以取象。初往二成巽,震为左,巽,股也。二为小人所伤,不可动以应五,"明夷夷于左股",小人之伤君子,天也,君子无如之何,亦顺之而已。六二在位,不可以苟去,用九三拯之可也。"拯",子夏传、说文、字林作"抍",音升,一音承,上举也。三震,起也。九三之五成艮手,有起手上举之象。"夷于左股",既不可动,用之上举其手以济六五之柔者,当资九三之力。九三坎马,震为作足,坎、震得位,马之壮健者也,马壮乃可载上而行以济弱。六二不动,亦保其吉,虽伤左股,犹无伤也。此六二顺以致吉,不失其事君之则也。"则"者,理之所不能违也,故曰"六二之吉,顺以则也"。夫雷风相益,水火相用,见于万物,异体而同功者多矣,况二、三同体乎?然非中正明德君子,其能如是?书曰"告于颠隮,若之何",其六二之谓欤?郑本作"明夷睇于左股","睇",倾视也,离目变巽,左股见伤,故睇之,或当从郑。或曰:卦爻有因前爻,何也?曰:亦彰往察来之一端也。前爻既往,后爻方来,来往

〔一〕"不",原作"大",据汲古阁本、通志堂本、四库本改。

相为用,故有因爻成象者。如同人九四因九三,九五因九三、九四,明夷六二因初九也。有因前卦为象者,如明夷之上六因晋,夬之初九因大壮。玩其辞则可知,故曰"断辞则备矣"。太〔一〕玄亦然,一首不尽其义,乃以二首明之。

九三,明夷于南狩,得其大首,不可疾贞。象曰:南狩之志,乃大得也。

三,公之位,上六明夷之主,九三极明至刚,得位而应,不得已而动,以克极暗之主,汤、武之事也。自二至上体师,坎为中,冬狩之时,离为南,三动之上,"南狩"也,故曰"明夷于南狩"。"狩"者,为民去害。离之三阳,乾也,乾为首,阳为大,南狩克之,"得其大首"。"大首",元恶也,"得"者,易辞,故曰"得其大首"。离为鸟,飞而上逆,"不可疾"也。九居上,未正也,民迷久矣,遽正则骇惧不安,当以疾贞为戒,故曰"不可疾贞"。动于中,志也,京房曰"动乃见志",故曰"南狩之志,乃大得也"。易传曰:"以下之明除上之暗,其志在于去害而已,商、周之汤〔二〕、武,岂有意于利天下乎?志苟不然,乃悖乱之事也。"

六四,入于左腹,获明夷之心,于出门庭。象曰:"入于左腹",获心意也。

上六极暗,九三极明。四远上、近三、应初,震为左,离为大腹。四自震应初入离,"入于左腹"也。坎为心,坤中为意。初六之四,离变艮为门,四为夜,"获明夷之心,于出门庭"也。初之四则坎、坤

〔一〕"太",原脱,据汲古阁本、通志堂本、四库本补。
〔二〕"汤",原脱,据汲古阁本、通志堂本、四库本补。

变兑为说，"获心意"之象，故又曰"获心意"也，其微子去商之事
乎？上六极暗，将亡其意，岂愿亡哉？去暗就明，亡者复存，则获
明夷之心意矣，震为反生故也。六四柔顺而正，与上六同体，比于
三而远于上六，以譬则微子之类也。腹之为物，能容者也，自外而
之内，自上而之下，九三所受也。

六五，箕子之明夷，利贞。象曰：箕子之贞，明不可息也。

六五动则正，正成离，离，"明"也。不动成坤，坤为晦，自晦其明也。
五、上同体，迫于昏乱而不可去，是以自晦其明以免祸，"箕子之明
夷"也。自晦者，不动而已，未尝失正也。明在其中，失正则其明遂
亡，故佯狂者自晦也，不受封去之朝鲜者，正也。圣人虑后世读易者
以自晦即守正，而蒙垢爱生，失其所守，故曰"箕子之贞，明不可息也"。

**上六，不明，晦。初登于天，后入于地。象曰："初登于
天"，照四国也。"后入于地"，失其则〔一〕也。**

晋"明出地上"，反为明夷，则"明入地中"，不明而晦。上六极坤，
坤为晦，故曰"不明，晦"。晋时离出坤，登于乾，五下照坤六四，坤
在上为国，故曰"初登于天，照四国也"。晋反则离入于坤，"后入
于地"也。五者君之位，以明德居尊位者，人君之则，"后入于地"
则失位，失位者以不明，晦而失为君之则也。人君近君子，远小
人，兢兢焉唯惧不明乎善者，所以守其则也。得失无不自己为之
者，得之明，失之晦，昼夜之象，故圣人举晋、明夷二卦，反复以释
爻义，原初惩后，为人君万世之戒。杂卦曰"明夷，诛也"，为明夷
之主而不诛者鲜矣。

〔一〕"其"，通志堂本、四库本、周易正义无。

䷤离下巽上

家人,利女贞。

彖曰:家人,女正位乎内,男正位乎外,男女正,天地之大义也。家人有严君焉,父母之谓也。父父子子,兄兄弟弟,夫夫妇妇,而家道正,正家而天下定矣。

外巽内离,离,明也,易传曰"外巽内明,处家之道"。然卦以长女、中女为象者,女以男为家,家人以女为奥主,故曰"家人"。此合两体言家人也。

家人自遁来,无妄变也。互巽变离,六二正,离为女,"女正位乎内"也;震变互坎,六四正,坎为男,"男正位乎外"也。"女正位乎内",然后"男正位乎外",女不正而能正其外者,无有也。天地坎正位乎北,离正位乎南,南北定位,东西通气,而天地化生万物,故曰"女正位乎内,男正位乎外,男女正,天地之大义也"。此以六四而下言"家人,利女贞"也。

五,君之位也,乾九五者,父也,乾为刚严。无妄坤居四,上配乾五为母,以坤变乾为离,归尊于父。父母之于家人,其严有君道,家人犹臣妾也。子之事父母,妇之事舅姑,鸡鸣而朝,非君道乎?易传曰"无尊严则孝敬衰,无君长则法度废",故曰家有严君,父母之谓也。此以九五而下言家人正家之道也。

乾为父,坎为子,父上子下,父子正也。巽为长女,离为中女,孟上仲下,兄弟正也。坎为夫,离为妇,夫上妇下,夫妇正也〔一〕。乾为

〔一〕 "上"、"正",原误倒,据汲古阁本、通志堂本、四库本乙正。

天,五爻各得其位,"天下定"也。故曰:"父父子子,兄兄弟弟,夫
夫妇妇,而家道正,正家而天下定矣。"此以上九而下推广正家之
道也。夫正家之道,始于女正,女正而后男女正,男女正而后父母
严,父母严而后家道正,家正而后天下定。家者,天下之则也,孟
子曰"天下之本在国,国之本在家,家之本在身",故象辞如此。

在卦气为五月,故太玄准之以居。

象曰:风自火出,家人,君子以言有物而行有恒。

巽风离火,"风自火出"也。说卦"巽为木、为风",黄帝书曰"东方
生风,风生木",又曰"火疾生风"。盖风火同生于木,风自火出,由
内及外,"家人"之象。夫风缘火,火缘木,未始相离,君子体之,故
言有事实,行有常度。自初至五体噬嗑,"颐中有物","言有物"
也。无妄震为行,六四行不失正,"行有常"也。言行有法则家人
化之。

初九,闲有家,悔亡。象曰:"闲有家",志未变也。

家道正则治,不正则乱。初九明于家道,正以闲其初,能"有家"者
也。初九动而与四相易,则内外不正。礼"外内不共井,不共湢
浴,不通寝席,不通乞假,男女不通衣裳,内言不出,外言不入",防
渎乱也。初者,家人之志未变之时,于是闲之以法度,内外各守其
正,何悔之有?志动不正,流宕无别,然后闲之,则悔矣,失防患未
然之道。

六二,无攸遂,在中馈,贞吉。象曰:六二之吉,顺以巽也。

二,主妇之位,坤得位,上从乾五。乾,夫道也。地道无成,妇人从
夫,无所遂事者,顺也,故曰"无攸遂"。坎水离火而应巽木,女在

中当位,烹饪而主馈事,"顺"也,故曰"在中馈"。"顺以巽"者,妇
人之正也。正则吉,故曰"贞吉"。六二不动而吉者以此,故曰"六
二之吉,顺以巽也"。诗曰:"无非无仪,维酒食是议。"孟子之母
曰:"妇人之礼,精五饭、幂酒浆、养舅姑、缝衣裳而已矣,故有闺门
之修而无境外之志。"

九三,家人嗃嗃,悔厉,吉。妇子嘻嘻,终吝。象曰:"家人嗃嗃",未失也。"妇子嘻嘻",失家节也。

三,内之主也。"嗃嗃",陆法言曰"严厉貌",易传曰"有急速之
意"。阳居三,刚正过中。巽为风、为号,离火炎上,声大且急,严
厉之象。骨肉之情,望我以恩,而治家大严,伤恩矣,能无悔乎?
拂其情矣,能无厉乎?然法度立,伦理正,小大祗畏,以正得吉,未
为大失也,故辞曰"家人嗃嗃,悔厉,吉",象曰"未失也"。坎子离
妇,三动不正,与二相易,离成震、兑,离,目也,震,动也,兑,说也。
坎、兑为节,坎动兑见,"失节"也。目动声出而说,"嘻嘻"也。喜
乐无节,其终必至于乱伦渎理,荡而不反,虽欲节之,有不得而节
者,"吝"也,故辞曰"妇子嘻嘻,终吝",象曰"失家节也"。二者治
乱之别,京房曰"治家之道于此分矣"。

六四,富家大吉。象曰:"富家大吉",顺在位也。

六四本无妄之三,进而在位,巽体而顺,三阳为实积其上,"富家"
也。上有承,下有应,巽以事上则亲,顺以接下则从。夫奢则不
逊,而富者,怨之府,六四如此,故能安处其位,有家之实。阳为
大,正则吉,"富家大吉"也。治家之道,以刚正威严为善,戒在于
柔顺。故家人初、三、五皆吉,上九"威如终吉"。二与四,柔也,于
治家无取,故二以柔顺卑巽者,妇人之正也,非男子所宜也。四巽

体而顺,在位者满而不盈,保其家者也,非治家也。

九五,王假有家,勿恤吉。象曰:"王假有家",交相爱也。

五乾为王,"假",至也。王极乎有家之道,正家以定天下,则至矣,故曰"王假有家"。五刚而巽乎外,二柔而顺乎内,中正相应,心化诚合,则上下内外互[一]相亲睦,故曰"交相爱也"。"交相爱"者,相与于中之象也。"王假有家",达之天下,至于"交相爱",则天下不劳而治矣,勿恤乎吉可也。五动成离,有伏坎,坎为忧恤,不动,坎伏正则吉。三代之王,正心诚意,修乎闺门之内,不下席而天下治,何所忧哉? 故辞曰"勿恤吉",象曰"交相爱也"。

上九,有孚,威如终吉。象曰:威如之吉,反身之谓也。

上、三有孚之道,以下未孚也,故"威如"。"威如"者,九在上,刚严之象。上九动而正,家人见信。九三孚也,始也"威如",终则正而见信,"威如终吉"也。上九卦之终,坤为身,九动反正,"反身之谓也"。威非外求,反求诸身而已。反身则正,正则诚,诚则不怒而威。夫诚,所以动天地者也,况家人乎? 圣人以治家之道,莫尚于威严,虑后世不知所谓威严者,正其身也,或不正而尚威怒,则父子相夷,愈不服矣,安得吉? 故于上九发之。孟子曰:"身不行道,不行于妻子。"石庆家人有过辄不食,家人谢过而后复,是亦"反身"也。易传曰:"慈过则失严,恩胜则掩义,长失尊严,少忘恭顺,而家不乱者,未之有也。"

〔一〕"互",原作"日",疑为漫漶描补致误,据汲古阁本、通志堂本、四库本改。

䷥兑下离上

暌,小事吉。

彖曰:暌,火动而上,泽动而下。二女同居,其志不同行。说而丽乎明,柔进而上行,得中而应乎刚,是以"小事吉"。天地暌而其事同也,男女暌而其志通也,万物暌而其事类也。暌之时用大矣哉。

> 离"火动而上",兑"泽动而下",火泽之暌也,中、少二女同居于家,而所归之志各异,二女之暌也,故曰暌。此以两体言暌也。
> 暌本同也,离、兑同为女而至于暌者,时也。故暌自家人反,明本同也,本不同则无暌,惟本同故有合暌之道。自离、兑言之,"说而丽乎明";自家人六二之五言之,"柔进而上行,得中而应乎刚"。"说"则顺民,"丽乎明"则择善,"柔得中"则柔而不过,"应乎刚"则取刚以济柔,是以"小事吉"。夫说而丽明,柔得中而应刚,不可以作大事,何也? 以柔进上行而得尊位也。暌之时,人情乖隔,相与者未固,非刚健中正,不能合天下之暌。如暌之柔,其才才足以"小事吉"也。故曰"说而丽乎明,柔进而上行,得中而应乎刚,是以小事吉"。此合两体卦变而言处暌之道也。
> 天地、男女、万物一气也,得其所同则暌者合矣。刚上柔下,"天地暌"也。天降地升,生育万物,"其事同"也。坎外离内,"男女暌"也。男上女下,乃有室家,"其志通[一]"也。坎见震毁,"万物暌"也。阳生阴成,物无二理,"其事类"也。非本同也其能合乎? 大

〔一〕"通",原作"同",据汲古阁本、通志堂本、四库本改,下同。

人以是能用天地,能用男女,能用万物,乖者复合,混而为一,以至天下为一家,中国为一人。故曰:"天地睽而其事同也,男女睽而其志通也,万物睽而其事类也。睽之时用大矣哉。"此推原一卦以论合睽之道也。

在卦气为十一月,故太玄准之以戾。

象曰:上火下泽,睽,君子以同而异。

离、兑同为阴卦,而未始不异。君子之所同者,人之大伦也。然各尽其道,亦不苟同以徇众,人见其为异矣,不知异所以为同。中庸曰"和而不流",晏平仲曰"同之不可也如是"。彖言异而同,大象言同而异。

初九,悔亡,丧马,勿逐自复。见恶人无咎。象曰:"见恶人",以辟咎也。

睽之始,刚而无应,动则不正,故有悔。四坎,马也,四不与,初以刚自守,"丧马"不逐也。睽诸爻皆有应,四独无与,安得不动而求初乎?四动之初,初往复成坎马,"勿逐自复"也,故"悔亡"。四不正而险,"恶人"也。离目为见,初往之四有离,"见恶人"也。之四虽不正,"以辟咎"故"无咎"。天下恶人众多,疾之已甚,人人与君子为敌,是睽者既合而复睽,斯亦君子之咎也。然初守正,四动而后初见之,夫子见阳货,阳货先也,故不得不见。若屈己而先见之,睽亦[一]不合矣,见之可也,从之不可也。易传曰:"古之圣人所以能化奸凶为善良,绥仇敌为臣民,由弗绝也。"

九二,遇主于巷,无咎。象曰:"遇主于巷",未失道也。

〔一〕"亦",汲古阁本、通志堂本、四库本作"非"。

九二以刚中之德,遇六五济睽之主,人情睽离之时。二、五皆非正应,五来求二,兑变震、艮。睽者,家人之反,艮为门、为径,家门之有径者,"巷"也。二往应之,离变巽,巽,东南,主人位也。五来求二,二适往应,是以相遇,故曰"遇主于巷"。"遇"者,不期而会。巷,委蛇曲折而后达,睽而欲合,故如是之难。然二、五得中,震为大涂,合睽者如是,乃为得中,"未失道也"。易传曰:"巷者,委曲之涂也,非邪僻由径也。遇者,逢会之谓,非枉道诡遇也。"至诚以感动之,尽力以扶持之,明义理以致其知,杜蔽惑以诚其意,如是而已,故云"未失道也"。

六三,见舆曳,其牛掣。其人天且劓,无初有终。象曰:"见舆曳",位不当也。"无初有终",遇刚也。

六三于睽时,处不当位,介于二刚之间,其柔不能自进。上九之刚虽非正应,欲往而遇焉,二刚侵凌,莫之与也。三坤为舆、为牛,离目为见,四前刚为角,离火欲上,坎水欲下,"见舆曳"也。离上,角仰也;坎下,角俯也。一仰一俯,牛顿掣也。郑康成作"觢",觢,牛角踊也。踊起而复下,亦顿掣也。见舆曳而不行,其牛俯仰而顿掣,言四扼于前者如此也。二乾为天,三坎之柔为发,而兑毁之,髡其首也。马融曰"刻凿其额曰天",易传曰"髡其首为天",以象考之,易传为是。伏艮为鼻,兑金制之,刑其鼻也。"其人天且劓"者,言其人既为四扼于前,犹力进而犯之,又为二制于后,由处不当位,故人情上下恶之。然动得其正,睽极则通,初虽艰厄,终必遇之。三遇上刚,二、四象毁,坤舆进而上行矣,故曰"无初有终,遇刚也"。曰"遇"者,不期而会,谓其非正应也,君子于此不尤乎见恶者,反身以正而已,正则应,应则恶我者说,睽我者合。易传曰:"不正而合,未有久而不离者也。合以正道,则无终睽之理,故贤者顺理而安行,智者知几而固守。"

九四,睽孤,遇元夫,交孚,厉无咎。象曰:交孚无咎,志行也。

九四睽时,处不当位,介二阴之间,五应二,三应上,四独无应,在睽而又孤,故曰"睽孤"。孤则危厉,有乖离之咎。初守正,不援乎上,处睽之善者也。四变交初,兑变坎,四离为妇,初坎为夫,元,始也,善之长也,故曰"遇元夫"。四动正,正则诚矣,彼我皆诚,有不约而自信者,故曰"交孚","交孚"则虽厉而无咎。交则初四未正,曰"无咎"者,初志上行,睽者通也。易传曰:"卦辞言无咎,夫子又从而明之,云'志行也',盖君子以刚阳之才至诚相辅,何所不济也?唯有君则能行其志尔。"

六五,悔亡。厥宗噬肤,往何咎?象曰:"厥宗噬肤",往有庆也。

六五柔得尊位,宜有悔也,能致九二在下之贤,以刚辅柔,故"悔亡"。五,离也,二兑有离体,同宗而为六五所宗。"噬肤"者,啮柔也。五来下二,兑变成艮,艮为肤,兑口啮柔,"噬肤"也。自二至上体噬嗑,故曰"厥宗噬肤"。二噬五柔而深之,刚柔相入之意。睽离之时,非五下二,二不可往,非深入之,则其久必离。九二刚中不苟,往者也。五既下之,往亦何咎?往则有济睽之功,成邦家之庆,阳为"庆",谓五柔成刚也。易传曰:"爻辞但言厥宗噬肤,则可往而无咎。象推明其义,言人君虽己才不足,若能任贤辅,使以其道深入于己,则可以有为,往而有福庆也。"

上九,睽孤,见豕负涂,载鬼一车。先张之弧,后说之弧。匪寇婚媾,往遇雨则吉。象曰:遇雨之吉,群疑亡也。

上与三应,亦曰"睽孤"者,睽离之时,三未从上,有四间焉而上疑之,则人情不合而孤。犹之人也,畴类异处,适有人参处乎两者之间,则疑矣。上九处极睽难合之地,过刚而暴,极明而察,故疑于四者无所不至。离目为见,坎为豕,兑为泽,坤土、坎水,陷于兑泽,豕在泽中,汩之以泥涂,"见豕负涂"也,言恶其秽之甚也。坤为鬼,坎为轮,坤在坎中,"载鬼一车"也,言以无为有,妄之极也。离矢坎弓,"先张之弧",疑四为寇而见攻也,三所以未应,岂四之罪哉?人情有未通尔。睽极则通,异极则同,阴阳、刚柔无独立之理,六阴,柔也,九阳,刚也,刚来柔往则疑情涣然释矣,故"后说之弧",知四匪寇也。九刚六柔,自婚媾也,故曰"匪寇婚媾"。此"匪寇婚媾"与他卦言同而象异。坎在下为雨,上来之三,三往遇之,上、三正则吉,吉则向来群疑亡,本无是也,故曰遇雨则吉,群疑亡也。辞枝如此者,疑辞也。

䷦ 艮下坎上

蹇,利西南,不利东北,利见大人,贞吉。

彖曰:蹇,难也,险在前也。见险而能止,知矣哉。"蹇利西南",往得中也。"不利东北",其道穷也。"利见大人",往有功也。当位"贞吉",以正邦也。蹇之时用大矣哉。

蹇坎,险难也。艮,止也。坎在上,险难在前,止而不进,故曰"蹇,难也,险在前也"。此合两体言蹇也。

离目为见,见险者,明也,知其不可进则止而不犯者,行其所知也。知者,精神之会,水火之合,坎离之象,故曰"见险而能止,知矣哉”。此兼互体，以卦才言处蹇之道也。

蹇自临来，小过变也。九四往之五，小过之五即临之坤也。坤，西南，体顺而易。坤，众也。五中蹇难不解，天下思治，九四能顺乎众而往，上居于五，处顺易以济险难，以顺民心，乃得中道，所谓时中，蹇之利也，故曰“蹇利西南，往得中也”。艮，止也，东北方也。见险而止，非遂止不往也，顺时而处，以有待也，若遂止于险则过矣，过则道不行，天下益蹇，非中道，乃蹇之所不利，故曰“不利东北，其道穷也”。此以卦变、四五相易言济蹇之道也。

大人，九五也。刚中而正，量险而行，其才足以济难。“利见大人”者，六二也。非刚健中正在上，则六二柔中未有功也，故曰“利见大人，往有功也”。此以二、五言济蹇也。

坤在四为邦国，四，诸侯位也，故“建侯”、“康侯”，“正邦”、“无邦”，皆取此象。蹇五爻皆正而初不正，初不正者，蹇之所由生也。九五当位而正，以正六四，而邦国正，邦国正则天下正，而蹇难解矣，正而吉也，故曰“当位贞吉，以正邦也”。此再以九五、六四言济蹇也。

蹇之时，或可止，或可往，往而有功，非大人不能尽其用，故曰“蹇之时用大矣哉”。

在卦气为十一月，故太玄准之以难。

象曰：山上有水，蹇，君子以反身修德。

山上复有险，行者蹇也。六五反四而正，“反身修德”之象。易传曰：“君子之遇蹇难必自省，于身有失而致之乎？有所未善则改之，无慊于心则加勉。”

初六，往蹇来誉。象曰：“往蹇来誉”，宜待也。

蹇之初有险在前，往则遇蹇，知不可往，来而止，安时处顺，待可动而动,则有见几知时之誉。初动而往,离坎变兑,兑口誉之。往则蹇,来则誉,宜待也。天下之险,未有久结而不解者,故<u>伯夷</u>、<u>太公</u>居海滨以俟,若先时而起,则愈蹇矣。<u>郑氏</u>本作"宜待时也"。

六二,王臣蹇蹇,匪躬之故。象曰:"王臣蹇蹇",终无尤也。

五乾,王也;二坤,臣也。二应五,"王臣"也。五在险中,蹇也。六二犯难,济五之险,蹇之又蹇,故曰"王臣蹇蹇"。坤为身,三折之,目视下为"躬"。二履当其位而艮体,有保其躬之意。二往济五,身任安危,五坎变坤,"匪躬之故"也。蹇时非有才而刚,上辅其君,不能济难。二柔济五,才不足,疑若有尤,然志靖王室,忘身以卫其上,虽蹇之又蹇,"终无尤也"。<u>易传</u>曰:"圣人取其志义,谓其无尤,所以劝忠荩也。"

九三,往蹇来反。象曰:"往蹇来反",内喜之也。

往则犯难,反则得位。九三重刚为下卦之主,初、二柔爻恃之以拒外险,故"往蹇来反",以内喜之而反也,阳得位故喜。<u>易传</u>曰:"反犹春秋之言归也。"

六四,往蹇来连。象曰:"往蹇来连",当位实也。

六柔无应,往则犯难,故"往蹇"。来则当位承五,下连九三,故"来连"。连,牵连也。九三刚实,四牵连之,共济五难,当位而又得济之,"实"也。处蹇难不以刚实济之,柔者安能独济乎?阳为实。

九五,大蹇朋来。象曰:"大蹇朋来",以中节也。

险者,人情之所不敢犯也。五在险中,独安其险,刚正足以任天下之难而不辞,大者得位,当蹇之时,如是乃为得中。阳与阳为"朋","朋"谓九三也。五下应二,三来比之,"朋来"也。五为坎,三来成兑,水泽节之象。"节"者,处塞之节也,九五在险,得中道、应六二者,有节,则九三之刚不约而自来。九三外应上六,内为六二、初六之所喜,而又六四牵连而进,同心协力,斯可以济天下之难,故曰"大蹇朋来,以中节也"。若九五前却应于下者,失刚柔缓急之节,则九三招之不来矣。<u>仲虺</u>赞汤曰"天锡王勇智",<u>武王</u>曰"今朕必往",济蹇大难者,其要在于九五乎?

上六,往蹇来硕,吉,利见大人。象曰:"往蹇来硕",志在内也。"利见大人",以从贵也。

上六志在纾难,然柔也才不足,以柔犯难,故"往蹇"。柔自外来,求助于九三,三以刚济柔则难纾,志乃大得,故曰"往蹇来硕,志在内也"。阳为大,艮为石,"硕",刚大也。离目为见,大人,九五也,故曰"利见大人"。九五贵而有位,足以行其道,九三其德刚大,佐五以济天下之难,上六志在内,因九三利见九五,斯可以出难,故曰"以从贵也"。阳为贵,蹇难未解,人不知所从,上六因九三以从九五之贵,则君臣之分定矣。

䷧ 坎下震上

解,利西南,无所往,其来复吉,有攸往夙吉。

彖曰:解,险以动,动而免乎险,解。"解利西南",往得众也。"其来复吉",乃得中也。"有攸往夙吉",往有功也。天地解而雷雨作,雷雨作而百果草木皆甲坼。解之时大矣哉。

坎,险也,震,动也,他卦名不再释。解言解乎险难,以是动,动而出乎险之外,则险难解矣,故曰"解,险以动,动而免乎险,解"。此合二体言解也。

解者蹇之反,解之九二乃蹇之九五也,九四乃蹇之九三也。坤为西南,其体顺,自艮反,有平易之意。坤又为众,当蹇难之后,人皆厌乱,四以平易之道往顺乎众,而众与之,是以"得众"。汤代虐以宽,武王乃反商政是也,故曰"解利西南,往得众也"。此以九三言处解之道也。

"其"者,指二也。难方在外,二往济难,则处乎险中,以身任之而不辞。当是时,以往为中。大难既解,无所事于往也,则五来复,二乃为得中,得中者,合宜之谓也,得中则吉。易传曰:"天下国家,必纲纪法度废乱,而后祸乱生。圣人解其难,而安平无事矣,则无所往也。当正纪纲,明法度,反正理,追复先王之治,所谓来复也,此天下之吉也。自汉而下,乱既除,则不为可久、可继之治,不复有为,姑随时维持而已,故不能成善治,盖不知来复之义也。"故曰"无所往","复吉",象曰"其〔一〕来复吉,乃得中也"。此以九二言处解之道也。

大难虽解,其间有未尽,而当有为者不可不往,有所往不可不早图之,缓则难深而不可解,荀爽曰"据五解难",是也。解反为蹇,则二先往,"夙"也。离为日,震东方,日出乎东,"夙"之象也。二之五,正而吉,解缓也,宜以夙为戒,故曰有所往夙吉。此复以九二言终则有始之道也。不有蹇则无解,故反复爻义以明之。

震者,天地之始交也。天地始交,物生之难,雷动雨流,天地难解,则百果草木一瞬息间其甲皆坼,无不解者,所以如此其速者,不失时也。艮在木为果,在草为蓏。阳,止也。艮反为震,阳动于草荄

〔一〕"其",原脱,据通志堂本、四库本补。

木根之时。离为甲,解者,"坼"也,故有"百果草木甲坼"之象。

以卦气言之,解为春分,雷始发声,故太玄准之以释。盖圣人因论天地始解之义,而卦气在其中矣。

"解之时大矣哉",不言"义"者,无所疑也,不言"用"者,其用见于蹇之时也。

象曰:雷雨作,解,君子以赦过宥罪。

"雷雨作",天地之难解,万物维〔一〕新之时也。内外有坎,坎为狱。九二、九四皆不正,九二未失中而陷之,"过"也,九四不中正,"罪"也。君子于是时,过误者赦而不问,有罪者宥而从轻,与民更始,则难解矣。后世多赦,轻重悉原,刑罚不得其平,失是义也。

初六,无咎。象曰:刚柔之际,义无咎也。

屯"刚柔始交而难生",故六二乘刚,虽正而难解。蹇难既解,刚柔分矣。初六刚柔之际,以柔自处而下刚,刚而能柔者也,虽未正而无咎,得其宜也,得宜之谓义。辞寡如此者,吉辞也。

九二,田获三狐,得黄矢,贞吉。象曰:九二贞吉,得中道也。

二为田,自三至上有师象。四艮、坎为狐,狐善疑惑,春秋传卜徒父谓狐为蛊,蛊亦惑也。自二至四,三爻不正,皆具坎、艮而近五,小人惑其上者也。二坎为弓,三离为矢,三动以正,弓动矢发,二刚上行,历三爻而坎毁,"田获三狐"也。二动离为坤,黄,地道之美,坤之中色,"得黄矢"也。正则吉,故曰"九二贞吉"。九二刚

〔一〕"维",原作"舆",据汲古阁本、通志堂本、四库本改。

中,为五所任,六五柔得尊位,于刚断及明有不足,难解之时,小人乘之而惑其君,则难复结矣。小人不可不去也,小人去则直道行而得中矣。易传曰:"群邪不去,君心一人,则中直之道无由行矣,桓敬之不去武三思是也。"

六三,负且乘,致寇至,贞吝。象曰:"负且乘",亦可丑也。自我致戎,又谁咎也。

六三上负四,下乘二,坎为轮。六为小人,故曰"负"也者,小人之事;九为君子,故曰"乘"也者,君子之器。四坎为盗,故曰小人而乘君子之器,盗斯夺之矣。三正则乘象毁,不正则盗斯夺之,故"贞吝"。车服所以昭庸,宜负而反乘,亦可丑也,阴为丑。辞曰盗,象曰"戎",盗用众,戎也。致戎者以不正,"自我致戎",又谁咎哉?难解之时,小人窃位则"寇至"矣。六三一爻当内卦之上,三公之位,小人而在高位,自二言之,与四、五为"狐",自三言之为"负乘",自上六言之为"隼"。

九四,解而拇,朋至斯孚。象曰:"解而拇",未当位也。

四震为足,初在下体之下,动而应足,"拇"之象。九四,阳也,阳与阳为朋,刘牧曰"朋谓二"。四当大臣之位,下与初六小人相应,则九二君子与我朋类者不信而去。盖观近臣以其所主也,故解其拇则九二自至,"斯孚"于五矣。四阳处阴,于正疑不足,复比小人,则与君子之诚有不至也,其能为五得君子乎?故拇不解则小人进,小人进则君子去而难作。

六五,君子维有解,吉,有孚于小人。象曰:君子有解,小人退也。

难生之初,刚柔交错,小人道胜,君子合内外之力以济其难,非以胜小人也,如理乱绳,维有解其结而已。九自二之五成巽,巽为绳,故曰"君子维有解,吉",正故吉也。解之者,使刚者在上,柔者在下,不唯君子安之以信于小人,小人退而不疑,是以险去难解,物莫之伤,六五之吉,孰大于是? 六下之二,与九相应者,"孚"也。二之下,小人退也,故辞曰"有孚于小人",象曰"小人退也"。譬之有疾,本于阴阳揉错,善医者道之,各复其所,释然解矣,不善治者,又从而纷乱之。解天下之大难者亦然,阳为君子,阴为小人,故二以物言之为狐,以阳言之为君子,五,君位也,以阴言之又为小人之在上者,唯其时、物也。

上六,公用射隼于高墉之上,获之。无不利。象曰:"公用射隼",以解悖也。

三,公位。坤土坎险,积土,当内外之际,"墉"也。坎为弓,离为矢,上动之三,弓动矢发。巽为高,离、兑为隼,六三之上,"公用射隼于高墉之上,获之"也。六三,小人之鸷害者,当解之,终离乎内而未去,解道已成,悖而未去,其害坚强矣。上六在上,动不失时,以解悖乱。六三变则悖解,悖解则天下之难解。"无不利"者,"动而不括"也。

䷨ 兑下艮上

损,有孚,元吉无咎,可贞,利有攸往。曷之用,二簋可用享。

彖曰:损,损下益上,其道上行。损而"有孚,元吉无咎,可贞,利有攸往。曷之用,二簋可用享"。二簋应有时,损刚益柔有时。损益盈虚,与时偕行。

泰变也,损九三以益上六也。益上矣而谓之损,上以下〔一〕为基,譬之筑墉,损其基以增上之高则危矣,非益也,故曰"损"。"损下益上"者,以其下事上之道行乎上也,故曰"损下益上,其道上行"。此以三、上二爻言损也。

损六爻皆应,"有孚"也。凡损之道,损抑其过,以就理义,则诚也,诚则上下内外无不信,乃可损,以人情莫不欲损也。泰九三,正也,其始损之以天下之正理,非私心有所好恶而损之也,故"元吉"。"元吉"则于理义为"无咎",始出于正也。上九宜有咎,然而无咎者,损之以正,是以无咎。自古有损之太过而人情不安,或损之不及不足以为损,暂行复止,人不与之,其始不正,其终安得无咎?故曰"元吉无咎"。损之本出于正,虽抑损其过,而正理不动,则可坚守其正,勿失之矣。上九不正,动则正,正则何所往而不利?故曰"可贞,利有攸往"。此再以泰九三往上言处损之道也。

损之为用,不可常也。往而不已,将何之乎?之,往也。故曰"曷之用"。此因上九之往以设问也。兑为口,有问之意。损、益相为用也。损、益二卦皆有簋象,坤为腹、为方,震为足,艮为鼻,震、巽为木,木为方器,有腹,有足,有鼻,"簋"也。以损、益"二簋"论之,四时之享,春祠夏禴,品物少时也,其簋不可不损,秋尝冬烝,品物多时也,其簋不可不益。或损之,或益之,所应之时有不同,可用之以享鬼神则一也。上为宗庙,艮为门阙、为手,震为长子,升自门阙而荐之,"享"也。然则"二簋可用享"者,特未定也,时焉而已矣,则损焉,可往而不反哉?故曰"损刚益柔有时"。泰者

〔一〕"下",原作"益",据汲古阁本、通志堂本、四库本改。

阳息而盈,否者阴消而虚,盈则损之,虚则益之,一损一益,循环无穷,则"二簋可用享",岂不信乎?三代之王所损益可知矣。可损而损,不为不足,可益而益,不为有余,因时而行,当理而止,故曰"消息盈虚,与时偕行"。此反复二卦以明损、益之用也。

在卦气为处暑,故太玄准之以减。

象曰:山下有泽,损,君子以惩忿窒欲。

"山下有泽",则山日以削,泽日以壅,有抑损之意。君子观山之削也则"惩忿",观泽之壅也则"窒欲"。艮,止也,震雷,怒也,"惩忿"也。兑,说也。坤为土,震为足,土室塞之,"窒欲"也。忿不惩则凌物,欲不窒则溺人,惩之然后平,室之然后清,君子之所可损,唯此二者。

初九,已事遄往,无咎,酌损之。象曰:"已事遄往",尚合志也。

四体艮,止也。"已事"者,止其事也。初九兑决,往四成离,飞鸟决起之象。"遄",疾之意。九居四,宜有咎,"已事遄往",故无咎。四坎水、艮手,"酌损之"也。"志"者,动于中也。事有当损,于其初以刚正决断止之,"遄往"乃"无咎",如救焚拯溺可也,踌躇不往则事已成而不可损,于损为有咎。损宜斟酌,可损损之,过则非四所堪,不及则损之无益,尚合乎六四之志而已。盖事有当损,彼或不损而至于败,败岂其志哉?"已事遄往",如鲁人欲以璠玙葬夫子,历阶而止之是已。

九二,利贞,征凶,弗损益之。象曰:九二利贞,中以为志也。

九二刚中而说,动则损刚为柔。六五,柔也,二动以柔说应之,枉

道干时,徒自失己,不能益也。无益则容悦致凶,曰"征凶"者,动
而上行,以柔为正也。若五来下二,二往应之,弗损己之刚,而五
自益矣,能益其上,故曰"弗损益之"。然则九二"利贞"者,非谓
动而以柔为正也,以中为志,守之用刚,待上之求者也,故曰以中
志也。易传曰:"失其刚正而用柔说,适足损之矣。世之人,愚者
虽无邪心,唯知竭力顺上为忠,不知'弗损益之'之义也。"

六三,三人行则损一人,一人行则得其友。象曰:"一人行",三则疑也。

损自泰变,三阳并进,"三人行"也。九三一爻损而之上,"三人行
则损一人"也。九三上行,则上六下居三,刚柔偶合,"一人行则得
其友"也。三爻即上爻也,故谓之"友"。太玄曰"二与七共朋,三
与八成友",二、七均火也,三、八均木也,犹三即上也。万物之理,
无有独立而无友者,有一则有两,得配也,有两则有一,致一也。
有两者,益也;有一者,损也。两则变,一则化,是谓天地生生之
本,非致一其能生乎?三阳三进成巽,巽为不果,疑也,故曰"一人
行,三则疑也"。

六四,损其疾,使遄有喜,无咎。象曰:"损其疾",亦可喜也。

六四下从初九,初九以刚益柔,九、六离位而六四之疾见矣。及其
既益,各复其所,在六四为"损其疾",在初九为"遄有喜"。"遄"
者,离为飞鸟,疾之象也。盖君子见人之不善若在己也。初九以
刚益柔,六四亟损其柔以受初之益,初九岂不"遄有喜"乎?使初
九"遄有喜"者,六四也。然六四亟损其不善,过咎未深而害已去,
亦安得不自喜乎?子路闻过则喜是也。或曰:九二损刚,故戒以

"征凶",初九益四,非损刚乎?曰:六四下初九,初九往益以刚,非损初九之刚也,益人而不失己,故不戒也。

六五,或益之,十朋之龟弗克违,元吉。象曰:六五元吉,自上祐也。

六五得尊位而虚中,上九以刚自上益五,五忘其尊,虚中而纳之,受益者也。五受益,则天下之善皆愿益之。"或益之",言益之者不一也。天地、鬼神、人道,以谦为贵。五受益,自天祐之,获"元吉",复何疑哉?上九益五,正也,故吉。"元吉"者吉之至善,始终吉也,上九自泰九三变,始吉也,上九变五,终吉也,故曰"元吉"。五有伏兑,兑为右,"自上祐"也。泰一变归妹,二变节,皆有坎、离,"龟"象。三变损,坤数十,四阴为朋,"十朋"也。崔憬曰:"元龟直二十大贝,双贝曰朋。"盖古者三人占则从二人之言,未有用龟至于十朋者,崔说是也。三应上,四应初,五应二,"十朋之龟弗克违"也。

上九,弗损益之,无咎,贞吉,利有攸往,得臣无家。象曰:"弗损益之",大得志也。

上九损之极,乃有"弗损"。弗损于下,反以益三,故曰"弗损益之"。上九如此,何咎于损?故"无咎"。九在上,宜有咎也。夫益下必以正理,正理者,天理也,益之以天理,则取之愈有,用之不竭,人各自得于分量之内,故正吉。"利有攸往"者,六三往也。坤为臣,二大夫位,为家,上九反三则六不比于二,故"得臣无家",其益岂有穷哉?又易外以内为家,四以初,五以二,上以三,外本于内也,故虞仲翔解鼎九二曰"二据四家,言四以初为家也"。言上九益下则得人心之服从者,无有远近内外之限,非适一家。以六三之上,则内外皆应,五之所得不止于二也。"弗损益之",其效至于"得臣无家",则上九之志大有得也,无求于人益我也,而人自益之,上九益人之志岂不大有得乎?

䷩震下巽上

益,利有攸往,利涉大川。

彖曰:益,损上益下,民说无疆。自上下下,其道大光。"利有攸往",中正有庆。"利涉大川",木道乃行。益动而巽,日进无疆。天施地生,其益无方。凡益之道,与时偕行。

益,否之变,损之反也。损上之九四益下之初六,"损上益下"也。益之巽乃损之兑,坤为众,民也,损上益下,得民之心,是以"民说"。"无疆"者,乾上九益坤初也,天无疆,地与天合德,乃无疆,无疆则民说,无彼此之限,故曰"损上益下,民说无疆"。此以初九言益之道也。

否自上而下,一变渐,二变涣,三变益。渐、涣皆有坎离日月象,以上之贵能下其下,则益道光明,文、武之下下是也。夫损者将以为益也,损下益上,其道上行〔一〕,至于"自上下下",其道乃大光明矣,故曰"自上下下,其道大光"。此再以初九推原其变而言益也。九五本损之九二,反而上往,得尊位,以中正观天下,六二复以中正应之,君臣上下以中正益天下,天下受其益,是为九五一人之庆,则益之道何往而不利哉?故曰"利有攸往,中正有庆"。此以

〔一〕"行",原作"往",底本为配补,据通志堂本、四库本改。

损之九二往五而言益也。

益道之行，"自上下下"，为渐、为涣，皆有涉坎之象。巽为木，坎为大川，木在坎上，乘舟之象。上益其下，百姓亲附，乐为之用，入可以守，出可以战，如子弟之卫父兄，孰不致其死力以犯大难哉？故曰"利涉大川，木道乃行"。此复以初九之变兼上、五二爻言益也。凡"利涉大川"言木者三，益也，涣也，中孚也，皆巽、坎也，涣曰"乘木有功"，中孚曰"乘木舟虚"。

动者，震也。巽者，巽也。"无疆"者，乾合坤也。否变渐有离日，变涣、变益，日进而上行，益动而巽于理，则日进而"无疆"，如寒暑之不停，昼夜之有经，日益一日，莫之能御。以动而巽也，故曰"益动而巽，其益无疆"。此合震、巽二体兼初九之变而言益也。

天地之益物者，以动而巽也。天施一阳于地，地得之以生万物。自坎至艮，自艮至震，其益至盈乎天地之间，岂有方所分量哉？益人者动而巽，于理亦然，辅其自然，各足其分，"无方"也，坤为方，乾变之为"无方"，系辞曰"益长裕而不设"是也，故曰"天施地生，其益无方"。此因乾降坤升以言益也。

天地之大，损益有时。益极则损，损极则益，其道与天地并，是以能"无疆"，故曰"凡益之道，与时偕行"。此再以损、益二卦终言乎益之时也。

在卦气为立春，故太玄准之以增。

象曰：风雷益，君子以见善则迁，有过则改。

风行雷动，相薄有声，不知风之为雷欤，雷之为风欤？风雷相益也。君子见人之善则迁之，己有过则改之，忘乎己与人也，相益而已。益自否来，九四不正，之初而正。一变成离，离为目，"见善则迁"也。初六不正，过也，初往之四得正，"有过则改"也。不迁善则无改过,迁善者以改过为益。

初九,利用为大作,元吉无咎。象曰:"元吉无咎",下不厚事也。

阳为大,震为作。益之初,利用有为而"大作","大作"者,作大事以益天下也。事大且善,获"元吉"则动而"无咎"。初九正,得乾之始,"元吉"也。坤,厚也,巽为事,震有伏巽,动则坤见震、巽毁,下不可厚事也。先王用民之力,岁不过三日,唯田与追胥竭作,其不可厚事如此,"为大作"也,非"元吉"则安得"无咎"?

六二,或益之,十朋之龟弗克违,永贞吉。王用享于帝,吉。象曰:"或益之",自外来也。

益,损之反,益之六二即损之六五,故其象同。夫子曰"辞也者,各指其所之",然异于损者,六二,受益者也,虚中退托,又顺其鞠矣。五自外来而益之,"或益之"者,益之者不一,天下之善皆归之也。天地鬼神,人道贵谦,得人如此,故"十朋之龟弗克违"。受益者当守而不变,愈久而不厌,则来益者无穷矣,故"永贞吉",言六二之虚中不可动也。乾五为王,乾五兼上九为巽,巽为工。"帝"者,天之工宰,故又为上帝象。五自外来,益二成兑,有杀牛于宫象,及复于五,有升自门阙"享于帝"之象。六二受益不已,获天人之助,王者用此爻以享于上帝,吉也,况六二乎?

六三,益之用凶事,无咎,有孚中行,告公用圭。象曰:益用凶事,固有之也。

易以正为吉,不正为凶。六居三不正,上巽来益三,巽为事,"益之用凶事"也。三震动之极,为决躁,巽其究为躁,果于益民者也。用之于凶事乃无咎,以位不当故也。"凶事"者,患难囏厄,非常之

事,唯此乃当奋身不顾,如救焚拯溺,果于益可也。然非有诚心爱
民,见信于上,中道而行,亦不可。三,公位,上乾不变为玉,震东
方之卦,交乾为"圭","圭",象春生者也。三公以中道上行,见孚
于上,故聘之用圭,以达其诚。及其既孚,上九反三,复以诚信与
之,用圭之礼,卒事则反之。"告"者,上告下也。伏兑为口,"告公
用圭"也。夫益用凶事,唯"有孚中行",上、三交孚,至于"告公用
圭",乃能固有其孚。不然,公虽人臣之尊位也,为善专辄有拊伛
其民之嫌,虽益犹有咎。<u>季路</u>为<u>蒲</u>宰,修沟洫不白于君,以箪食壶
浆与民[一],而夫子止之者,亦此类也。易传曰:"礼大夫执圭而
使,所以申信也,凡祭祀、朝聘,皆以达诚而已。"

六四,中行,告公从,利用为依迁国。象曰:"告公从",以益志也。

三、四中位,六四当位以益下,四之初,其中下行,故曰"中行",益
人者以中道行也。三,公位,初九应四,有伏兑,兑口,"告公"也。
兑口坤顺,允从之象,故曰"告公"。虽益人以中道,"告公"而不
从亦不可行。四,诸侯位,坤为国,四之初,"迁国"也。依六三公
位而后迁,故曰"依迁国"。苟利于吾,力不足则依之以迁国可也,
<u>卫文公</u>依<u>齐桓</u>[二]公而迁<u>楚丘</u>是也。六四告公而从,能迁其国者,
以益民为志,公信之也。志,动于中者也。迁,大事也,传曰"吾不
能定迁事",有当迁而益者,以迁为中,不可惮也。然非以益民为
志,虽有强国亦不可依之以迁,迁则不利,<u>许子</u>是也。易传曰:"自
古国邑,民不安其居则迁,迁者,顺下而动也。"

〔一〕"民",原脱,据<u>汲古阁</u>本、<u>通志堂</u>本、<u>四库</u>本补。
〔二〕"桓",原脱,据<u>汲古阁</u>本、<u>通志堂</u>本、<u>四库</u>本补。

九五,有孚惠心,勿问元吉,有孚惠我德。象曰:"有孚惠心",勿问之矣。"惠我德",大得志也。

六二应九五,"有孚"也。中者,心之象。惠者,顺人心而益之。五有惠心,二信之,益人以诚也。五之二成兑,兑口,问也,问而后惠,惠亦狭矣,勿问则吉之至善,故"勿问元吉",不失其始之吉也。五不之二而守中正,兑象隐,勿问之吉也,故曰"有孚惠心,勿问之矣"。六二中正,孚于五者,惠我中正之德也。九五勿问,六二自顺我德,而中正之德自益以诚,不费之惠也,是以九五不动而"大得志"。易传曰:"人君至诚于益天下,则天下孰不以诚怀吾德而为惠哉?"

上九,莫益之,或击之,立心勿恒,凶。象曰:"莫益之",偏辞也。"或击之",自外来也。

上九益之极,有不益者矣。上当益三而"莫益之",上、三相益,有雷风相与之象,"恒"也。巽股,"立"也。三中为心,上九"莫益之",持其心不以相益为恒,如是则凶矣。人道彼我相益而后安,"莫益之",有我而已,一偏之辞,不知道之大全也。三往乘之,艮手上击,九陨于下,虽欲益之,晚矣,何以知?"或击之",九自外来也,伤于外者必反于内,人之情也,上九安能有我而忘彼哉?

周易下经咸传第四

周易下经夬传第五

翰林学士左朝奉大夫知制诰兼侍读兼资善堂翊善
长林县开国男食邑三伯户赐紫金鱼袋朱震集传

䷪乾下兑上

夬,扬于王庭,孚号有厉。告自邑,不利即戎,利有攸往。象曰:夬,决也,刚决柔也。健而说,决而和。"扬于王庭",柔乘五刚也。"孚号有厉",其危乃光也。"告自邑,不利即戎",所尚乃穷也。"利有攸往",刚长乃终也。

五阳长于下,一阴消于上,五阳合力而决一阴,故曰"夬,决也,刚决柔也"。此以五刚言夬之时也。

健者,乾也。决而和说者,兑也。健而说诸理,决而不失其和,非亢暴忿疾以力胜之,决之至善者也。古之人退人以礼,其用刑至于杀之而不怨,所以异于刑名家也。彼严而少恩,敢于杀以失人之情,岂知健决有和说之义,故曰"健而说,决而和"。此合二体言夬之才也。

五,王位,伏艮为庭[一]。"王庭"者,孤卿大夫、诸侯、三公、群士、

〔一〕"庭",原作"廷",据汲古阁本、通志堂本、四库本改。

群吏之位，大询于众之地。五得尊位，体兑，兑为口。讼言于王庭，与众君子共去之而无忌，以上六小人得位，一柔乘五刚，则其害未易去也，故曰"扬于王庭"，一柔而乘五刚也。此以九五言处夬之道也。或曰：何以知艮为庭？曰：艮"行于庭"。春秋左氏传周史有以周易见陈侯者，陈侯使筮之，遇观之否，曰"庭实旅百"，杜氏曰"艮为门庭"。

上六下与九三相应，成巽、离。巽为"号"，巽风者，天之号令，故号令也、号呼也、命也，皆取巽象。相应，"孚"也。"扬于王庭"，发大号以信于下，使知危者安，其位不可易也。一柔乘五刚而未去，有危之道。"厉"者，危也，其危犹曰其亡。则决小人之道光矣，离为光。所谓"与众弃之"，舜去四凶而天下服是已，若隐其诛，如唐去李辅国，则不光矣，故曰"孚号有厉，其危乃光也"。此以上六应九三言处夬之道也。

夬自姤变，一变同人，二变履，三变小畜，四变大有，五变夬。姤巽为命，同人二坤为邑，履兑为口，"告邑"也，于小畜、大有皆有告命之象。"告自邑"者，告戒自我私邑，言自治也。君子将治小人，必先自治，自治则以我之善去彼不善，小人所以服也。传曰"无瑕者乃能戮人"，舜修文德，文王无畔援、歆羡，自治也，故曰"告自邑"。戎，戈兵也，离之象。自同人之离五变，离成兑，兑为刑杀，而近君，"不利即戎"也。决小人不能"扬于王庭"，孚大号于下，借戎兵以清君侧，犹凿木去蠹，熏社逐鼠，岂夬之尚哉？所贵其夬者，谓其乘时去害，动而不穷也。交兵幸一日之胜则穷矣，自古用兵去小人，如汉、唐之季，召外兵以去近习，其祸至于覆宗，圣人之戒不其深乎？故曰"不利即戎，所尚乃穷也"。此二者推原卦变以言夬之所当戒也。

君子之道,有始必有终。夬始于复,其刚浸长。一柔尚存,君子之道
有未尽也,刚长成乾,其道乃终,不能终则必有悔。<u>彦范之不</u>〔一〕诛
<u>武三思</u>,卒为世患,刚长不终也,故曰"利有攸往,刚长乃终也"。
此复以五刚终言处夬之道也。

在卦气为三月,故<u>太玄</u>准之以断、毅。

象曰:泽上于天,夬,君子以施禄及下,居德则忌。

雨泽上于天,其势不居,必决而下流。君子体夬之象,故施禄泽以
及下。兑为口食,下应三,有"施禄及下"之象。古者上有大泽,则
民夫〔二〕人待于下流,知惠之必将至也。君子之于德也,宽以居
之,然后仁以行之,若决而散,则不可以畜矣。故以此施禄则可,
以此居德则忌。上六居位而安,有伏艮,"居德"象也。

初九,壮于前趾,往不胜为咎。象曰:不胜而往,咎也。

大壮震为足,初九在下体之下,应足之动,"趾"也。夬自大壮积
之,在大壮时,四刚已壮,长而至于五刚,则初九壮于前,大壮之趾
也。大壮所以征凶者,初九无应,不可动而先动也。今震足毁折,
又无应,动而往不正,不正不足以胜九四,恃其刚壮,不计彼之不
可胜而往决之,过也,不正故有咎。不曰凶者,阴将尽也。<u>易传</u>
曰:"凡行而有咎者,皆决之过。"

**九二,惕号莫夜,有戎勿恤。象曰:"有戎勿恤",得中
道也。**

二动成离目,巽为多白眼,惕惧之象,巽风为号,应兑口为号呼,故

〔一〕"不",原漫漶似"下",据<u>汲古阁</u>本、通志堂本、四库本改。
〔二〕<u>汲古阁</u>本无"夫"字。

曰"惕号"。离日在西之下,"莫"也,巽为入,日入于地,"莫夜"也。离为戈兵,"戎"也。坎为忧,离见坎伏,"勿恤"也。一爻又具此三者,故曰"有戎勿恤"。九二,刚长欲极之时,处中体柔,不为过刚,中动而正,可以决小人矣,而犹不忘乎戒惧求应,自处之至善者也。小人知将亡其徒,必乘人之疑以相恐动。夫暮至于夜,阴气将尽,阳气欲生,虽有戎兵,穷寇也,勿忧可也。我得中道,行之以正,虽千万人往矣,何恤乎小人?况穷寇乎?

九三,壮于頄,有凶。君子夬夬,独行遇雨,若濡有愠,无咎。象曰:"君子夬夬",终无咎也。

易传曰:"爻辞差错。当云'壮于頄,有凶。独行遇雨,君子夬夬,若濡有愠[一],无咎'。"以象考之,传为是。三,健之极,与上六小人相应。乾为首,兑见于外,为頄,九三往应之,頄柔而增刚,"壮于頄"。"頄",颊间骨,郑氏本作"頯"。众阳决小人而已,违众应之,有凶之道,不正也。四爻不应,三独上行而遇之,兑泽下流,"遇雨"也,言说小人而与之和也,兑,和说也。君子当此,则弃去情累,外决小人而绝之,内自健决决之,又[二]决以上六,兑三动复成兑,"夬夬"也。乾为衣,坤为裳,而遇兑泽,沾濡也。巽多白眼,上视而不悦,"愠"也。若恶小人之浼己,如遇雨沾濡其衣,又疾视之,有愠怒则无咎,故曰"终无咎也"。或曰:君子亦有愠乎?曰:"君子如怒,乱庶遄沮",当怒而怒也。

九四,臀无肤,其行次且,牵羊悔亡,闻言不信。象曰:"其行次且",位不当也。"闻言不信",聪不明也。

〔一〕"愠",原作"惕",据汲古阁本、通志堂本、四库本改。
〔二〕"又",原作"父",疑描补致误,据汲古阁本、通志堂本、四库本改。

一阴在上,众阳争趋之。九四居上卦之后,动有伏艮,为臀,艮柔为肤,三阳自下侵之,不足于柔也,故"臀无肤","无肤"则不可以处矣。四本大壮震,震为足,欲前而九五碍之,又柔而少决,则却而不前,故"其行次且"。"次且",一本作"趑趄"。"次且",不可前矣,处则乘刚,行则不前,以九处四也,故曰"其行次且,位不当也"。然则为九四者如何? 避位居初,让三阳使先行,斯可无悔矣。四动成兑,兑为羊,羊性很,牵挽则抵触不行,却行而使之先则行。张载曰"牵羊者,让而先之",如是悔亡,正故也。虽有是言也,九四未必闻其言而信之,不足于刚决也。兑为口,坎耳受之,"信"也。九四动乃有坎耳、离目,聪明之象,不动则耳塞目毁,"聪不明"矣,兑口虽告,莫之听焉,故曰"闻言不信,聪不明也"。

九五,苋陆夬夬,中行无咎。象曰:"中行无咎",中未光也。

大壮震为蕃鲜,兑为泽。"苋",黄,泽草也,叶柔根小,坚且赤,乾为大赤,上六之象。"陆",商〔一〕陆,亦泽草也,叶大而柔,根猥大而深,有赤、白二种,五动震为蕃鲜,伏巽为白,商陆也。"苋陆",小人之近君者。苋柔脆根浅,易决,商陆根大而深,为难决。九五得尊位大中,为决之主,当五阳并进,决小人之时,而反比之,中道"未光"也。五兑乾健,决也,动而往决上六,复成兑,故曰"夬夬"。决之又决,震巽象毁成离,则苋与陆去而中道光矣。离为光,动则不正,宜若有咎,然夬之时,刚长乃有终,动而往决,而后中道行。张载曰:"阳比于阴,不能无累,故必正其行然后无咎。"

───────────

〔一〕"商",原作"商",据汲古阁本、通志堂本、四库本改。

易传曰:"五心有比,于中道未得为光也,盖人心有所欲则离道矣,此示人之意深矣。"

上六,无号终有凶。象曰:无号之凶,终不可长也。

上六之三成巽,巽为号。上六小人,知非而去,有号呼求免之象。阳长阴消之时,安其位而不去,无自悔之实,阳长则阴失位,终必有凶。巽为长,安位巽毁,终不可长也。圣人明此,开小人自悔之路。

䷫巽下乾上

姤,女壮,勿用取女。

彖曰:姤,遇也,柔遇刚也。"勿用取女",不可与长也。天地相遇,品物咸章也。刚遇中正,天下大行也。姤之时义大矣哉。

姤,遇也,柔出而遇刚,若邂逅然,故曰"姤,遇也,柔遇刚也"。此以一柔遇五刚言姤之义也。

女德柔顺而刚健,女壮也,故曰"女壮"。阴息剥阳,以柔变刚,女壮男弱,不可与久处,故曰"勿用取女,不可与长也"。诗以蛇虺为女子之祥,熊罴为男子之祥,刚柔反易,必有女祸。此以初六言姤之戒也。

阳生于子,至巳成乾,巳者,巽也,转而至午,阳极阴生,午者,离也。荀爽曰"坤出于离,与乾相遇",故万物皆相见。相见也,咸章也,皆谓出于离也。万物别而言之曰"品物","品物咸章",则相见者著矣,故曰"天地相遇,品物咸章"。此再以初六言姤之时也。姤,五月卦也,太玄准之以遇。

易于复言"七日来复",冬至也,于姤言"品物咸章",夏至也。举二至则律历见矣。九二刚中,臣也;九五刚中而正,君也。姤比遁为有臣,比剥为有君,以刚中之臣遇中正之君,有其位,有其时,君臣相遇,亦犹天地之相遇,故曰"刚遇中正"。姤者夬之反,夬一阴自上而下五变成姤。乾为天,天下行也。君臣相遇,道行乎天下,故曰"刚遇中正,天下大行也"。此以二、五两爻卦之反复言姤之用也。

天地也,君臣也,非其时也亦莫之遇,莫之遇则天地闭,贤人隐,万物几乎息矣,故曰"姤之时义大矣哉"。

象曰:天下有风,姤。后以施命诰四方。

"天下有风",乃与万物相遇。后以施命诰诏四方,君与万民相遇之道也。风者,天之号令,以时而动。明庶,东也;景风,南也;阊阖,西也;广莫,北也。周流天下,无所不遍,故后体之。阴阳家有风律之占,源于此。姤自夬变离,离有伏坎,变兑有伏震,"四方"也。巽为命,自上而下,兑为口,"施命诰四方"之象。易传曰:"诸象或称先王,或称后,或称君子、大人。先王者,先王立法制,建国、作乐、省方、敕法、闭关、育物、享帝是也。后者,后王之所为,裁成天地之道,施命诰四方是也。君子则上下之通称。大人者,王公之通称。"

初六,系于金柅,贞吉。有攸往,见凶。羸豕孚蹢躅。象曰:"系于金柅",柔道牵也。

姤初六,五月,离卦之一阴也。离巽之柔为丝,乾变为金,坚重也,"柅",络丝跌也,许慎作"欄",谓九二也。初六阴柔不正,与九二相遇,如丝纷然,系之以坚重之器,乃可经理,故曰"系于金柅"。

初六变而正则吉,人亦何常?君子、小人,在正不正之间耳,故初六系于金柅,贞则吉,勉初六也。初、二相易成离目,见也,阴有攸往,九二降初,剥刚而进,凶也。凶,戒九二也,言初阴辩之不[一]早,必见凶害。乾初交甲子,子,坎位,为豕,初九变六,阳变阴,"羸豕"也。"羸豕",牝豕也。伏震为躁,巽为股、为进退,初阴应四,孚也。牝豕感阳志欲往,前为二所制,进退踟蹰而躁动不安,其意未始不在于阳。九二可不"系于金柅"乎?"系于金柅",则柔道有所牵矣。易言"牵"者,皆艮、巽之动,艮,手也,巽,股也,手挽之而股动。夫君子、小人相为消长,虽初阴,其心未尝一日不欲害君子。一阴虽弱,方来也,五阳虽强,既往也,其可忽诸?自古祸乱或始于床笫之近、给使之贱、夷裔荒服之远,易而忽之,驯致大乱,反求其故,必本于刚正不足,若柔道有牵,君子、小人各当其分,祸乱何由而作?或曰:巽离为丝,何也?曰:巽为木、为风,巽变离,木中含火,火生风,风化蛊,蚕为龙马之精,龙大火,马火畜,蚕以火出而浴,畜马者禁原蚕。故太玄以火为丝,贾逵以离为丝。郭璞曰:"巽为风,蛊属龙马,丝出中。"

九二,包有鱼,无咎,不利宾。象曰:"包有鱼",义不及宾也。

鱼谓初也。初六易四成兑为泽,巽于泽下者,鱼也,民之象。初者,二、四之所欲,初本应四,九二据之,宜有咎。然阴出遇阳,二[二]近而包有之,于遇道为得,故"无咎"。若二不能包,四又远民,初将散乱而不可制矣。"宾"谓四也,四在外,动而易初,初

〔一〕"不",原漫漶似"下",据汲古阁本、通志堂本、四库本改。
〔二〕"二",原作"一",据汲古阁本、通志堂本、四库本改。

成乾,西北方,宾之位,二体巽,东南方,主人位,初六之民为二所有,非九四之利,而九四所不能包者,远于民也。一民不可有二君,亦义之所不及也。古者有分土无分民,得道则归往,失道则携持而去,无远近内外之间,顾遇民之道如何耳,此二所以无咎。易传曰:"遇道当一,二则离矣,故义不可及宾也。"

九三,臀无肤,其行次且,厉无大咎。象曰:"其行次且",行未牵也。

姤者夬之反,姤之九二即夬之九四,故二爻同象。艮在下体之上,为臀,其柔,肤也。二不动而侵三,艮成巽,柔不足也,故"臀无肤","臀无肤"则不能处矣。阴阳之情必求相遇,初阴在下,亦三阳〔一〕之所欲遇者也。二比于初,已包有之,三非义求遇,亦何所得哉?亦必有咎,而遇情未忘,故"其行次且"。"次且"者,且进且退,不能遽行。巽究为躁、为进退故也,处则为二所侵,行则有求而不去,可谓危厉。然九三刚正处巽,知义不可而舍之,初阴不能牵其后,故"无大咎"。"牵"者,手挽股动。初为二所制,艮隐巽见,故曰柔未牵也。不曰凶者,初非三之所宜有,四失初则凶矣。

九四,包无鱼,起凶。象曰:无鱼之凶,远民也。

二有其鱼,四失所遇,失其民也。"起",动也,动成离,戈兵之象。三动初愈不应,故"起凶"。"无鱼之凶",以九四不中正,自远其民,故九二得以中近之。民无常心,抚我则后,此九四所以凶欤。易传曰:"遇之道,君臣、民主、夫妇、朋友皆在焉。四以下睽,故主

〔一〕"阳",原作"阴",据通志堂本、四库本改。

民而言也。"

九五,以杞包瓜,含章,有陨自天。象曰:九五含章,中正也。"有陨自天",志不舍命也。

二巽,木也,变乾为大木。此爻自兑变巽,兑为泽,泽木而大,"杞"也。杞似樗,叶大而荫,张载曰"杞,周于下者也"。艮在草为蓏,蓏,瓜属,艮为巽,"包瓜"也。瓜譬则民,瓜虽可欲,而溃必自内始。九五当阴长之时,含章不耀,中正在上,遇九二之贤而用之,以刚中守道,防民之溃,故曰"以杞包瓜"。九五动则成离,离为文章,不动,含章而中正,唯含章不耀,中正自处,是以能用九二以尽其才,故辞曰"含章",象曰"九五含章,中正也"。一阴浸长,阳爻消剥者,天也。九五含章,用九二以防民之溃者,人也。尽人谋则有时而胜天,然或不胜,至于陨越者,亦天也。九五之志,知尽人谋而已,以谓天之所命,以祐下民者在我。有陨越者,自天陨之,吾终不舍天之命也,故曰"有陨自天",象曰"志不舍命也"。二阳为阴剥,五自乾而陨,"有陨自天"也。五陨于二,复成巽,巽为命,"志不舍命也"。张载曰:"以杞包瓜,文王事纣之道也,厚下以防中溃,尽人谋而听天命者欤。"

上九,姤其角,吝无咎。象曰:"姤其角",上穷吝也。

上九姤之极,有弗遇焉。前刚,角也,姤道上穷,不动则不和,不和则无所遇,动则吝,是以穷也。易传曰:"上九高亢而刚极,人谁与之? 以此求遇,将安归咎乎?"

䷬坤下兑上

萃,亨。王假有庙,利见大人,亨,利贞。用大牲吉,利有攸往。

彖曰：萃，聚也，顺以说，刚中而应，故聚也。"王假有庙"，致孝享也。"利见大人，亨"，聚以正也。"用大牲吉，利有攸往"，顺天命也。观其所聚，而天地万物之情可见矣。

坤顺、兑说也。上顺民心以说之，民亦顺上以说其政令，上下皆"顺以说"，上以是聚，下以是从。此合二体而言萃也。

九五刚得位，以刚中为萃之主，下有六二柔中之臣应之，君臣聚会，以聚天下。此合二、五而言萃也。具是四者，然后能聚，不然，民不可得而聚矣，故曰"萃，聚也，顺以说，刚中而应，故聚也"。

萃自临来，小过三之五，艮为门阙，巽为高，上为宗庙，四本震爻，长子也，三自门阙升高至宗庙，有长子奉祀之象。民之所聚，必建邦设都，宗庙为先，宫室次之。王者萃天下之道，至于"有庙"，则萃道至矣。假，至也，谓五也。王格祖考，则诸侯大夫士各致其孝，报本反始，教民不忘其亲。易传曰："萃合人心，总摄众志之道非一，其至大莫过宗庙。"故曰："王假有庙，致孝享也。"此以九五言萃之道也。

天下既聚，未见大人，其聚未必正。凡有血气，必有争心，萃不以正，适所以致争夺，安得亨乎？九五示之以大人之德，六二以正而往聚之，则人伦正，民志定，物情相交而亨。九六聚成离，离目为见，故曰"利见大人，亨，利贞，聚以正也"。此以九五、六二相易而言萃之道也。

圣人随时而已。萃聚之世，物之所聚者大，故所用不可不大，"用大牲"则鬼神福之，礼以时为大。坤为牛，兑为刑杀，杀牛以奉宗庙,"用大牲"也。物聚则力赡,动而有成,何往不利哉?谓三之五也。举宗庙之理,则百礼无不洽矣。所谓随时者,顺天理而行,天理即"天命"也,巽为命,故曰"用大牲吉,利有攸往,顺天命也"。此以九三之五言萃之道也。

天地之气,聚而有物,散而无形,散者必聚。鬼神耗荒,至幽也,而各享其类;万物散殊,至众也,而各从其类。故曰:"观其所聚,而天地万物之情可见矣。"此以小过九三萃于上、六五萃于下推广萃之义也。

在卦气为八月,故太玄准之以聚。

象曰:泽上于地,萃,君子以除戎器,戒不虞〔一〕。

萃自小过变。"泽上于地",万物萃聚之时。虞翻谓三、四之正,小过、明夷变也。明夷离为甲胄、戈兵,坎为弓,变小过,巽为绳、为工,艮为石,巽纳辛,缮甲兵,修弓矢,去弊恶而新之象也。小过变萃,聚所除之器也。明夷坎为寇,兑为口,上六既安之时,聚而相告,消寇于未形,"戒不虞"也。萃则多故,君子过为之防,是以萃而无患,非用明于至微者不能也,故此象以三卦明之。原始要终,以遏祸乱。圣人之忧患后世,深矣乎。秦销锋镝,唐销兵,率至大乱,岂知戒不虞哉?

初六,有孚不终,乃乱乃萃,若号,一握为笑。勿恤,往无咎。象曰:"乃乱乃萃",其志乱也。

初六柔不中正,进则疑六三之间己,退不能专一以待应〔二〕。"乃乱"者,退而乱于三阴之中。"乃萃"者,欲进而与四相萃也。其志

〔一〕"戎"、"戒",原误倒,据汲古阁本、通志堂本、四库本乙正。
〔二〕"应",原作"志",疑描补致误,据汲古阁本、通志堂本、四库本改。

惑乱不决,是以有孚不终,故曰"乃乱乃萃",象曰"其志乱也",初应四,巽为进退故也。"若号",谓四也,兑为口,巽为号,若四在上号召之,三阴不正,恶初之往合于四,"一握"其手,"笑"以喻意,微动之也。艮为手,三往易四,一握手也。兑为口、为说,离喜说动而出声,"笑"也。"为笑"者,献笑也。巽为工,有造为之象,故曰"一握为笑"。萃聚之世,上下相求,以阴从阳,动而得正,何恤乎小人之笑而不往哉? 往而相应,何咎之有? 不则与小人为徒,非萃之正也,故曰"勿恤,往无咎"。自古不知坚守其节,从应以动,舍君子之正义,畏小人之非笑,相率陷于非义,皆不知萃之道。

六二,引吉无咎,孚乃利用禴。象曰:"引吉无咎",中未变也。

萃聚之时,初、三同体之阴皆萃于四,己于其间得位守中,不变其志,须五牵引之而后应,不急于萃者也。然阴从阳,静而待唱引而后往,其聚也有吉无咎矣。巽为绳,艮手持绳,相应引也,故曰"引吉无咎",象曰"引吉无咎,中未变也"。不变之中,有孚相应,孚者,萃之本,其诚素著,不假外饰。譬之祭也,精意承之,虽薄可以荐也。"禴",夏祭,以声为主,祭之薄者。上六宗庙,六二与五相易,离为夏,五本小过震,震为声、为长子,有长子用禴祭之象,故曰"孚乃利用禴"。夫君臣以道相感,精迎诚致,不言而动。蛟潜于渊,陵卵〔一〕自化,至于既孚。二、五相易,"乃利用禴"矣。易传曰:"萃之时,能自守不变,远须正应,刚立者能之。二,阴柔之才,以其有中正之德,可〔二〕冀其未至于变耳,故象含其意以存戒也。"

〔一〕"卵",原作"卵",据汲古阁本、通志堂本、四库本改。
〔二〕"可",汲古阁本、通志堂本、四库本作"犹"。

六三,萃如嗟如,无攸利,往无咎,小吝。象曰:"往无咎",上巽也。

> 六三履非其位,欲萃于四,四应初,欲萃于二,二应五,莫知所萃,故"萃如"。巽为号,兑为口,"嗟"也,故"嗟如"。上下不与,虽嗟之,无所利,故"无攸利"。上六无与,据高虑危〔一〕,孤立求助,六三动而往则正,正则无咎,然三欲萃于四、二之间,故小吝。阴为小,三往从上,上来应三成巽,巽则不亢,三宜往而萃也,小吝,过矣。

九四,大吉无咎。象曰:"大吉无咎",位不当也。

> 九四上比于五,君臣聚也,下据三阴,民所聚也。然九四处位不当,疑于上下之聚,理有未正。九四动则得正,上承于五,下纳三阴,上下皆正,是谓"大吉",大吉则无不当位之咎。阳为大,大者吉也。易传曰:"非理枉道而得君、得民者,盖亦有焉,齐之陈常、鲁之季氏是也。得为大吉乎,得为无咎乎?"

九五,萃有位无咎,匪孚。元永贞,悔亡。象曰:"萃有位",志未光也。

> 九五得尊位,天下皆萃而归之,于是观其所孚可以知其志。而专于六二,系应至狭,所萃者有定位,得近遗远,聚道不全,能无悔乎?才足以自守免咎而已,于人君恢宏广博、无所不萃之志,未为光大,匪所谓孚也,故曰"萃有位无咎,匪孚",象曰"萃有位,志未光也"。盖初可萃四,二可萃五,三可萃上,独五不可专萃于二,萃则陋矣。五萃二有坎、离,坎、离为光,而曰"未光"者,于无所不萃

之志未光也。九五刚中而正,当有君德而"永贞","元"者,善之长,大人体此,以仁覆天下。"永",久也。"贞",正也。体仁在上,久正而不变,唯九五不动而应二,乃具此三者,如是则无偏无党,其悔乃亡。若五以萃二为光,失是道矣,故曰"元永贞,悔亡"。

横渠曰:"居得盛位,不能见大人之德。系应于二,故曰有位。"一本作"未光大也",无"志"字。

上六,赍咨涕洟,无咎。象曰:"赍咨涕洟",未安上也。

上六以柔乘刚,处上独立,当萃之极,六三柔不正,不足以为援。"赍",持也。"咨",叹息也。艮为手,上、三相持叹息,忧其所宜忧也。上之三成巽,巽为多白眼,艮为鼻,兑泽下流,在目曰"涕",在鼻曰"洟",出"涕洟"也。然乘刚必危,处上独立则无助,萃之极,以柔居之则不堪,兼是数者,其可久安上位乎? 亦必至于求萃而之三,动而忧则无咎,故曰"赍咨涕洟,未安上也"。

䷭巽下坤上

升,元亨。用见大人,勿恤。南征吉。

彖曰:柔以时升。巽而顺,刚中而应,是以大亨。"用见大人,勿恤",有庆也。"南征吉",志行也。

升者萃之反,柔在下者也。以时而升乎上,上巽乎下者,坤可升之时也,故曰"柔以时升"。此以坤体在上言升之时也。

卑巽在下而顺乎理,刚中自守而应乎上,其升以时,不为富贵利达动其心,则得位而大亨矣,故曰"巽而顺,刚中而应,是以大亨"。此合两体以二、五相易明升之才也。

大人者,九二之五也。二之五成离,离目为见,二升于五,刚中正得位,以此见大人,其升必矣,故曰"用见大人"。"恤",忧也。九二失位为忧,之五得位,虽有坎险,"勿恤"也。所谓"恤"者,二阳欲升,阴道凝盛,未可遽进。以人事言之,小人犹在上也。然九二、六五,应也,巽下顺上,升之时也,虽坤阴在上,何忧乎不遂?遂往而升,"有庆"及物矣,阳为庆也。夫日之初升,阴固未退,及其清风戒旦,则群阴解驳尽矣,夫何忧哉?故曰"勿恤,有庆也"。大则虞、舜升闻在上,小则文子同升诸公,与学以聚之、自下而上达而升之道,皆趋乎明也。离,南方也,"征",以正而行,正则吉,二之五之谓也。二动于中,以正而行,以见大人,往而有庆,则其志上行,故曰"南征吉,志行也"。此复以九二之五勉其升也。

在卦气为小寒,故太玄准之以上、干。

象曰:地中生木,升,君子以顺德,积小以高大。

木根于地中,乃升而上者,"顺"也。君子以顺为德,不弃小善,积卑成高,积小成大,其德日跻,亦以根于心者顺也,否则无本,安能积之以成高大乎?扬子云所谓"木渐"是也。易传曰:"万物长进,皆以顺道。"

初六,允升大吉。象曰:"允升大吉",上合志也。

"允",施氏易作"趏",进也。四坤为众、为顺,二、三、四兑为口,众口顺之,"允"也。初六巽之主,以一柔承二刚,能巽者也。在升时,九二、九三俱升,六四当位,合众之欲,志在于初,而初未应,六四顺而正,初动则正,从九三,九三进而升于四,与上合志,"允升"也,是以大吉。荀爽曰:"一体相从,允然俱升。"

九二,孚乃利用禴,无咎。象曰:九二之孚,有喜也。

升,萃之反也,升之九二即萃之九五,故升、萃二爻反复同象,明

二、五之孚也。凡人从上，或出于势位，则虽恭巽，未免有咎，况望行道乎？诚不足也。二刚上应，五柔纳之，刚柔相与而孚，其为巽也，尽诚敬而已，非外饰也。是以道行于上，泽被于下，此九二所以喜钦。"喜"，发于中心，形于面目者也，阳得位为喜，故曰"九二之孚，有喜也"。"禴"，夏祭，五纳二成离，离为夏，震为声、为长子，上为宗庙，艮为门阙，二升五，有长子升自门阙奉祭之象。禴，薄祭，以声为主，用诚敬也，二、五相孚，乃利用诚敬，"无咎"乃难辞。

九三，升虚邑。象曰："升虚邑"，无所疑也。

九三升上六，六坤之三，坤在下为邑，阴为虚，"升虚邑"也。九三、上六相应以正，下巽而上顺，如升无人之邑，孰御哉？巽为不果，三升上，巽毁，"无所疑也"。

六四，王用亨于岐山，吉无咎。象曰："王用亨于岐山"，顺事也。

六四柔顺谦恭而正，上顺六五柔暗之君，下顺九三刚正之贤，升之于五，以事其君，亦恭也。己则不出乎诸侯之位者，正也。三者皆顺事也。文王可谓至德也已，故能用此以"亨于岐山"。三升五，乾为王，兑为西方，艮为山，四以诸侯居于西山之下，"岐山"也，正则吉且无咎。坤为顺，巽为事，三分天下有其二，以服事商，"顺事"也。毛公言文王率诸侯以朝聘于纣，则升九三可知。崔憬谓此大王避狄徙岐之爻，误矣。

六五，贞吉升阶。象曰："贞吉升阶"，大得志也。

六五虚中降位而接九二，九二阶之以升，则五正而吉，不正则信贤不笃，用贤不终，其能吉乎？五正而吉者，以二升阶也。五正二

升,君臣道行,由是而致治,故五"大得志"也。坤土自上际下,巽
为高,"升阶"之象。

上六,冥升,利于不息之贞。象曰:冥升在上,消不富也。

坤为冥晦,阴虚为"不富"。上六利已极矣,犹升而不息,不知升极
当降,长极当消,消则"不富"矣,岂复更有增益之理?四时之进
退,万物之盛衰皆然,上六不知,冥于升也。"不息之贞"者,仁义
忠信,乐善不倦是也,惟施于此为利,若施于公卿大夫,可已而不
已,不利。易传曰:"以小人贪求无已之心移之于进德,则何利
如之?"

䷮坎下兑上

困,亨,贞大人吉,有言不信。

**彖曰:困,刚掩也。险以说,困而不失其所亨,其唯君子
乎?"贞大人吉",以刚中也。"有言不信",尚口乃
穷也。**

四、五之刚为三、上所"掩",二刚为初、三所"掩",又陷焉,陷亦
"掩"也。阳刚君子,阴柔小人,阳刚为阴柔掩蔽而不伸,君子穷困
窒塞之时,故曰"困,刚掩也"。此以一卦之爻言困也。

困自否来,二之上,坎险、兑说也。上九之二,处乎险难之中,乐天
安义,困而自说,不失其所亨者,"心亨"也。亨,通也,困而亨则不
穷矣。古人尘视富贵,梦视生死,唯不失其所亨也,唯君子能之,
夫子曰"人不知而不愠,不亦君子乎",故曰"险以说,困而不失其
所亨,其唯君子乎"。此合二体兼九二言处困之才也。

"大人",君子通称,对而言之,君子通乎大贤、小贤,而大人,德配

天地者也。在困，处之裕然，不失其正，吉且无咎，非大人不能以刚中也。刚或不足，则困以智免而失其正者有之，刚或不中，则正或致凶，于道皆有咎。刚中而正，文王、周公、孔子是已，故曰“贞大人吉，以刚中也”。此以九五言大人处困之才也。

刚见掩者，天也，非人之所能为，无怨尤可也，已困而言，人谁信之？若崇尚口才，以言说处困，适所以增穷矣。上六穷困，兑为口，“有言”也。下无应，“有言不信”也。此圣人因上六以戒不善处困者也。范谔昌曰“彖文‘贞大人吉’下脱‘无咎’二字”，理或然也。

在卦气为霜降，故太玄准之以穷。

象曰：泽无水，困，君子以致命遂志。

泽所以说万物者，水也，“泽无水”，则泽道困矣。然水在泽下，未尝不通也。君子处困窒之时，泽不及物矣。推致其所以然者，命也，巽为命，命者，消息盈虚之理，君子听命固穷，自遂其刚大之志。夫居下而无忧者则思不远，处身而常逸者则志不广，君子愤激自厉，增益其所不能，无若困之为速。易传曰：“虽厄穷而不动其心，行吾义而已，所以遂其为善之志也。”

初六，臀困于株木，入于幽谷，三岁不觌。象曰：“入于幽谷”，幽不明也。

四否艮在上体之下，为臀，巽木兑金伤之，为“株木”，困，寒露节也，与大过“枯杨”同象，大过，小雪之气也。四阳居阴，不安其居，“臀困于株木”者也。初六柔而不正，困于坎底，妄动求济于四，不知四刚不中，不安其居，“臀困于株木”，岂能济人之困哉？初既失援迷谬，自四反二，二又深陷，犹“入于幽谷”也。艮为山，坎为水，水注山溪间为谷,坤为冥晦,"入于幽谷"也。"入于幽谷",穷困益甚,无自出之势,故"三岁不觌"于四。乾为岁,初觌四历三爻,"三岁"也。私见曰"觌",见之不正也,三离目不正,"觌"也。初出不知四之困,入不知谷之幽,晦而不明乎处困之道也。初在坎下,"不明"之象。何谓处困之道? 安静自守是已。

九二,困于酒食,朱绂方来,利用享祀,征凶无咎。象曰:"困于酒食",中有庆也。

五动成震为稼,二坎水往之,为"酒"。兑为口,"食"也。五不动,二未可往,"困于酒食"也。"酒食"者,人之所欲,以施惠也。"朱绂"亦谓九五也。巽为股,膝以上也,乾为大赤,坤为黄,赤黄为朱,乾为衣,蔽乎膝上,"朱绂"也。九二刚中,虽"困于酒食"而无所动其心,则九五中正同德之君方来,而相求共济天下之困,故曰"朱绂方来"。九五来然后诚意通于上下,故"利用享祀"。上六宗庙,五动二往,震为长子,艮为门阙,有升自门阙长子奉宗庙之象。"享",献也。"祀"者,祭上下之通称,兼下言也。若二动求五,虽以正行亦凶,凶自取之,无所咎也,故曰"征凶无咎"。"困于酒食"者,唯无所动其心则中,中则进退迟速,审而后动,往有庆矣。"庆"者,"朱绂方来",得其所欲之谓也,阳为庆。"征凶",戒之也。"有庆",勉之也。易传曰:"诸卦二、五以阴阳相应而吉,惟小畜与困乃厄于阴,故同道相求,小畜阳为阴所畜,困阳为阴所掩也。阴阳相应者,自然相应也,如夫妇骨肉,分定也。五与二皆阳爻,以刚中之德同而相应,求而后合,如君臣、朋友,义合也。"

六三,困于石,据于蒺藜。入于其宫,不见其妻,凶。象曰:"据于蒺藜",乘刚也。"入于其宫,不见其妻",不

祥也。

六三险而不正,不善处困者也。艮、坎为石,谓三石之坚不可以处者
也。巽交坎、离为“蒺藜”,中坚外锐,“蒺藜”之象,谓乘二[一]也。
“蒺藜”伤人,不可以据者也。三非其位,非所困而困,不度德也;
乘二[二]之刚,非所据而据,不量力也。不度德故名辱,不量力故
身危,名辱身危,死期将至,故“入于其宫,不见其妻”,艮、坤为宫,
坎为夫,离为妻、为目、为见。三困非其位而乘二刚,凌人者也,凌
人者人亦凌之,故二往乘三,两爻相易,三“入于其宫”,坎、离象
毁,“不见其妻”矣。又曰“凶”者,“不见其妻”,乃死亡将至之期,
所谓亡之兆,非吉祥之兆,坤为死,故曰“不祥也”。

**九四,来徐徐,困于金车,吝,有终。象曰:“来徐徐”,志
在下也。虽不当位,有与也。**

九四尚柔,九二刚得中,柔不足以济困,刚得中乃可济。初六近比
九二,远于九四,四与初应,而九二碍之,既疑其险矣,又疑初舍己
而从二,故“来徐徐”。“徐徐”者,疑惧之辞。巽为不果,故志在
下也。乾变为金,坤为舆,坎为轮,二刚而能载,故曰“困于金车”。
四履不当位,欲去则志初,欲行则惧二,处困有应而不能相济,吝
道。然以阳居阴,能说而巽,明于处困,不与二争,虽不当位,终
有与之者,以困之时上下急于相求故也,是以吝而有终。

**九五,劓刖,困于赤绂,乃徐有说,利用祭祀。象曰:“劓
刖”,志未得也。“乃徐有说”,以中直也。“利用祭祀”,**

〔一〕“二”,原作“三”,据四库本及下文改。
〔二〕“二”,原作“三”,据四库本及下文改。

受福也。

九四君侧,强臣之象。二、五同德相求,而四间之。四动,艮为鼻,震为足,四不动,兑金刑之,"劓刖"也,"劓"则丑,"刖"则不行。五为四伤,亨困之志未得行于二也,故曰"劓刖,志未得也"。二坎为赤,乾为衣,往应五巽,蔽膝之象,"赤绂",诸臣之绂也。二蹜蹜不往,以征为凶,五以无助而困,"困于赤绂"也。巽为不果,"徐"也。兑为说,九五刚中而正,动以直行,中则思虑精审,直则其行不挠,如是则君臣相说之志久而必亨,九四岂能间之? 始也不果,今则来说,故曰"乃徐有说,以中直也"。上六宗庙,五王假有庙,"祭祀"者,人君所以遍及百神,自上格下,二、五相易之象。人君得九二之贤,利用诚意感格之,如祭祀然,上下并受其福矣,亨困之道,莫利于用此,尚何困于赤绂哉? 艮为手,下援九二,"受福"也。阳为福,故曰"利用祭祀,受福也"。

上六,困于葛藟,于臲卼,曰动悔有悔,征吉。象曰:"困于葛藟",未当也。"动悔有悔",吉行也。

上六,困极而当动者也。巽为草,"葛藟",藤蔓,叶艾白,子赤。六三乾、巽之象,上六困极求助,六三柔而不正,以巽乎上为说,不能相济,又缠绕之,故"困于葛藟",言求六三为未当也。上六动则安其位,不动则困于六三,"困于葛藟"又困于"臲卼"之地也。"曰",发声,兑,口象。上六自谋曰动则失正,失正则悔,故安于困。然不动乃有悔,不知征则吉,"征",以正行也。以正而行,吉且无悔矣,是行而后吉也,故曰"吉行也"。范雎困于郑安平,虞卿困于魏齐,犹能解相印以全其躯,况体易君子乎?

䷯巽下坎上

井,改邑不改井,无丧无得,往来井井。汔至亦未繘井,羸其瓶,凶。

彖曰:巽乎水而上水,井,井养而不穷也。"改邑不改井",乃以刚中也。"汔至亦未繘井",未有功也。"羸其瓶",是以凶也。

此卦彖文脱错,当曰"巽乎水而上水,井。改邑不改井,乃以刚中也。无丧无得,往来井井,井养而不穷也。汔至亦未繘井,未有功也。羸其瓶,是以凶也"。巽,木也,入也,木入于水,举水而上之,井也,故曰巽乎水而上水曰井。此合二卦言井也。

泰之初[一]五成井。古者八家为井,四井为邑,邑改而井不改,井德之不迁也。坤在内为邑,坎为水,水者,所以为井也。易其中画非坎也,而坤则可易矣,坎之中画,其"刚中"乎?"乃",难辞也。君子穷居不损,大行不加,穷亦乐,通亦乐,非刚中不变,能之乎?故曰"改邑不改井,乃以刚中也"。初往之五,"汲"之象,若有丧而实无所丧,以其不失位,不曰取之而不竭乎?五来之初,不汲之象,若有得而实无所得,以其失位,不曰存之而不盈乎?言井之体一也。"往"者,上也;"来"者,下也。往亦井,来亦井,上下无常,其用通矣,所以为井者一也,体用一也,定而应,应而常定,井之养物所以无穷欤。故曰:"无丧无得,往来井井,井养而不穷也。"此以九五升降言井之德也。

〔一〕"之初",疑当作"初之",泰卦初九与六五换位,即成井卦。

"汔",几也。自二至四体兑,兑为泽,初本泰震,震,动也,来动于泽之下,泉之象。荀爽曰"阴来在下亦为井",是也。巽为绳,在井中,"繘"也,"繘",汲绳也。二几及初,反巽而上,有垂繘而汲,几及井泉之象焉,亦有既汲而反,未能引繘以出乎井之象。两者虽有济物之用,皆未及乎物也,何由有功?故曰"汔至亦未繘井,未有功也"。坤为腹,兑为口,井中之器,有腹有口,"瓶"也。在井之口,水实其中,汲水而上之象也。自四至初成反兑,兑为口、为毁折,巽绳反上而毁折之,汲水至于井口,羸挂其瓶,瓶口在下,覆其瓶也,井之用丧矣。"凶"言初、二不正,不正则凶,故曰"羸其瓶,是以凶也"。"汔至亦未繘井"者,半途而废也,"羸其瓶,凶",不善其终也。君子免是二者,其唯刚中乎?此以互[一]体言井之戒也。

在卦气[二]为芒种,故太玄准之以法。

范谔昌曰:"巽乎水当作巽乎木。"一本曰"井羸其瓶,凶"。或曰:反巽,兑也,何以犹有绳之象?曰:象有相因而成者。震阳动于下为大途,艮阳止于上为径路,离外实内虚为目,巽实者反在上为多白眼,相因也,故临之兑为观之盥,损之兑为益之说,大过巽与兑同为栋桡。巽为绳,反复成巽者,或为维系纠固之象,其在井为反繘而上之象。象之相因,其生无穷也。

象曰:木上有水,井,君子以劳民劝相。

坎为水,劳卦也。水在地中,自下而升,达于木上,可谓劳矣。其于水也有出之道,故曰井。坤为民,泰震为左,兑为右,"相"之。

〔一〕"互",原作"玄",疑描补致误,据汲古阁本、通志堂本、四库本改。
〔二〕"气",原脱,据本书体例补。

兑为口，"劝"之也。君子施泽于民，既以言劝其不能，又以道相其不足，虽劳而不惮，不如是，井道不足以及民矣。雅鸿雁，劳来还定安集之诗，其辞曰"知我者谓我劬劳"，又曰"虽则劬劳，其究安宅"。"劳民劝相"者，固自劳也。

初六，井泥不食，旧井无禽。象曰："井泥不食"，下也。"旧井无禽"，时舍也。

井，泰初之五，初在井下，坤土汩之，"泥"也。兑口在上，"不食"也。言初六之柔自处卑秽，无高人之行，故曰"井泥不食，下也"。乾之初九往而为坎，水去泥存，"旧井"也。离为飞鸟，四不应初，"无禽"也，犹"旧井"之泽已尽，而禽亦无也，"无禽"则人"不食"可知。行为人恶，四往而不顾，"时舍"之也。

九二，井谷射鲋，瓮敝漏。象曰："井谷射鲋"，无与也。

井以不迁为德，非有求于人。九五不应，无与之者，二宜刚中自守，养德俟时，动而求五，失所以为井矣。"谷"，注溪者也，二动坎水注于艮山之间，"谷"也。"鲋"，蛙也，兑、巽为鱼，初井泥，又伏震为足在下，鱼类生于井泥而灭跗者，"鲋"也。坎弓离矢，射也，动则谷水注下而"射鲋"，言动则其道愈下，入于污浊矣。"瓮"，汲瓶也，说文作"罋"，兑为口，离为大腹，器在井中有口有腹且大者，"瓮"也。二动兑毁，口坏见腹，坎水下流，"瓮敝漏"也，言动则不能上行以济物矣。呜呼！无与而动，动则终莫之与，曷若自守哉？

九三，井渫不食，为我心恻，可用汲，王明并受其福。象曰："井渫不食"，行恻也。求"王明"，"受福"也。

阳为清洁，九三以阳居阳，清洁也。巽为股、为入，股入坎下而水清洁,治井之象,"渫"也。兑口在上,"不食"也。九三君子修德洁己,可用而未用,犹"井渫不食"也。"我"者,九三自谓。上六正应,在高位,为我道不行,忧之,其心恻然,坎为加忧、为心病,故"为我心恻"。上六有是心矣,可用是心以汲引之。坎在井上,坎为轮,井车汲引之象。上汲引之,则三往上来,其恻然之心见矣,失位为忧故也。往来,"行"也。故曰"井渫不食,行恻也"。乾五为王,离为明,三往应上,九五成艮手,王受福也,三、上同象,亦受福,故"并受其福"。"王明",五也,"求王明"者,三也,故"求王明,受福也"。司马迁曰:"王之不明,岂足福哉?"阳为福,"求"亦艮也。上六有忧恻之心,不用之以汲引,乃士之尊贤也。上六就三,三往求五,乃能尽上下相与之情,故夫子增"求"一字以发其义。

六四,井甃无咎。象曰:"井甃无咎",修井也。

坎水坤土合而火之,甃也。有巽工焉,自下垒而上,至于井口,"甃"也。古者甃井为瓦裹,自下达上,六四正位近五,下无应,近君而无汲引之用,守正自修,免咎而已,故曰"井甃无咎,修井也"。易传曰:"无咎者,仅能免咎而已。若阳刚自不如是,如是则可咎矣。"

九五,井洌寒泉食。象曰:寒泉之食,中正也。

九五以阳居阳,坎又为阳,清洁之至,故为"洌",说文云"洌,清[一]也"。乾在坎为寒,九五即泰初九甲子爻,子,坎位。井,五月卦,阴气自下而上,井寒矣,故五坎有"寒泉"之象。兑口承之,

---

〔一〕"洌清",原作"清洌",据通志堂本、四库本改。

"食"也。九五中正,赡给万物而不费,往者食之,无偏系也,故曰"寒泉之食,以中正也"。易传曰:"不言〔一〕吉者,井以上出为成功,未至于上,未及用也,故至上而后元吉。"

上六,井收勿幕,有孚元吉。象曰:元吉在上,大成也。

"幕",于氏本作"冂〔二〕",亡狄切,覆也。玉篇曰"以巾覆物,今为冪",则今易作"幕"音莫者,传写误也,当作"冪",在古文当作"冂"。坎为轮,在井之上,下应巽绳,"收"也,虞翻曰"收,谓以鹿卢收繘也"。勿冪者,上六又当守正之象,上汲三往,艮、坎成蒙,蒙有覆冪之意,井道大成。若专于应三则不正,所养狭矣,犹井有收而冪之。有发其冪而得汲者,有欲汲之而不得发其冪者,三,发其冪汲之而又冪者也,故于此戒之"勿冪",则上下有孚而得元吉。"元吉在上",以井道大成,故元吉归于上也。

䷰ 离下兑上

革,己日乃孚,元亨利贞,悔亡。

彖曰:革,水火〔三〕相息,二女同居,其志不相得,曰革。"己日乃孚",革而信之。文明以说,大亨以正,革而当,其悔乃亡。天地革而四时成,汤、武革命,顺乎天而应乎人,革之时大矣哉。

兑泽、离火,而彖曰"水火",何也? 曰:坎、兑一也。泽者水所钟,

〔一〕"言",原作"吉",疑描补致误,据汲古阁本、通志堂本、四库本改。
〔二〕"冂"前原有"勿"字,据四库本删。
〔三〕"水火",原作"火水",据汲古阁本、通志堂本、四库本及底本注文改。

无水则无泽矣。坎上为云,下为雨,上为云者,泽之气也,下为雨则泽万物也,故屯、需之坎为云,小畜之兑亦为云。坎为川,大畜之兑亦为川。坎为水,革兑亦为水。又兑为金,金者水之母,此水所以周流而不穷乎。坎阳兑阴,阴阳二端,其理则一,知此始可言象矣。故曰曲而中。水得火而竭,火得水而灭,水火相止息则变。少女志处乎内而在外,中女志适乎外而在内,“二女同居,其志不相得”,则变之所由生,不可不革也,故曰“革,水火相息,二女同居,其志不相得,曰革”。此以两体言革也。

革,变也,非常之事。方革之初,人岂能遽信哉?传曰“非常之元,黎民惧焉”。“己日”,先儒读作“已事”之“已”,当读作“戊己”之“己”。十日至庚而更,更,“革”也,自庚至己,十日浃矣,“己日”者,浃日也。革自遁来,无妄变也,二变家人,三变离,四变革。无妄之震纳庚,革之离纳己,故有此象。二应五,三应上,“孚”也。汤之伐桀,犹曰“舍我穑事而割正夏”,故革即日不孚,浃日乃孚,“乃”,难辞也,故曰“己日乃孚,革而信之”。此以兑、离二五、三上言革之难也。

坤离为文明,兑为说,天下之事至于坏而不振者,文乱而不理,事暗而不察,民怨而上不恤也。故万物否隔,人道失正,所以当革。文明则事理,说则民心和,故曰“文明以说”。此以两体言革之道也。

五、上相易,各当其位,相易,亨也,各当其位,正也。“文明以说”,然后大亨,而大亨之道利在于正,正则不正者正矣,故曰“元亨利正〔一〕”,彖曰“大亨以正”。此复以五、上言革之道也。

〔一〕“正”,四库本作“贞”。

“革而当”者,六五之上也。上、五革而各得其正者,“当”也。“文明以说”、“大亨以正”、“革而当”三者具,其悔乃亡。革之非其道,或不当革而革,或革之而无甚益,其于新旧皆有悔,是本欲去悔,复入于悔矣。秦革封建,子弟无立锥之地,汉革郡县而七国叛,唐革府兵而兵农分,不当故耳,故曰“革而当,其悔乃亡”。此再以上、五言革之戒也。

乾始于坎而终于离,坤始于离而终于坎。乾终而坤革之,地革天也,阳极生阴乃为寒;坤终而乾革之,天革地也,阴极生阳乃为暑。天地相革,寒暑相成,是亦“水火相息”也。坎冬离夏,震春兑秋,“四时”也。故曰:“天地革而四时成。”兑革离而成乾、巽,乾为天,坤为顺,巽为命。六二顺五,“顺乎天”也;九五应二,“应乎人”也。汤、武改物创制,革天之命,亦顺天应人而已。犹寒暑之相代,天道变于上,民物改于下,因其可革而革之,故曰“汤、武革命,顺乎天而应乎人,革之时大矣哉”。此复以五、上升降推广革之道也。

在卦气三月,故太玄准之以更。

象曰:泽中有火,革,君子以治历明时。

水火相会,其气必革,“泽中有火”,革之时也,其在地则温泉是已。君子观“泽中有火”,则知日月坎离有交会之道。日,火〔一〕也;月,水也。冬至日起牵牛一度,右行而周十二次,尽斗二十六度则复还牵牛之一度,而历更端矣。牵牛者,星纪也,水之位也。日月交会于此,泽中有火之象也。历更端者,革也。昔者黄帝迎日推策,始作调历,阅世十一,历年五千,而更七历。至汉造历,岁在甲子,

---

〔一〕“火”,原漫漶似“人”,据汲古阁本、通志堂本、四库本改。

乃十一月冬至甲子朔为入历之始。是时日月如合璧，复会于牵牛，距上元太初十四万三千一百二十七岁。盖日月盈缩，与天错行，积久闰差，君子必修治其历，以明四时之正。所谓四时之正者，冬至日月必会于牵牛之一度，而弦望、晦朔、分至、启闭皆得其正矣。日月不会者，司历之过也。震尝问历于郭忠孝曰：古历起于牵牛一度，沈括谓今宿于斗六度谓之岁差，何也？曰：久则必差，差久必复于牵牛，牵牛一度者，乃上元太初起历之元也。

初九，巩用黄牛之革。象曰："巩用黄牛"，不可以有为也。

初九革之始，在下而九四不应，离体务上，速于革者也。"巩"，固也。坤、离为黄牛，初动艮为皮。"革"，日燥之不可动，巩固也。"黄牛"者，中顺也。巩固用黄牛之革，坚韧不动，以中顺守之可也。初动艮又为手、为指，庄子曰"指穷于为"。初不可动，不可有为也。易传曰："革，事之大也，必有其时，有其位，有其才，审虑慎动，而后可以无悔。"

六二，己日乃革之，征吉无咎。象曰：己日革之，行有嘉也。

六二得位得时，上应九五，有可革之才。然不可遽为，必俟人情既浃、上下既信之日，乃可革之。十日之次，自庚至己，浃焉。离纳己，"己日"者，浃日也，故曰"己日乃革之"。九五中正，二应上行，而又其难、其慎如此，革道之美无以复加。乾为美，六上行则二有嘉美，故辞曰"征吉无咎"，象曰"行有嘉也"。夫变动贵乎适时，趋舍存乎机会。二当可革，濡滞而不行，于革道安得无咎？"征吉无咎"者，以"行有嘉"也。二巽体不果，故勉之。易传曰：

“以六居二，柔顺得中正，又文明之主，上有刚阳之君同德相应。中正则无偏蔽，文明则尽事理，应上则得权势，体顺则无违悖。时可矣，位得矣，才足矣，处革之至善者也。”

九三，征凶贞厉，革言三就，有孚。象曰：“革言三就”，又何之矣？

九三刚正而明，处下之极，革之而当，不可复动，往而不已有凶，成则必亏，以正守之犹厉，故曰“征凶贞厉”。然守之者其在惧乎？初“不可有为也”，二“己日乃革之”，三革之而就，稽之于众，其言亦曰“三就”，故曰“革言三就”。三，极数也，月之盈亏，气候之变，皆以三、五，三则就矣。往而不已，人必有言，兑为口，“革言”也。上六应九三，孚也，革于此，信于彼，“有孚”也。民情既孚，革道已就，欲往何之？违民妄作，则有凶咎。九三离体，务上革而过〔一〕中，圣人戒之，故辞曰“革言三就，有孚”，象曰“又何之矣”。

九四，悔亡，有孚，改命吉。象曰：改命之吉，信志也。

九居四，宜有悔，然当水火相革之际，有其时矣，其才也以柔济刚，其动也革而当，是以“悔亡”。革五爻皆正，四动初应，则上下靡不信，不动有悔，故曰“有孚”。动而正，近与五相得，远与初相应，故抗君之命，反君之事，解国之大难，除国之大害，无招权擅事之凶。巽为命，四动，“改命”也，故曰“改命之吉，信志也”。易传曰：“四非中正而至善，何也？曰：惟其处柔也，故刚而不过，近而不逼，顺承中正之君，而上下信其志矣。”

〔一〕“过”，原作“遇”，据通志堂本、四库本改。

九五,大人虎变,未占有孚。象曰:"大人虎变",其文炳也。

乾为大人,兑为虎,虎生而具天地之文,然未著也,既变,则其文炳然易见,京房谓"虎文疏而著"是也。六二离变兑为文明,"虎变"也。九五刚健中正而得尊位,大人之革也,其举事无悔,其应曲当,文理彰著,天下晓然知之,犹"虎变"也,岂俟于既革而后孚哉?盖未革之先,在交奥之间、簟席之上,其文章固已敛然而具矣,不假占决质之鬼神,其下既孚,二、五未易而应,"未占有孚"也。二离为龟,兑、乾为决,兑、乾变离,决龟也,决谓之"占"。非天下之至诚,不言而信,能如是乎?文王之长夏不以革,而虞、芮质厥成是已。

上六,君子豹变,小人革面,征凶,居贞吉。象曰:"君子豹变",其文蔚也。"小人革面",顺以从上也。

陆绩曰:"兑之阳爻称虎,阴爻称豹。"考之天文,尾为虎,火也,箕为豹,水也,而同位于寅,虎、豹同象而异爻也。离二,文之中也,故二交五,其文炳明,离三文已过,故三交上,其文蔚茂繁缛,蔚文之过也,三交上成九,"君子豹变"也。乾为首,兑为说,乾首而说见于外,面也,上交三成六,"小人革面"也。向也君子韬光远害,小人自徇其面,今也"君子豹变",其文蔚然,"小人革面"内向,顺从其上。"革面"非谓面从也,旋其面目也,如是则革道大成。坤,顺也,兑口顺之,"从"也。成则不可复动,故三征凶,上居贞吉。下三爻革弊,弊去当守以惧,上三爻革命,命定当复其常,故曰"征凶"。上六革道大成,柔戒于不守,故曰"居贞吉",上有伏艮,"居"之象也。

䷱巽下离上

鼎，元吉，亨。

彖曰：鼎，象也，以木巽火，亨饪也。圣人亨以享上帝，大[一]亨以养圣贤，巽而耳目聪明，柔进而上行，得中而应乎刚，是以元亨。

以全卦言之，初六，足也，二、三、四，腹也，腹而中实，受物也，六五，耳也，上九，铉也，有鼎之象。以二体言之，虚者在上，其足在下而承之，亦鼎之象。有是象而又以木巽火，木入而火出，亨饪之象。在他卦虽有木、火而无鼎象，不为亨饪矣。于此言象，则他卦以爻画为象者，可以类推，故曰"鼎，象也，以木巽火，亨饪也"。此以六爻、两体言乎鼎也。

"圣人"在上，尊之则亨以享上帝，大之则亨以养圣贤。天、帝，一也，以其宰制万物而为之主，则谓之帝。"圣人"者，贤人之极，得天之道而能尽天之聪明者也。乾为天，在上为帝，指上九也，在下为圣贤，指二、三、四爻也。以享上帝之心推之以养圣贤，人有不乐尽其心者乎？鼎，器也，极其用则道也。故曰："圣人亨以享上帝，大亨以养圣贤。"此复以六爻言鼎之用也。

观乾之象，则知天帝、圣贤一也，圣贤之任即天帝之任，其任岂不重乎？鼎自遁三变而成，一变讼，坎为耳在下，听卑，"聪"也，再变巽，离为目在四，三变鼎，离目在五，其视愈远，"明"也。所以"聪明"者，圣人卑巽下人，兼天下之耳以为听，故其耳聪，兼天下之目

〔一〕"大"前，通志堂本、四库本、周易正义有"而"字。

以为视,故其目明。六二之柔,进而上行,至于五,居尊位而得中,下应九二之刚,柔履尊位则无亢满之累,得中则无过与不及之咎,应乎刚则君臣道合,万物皆得其养,具此四者,是以元亨。坤柔之亨,始于六二之正,"元吉,亨"也,故不曰"大亨"。曰"巽而耳目聪明,柔进而上行,得中而应乎刚,是以元亨",言元亨则吉在其中矣。此以卦爻三变言鼎之才也。

在卦气为六月,故太玄准之以灶。

象曰:木上有火,鼎,君子以正位凝命。

郑三月铸鼎,士文伯曰:"火见,郑其火乎? 火未出而作火以铸刑器。"周三月,夏之正月也,火以三月昏见于辰上,故司爟以季春出火,月令"季春之月,命工师,令百工",而金铁在焉。则古者铸鼎,以火出而作火矣。辰,东方木也,火在木上,其铸鼎之时乎? 兑、乾为金,而又火在木上,亦铸鼎之象也。鼎有趾、腹、耳、铉,其位不可易,故"正位"。尊卑上下,用之各有数,故"凝命"。离,南面正位也,巽为命,九三独正,"凝命"也,定命之谓"凝"。木火铸金,巽风入之,有凝之象。"正位凝命",所以赵鼎之时。

初六,鼎颠趾,利出否。得妾以其子,无咎。象曰:"鼎颠趾",未悖也。"利出否",以从贵也。

初六在下体之下,动而应,足趾也。乾为首,四来下初,首在下,"颠"也。初往四成震为足,"颠趾"也。否者不善,初不正,否之象。初、四得正,"未悖"也。古者鼎足空,洁鼎者,"颠趾"出否,则能致新,虽曰颠倒,于鼎之用未为悖乱也。乾为君,兑为妾,震为子,妾不以正合,以其有子故"无咎","无咎"者,正也。妾,奔女,在女体之不善者,秽也。"利出否"者,出秽纳新,以贱从贵,而后得子也。公羊谓妾以子贵,非也,嫡、妾之分岂可乱哉?以君臣言之,以贵下人,卑有时而逾尊矣,得贱臣者,苟利于宗庙社稷,则或出于屠贩、奴隶、夷裔、俘虏,不问其素可也。

九二,鼎有实,我仇有疾,不我能即,吉。象曰:"鼎有实",慎所之也。"我仇有疾",终无尤也。

阳为实,九二刚实得中,其可为鼎用。二之五,"鼎有实"也。怨耦曰"仇",子夏曰"仇谓四也"。九二、九四,匹敌也,九二据初,九四比五,二、四失其应,故相与为仇。四近君,与我为仇,二之五,其可不慎所之乎?二动成艮,艮,止也,欲动而止,"慎"之象。九居四,阳失位,"仇有疾"也。"我仇有疾",不能之初,则不能即我。二之五,鼎得实而吉,不丧其实,终无尤也。四兑为口,"尤"之者也,二往兑毁,故"终无尤也"。

九三,鼎耳革,其行塞,雉膏不食,方雨亏悔,终吉。象曰:"鼎耳革",失其义也。

三动成离、坎,坎为耳,"鼎耳"也。三应上九,铉也。耳虚受铉,则举鼎而行。九三当刚柔相应之时,刚正自守,以动为不正,且有悔,故上来之三而不受,是鼎耳距铉,所以行鼎者,塞绝而不亨矣。离、兑,革之象,"鼎耳革",失其为鼎耳之义也,其能成亨饪之功乎?离为雉,兑泽为膏,"雉膏",食之美者。兑口在上,"不食"也。九三自守,虽有美而不食,五安知其旨哉?夫君子不为已甚,与其独善其身,曷若兼善天下?然刚正自守,人必有知者,上感而动,坎水上,兑泽流,"方雨"而其悔亏矣,坎变兑,兑为毁,"亏悔"也,始不正而正,"终吉"也。

九四,鼎折足,覆公𫗧,其形渥,凶。象曰:"覆公𫗧",信

如何也？

四近君，九处不当位，既不堪其任矣，下信初六之小人，又无助，德与智力皆不足，安能谋大事，任重寄哉？故动则倾〔一〕败，覆其所有矣。四动之初成震、兑，震为足，兑折之，“鼎折足”也。“餗”，鼎实也，李鼎祚曰“雉之属”，虞仲翔曰“八珍之具”，鼎祚指五离言雉，雉，八珍之一也。三，公位，初之四，乾首在下，三见离毁，“覆公餗”也。“其形渥，凶”，郑康成、虞仲翔本作“其形〔二〕剭，凶”，王沿曰“古之大刑有剭诛之法”，周官掌戮“凡爵者杀之于甸师氏”，子夏传作“握”，盖传之久，字误而音存也，王辅嗣作“其形渥”，易传从辅嗣。既曰“其刑剭”，则凶可知矣。如离之九四“焚如，死如，弃如”，不言凶也。离为目，震，动也，乾首在下，俯也，目动首俯，羞赧之象。兑为泽，兑、乾为面，巽为股，泽流被面，沾濡其体，“其形渥”也。如是者，必害于家，凶于国，岂唯戮辱之凶哉？四不智，信任小人，祸至于“覆公餗”，信任如何也？“如何”，兑口发声，与大畜“何天之衢，亨”同象。

六五，鼎黄耳，金铉，利贞。象曰：“鼎黄耳”，中以为实也。

离、坤为黄，黄者坤之中，言有中德也。伏坎为“耳”，“耳”，虚而纳者也。二自遁九五变乾为“金”，金，刚德也。二应五，举鼎耳而行，为金铉，故曰“鼎黄耳，金铉”。五之二，巽变艮，艮手，“为”也。六五有中德，虚中而纳九二，九二刚中而实，举五而行，以中为鼎之实也。鼎之行在耳，刚中为耳之实，则刚柔得中而鼎道行

〔一〕“倾”，原作“顺”，疑描补致误，据汲古阁本、通志堂本、四库本改。
〔二〕“形”，四库本作“刑”，底本下文亦有作“刑”处，内容上则二义兼取。

矣,故曰"鼎黄耳,中以为实也"。"中以为实",释"金铉"也。五
虽虚纳,二应之不以正,失耳之实。君臣相合不正,其可乎?故
"利贞"。九二之五,正也,言中以为实,则正在其中矣。

上九,鼎玉铉,大吉无不利。象曰:玉铉在上,刚柔节也。

上九,遁乾之不变者也,故为"玉"。三动坎为耳,上来应三,举鼎
耳而上行,"玉铉"也。盖上九不变,则九三之刚正应之,其道上行
矣,故曰"鼎玉铉"。上九之三,坎变成兑,水泽节也。九居三而
正,大者吉也,言上九为三而屈,则大者吉,小者无往不利,上下之
道行矣,故曰"大吉无不利"。鼎道既成,九三复位,玉[一]铉在上
而处成功。夫上九动而下三,知柔也;静而在上,知刚也。动静适
宜,刚柔有节,是以动则吉无不利,斯所以能保其成功欤。

䷲震下震上

**震,亨。震来虩虩,笑言哑哑。震惊百里,不丧匕鬯。
彖曰:震,亨。"震来虩虩",恐致福也。"笑言哑哑",后
有则也。"震惊百里",惊远而惧迩也。出可以守宗庙
社稷,以为祭主也。**

自临来,二之四也。震动于积阴之下,奋击而出,"亨"也。天威震
动,畏而恐惧,乃所以致亨,故曰"震,亨"。此以重震言亨也。
"震来"者,九四来也。"虩",许慎曰"蝇虎也",易传曰"蝇虎谓之
虩者,周旋顾虑,不自宁也"。四动于坎中,动而止,止而复动,离
目内顾,未尝宁息,"虩"之象。震动之来,恐惧如此。初九守正,

〔一〕"玉",汲古阁本、通志堂本作"三"。

所以致福,福者,阳之类,谓九四来也,故曰"震来虩虩,恐致福也"。此以震四之初言震亨也。

四来之三成离,离目动,"笑"也;之二成兑,兑口动,"言"也。自二之三,笑且言矣。之四声达于外,"哑哑"也。惟震动恐惧,必有"笑言哑哑",理之所不能违也,故曰"笑言哑哑,后有则也"。此再以九四往来言震亨也。

传曰"千里不同风,百里不共雷",雷震于百里之远,宜若不闻,而犹恐惧于迩者,惊于远,惧于迩,所谓恐惧于其所不闻也。自初至四,乾坤之策百有二十,"百里",举大数也。"惊远",四也;"惧迩",初也。故曰:"震惊百里,惊远而惧迩也。"此以初、二、三、四言震也。

坤为肉,坎为棘,艮为手,以棘载肉而升之者,"匕"也。坎、震为酒,离为黄,酒黄,郁鬯也。惊远惧迩,乃能"不丧匕鬯",则"出可以守宗庙社稷,以为祭主",故曰"不丧匕鬯"。徐氏谓彖文脱"不丧匕鬯"一句,是也。六,宗庙也,艮为门阙,坤土在上为社,震为谷,稷者,百谷之长,宗庙社稷之象。古者诸侯出而朝觐会同,世子监国,以奉宗庙社稷之粢盛,匕牲体、酌郁鬯,二者皆亲之,长子主器也,"不丧匕鬯"则不失职矣。四者诸侯位,长子居之,监国之象,艮为手,"不丧匕鬯"也。临二之四,"出"也。横渠曰:"此卦纯以君出子在为言,则震之体全而用显,故曰出可以守宗庙社稷,不杂君父共国时也。"

在卦气为春分,故太玄准之以释。

象曰:洊雷震,君子以恐惧修省。

上下皆震,"洊雷"也。震动为"恐惧",坎为加忧,亦"恐惧"也。初九正,震为行,得一善而行之之象,故曰"修"。九四不正,有过而思改之象,故曰"省"。

初九,震来虩虩,后〔一〕笑言哑哑,吉。象曰:"震来虩虩",恐致福也。"笑言哑哑",后有则也。

初九先画之爻,九四后也。于爻言"后笑言哑哑",与卦辞互发之。

六二,震来厉,亿丧贝,跻于九陵,勿逐七日得。象曰:"震来厉",乘刚也。

九四震自上来而下乘初九之刚,此六二所以危厉不安。二动成兑、离,兑为口,"亿"也。"亿",虞氏本作"噫",于其反,虞翻曰"惜也"。兑、离为蠃,蠃,"贝"也。"贝",货贝也,古者货贝而宝龟,贝者,二之所利。九四艮山在大涂之下,"陵"也。九,阳之极数,七之变,太玄曰"九也者,祸之穷也"。二惜其所利,避初之五,震足升于四之上,"跻于九陵",逐利而往,然离毁贝丧,复乘四刚,其祸愈矣,何所避哉? 震为作足之马,初之四,四亦为马,"逐"之象也。六二不逐所丧,中正自守,则所丧不逐而自得矣。自二数至上,又自初数至二,其数七,二复成兑、离,得贝之象。离为日,"勿逐七日得"也。易传曰:"守其中正而不自失,过则复其常矣。"

六三,震苏苏,震行无眚。象曰:"震苏苏",位不当也。

六三在坎陷中,处不当位,震惧自失,故"震苏苏"。震为反生,三,震之极,震极反生,"苏"也。春秋外传杀秦谍,三日苏,若〔二〕太玄谓"震于利,颠仆死",则不复苏矣。易传曰"苏苏,神气缓散,自失之状",处不当位,震惧自失而不知动,其祸自取也,故曰"眚"。若

<hr>

〔一〕"后",原脱,据汲古阁本、通志堂本、四库本补。
〔二〕"若",原作"君",疑描补致误,据汲古阁本、通志堂本、四库本改。

因震惧而行,出险就正,何眚之有? 易传曰"三行至四,正也"。

九四,震遂泥。象曰:"震遂泥",未光也。

坎水坤土,"泥"也。震足陷于泥中,滞泥也。阳有可震之刚,动则有光,而四自二进,遂行而不反,四失位陷于泥中,处则莫能守,动则莫能奋,震道未光也。知其不可,遂反而处三,震惧得正,俟时而动,则"光"矣。坎、离正,"光"也,二、三两爻相易取义。夫初九、九四均震也,六二"丧贝",六五"无丧",当位、不当位之异也。荀本作"隧",或云"遂"、"隧"古通用。

六五,震往来厉。亿,无丧有事。象曰:"震往来厉",危行也。其事在中,大无丧也。

五往而上,则柔不可居动之极,来而下,则乘刚,往、来皆"危行"也。"亿",虞氏作"噫",五动成兑、巽,兑口,"噫"也,惜之辞。巽为事,五之所有事,在中而已。五刚大乃能"无丧有事",柔则危,刚大守中,虽甚危之时,可以致亨。五"无丧有事",则二往助之矣。易传曰:"诸卦虽不当位,多以中为美。三、四虽当位,或以不中为过。盖中则不违于正,正不必中也。天下之理,莫善于中,于二、五见之矣。"

上六,震索索,视矍矍,征凶。震不于其躬,于其邻无咎。婚媾有言。象曰:"震索索",中未得也。虽凶无咎,畏邻戒也。

上六过中,处震之极,穷而气索,将下交于三,三亦过中而穷,莫助之者,是以恐惧失守,穷之又穷,故曰"震索索,中未得也"。使得中自持,不至于穷索矣。惧而动成离,离为目,动而不正则否,或动或否,目不安定,"视矍矍"也。"视矍矍"者,以"震索索"也。

恐惧如此,当守其正,征则凶。"征"者,以正行,亦动也。坤为身,四折之为"躬",邻谓五,五有乘刚之危,所以无丧者,得中也。上六未尝乘刚而畏之,苟知邻之无丧者在于得中,能自戒惧不动,则虽处凶地而无咎矣。"无咎"者,得正也。五震而动,兑为口,"戒"也。上六、六五,阴也,九四,阳也,六、九相配,有"婚媾"之义。上六不得乎三,或来交四,则五必有言,四、五相比,上安得而配之?上既不可以交三,又不可以交四,以此见上六终不可动,故曰"征凶"。横渠曰:"五既附四,己乃与焉,则招悔而有言矣,能以邻为戒则无咎。"易传曰:"圣人于震终,示人知惧能改[一]之义,为劝深矣。"

䷠艮下艮上

艮其背不获其身,行其庭不见其人,无咎。

彖曰:艮,止也。时止则止,时行则行,动静不失其时,其道光明。艮其止,止其所也。上下敌应,不相与也。是以"不获其身,行其庭不见其人,无咎"也。

以三画卦言之,阳止于二阴之上,"止"也。以重卦言之,上下、内外各得其止,故曰"艮,止也"。止非一定之止也,行止相为用,所以明道也,犹寒暑之成岁,昼夜之成日,时焉而已矣。艮者震之反,艮,止也,静也,震,动也,行也,艮直坤之初六,可止之时也,震直大壮之九四,可行之时也。不可止而止,犹不可行而行,其失道一也。是以一动一静,震、艮相反而不失其时,则"其道光明"矣。

────────

〔一〕"改",原作"政",疑描补致误,据汲古阁本、通志堂本、四库本改。

坎月在东,"光明"之时也。夫子可以仕则仕,可以止则止。又曰
"无可无不可"者,此也。彼入而不出,往而不反者,岂知道之大全
哉? 故曰"时止则止,时行则行,其道光明"。此以震、艮反复言乎
艮也。

艮之所以能止者,止之于其所也,"背",止之象,韩愈曰"艮为
背"。夫动生于欲,欲生于见,"背"止于其所不见也。上下两体,
爻不相应,譬则两人,震之初九越五而之上,一人背而往也,九四
去四而之三,一人背而来也。五、四中爻体艮中,在门阙之中,
"庭"也,庭,交际之地,两人背行于庭,虽往来于交际之地,然背行
则不与物交,无所见也,且自顾其后,"不获其身"矣,安能见人乎?
"不获其身",忘我也,"不见其人",忘[一]物也,所以能各止其止
也。以人伦言之,君止于仁,臣止于敬,父止于慈,子止于孝,以至
万物庶事,各有所止。古人绣绂于裳,两己相背,其艮之象乎? 故
曰:"艮其止,止其所也。上下敌应,不相与也。是以不获其身,行
其庭不见其人,无咎也。""上下敌应,不相与",可止之时,故无咎,
若施之于他卦,则有咎矣。此以震、艮相反推明"艮其背"也。

在卦气为十月,故太玄准之以坚。

象曰:兼山,艮,君子以思不出其位。

两山相兼而峙然,各止其所焉。"位"者,所处之分。君子据正循
分,亦各止其所而已。周公之忠,大舜之孝,皆分当然也。横渠
曰:"如素夷狄行乎夷狄,素患难行乎患难也。"二、四坤爻在中而
正,"思不出位"也。夫易言"思"者,皆坤也,故太玄以五五土为
"思"。或曰:心,火也,脾,土也,心乃有思,以为土,何也? 曰:心,

〔一〕"忘",原作"志",疑描补致误,据汲古阁本、通志堂本、四库本改。

火也,有所思则系之于土。犹悲主肺,怒主肝,悲怒有不由于心者乎? 故曰心居中而治五官。

初六,艮其趾,无咎,利永贞。象曰:"艮其趾",未失正也。

初在下体之下,动而应足者,"趾"也。四震为足,"艮其趾"者,止其动之初也。六居初不正,宜有咎,事止之于初,其止早矣,"未失正"也,可动而动则正矣。"利永贞"者,非永止也,动而正也,正则行止一也,不能止则亦不能行矣。初、四相易成巽,巽为长,"永贞"也。初六阴柔,患不能久,故戒之以"利永贞"。

六二,艮其腓,不拯其随,其心不快。象曰:"不拯其随",未退听也。

二动成巽,巽为股。二,艮之柔,肤也,肤在下应股,"腓"也,"腓",腨肠也。二不能动,三刚而失中,止之于上,不获往应于五,"艮其腓"也。九三止矣,六二亦随而止,则所谓"其随"者,随九三也。三震,二动成兑,泽雷之象,故曰"随"。"拯"一作"抍",音承,马融曰"举也"。三震,起也,三若之五成艮,为手,有举之象。二未能使,三退处于二,而听从于己,不能上行,一举手以济五之柔,"不抍其随"也,"其随",犹言其事当随也。三坎为耳,退处于二,"退听"也,易传曰"退听,下从也",故曰"未退听也"。二又不能自动应五,故"其心不快"。二动成兑,兑为决,其心快也,二不能动,坎为心病,"不快"也。六二止于下,制于九三之强[一],而拳拳然不忘纳忠于君,非中正君子,孰能如是乎? 孟子出吊,王驩辅

〔一〕"强",原作"疆",据汲古阁本、通志堂本、四库本改。

行之时乎？易传曰："言不听,道不行也,故其心不快,不得行其志也。士之处高位则有拯无随,在下位则有当拯者,有当随者,有拯之不得而后其随者也。"

九三,艮其限,列其夤,厉薰心。象曰："艮其限",危"薰心"也。

"薰",子夏传、王弼本同,孟喜、京房、马融、王肃作"熏"。马、王曰"熏灼其心",虞翻本作"阍"。虞曰："艮为阍,阍,守门人,坎盗动门,故厉阍心。古'阍'作'熏'字。"又曰："马君言熏灼其心,未闻易道以坎水熏灼人也。"荀爽曰："以熏为勋,或误作动。"盖古本当作"動心","動心"二字,传者误并作"勳"字耳,再传者又脱其偏傍作"熏",而后来者又加草,遂成"薰"字,故荀以"熏"为"勳",虞亦曰"古'阍'作'熏'字",今以象考之,宜作"動心"。三在上下体之际,"限"也,"限",腰也,带之所限。三,止之极,止而不动,"艮其限"也。"夤",膂也,一作"胐",马融曰"夹脊肉",郑氏本作"臏"。古之人,不动其心者,善养吾浩然之气而已,进退绰然有余裕,故其心不动。九三知止之止,而不知无止之止,坚强固止,与物睽绝,无安裕之理。譬之一身,下体欲静,上体动而争之,则上下不相属,列绝其臏,危厉动其心,宜矣。坎为心病,故曰"厉动心"。观此,知孟子之不动心,非体易者不能也。

六四,艮其身,无咎。象曰："艮其身",止诸躬也。

坤[一]为身,三坎折之,为"躬"。四在大臣之位,而六五柔中,不足于刚健,故不能止天下之当止,惟止其身,自止于正,故无咎,若责

〔一〕"坤",原作"地",疑描补致误,据汲古阁本、通志堂本、四库本改。

以天下,则安得无咎? 夫身有大身,万物与我同体者是也。六四下不能止天下之当止,上不能正其君,局局然自止其身,不亦小哉? 故夫〔一〕子易身为"躬"。王弼谓"自止其躬,不分全体",辅嗣其知之欤。易传曰:"仅能善其身,岂足称大臣之任乎?"

六五,艮其辅,言有序,悔亡。象曰:"艮其辅",以中正也。

三至上体颐,五动成巽,五应二,五成艮,二成兑,艮在首,下动而上止,为"辅"。兑为口舌,"言"之象。五巽而出之,与二相应答,"艮其辅,言有序"也。六五不正,宜有悔,施止道于其辅颊,言必中正,斯可以止天下之动矣,是以"悔亡"。

上九,敦艮,吉。象曰:敦艮之吉,以厚终也。

艮为山,笃实也,动成坤,厚也,笃实而厚,"敦"之象。上,艮之极,止极者有不止焉。九以刚居上,动而必正,能厚其终,知止于至善之道,正故吉,非笃实之君子能之乎? 易传曰:"人之止,难于久,故节或移于晚,守或失于终,事变于久,人之所同患也。"

☶艮下巽上

渐,女归吉,利贞。

彖曰:渐之进也,"女归吉"也。进得位,往有功也。进以正,可以正邦也。其位,刚得中也。止而巽,动不穷也。

〔一〕"夫",原漫漶似"天",据通志堂本、四库本改。

渐,否一变,三之四成卦。九四之刚下柔,六三之柔上进,渐,柔之
进也,故曰"渐之进也"。此以否六三之四言渐也。

女谓嫁曰"归",自内之外也。三坤之四成巽,女往也,四乾之三成
艮,男下女也。艮男下女,然后巽女往而进,艮阳居三,巽阴居四,
男女各得其正矣。夫〔一〕渐之进不一也,臣之进于君,人之进于
事,学者之进于道,君子之进于德,未有犯分躐等而能进者。而
渐专以女归为义者,礼义廉耻之重,天下国家之本,无若女之归
也,故娶妻者非媒则不得,非卜筮则不从。纳采、问名、纳吉、纳
成〔二〕、请期、亲迎,莫不以渐。女子之嫁也,母醮之房中,父命之
阼阶,诸母戒之两阶之间,三月庙见而后成妇,亦必以渐。如是而
归则正,正则吉,故曰"渐,女归吉,利贞",彖曰"女归吉也",言女
归之所以吉者,利于贞也。此以三、四易位,各得其正,言渐之
进也。

易传曰"在渐体而言,中二爻交也",横渠亦曰"九三、六四易位而
居"。盖后之传易者,自伊川、横渠二先生,渐以卦变言之矣。渐
之进,其德有四:"进得位,往有功也";"进而正,可以正邦也";
"其位,刚得中也";"止而巽,动不穷也"。四者,阴之位,六往居
之,"得位"也,位者,待才用之宅,进而不得其位则无所施,位过其
才则力不胜,进而得位,往必有功,故曰"进得位,往有功也"。四
者,诸侯之位,坤土在上为邦,君子之进,正己而已,己不正未有能
正人者,其始不正,终必不正,三以正进,四以正交,则四爻皆正,
邦国正也,犹女得所归,男女既正,家道不期于正而自正,故曰"进

〔一〕"夫",原漫漶似"大",据通志堂本、四库本改。
〔二〕"成",通志堂本、四库本作"征"。

以正,可以正邦也"。此两者以六居四言渐也。

或曰刚得中谓九五,误也。在九五当曰"刚中而应",如无妄、萃是也,当曰"中正而应",如同人是也,此谓九三也。刚,阳德也,其位在六爻为一、三、五,一,始进也,五进已极,三得中也,已极则不复进矣,太玄曰"月阙其朒[一],不如开明于西"。刚得中,其进未极,渐如是可进矣,故曰"其位,刚得中也"。此以九三言渐也。

内艮,止也;外巽,巽也。易传曰:"人之进也,以欲心之动,躁而不得其渐,则有困穷矣。在渐之义,内止静而外巽顺,其动不穷也。"故曰"止而巽,动不穷也",动言三、四动,动而正,所以不穷。此以两体、二爻言渐也。

在卦气为正月,故太玄准之以锐。

象曰:山上有木,渐,君子以居贤德善俗。

山上有木,止于下,渐于上也。君子进德以渐,善俗亦以渐。九五易而可久,贤人之德也,居贤德则安之而不动矣,居亦止也。坤为民,坎,险也,民险者,恶俗之象,然二、三、四正,正为善,艮,止也,君子在上,进德以渐,安其德而不动,则恶俗自善,险者渐止矣,善俗之道也。王肃本作"善风俗"。

初六,鸿渐于干,小子厉有言,无咎。象曰:小子之厉,义无咎也。

初动离为飞鸟,坎为水,之二巽为进退,水鸟而能进退者,"鸿"也。二坎水之厓,"干"也。三艮为少男,"小子"也。初之二,艮变兑,兑为口,"小子有言"也。初在下,柔而无应,自小子见之,以为危

〔一〕"朒",太玄各本作"㑛"、"膊"等,无作"朒"者。

厉者也,不知在下所以有进之渐。君子之柔,其动也刚,离隐处卑,非援乎上也,于义无咎。夫明夷之初,"君子于行",则"主人有言",渐之初,"鸿渐于干",则"小子厉有言"。进退之初,非深识远照,不能处之而不疑,岂常情之能窥测哉? 故曰"君子所为,众人固不识也"。

六二,鸿渐于磐,饮食衎衎,吉。象曰:"饮食衎衎",不素饱也。

自二至五有巽、离、坎,"鸿"之象。二之五,坎变巽为艮,艮、坎为石,巽为高,坤为平,石高且平,"磐"也,"磐",大石也。五之二,坎变兑,坎为水,"饮"也,兑为口,"食"也,兑为和说,衎衎而乐也。二、五以中正相应,进而安裕,"饮食衎衎"而乐,诗鹿鸣是也。巽为白,离为大腹,二之五巽、离毁,"不素饱"也。"素饱"者,无功食禄,徒饱也。君子之进,岂饮食而已哉? 上则道行于君,下则泽加于民,不徒饱也。

九三,鸿渐于陆,夫征不复,妇孕不育,凶,利御寇。象曰:"夫征不复",离群丑也。"妇孕不育",失其道也。利用御寇,顺相保也。

三至二[一]有坎、离、巽,"鸿"之象。三艮为山,四变三为坤,坤为平地,高者平矣,"陆"之象。鸿离于水,渐进于陆,三若守正待时而不妄动,则得渐之道。三、四无应,阴阳相比而易合,守正者戒之,横渠曰"渐至九三、六四,易位而居"。坎为夫,离为妇、为大腹。"征",以正行也,三不守正而合四,"夫征不复"也。"夫征不

〔一〕参考六二、九五爻注,疑"三"当作"二","二"当作"五"。

复"者,以"离群丑"也,三阴爻为群,阴为丑,言不正则离乎群众,而往不能反也。四不守正而合三,则离毁矣,"妇孕不育"也,"妇孕不育"者,不以正合而失其交之道也。夫人所以致非道之交者,罔不自己求之,我无隙以乘之,彼何自来乎?故三不动则四坤不来矣。君子自守其正,不唯君子无失己之累,而小人亦不陷于非义,是以"顺相保","利用御寇"之道。坎为盗,离为戈兵,"寇"也。象以三为君子,又以坎为寇者,反以戒三也。坤为顺,各得其正,"顺相保也"。

六四,鸿渐于木,或得其桷,无咎。象曰:"或得其桷",顺以巽也。

六四之柔进而介于二刚之间,犹"鸿渐于木"也。鸿足蹼不能握木,渐于木,非所安之地。四离飞鸟而有坎、巽,"鸿"之象。巽为木,"渐于木"也。然上承五以巽事之,下得三以顺接之,得所止焉,惟"顺以巽",故介于二刚之间,得位而无咎,犹或"得其桷"也。桷,椽之方者,巽为长木,艮为小木,离为丽,坤为方,木小而方,可丽于长者,木之材中乎椽桷者也,易传曰"横平之柯也"。

九五,鸿渐于陵,妇三岁不孕,终莫之胜,吉。象曰:"终莫之胜,吉",得所愿也。

二至五有坎、离、巽,"鸿"之象。五巽为高,二艮为山,二之五,自山而进于高,复有山焉,"陵"也,大阜曰"陵"。二进于五,得尊位也,鸿,水鸟,进至于陵,其位高矣,然非所乐,君子之乐,王天下不与存焉,故曰"鸿渐于陵"。巽为妇,离为大腹,乾为岁,二、五相易,三至五历三爻,离毁巽见,"妇三岁不孕"。渐之时,道未可遽行,其功未见于上下之间,以三、四相比而胜之也。二艮为土,三、

四为震木,胜之;五巽为木,三、四为兑金,胜之。胜之则四比五、
三比二,而君臣离矣。然二、五相应,中正之德同,其合乃中心之
所愿欲,岂三、四所能间哉?其行有渐,功成而复其所,则孕矣,故
"终莫之胜,吉"。吉,"正"也。

上九,鸿渐于陆,其羽可用为仪,吉。象曰:"其羽可用为仪,吉",不可乱也。

鸿渐于陵,已高矣,又升而至于上,穷而不知反则亢,是以君子不
居焉。进九三之贤,升之于上,已变而退之三。艮为山,上动之三
成坤,艮山变坤为平地,"陆"也。自下进上,渐也,上反三亦曰渐
者,进退相为用,无退则无进之渐,一进一退,其动不穷矣。离、
巽,飞类也,刚,羽翰也,柔,其毛也,九三之上成巽,"羽",刚爻也。
所贵乎君子者,谓其进退不失其时。上九进退有序,不失其时,
"可用为仪"也。三阴爻,群也,上九变而正,退处而顺,不乱群也,
亦"可用为仪,吉"。

兑下震上

归妹,征凶,无攸利。

彖曰:归妹,天地之大义也,天地不交而万物不兴。归
妹,人之终始也,说以动,所归妹也。"征凶",位不当
也。"无攸利",柔乘刚也。

诸卦先释卦名,此彖先言"天地之大义"、"人之终始"者,明夫妇
之道原于天地,重[一]人伦之本也。归妹自泰来,三之四为震,四

〔一〕"重",原作"圣",底本为配补,据通志堂本、四库本改。

之三为兑，天地相交而成坎、离。坎、离者，天地之用也，天地以坎离交阴阳，阴阳之义配日月。乾，天也，乾纳甲、壬，坤，地也，坤纳乙、癸，离，日也，坎，月也，故观月知日，观日月而知天地。以一月论之，日迟月速，东西相望，震、兑也，月至于晦，则自东而北，乃与日会，东，乙也，北，癸也，消乙入癸，会于乾壬，壬、癸，北方气之所归，十有二会，万物毕昌，而月复见于震、兑矣，故曰：归妹者，天地之大义也，天地不交则万物不兴。天地交而后有震，震者，天地之始交，万物兴之时也。夫坤终乙、癸则乾始震庚。终者，乾终于坤也，前者以是终也；始者，坤终而乾始也，后者以是始也。夫妇，始终之际也。父命子而醮之，代父之道，终之也；婿受女于主人，人道之始，始之也。终始相续，化生无穷，是乃月晦生，自震而兑之象，故曰夫妇者，人之终始也。此以三、四相易言归妹之义也。

九三、六四，正也，三、四相易而天地各得其宜，"义"也，故曰"天地之大义也"。诸儒以爻位不当，谓所归之妹为侄娣，误也，爻变矣，乃有姪娣之象。古者男三十而娶，女二十而嫁，故所归以妹言之，妹，少女也。男说女以动者，以其所归者妹也。说少女者，人之情慕少女也。乾上交坤，坤下交乾，震、兑相交，以"说而动"，与咸同意，故曰"说以动，所归妹也"，言归则兑女在内从震夫之外矣。此合两体而言归妹之义也。

婚姻之礼，阴阳交际，天地之大义也，故三、四皆不当位，退而各复其所乃吉。六之四，九之三，"征"也，征而不已必凶。古者昏礼，冕而亲迎。婿御妇车，男下女也。婿乘其车，待于门外，女从男也。男下女则天地之义明，女从男则天地之位定。是以位虽不当而无"征凶"，斯道之并行，所以不偏废欤。若以"说而动"，所履不正，其凶必矣，氓是也。故曰："征凶，位不当也。"六三、六五，柔也,九二、九四,刚也,以柔乘刚,则其柔日长,刚为柔所乘,则其刚日消。夫弱妇强,不能正室,必至于夫妻反目,其道不可以推行矣。三不利于内,四不利于外,故曰"无攸利"。此以中爻言"说以动"之戒也。

在卦气为霜降,故太玄准之以内。

象曰:泽上有雷,归妹,君子以永终知敝。

震,雷也,为东方;兑,泽也,为西方。天运,八月东方如西方,"泽上有雷"也,为男下女之象;二月西方如东方,泽中有雷也,为女从男之象。始于下女,终于从男,天地之正未始有敝也,故嫁娶者法之。然人之于夫妇,不能如震、兑相从,久而不息者,何哉?不能正其初也。说少而动衰,则弃之,其能永终乎?君子知其然,必谨于夫妇之际,下之者有义,率之者有礼,而其初正,其初正则其末必正,故永终而无弊,归妹初九、上六之义也。坎、离合为"知","知敝"者,其唯九四君子乎?

初九,归妹以娣,跛能履,征吉。象曰:"归妹以娣",以恒也。"跛能履",吉相承也。

三兑者,震所归之妹也。初在三后无应,三以巽下之,初九自卑而进,说以从之,"归妹以娣"也。三下初成巽,初九应震,有雷风相与之象,"恒"也。嫡巽而娣说动,故能"归妹以娣",如有嫡,不以其媵备数,岂能"以娣"哉?初九正,进之从三又正,能恒者也,故曰"归妹以娣,以恒也"。震为足,兑折其左,"跛"也,"跛"者,不足以行,而从三则有应可行,"跛能履"也。"跛能履",故"征吉",征,以正行也,正则吉,所以吉者,以从三而承四。四震,夫道也,三承四,初又从三,相与以承内事,"相承"也,是以吉。

九二，眇能视，利幽人之贞。象曰："利幽人之贞"，未变常也。

九二离为目，兑毁其右，"眇"也，"眇"者，不足以明，然二有应之五，"能视"也。女待男而行，六五未下二，二以刚中自持，处内而不动，不足以明也，有"眇"之象。初动而二不动，在坎中，坎为隐伏，二贞于五，处内而说，为"幽人"，"幽人"者，女在窈窕幽闲之中。五下之则二行，复成兑，女自若也，故"利幽人之贞"，"利幽人之贞"者，五下之而后兑变坤，为"常"。此爻无娣象，故以女子守常为义。

六三，归妹以须，反归以娣。象曰："归妹以须"，未当也。

初至五体需，需，"须"也，须，待也。初从三得应，二与五应，三独无应，须也。天官书须女四星，贱妾之称，织女三星，天女也，陆震曰"天文织女贵，须女贱"，则须为贱女可知。盖二应五，已行矣，三往无应，而犹须之，女之强颜而不见售者也，故曰"归妹以须"。夫女之可贵者，为其正也，顺也，动以理也。六三居不当位，德不正也。柔而上刚，行不顺也。为说之主，以说而归，动非理也。上无应，无受之者也。如是其贱矣，故曰"未当也"。易传曰："未当者，言其处、其德、其求归之理皆未当，故无取之。""反归以娣"，何也？女谓嫁曰"归"，自内之外也。三本泰之四爻，三无所适，反归于四，则得正，其应在初，初，正也，娣之位也，诸娣从妇同行者也，故应初乃有"以娣"之意。鲁春姜之女，三往三逐，春姜召其女，留之三年乃复嫁之，卒知为人妇之道，春姜知"反归以娣"之义也。六三既曰所归之妹，又曰"须"，何也？自变卦言，泰四之三成兑，兑者，震所归之妹也。自爻位言之，二往归五矣，三无所归，

"须"也。故曰"曲而当"。

九四,归妹愆期,迟归有时。象曰:愆期之志,有待而行也。

离为中女,九四居上体,女贵高之象。九刚明而守柔静,女之贤者也。六五归妹,九二往从之,而九四不行成兑,兑正秋,是以"愆期"。女归以仲春为期,秋不行,"愆期"也。四本泰之九三,六四以坎男下之,而后三之四成震。女以外归,震,仲春也,"迟归以时"也。观九四待坎男下之,得仲春而后行,则"愆期之志,有待而行也"。

六五,帝乙归妹,其君之袂不如其娣之袂良,月几望,吉。象曰:"帝乙归妹","不如其娣之袂良"也。其位在中,以贵行也。

女以外为归,五,君位,九二兑女归五,乾天为帝,兑少女,自长男观之为"妹","帝乙归妹"也。归妹自泰变,故六五同象,子夏曰"汤之嫁妹也"。五坤居君位,嫡夫人,小君位也。"袂",衣袂,于〔一〕饰也,所以为礼容。二乾为衣,离为文章,二之五,离毁变坎成兑,坎为水,兑有伏艮,为手,小君之袂,无文而加澣濯之象。初九,娣之位,乾、兑、伏艮为衣袂,而初九不动,"君之袂不如其娣之袂良〔二〕"也。为小君如是,善矣,"良",至善也,乾美为"良"。贵女之归,惟以谦降从礼为尊高之德,不以容饰为说,故曰"帝乙归妹,不如其娣之袂良也"。九二,下也,何以为帝女之象?以其所

〔一〕"于",通志堂本、四库本作"手"。
〔二〕"良",原作"艮",底本为配补,据通志堂本、四库本改,下均同。

归之位在五,而二以贵行也。五位在中,二亦中也,贵者,阳也。古者王姬嫁于诸侯,车服不系其夫[一],下王后一等,"以贵行"也。不谦降从礼,则亢而失中,不称其位矣。譬之天道,"月几望"矣,其可盈乎? 坎月在震东,离日在兑西,日月相望,阴之盈也,二之五,坎、离象毁,"月几望"也,月几望而不盈,则不亢其夫,故吉,不然,凶之道也。夫消长之理,阳消则阴生,故日下而月西见,阴盛则敌阳,故既望则月东出。妇道已盛,圣人于此深虑之。后世犹有以列侯奉事,舅姑通问,盈满之祸,可胜言哉?

上六,女承筐无实,士刲羊无血,无攸利。象曰:上六无实,承虚筐也。

震为竹,上六坤动为方,竹器而方,"筐"也。六三兑女之上,阴虚无实,"承虚筐"也。三兑为羊,四坎为血,上动之三,坎毁兑见,兑为刑杀,"士刲羊无血"也。祭祀之礼,主人割牲,而主妇佐之房中,牲体在俎,乃设两铏而芼之,女"承虚筐"者,以"士刲羊无血",无以为筐之实也。故史苏曰:"士刲羊,亦无衁也。女承筐,亦无贶也。"无血则无以贶女矣,何以奉祭祀哉? 震、兑,夫妇也,而曰"士"、"女",言夫妇之道不成也。女不得其所承矣,退而归三,三亦失位,"无攸利"也。上六,女归而无终者也,故其象如此。子夏传曰"血谓四,士刲羊三,而无血",是则自子夏以来,传易者以互体言矣。

周易下经夬传第五

[一]"夫",原作"天",底本为配补,据通志堂本、四库本改。

周易下经丰传第六

翰林学士左朝奉大夫知制诰兼侍读兼资善堂翊善

长林县开国男食邑三伯户赐紫金鱼袋朱震集传

䷶离下震上

丰,亨。王假之,勿忧,宜日中。

彖曰:丰,大也,明以动故丰。"王假之",尚大也。"勿忧,宜日中",宜照天下也。日中则昃,月盈则食,天地盈虚,与时消息,而况于人乎?况于鬼神乎?

丰,泰九二之四也。乾变离明,坤易震动,"明以动"则亨,亨则"大","丰,大也",故曰"丰,亨",彖曰"丰,大也,明以动故丰"。此合两体言致丰之道也。

"假",至也,乾在上之象。王者"明以动",其道亨,乃能至于"丰大"。九二上行至四,"王假之"也,"王假之"者,尚大也。四海之广,万物之众,无一物不得其所,无一夫不获自尽,非小道之所能至,故曰"王假之,尚大也"。此以九四言乎丰之才也。

二、四失位为忧,离下有伏坎,为加忧,离见坎伏,"勿忧"也。然明以动,勿忧,其至于大也,进而至于五则得位矣,故曰"勿忧"。此以九二之四言乎丰之才也。

离日,震动,日当五为"中",日动于下,升于东方,明动不已,九四进五,何忧乎不至于中而无所不照哉? 日之大明,万物咸睹,"宜照天下"也。乾为天,五离应二,"照天下"也。太玄曰:"日正于天,何为也? 曰:君子乘位,为车为马,车轹马骈,可以周天下,故利其为主也。""宜日中"则正于天,利其为主之谓也,故曰"勿忧,宜日中,宜照天下也"。此以九二进而至五言乎丰之才也。

五复降四,坎、离象变。离成兑,日在西,"日中则昃"也。坎成兑、巽,兑为口,月阙于巽辛,"月盈则食"也。四乾阳长于震,二坤阴生于离,阳长,"盈"也,"息"也,阴生则"盈"者"虚","消"者"息"矣。有天地然后有人、有鬼神,鬼神,往来于天地之间者也。"丰大"之时,所宜忧者不在乎未中,而常在乎日之既中也。何则? 日中俄且昃矣,月盈俄且食矣,盈者必虚,息者必消,天地之所不能违者,时也,而况天地之间,聚而为人,散而为鬼神乎? 明动不已,未有能保其大者也,保此道者其唯中乎? 故曰:"日中则昃,月盈则食,天地盈虚,与时消息,而况于人乎? 况于鬼神乎?"此复以坎、离升降明丰之戒也。

在卦气为六月,故太玄准之以大、廓。

象曰:雷电皆至,丰,君子以折狱致刑。

雷电皆至,万物丰大之时。丰则生讼,故君子法其威明并用,以治刑狱。电,明照也,所以"折狱";雷,威怒也,所以"致刑"。"折狱"者,以正折其不正。初、二、三,正也,而二有伏坎,为狱不明,则枉者不伸。"致刑"者,刑其不正而已。四、五,不正也,兑为刑杀,不威则小人不惧。噬嗑其明在上,君子在上之事也,故为"明罚饬法";丰用明在下,君子在下之事也,故为"折狱致刑"。

初九,遇其配主,虽旬无咎,往有尚。象曰:"虽旬无

咎",过旬灾也。

泰九二之四成丰,故九四为丰之"主"。"配"者,阴阳相匹,孟氏、郑氏本作"妃",嘉耦曰妃,妃,媲也,亦匹配之意。初九、九四,阳也,六五,阴也,初与四不应,六五亦无应,四虽不应,初可因四为主而配五,阴阳相配,故九四为"配主"。"遇"者,不期而会。四不应初,而初九主之,不期于会而会,故曰"遇其配主"。"旬",均也,初九、九四均也。然明动相资,致丰之道,非明则动无所之,非动则明无所用,是以均而无咎。"无咎"者,初九以正相资也。初九遇四,往而相易以致用,则初得尚于五,而丰之道上行矣。"尚"亦配也,与"尚于中行"之"尚"同,故曰"往有尚"也。夫初九遇九四,所以得尚于五者,以正相资而成丰,譬之共难则仇怨协力,势使之然。若妄动不正,过四而有其位,明动不相为用,"过旬"也,"过旬"则失其"配主",往而无所尚,与坎险相会,灾至矣,丰道亡,所以灾也,故曰"过旬灾也"。初动有小过象,故曰"过旬"。谓之均者,六甲周行乘八节,其数四百八十而成钧,钧,"匀"也,初九离纳己,九四震纳庚,自己至庚凡十日,十日周而复始,故训"匀"。

六二,丰其蔀,日中见斗,往得疑疾,有孚发若,吉。象曰:"有孚发若",信以发志也。

震、巽为草,二在草中,有周匝掩蔽之意,故曰"蔀"。陆震曰:"历法凡十九年闰分尽为一章,四章凡七十六年为一蔀,五蔀周六甲凡三百八十年,而历象小成。""丰蔀"之名,盖寓此意。离目为见,丰为日中,五兑伏艮,艮、离为天文,贲之象也。震少阳,其策七,震为动,有星在上,动于中而其数七,"斗"之象也。二有至明中正之才,以丰时遇暗弱不正之君,犹当昼而夜,至于见斗,其昏甚矣,坤为冥,晦暗之象。五既不能下贤,二自往见,反得"疑疾",自往者,亦取疑之道,巽为不果,六五阴失位,"疾"也。然二、五相应之地,有孚之理,二积中正不已,尽其诚信以感发其志,则五动而应之乃吉。易传曰:"苟诚意能动,虽昏蒙可开也,虽柔弱可辅也,虽不正可正也。古之人事庸君常主,而克行其道者,己之诚上达,而君见信之笃耳。"

九三,丰其沛,日中见沫,折其右肱,无咎。象曰:"丰其沛",不可大事也。"折其右肱",终不可用也。

"沛",古本作"旆",王〔一〕弼以为幡幔。震为玄黄,兑金断之,"旆"也。幡幔围蔽于内,故"丰其旆"。"沫",斗后小星,微昧之光,子夏传及字林作"昧"。三之上成艮,艮、离为天文,星在斗之后,随斗而动者,"昧"也。三明极而刚正,处丰之昧,上六暗极矣,犹日中当明而反见斗后之星,其暗尤甚。巽为事,阳为大,伏坎为可,丰尚大也,"丰其旆",往见则不明,故退而守正,以"不可大事"故也。兑为右,伏艮为肱,兑折之,"折右肱"也。上六暗极,不可用之以有为,从之必罹其咎,故自折其右肱,示"终不可用",则无咎。

九四,丰其蔀,日中见斗,遇〔二〕其夷主,吉。象曰:"丰其蔀",位不当也。"日中见斗",幽不明也。"遇其夷主",吉行也。

四动成坎、离,光明也。不动成震、巽,震、巽为草,掩蔽周匝,"蔀"

〔一〕"王",原作"正",疑描补致误,据汲古阁本、通志堂本、四库本改。
〔二〕"遇",原作"遁",据汲古阁本、通志堂本、四库本改。

也。四在"蔀"中,处不当位,自蔽其光明,故曰"丰其蔀"。兑有伏艮,四应离初,艮、离为天文,震,动也,其策七,有星动于上而其数七,"斗"〔一〕之象。离目为见,四处不当〔二〕位,又不能变,若动而交初,则幽者明矣,坎为隐伏故也。以此处丰,犹日中之时而反见斗,处幽暗而己不明,故曰"幽不明也"。九四不正,其不明,自取之,异于二、三矣。"夷主"者,谓初也,九四与初九均为阳,而上下不敌,四忘其势,下夷于初,四者,初之所主也,故曰"夷主"。初正,正则吉,初九助四而上行,以资其明,"吉行"也。易传曰:"居大臣之位,得在下之贤,同德相辅,其助岂小也哉?"

六五,来章有庆誉,吉。象曰:六五之吉,有庆也。

六五屈体来下于四,与之共天位。九四之明上行之五,相错成离、坤,离为文,"章"者,文之成也。九四上行则初应四,二应五,三应上,六爻并用,成"丰大"之庆。五屈己下贤,四志行乎上,人自誉之,兑为口,"誉"之者也。五得正,"吉"也。

上六,丰其屋,蔀其家,窥其户,阒其无人。三岁不觌,凶。象曰:"丰其屋",天际翔也。"窥其户,阒其无人",自藏也。

自二至上体大壮,栋宇之象。上六动,阴变阳,为大。"丰其屋",言自处高大也。二为家,震、巽为草,丰盛周匝,以掩蔽之,"蔀其家",言所居不明也。自处高大,所居不明,以高亢自绝于人,如飞鸟务上翔于天际,岂复能降哉?上动成离,离为飞鸟。乾为天,在

〔一〕"斗",原脱,据汲古阁本、通志堂本、四库本补。
〔二〕"当",原作"常",疑描补致误,据汲古阁本、通志堂本、四库本改。

外卦之际,"天际"也。丰之时,九四忘其敌,己下资初九,三与上六,正应也,其能忘乎? 故三自下往,庶几发其昏暗,知处丰之道。九三离目为见,往窥之,坤户阖而不应,阒寂乎其无人声,**太玄**所谓"外大抗[一],中无人也",三于是退而自藏于坎中。乾为岁,三自四历三爻,"三岁不觌"也。"丰其屋,蔀其家",自绝于人也,"三岁不觌",人绝之也。上六动不正,凶也,不直曰凶者,有应焉,犹冀乎下交也,至于"三岁不觌",人亦厌之,而凶至矣。"窥",小见也;"觌",私见也。自上六言之谓之"窥",阴为小也;自九三之上言之谓之"觌",私见也,私,不正也。

☲☶ 艮下离上

旅,小亨,旅贞吉。

彖曰:旅,小亨,柔得中乎外而顺乎刚,止而丽乎明,是以"小亨,旅贞吉"也。旅之时义大矣哉。

旅,否之变也。刚当居上,柔当居下,六居五,失其所居而在外,"旅"也。然六居五,柔得中矣,得中则其柔不过,得为旅之中道。**易传**曰:"中非一揆,旅有旅之中也。"柔得中则能顺乎上下之刚,不为刚所掩而小者亨,顺乎刚而柔失中,旅道穷矣,坤,顺也,君子入国问禁,兴之日从新国之法,顺乎刚也,故曰"柔得中而顺乎刚"。此以六五言"旅,小亨"也。

九居三,未为失其所居也,然刚自五而反居于下,犹为"旅"也。居三成艮,屈其刚而止于下,自谦,屈之道也,虽止乎下矣,然九三

[一]"抗",**太玄**作"扢"或"扝",**司马光**云当作"扝"。

正,止而不失其正,上丽乎离之明。君子之居是邦也,事其大夫之贤者,友其士之仁者,"丽乎明"也。正然后能"丽乎明",不正人将拒我矣。正则吉,故曰"止而丽乎明"。此以九三言"旅贞吉"也。

旅,难处也。旅如六五,"柔得中乎外而顺乎刚",在我者不失己矣,乃可以"小亨";旅如九三,"止而丽乎明",在彼者亦不失人矣,乃可以"贞吉"。是以旅一也,而再言之。易传曰:"旅困之时,非阳刚中正,有助于下,则不能致大亨。"如卦之才,则可以小亨,得旅贞而吉也。四方固男子之事,居者必有旅也,顾处之如何耳。夫子历国应聘,尝去父母之邦矣,去他国矣,欲浮于海居九夷矣,盖得旅之时义也。旅之时不一,而义者时措之宜,知其时而不知其宜,不可也,非大人孰能尽之? 故曰"旅之时义大矣哉"。

在卦气为四月,故太玄准之以装。

象曰:山上有火,旅。君子以明慎用刑而不留狱。

"山上有火",明而止,止而不处,"旅"也。君子之用刑也,虽明而止,故明而慎于用刑,虽止而不处,故亦"不留狱"。明者或不慎,慎者或留狱,失旅之象也。离有伏坎,为狱,兑为刑杀,艮止,"慎"也。

初六,旅琐琐,斯其所取灾。象曰:"旅琐琐",志穷灾也。

郑曰"琐琐,小也",艮为小,动而之四,复成艮,小之又小,"琐琐"也。初六,小人之旅,卑柔而不中正,恃应而求于四者,烦[一]亵其细已甚,故曰"旅琐琐"。四巽极而燥,火性炎上,不能容初。

〔一〕"烦",原脱,据汲古阁本、通志堂本、四库本补。

艮，止也，厌止妄动，往而复止，人亦厌之，"志穷"也。坎险，灾也，志穷遇险，"斯其所取灾"也。艮为手，有求取之象，楚申侯是已。曰"斯"、曰"其"者，初、四上下皆艮手，"取灾"之象，故指两爻言之。

六二，旅即次，怀其资，得童仆贞。象曰："得童仆贞"，终无尤也。

艮，止也，二得位，止而得位。"即次"，舍也。离、兑为嬴，货贝资财之象。二巽为入，"怀其资"也。"童仆"，一本作"僮仆"。艮为少男，初卑阴贱，二在上畜之，"童仆"也。初于二，"得童仆贞"也，"童仆贞"则二亲信之而不疑。旅在下，柔而中正，即次所遇而安也，怀其资，得三、四、五之助也，又得童仆贞〔一〕而下承之，旅如是多助矣，故动而之外，终无尤之〔二〕者。五兑为口，尤之者也。初六不正而曰贞者，贞于二也，贞于主人，二巽东南，主人位也。归妹九二"利幽人之贞"，贞于五也。"童仆贞"，然后次舍可止，资货可有，夫子曰"审其所以从之之谓贞也"。

九三，旅焚其次，丧其童仆贞，厉。象曰："旅焚其次"，亦以伤矣〔三〕。以旅与下，其义丧也。

艮，止也，三〔四〕得位，止而得位。"次"，舍也，巽木离火，"焚其次"也。九三在旅而过刚，四、五之所不与，则失其所止，有"焚其次"之象。兑为毁，"伤"也。旅失其所止，亦可伤也。初艮为童仆，九

〔一〕"贞"下原衍一"贞"字，据汲古阁本、通志堂本、四库本删。
〔二〕"之"下原衍一"之"字，据汲古阁本、通志堂本、四库本删。
〔三〕"矣"下原衍一"矣"字，据汲古阁本、通志堂本、四库本删。
〔四〕"三"，原作"五"，疑描补致误，据汲古阁本、通志堂本、四库本改。

三既失其所止,以旅之故,乃巽而与下,失尊卑之宜,初、三易位,初失其正,"丧其童仆贞"也。所以丧者,为旅之义,刚柔皆失中,旅如是寡助,危矣。六居三不正,危之道。

九四,旅于处,得其资斧,我心不快。象曰:"旅于处",未得位也。"得其资斧",心未快也。

二、三止而得位,为次舍,四巽为入而未得位,行者处而已,入对出言之,为"处"。九四非安处也,故曰"旅于处"。离、兑为赢贝,"资"也。离为兵,巽木贯之,"斧"也。得其资以为利,得其斧以为断,上得乎五,下得乎三之助矣。九刚明之才而处四,履谦能下,善处乎旅,故得上下之利,有资货焉,有器用焉,虽不若六二,亦曰得其所矣。然未得位也,上不足以发五之志,下不足以致六[一]二之贤,虽得"资斧",未免为旅人,故"我心不快"。兑为决,中为心,四进而上,道行于五而二应,则"快"矣,孟子曰"久于齐,非我志也"。

六五,射雉,一矢亡,终以誉命。象曰:"终以誉命",上逮也。

五在旅卦,不取君象,君不可旅也。离为"雉","雉",文明之物,文明,人文也,圣人止乱而不以威武者也。离为兵,伏坎为弓,伏艮为手,兵加之弓上,"矢"也,"矢"者,射"雉"之器。五动弓矢发,离、坎毁而雉亡,一矢亡之也,一矢亡雉者,五得中道,动而必中乎理之象。然六五未当位,虽有文明之德,未可以动,上九屈体逮之,则令誉升闻而爵命之矣。兑口在下与之,"誉"也。巽为命,

---

〔一〕"六",原作"九",据本卦六二爻改。

上,卦之终,由誉而后命之,始也未当位,终也"誉命",故曰"终以誉命"。五进上,其在宾师之位,乾,西北,宾之位也。

上九,鸟焚其巢,旅人先笑后号咷。丧牛于易,凶。象曰:以旅在上,其义"焚"也。"丧牛于易",终莫之闻也。

上九离为飞鸟,九动变六成震、巽,巽为木,震为竹苇,鸟隐其中,"巢"也。上九极刚,以高亢居上,非旅人之宜。巽木离火,"鸟焚其巢",失其所也。离目动,震有声,"笑"也,乐其未焚之前,柔顺谦下时也。兑泽流于目,巽号出于口,哀于既焚之后,悔其先之时也。上,与三相应之地,上九〔一〕变而正成坤,坤为牛,九三应,而上降三正〔二〕成坎,坎为耳,上九高亢不变,坤象隐,"丧牛"也。"易",轻易也。火性剽疾,上九极刚,轻易也,故曰"丧牛于易"。九丧柔顺,三不往应,坎耳伏矣,轻易者,自塞其耳而聪不明也。陆机羁旅,处群士之上,而不闻牵秀、孟玖之毁,其以高亢轻易而致祸乎?

☴巽下巽上

巽,小亨,利有攸往,利见大人。

彖曰:重巽以申命,刚巽乎中正而志行,柔皆顺乎刚,是以"小亨,利有攸往,利见大人"。

柔在下而承二刚,巽也。巽为风,风者,天之号令,"命"者,天之令

〔一〕"九",原作"六",旅卦上九为阳爻,故改。上九变而为阴,因此能与九三相应。

〔二〕"正",原漫漶似"二",据汲古阁本、四库本改。

也,故巽为"命"。内巽者,命之始,外巽者,巽而达乎外,申前之命也。重巽之象,唯可施之于"申命"。先儒谓上下皆巽,不违其令,命乃行也。若施之于佗,则巽已甚矣,故曰"重巽以申命"。此以两体而言巽也。

巽自遁来,讼之变,六三之四,上下皆巽。九二之刚巽乎中也,九五之刚巽乎中正也。巽乎中正,则其刚不过而所施当乎人心,是以志行乎上下,故曰"刚中正而志行"。此以三、四相易而言九二、九五之巽也。

九二之刚巽乎正,则初六之柔顺之,九五之刚巽乎中正,则六四之柔顺之,上下之柔皆顺乎刚,则物无违者,而九[一]二、九五之志行,故曰"柔皆顺乎刚"。此以初六、六四言大者巽则小者无不顺也。

"柔皆顺乎刚",虽无违者,然顺乎中正乃善,不然,失所从矣。六四离目为"见","大人"者,九五刚而巽乎中正者也。"刚巽乎中正"而柔顺之,则柔者亦得其正,而小者亨矣,岂非小者之利乎?故曰"利见大人"。此以九五言巽之利也。小者亨矣,故六四"利有攸往,利见大人",而其道上行,故曰"是以小亨,利有攸往,利见大人"。徐氏、王昭素考王弼注有"命乃行也"四字,当在"重巽以申命"之下,疑彖[二]或脱文,理若有之。

在卦气为七月,故太玄准之以翕。

象曰:随风,巽,君子以申命行事。

巽为风,风,巽而入者也。前后相随而至,则岁事行矣,故巽又有

〔一〕"九",原作"也",疑描补致误,据汲古阁本、通志堂本、四库本改。

〔二〕"彖",原作"象",疑描补致误,据汲古阁本、通志堂本、四库本改。

"事"之象。传言八风之至,各以四十五日而成一岁,是也。君子"申命"谆谆者,行事也,行事莫如巽,巽则易入。

初六,进退,利武人之贞。象曰:"进退",志疑也。"利武人之贞",志治也。

巽初,行事之始也,居卑体柔,不能自立,过于巽者也。退则不安,进则无应,又二刚据之,莫知所从,巽为不果,故曰"进退,志疑也"。六变九,巽成乾,应兑,乾为健,兑为决,疑志去矣。健决者,武人之贞,天道尚右,故兑为"武人"。"志疑"者,不先治其志也。君子自治其动以正,行之以健决,确乎不可移,虽千万人必往,孰能夺其志哉?故曰"利武人之贞,志治也"。巽为工,有"治"之意。易传曰:"治,谓修立也。"

九二,巽在床下,用史、巫纷若,吉,无咎。象曰:纷若之吉,得中也。

巽初坤变乾也,巽为木,坤,西南方,乾为人,设木于西南之奥而人即安焉者,"床"也。巽股变艮,股见手伏,蒲伏于床下之象。九二不正,卑巽如此,宜有咎,然九二刚中,其动也正,卑巽者,非为利也,将以诚意感动九五而已,故"用史、巫纷若,吉",吉者,正也。九二之动,上之五成震,震为声,五之二成兑,兑为言,上九宗庙。兑口出声,祝史道人之意以达于鬼神之象,六降于二,巫以鬼神之意告于人之象,史、巫皆尚口而巽故也。四巽离为丝,二、五升降,"史、巫纷若",则卑巽之意达于上下,"巽在床下",何咎之有?此子游重服,立诸臣之位,以感悟文子之道也。二、五,中也,九五未应,则"巽在床下,用史、巫纷若",乃为得中。

九三,频巽,吝。象曰:频巽之吝,志穷也。

"频",水厓,与复六〔一〕三"频复"之"频"同。兑,水泽,三,水泽之际,九三重刚不中,在下体之上,巽极而决躁,不能巽者也,将遂其刚亢欤。则上临之以巽,四以柔相亲,九二之刚近而不相得,将变而为柔欤。则安其所处,惮于改过,有吝之意。然志已穷,不得已而巽,犹人行至于水之厓,欲前得乎?故曰"频巽之吝,志穷也"。易传曰:"虽欲不巽,得乎哉?"

六四,悔亡,田获三品。象曰:"田获三品",有功也。

四无应,乘、承皆刚,宜有悔。四本遁之六二,自二之四,一变讼,二变巽,二,田也,艮为手,柔道上行,之四得位,处二阳之际,上巽于五,下巽于三,三爻皆正而相得,故"田获三品"。古之田者,上杀、中杀、下杀为三品,三品则遍及于上下,兑有刑杀之象〔二〕,而又伏艮为黔喙之属,巽为鸡,离为雉,为"三品"。以巽事上临下,上下与之,巽而有功,虽无应也,乘、承皆刚也,其悔亡矣,故曰"有功也"。易传曰:"天下之事,苟善处,则悔可以有功矣。"

九五,贞吉悔亡,无不利,无初有终,先庚三日,后庚三日,吉。象曰:九五之吉,位正中也。

九五君位而正中,巽为号令,有申命之象,故举全卦以尽一爻之义。五无应,宜有悔,正故"悔亡"。动则二应之,二、五皆正,故"无不利"。初、二不正,始未善也;五正,善而有终也。"无初"故申命,申命则"有终",初未善也,故巽以命之。"先庚三日",变家人、变益之时也,下三爻震,震纳庚,离为日,先于此庚之,使善也。"后庚三日",变噬嗑、变震之时也,震纳庚,离为日,后于此庚之,

---

〔一〕"六",原作"九",据汲古阁本、通志堂本、四库本改。
〔二〕"象",原作"意",据汲古阁本、通志堂本、四库本改。

虑其未尽善也。先庚、后庚,主于中正也。十日之次,以戊、己为中,过中则变,故庚谓之更,更而正,中正则吉,此九五之所以吉欤。蛊卦六五柔,故为蛊,巽九五刚,乃有更变之善,更天下之弊,其唯刚中乎?

上九,巽在床下,丧其资斧,贞凶。象曰:"巽在床下",上穷也。"丧其资斧",正乎凶也。

上九以巽而居高位,处之不当,穷则变而反下。三以重刚乘之,巽股变艮手,有恐惧自失而蒲伏于床下之象,故曰"巽在床下"。离、兑为嬴贝、为"资",所以利也。离为兵,巽为木,贯之为"斧",所以断也。上穷反三,离、兑、巽毁,故曰"丧其资斧"。丧其所以利,则莫或爱之,丧其所以断,则莫或畏之,正乎凶矣。上复位遇坎险,正凶也。鲁自襄公,三家分其民,其君四世从之,至昭公失国,无所窜伏。盖处上极巽,尽亡其资斧,乃正凶也。方自失之初告之以凶,讵肯信乎?

䷹兑下兑上

兑,亨,利贞。

彖曰:兑,说也,刚中而柔外,说以利贞,是以顺乎天而应乎人。说以先民,民忘其劳,说以犯难,民忘其死,说之大,民劝矣哉。

兑以一阴居二阳之上,阴说于阳而见乎外者也。兑,巽之反,初六之上,六四之三,柔说于外,二、五不失其中,以说行刚,而刚柔皆亨,故曰"兑,亨",彖曰"兑,说也"。此合两体卦变而言兑也。

"刚中"则实,"柔外"则接物以和,说而正则和而不流。卦九五刚中而正,九二刚中而又戒之以利贞者,二、三、四不正,不正则陷于邪谄,悔吝将至,故说道利正,非道求说,不利也,亦何由亨哉? 故曰"刚中而柔外,说以利贞"。此以两体、六爻言兑也。

乾,天也。上、五,天位也,坤,顺也,初六之上而说,"顺乎天"也。三、四,人位也,六三、九四〔一〕相易而说,"应乎人"也。天、人殊位,"顺乎天"者,要〔二〕在于"应乎人"而已。天之说,万物阴阳相说,降而为泽。说之非其时,则亦不能说矣。汤、武之征伐,出其民于水火之中,而民大说,是所以顺天也。知人则知天,知天则知说之道,故曰"顺乎天而应乎人"。此以上六、六三两爻而言兑也。坤为众,"民"也。坎为劳,兑决坎为大川,险难也。坤为死,以内卦言,兑先于坤,"说以先民"也。坤众从之,兑见坎伏,"民忘其劳"也。以外卦言之,巽股而涉大川之险,坤化为兑,"民忘其死"也。夫就佚辞劳,好生恶死,民之常情,用之以说,乃忘四体之勤,决一旦之命而不顾,非说之以道,能如是乎? 古之人有行之者,周公之东征是也。故曰:"说以先民,民忘其劳,说以犯难,民忘其死。"民和则气和,气和则天地之和应,说之大,天地不能违,而况于民乎? 故曰"民劝矣哉"。此再合两体兼伏爻而言兑也。

在卦气为秋分,故太玄准之以沉。

象曰:丽泽,兑,君子以朋友讲习。

"丽",连比也。泽,水所钟。两泽相丽,重说也,说之大者也。天下之可说而无斁者,无若"朋友讲习"之为大也。易传曰:"两泽相

〔一〕"六三、九四",原作"六四、九三",据兑卦画改。
〔二〕"要",原作"而",据汲古阁本、通志堂本、四库本改。

丽,互[二]有滋益,朋友讲习,互相益也。"兑与兑同类为朋,初、上、五始终以正相助[一]为友,兑为口、为讲,两兑为习。九五、初九之君子,以朋友讲其所知,习其所行,相滋相益,体丽泽之象。

初九,和兑,吉。象曰:和兑之吉,行未疑也。

初九刚而处说,无偏系之私,能可否相济者也,故曰"和兑"。九四疾恶,六三小人,然体巽不果,不果,"疑"也。初九动而上行,以济其决,而巽毁,九四相易,六亦得位而正,正则吉,故曰"和兑,吉"。初九远于六三,无嫌于说小人,九四"未疑"也,是以能济其决,否则四疑矣。晋訾祐实直而博,范宣子朝夕顾之以问国事。不正其身,未有能决人之疑者,故曰"和兑之吉,行未疑也"。

九二,孚兑,吉,悔亡。象曰:孚兑之吉,信志也。

六三小人非道来说,九二比之,以阳说阴,宜有悔且凶。九二诚实自信于中,动则九五应之,信孚于人久矣,虽比于小人,和而不同矣,何疑于相比哉。始虽未孚,终必相说。二动而正,正则吉而悔亡,故曰"孚兑之吉,信志也"。夫石碏、石厚,父子也,叔向、叔鱼,兄弟也,子产、伯有,同族也,虽比也,岂能说之? 易传曰:"志存诚信,岂至说小人而自失乎?"

六三,来兑,凶。象曰:来兑之凶,位不当也。

兑,巽之反。初、二、三皆自外来,柔不当位而乘刚,来说于二,说之不以道者也,故曰"来兑"。三,高位也,柔邪而说高位,凶矣,故曰"来兑,凶",楚费无忌、汉息夫躬、唐伾文乎?

九四,商兑未宁,介疾有喜。象曰:九四之喜,有庆也。

〔一〕"互",原作"玄",疑描补致误,据汲古阁本、通志堂本、四库本改,下同。
〔二〕"相助",汲古阁本作"而动"。

离、兑为赢贝,货财也。四动离为震,噬嗑为市之象。巽变之,其
于市也,为利三倍,商贾之象。商贾度利而动,故又为商度之象。
动成坎,坎,劳卦,劳未宁也。"商兑未宁"者,拟议所从,度利而未
定者乎。"介"者,阳刚介于三、五之间也。从五,正也;从三,不正
也。阴阳失位为"疾",九四阳失位,六三〔一〕阴失位,九四以君子
疾小人,六三以小人疾君子。九四宜有忧矣而有喜,九五阳得位
为喜。四疾六三不与之交,动而正,上从于五,则君臣相说而"有
喜"矣。夫唐、虞、文、武之际,得人为盛,而四族、三叔未尝不疾君
子,然不害为治者,从君子而不从小人。可不慎其所从乎?易传
曰:"若刚介守正,疾远邪恶,将得君行道,福庆及物,为有喜也。
若四者,得失未有定,系所从耳。"

九五,孚于剥,有厉。象曰:"孚于剥",位正当也。

阴消阳也。六三在下,进而上,则四、五消,有剥床之象,故六三谓
之"剥"。九五正,天位,有刚健中正之德,当乎位,位与德非不足
也,然孚于六三之小人,则九五危矣。六三取说而已,无献可替否
之义,小人道长,则君子之道日消,安得不危?易传曰:"巧言令色
孔壬,舜且畏之,其可忽诸?"

上六,引兑。象曰:"上六引兑",未光也。

上,说道之成,六正己,辅九五刚健中正之君,宜有膏泽下于民,
而未光,何也?以引六三之小人也。三巽为绳,离为光,上六之
说三,相引之,如举绳然,为山一篑之亏也,此所以"未光"欤。
六三,兑之小人也,故初九刚正者,不疑于三而行也,九二刚中,

〔一〕"三",原作"二",兑卦第二爻为阳爻,且下文多论六三为小人,故改。

不比于三也,而悔亡,九四以三为疾,九五孚于三而厉,上六引三而一〔一〕"未光"。小人以说进而为害,其可不虑乎?

䷴坎下巽上

涣,亨,王假有庙,利涉大川,利贞。

彖曰:"涣,亨",刚来而不穷,柔得位乎外而上同。"王〔二〕假有庙",王乃在中也。"利涉大川",乘木有功也。

涣,否九四之变也。险难离散,否塞解释,刚柔皆亨,故曰"涣,亨"。此以卦变言乎涣也。

九二之刚自四而来,动于险中,二阴不能陷,解难散险,又处之以中者也,险岂能穷之哉?五得中道,出乎险外,六四之柔,自二而往,正位乎外,而以巽顺上同于五,君臣协比,能守其中者也。天下之难,患处之者不以道,及其出险,又或不以道守之,则乱者不解,解者复乱。二、五之刚,四之柔,处之、守之皆不失中,故曰"刚来而不穷,柔得位乎外而上同"。此以二、四、五三爻言涣之才所以致亨也。

天下离散,不安其居者,本于人心失中,鬼神依人而行,离散则鬼神不飨。圣人推原其本,将以聚之,故建国设官以为民极,而宗庙为先,宗庙者,收其心之涣散而存之也。人孰不有父母,知报本则知祭祀,出于人心,复其本心,则离散者可合,而天下无事矣,治涣

〔一〕"一",四库本作"亦"。
〔二〕"王",原作"五",疑描补致误,据汲古阁本、通志堂本、四库本改。

之道也。"假",至也,谓五也。上为宗庙,艮为门阙,五,王位,中者,心之位,九五有入于门阙,至宗庙,得人心而存之之象。易传曰:"卦之才皆主于中,王者拯涣之道,在得其中而已。"故曰:"王假有庙,王乃在中也。"此再以九五而言涣之才也。

"利贞"者,五也。坎为大川,巽为木、为股,据正体巽,四、二皆为我用,以之济难,而功归于五,言"乘木有功",则"利贞"在其中矣。合天下之离散,非正其可乎?故曰"利涉大川,利贞",彖曰"乘木有功也"。此再以九五、二、四言〔一〕涣之才也。易言木者三,益、涣、中孚,存五行也。

在卦气为六月,故太玄准之以文。

象曰:风行水上,涣,先王以享于帝立庙。

"风行水上",涣然离散之象。离散之时,天下之险难方作,先王以是享于上帝,以一天下之心,使知无二主也。立庙以合天下之涣散,则人知反本,鬼有所归,"享于帝立庙",离散者一矣。帝,乾上九也,上又为宗庙,巽股为立,坤为牛,坎为血,"享于帝"也。观此,则知鲁用郊,晋祀夏郊,鲁有周庙,郑有厉王之庙,非先王意也。秦位在藩臣,胪于郊祀,天子不能制,反致文、武胙,卒并天下,扬雄曰"僭莫僭于祭,祭莫重于地,地莫重于天",雄其知涣之说矣。

初六,用拯马壮,吉。象曰:初六之吉,顺也。

虞翻、陆震本作"壮吉悔亡"。"拯",古本作"抍",音承,举也。六四得位近君,正而巽,可以济涣,然莫或助之。初欲抍四,才柔位

〔一〕"言",原作"吉",疑描补致误,据汲古阁本、通志堂本、四库本改。

下而在坎中,且四不相应,乃舍四用二,用二乃所以拯四也。二,刚中之才,坎为美脊之马,初、二相易成震,震为作足,马美脊而作足,马之壮健者也。四艮为手,震为起,起手以承六四,拯之象,易则足以资六四之刚而载其上矣,故曰"用拯马壮,吉",正则吉而悔亡。初六处不当位,本有悔也,六坤柔顺,以阴求阳,始涣而拯之,亦顺也,故曰"初六之吉,顺也"。五爻皆言涣,初独不言,易传曰:"涣离之势,辨之宜早,方涣而拯之,不至于涣也。"

九二,涣奔其机,悔亡。象曰:"涣奔其机",得愿也。

四巽为木,坎为拯,震为足,艮为手,在上体为肱,拯木令曲而有足肱据其上,"机"也,二、四合乃有此象。二有刚中之才,处险而不当位,宜有悔,二能奋身出险,上奔于四,四来凭之以安,"机",凭之以安者也,是以悔亡。震足动,"奔"也,故曰"奔其机"。二本否四,在二者,涣散之时也,二之情不忘乎四,犹逃窜[一]之人不忘故国,奔则得中心之所欲,二者,中[二]心之位也,故曰"得愿也"。

六三,涣其躬,无悔。象曰:"涣其躬",志在外也。

所以致涣者,险在内也。四、五济险之位,六三处不当位,近险,宜有悔,然不与险争,动而之上,自脱于险,非拯时之涣以济人者也,其正躬卑巽,以远于悔者乎?坤为身,三、上相易,折坤成巽,离目视下,鞠躬之象,故曰"涣其躬,无悔",象曰"志在外也"。之外则无悔,三、上合而得正也,遽伯玉闻卫乱而之近关,杜泄葬叔孙豹而行之时乎?

六四,涣其群,元吉,涣有丘,匪夷所思。象曰:"涣其

〔一〕"窜",原作"空",疑描补致误,据四库本改。
〔二〕"者中",原作"中者",据汲古阁本、通志堂本、四库本改。

群,元吉",光大也。

坤为众,涣三阴,"群"也。四巽顺而正,居近君之位,上以巽乎五,下以巽乎二,二刚中有济涣之才,而二阴比之,四屈己济难,与众同患,得九二之助,阴服矣,则散者合,异者同,共图天下之涣,是以"元吉","元吉"则济涣之志光且大矣。坎为光,阳为大也。涣之时,用刚则不足以怀之,用柔则不足以制之,四、二协力,刚柔共济涣,而至于群,天下始可以聚矣。五艮为山,半山为"丘","丘",聚也。六四得九二以合其群,其心思之所存者在五,五得位,群阴之所聚,如物之聚于丘,五中正善群,然非四合之,亦不得而群矣。四视二阴,等夷也,四正,初与三不正。坤土,"思"也,所思匪若二阴之所思不正,故九二为用,二阴服之,否则涣散矣,其能效美于君,有丘之实乎? 故曰"涣有丘,匪夷所思"。宣王承厉王之后,天下离散,召伯之徒佐王建国,亲诸侯,遣使劳来安集,"涣其群"也。

九五,涣汗其大号,涣王居,无咎。象曰:王居无咎,正位也。

有疾者,闭塞不通,阳降阴升,浃于腠理,否者亨矣。否乾降二,坤阴升四,降者成坎,坎水浃于上下,汗出之象,号令如之。巽为号,阳为大。九五,出号令者也,故曰"涣汗其大号"。五至三体升,有"风行地上"、"省方设教"之象,能发新命以顺民,上下交通,险难解释,"涣汗其大号"也。涣时民思其主,故王居正位乃无咎,在他时,安居不能顺动,则有咎矣。故禹别九州而终于冀,汤胜夏而归于亳,武胜商而至于圭,王正位,则涣散者知所归矣。乾五为王,艮为居,止也,得正则无咎。然九五非六四之贤与上同志,安能发大号、居其所而治哉？易传曰："再言涣者，上为涣之时，下处涣如此，为无咎。"

上九，涣其血，去逖出，无咎。象曰："涣其血"，远害也。

先儒读"涣其血"作一句，"去逖出"作一句，以象考之，当从先儒。九二坎、乾为血，血者，相伤之象。涣五爻不应，上九独应六三，六三近险见伤，上九下应之，三、上相易，上复成坎而伤，故曰"涣其血"，言上、三俱伤也。上九能去六三，远出乎险之外，自处以巽，不陷于险，则是去而远害，于义无咎，"逖"，远也，故曰"涣其血，去逖出，无咎"。一本作"去惕出"，巽为多白眼，有惕惧之象，然象曰"远害"，当从"逖"矣。涣时以合涣为功，上九居不用之地，故远害无咎，系于六三而不去，其伤自取也，若施之用事之地，则有咎，仲由死于卫，季羔避祸而去，一也。

䷮兑下坎上

节，亨，苦节不可贞。

彖曰："节，亨"，刚柔分而刚得中。"苦节不可贞"，其道穷也。说以行险，当位以节，中正以通，天地节而四时成。节以制度，不伤财，不害民。

节，涣之反，泰之变也。泰分九三之五，以节其上之柔，分六五之三，以节其下之刚，刚柔分而有节。二、五之刚得中，上、下节之而不过。所谓节者，刚柔有节而不过乎中，不过则亨，故曰"节，亨，刚柔分而刚得中"。不曰"柔得中"者，刚得中则柔不过矣。此以卦变，二、三、五爻言节之所以亨也。

上六乘刚处险，守而不变，所以不可贞者，节之道穷也。易穷则变,变则通,通则久,守而不变,"苦节"也。凡物过则苦,味之过正,形之过劳,心之过思,皆曰苦,"苦节"则违情性之正,物不能堪,岂道也哉?申屠狄之洁,陈仲子之廉,非不正也,立节太苦,不可贞也。夫节者,为其过于中也,故节之使不失其中。上六正而过矣,安能节乎?故曰"道之不行也,我知之矣"。贤者过之,不肖者不及也。自不肖观之,过者为贤,自中言之,过、不及,一也。谓之正者,贵乎中正也,正而失中,不可正也,故曰"苦节不可贞,其道穷也"。此以上六无应戒"苦节"也。

兑,说也;坎,险也。人情易则行,险则止,凡止而行,皆有险之道,节,止而不行者也。泰之九三上行,自兑成坎,以说行险也,以说行险,虽止不失其和矣,和而不流,中立而不倚,故曰"说以行险"。此以九五言节之亨也。

九五,节之位也;中正,节之道也。当位以中正为上下之节,各适其宜,无所不行,故曰"当位以节,中正以通"。此以九五言节亨者当有位也。

九三一变归妹,震为春,离为夏,节之以春、夏也,再变节,兑为秋,坎为冬,节之以秋、冬也。天地有节,则阴阳寒暑不过,而万物成于艮,故曰"天地节而四时成"。离、兑为贝,贝为财,乾为金玉,坤为民,泰甚则人欲纵,人欲纵则财用匮乏,百姓困穷。故量财之所入,计民之所用,节以制度,自下等级而上,其费有经,其敛有法,财既不伤,民亦不害,是以天地不节则四时不成,王者不节则民财不生,无非"节,亨"也。故曰"节以制度,不伤财,不害民"。此又推原卦变、互体以尽节之义也。

在卦气为七月,故太玄准之以度。

象曰:泽上有水,节,君子以制数度,议德行。

泽之容水,固有限量,虚则纳之,满则泄之,水以泽为节也。君子
于民亦然,制其多寡,制其隆杀,"制数度"也。"制数度"者,坎之
象也。律度量衡,皆始于黄钟,冬至之律,于辰为子,于卦为坎。
九五以中正为节也,乾为德,震为行,兑口为议,"议德行"者,恐其
中而未正也。易传曰:"议谓商度,求中节也。"

初九,不出户庭,无咎。象曰:"不出户庭",知通塞也。

初九、六四,正应也,往来相易不穷,故曰"通"。九二近而不相得,
窒其所行,故曰"塞"。初九兑体,刚决,动成坎,坎水为"知",故
"知通塞"。五艮为门阙,交兑为户,四在门阙之中,为"庭"。"不
出"者,自守以正而已。动有险,故"不出户庭",乃无咎。不出则
处也,在言语则默,亦是也。不出而处,不语而默,虽有正应,不说
也,是之谓节。兑为口舌,故系辞专以慎密不出言之。易传曰:
"通则行,塞则止,义当出则出矣。君子贞而不谅。"或曰:艮为门
阙,又曰交兑为户,何也?曰:兑为户,震为门,艮土在启闭之际,
故为门阙。乾始于子,至丑直艮,至寅成泰,泰者,天地交通,至卯
直震,故震交艮为门,震即乾之辟户也。是以雷发声,蛰虫开户。
坤始于午,至未直坤,至申成否,否者,天地闭塞,至酉直兑,故兑
交艮为户,兑即坤之阖户也。是以雷收声,蛰虫坏户。

九二,不出门庭,凶。象曰:"不出门庭",失时极也。

极,至中也。二动历四,应五成震,震为门,四在门阙之中,为
"庭"。二以中应五之中,"极"也。当其可之谓时,故曰"时极",
"时极"者,时中也。九五刚中当位,酌民情以为节,九二有刚中之
德,动而应,以趋节之时,则中正之节达于下矣,得"时极"也。若
说于三阴,与五异趋,固而不知变,门庭可出而不出,是得时极而
自失之也。所以凶者,其节不正也,故圣人戒之。

六三，不节若，则嗟若，无咎。象曰：不节之嗟，又谁咎也？

六三柔不当位，说而失中，不能节之以刚者也。有子曰："知和而和不以礼节之，亦不可行也。"三不能节，则乘刚失位，以说从人而已，不能堪焉，故忧发于口，咨嗟而已。三变而刚，刚不失节而上自应，夫何忧哉？易传曰："节可以免过，而不能自节，以致可嗟，将谁咎乎？"此爻与离之九三"不鼓缶而歌，则大耋之嗟，凶"，象异而意同。

六四，安节，亨。象曰：安节之亨，承上道也。

节，止也，凡止物有险之道，险非人情之所安，上三爻皆处险，六四当位履正，安于处险，以顺承上而止物焉，安于节也。六四能安于节者，以承上中正之道，以此节下，下必应之，节道行乎上下而亨，亨则通矣，非中正岂能安其节哉？易传曰："节以安为善，强守而不安则不能常，岂能亨也？"

九五，甘节，吉，往有尚。象曰：甘节之吉，居位中也。

节者，理之不可得而过者也。九五居位以中，为制节之主，安行于上而不动，"甘节"也。五自泰九三变，以说行险，有甘之意，先王建国宅中，均道里，制邦域之时乎？正则吉，二说从之，"往有尚"也。"尚"，配也，往有配乎中也。诗曰"商邑翼翼，四方之极"，"往有尚"也。故九二"不出门庭，凶"，彖言"当位以节，中正以通"，爻止言"居位中"，何也？彖言九五一爻，此言九五、九二相易〔一〕也。易传曰："己则安，行天下则说从，节之至善者也。"

〔一〕"易"，四库本作"善"。

上六,苦节,贞凶,悔亡。象曰:"苦节,贞凶",其道
穷也。

> 节过乎中,居险之极,人所不堪,下无说而应之者,"苦节"也。不
> 可贞,贞则凶,"其道穷"也。上六〔一〕固守乎正,不知俯而就中,则
> "悔亡"。五,中也,悔则穷,能悔则亡凶矣。易传曰:"悔亡,损过
> 从中之谓也。节之悔亡,与他卦之悔亡,辞同而意异。"

䷼ 兑下巽上

中孚,豚、鱼吉,利涉大川,利贞。

彖曰:中孚,柔在内而刚得中,说而巽,孚乃化邦也。
"豚、鱼吉",信及豚、鱼也。"利涉大川",乘木舟虚也。
中孚以利贞,乃应乎天也。

> 中孚自遁来,讼之变也。二、五不应,六三孚于上,六四孚于下,二
> 爻在中而孚,"中孚"也。易传曰:"中孚者,信之本;中实者,信之
> 质。"夫信之未彰,无形矣,其中已有信也,非中虚乎?静而正,发
> 而当,反诸己而不怍,断然如金石之不可易,非中实乎?故曰"柔
> 在内而刚得中"。此以三四、二五言中孚也。
>
> 上巽施之,下说从之,巽说相与,不期于孚而孚焉。犹鸟之孚卵
> 也,巽伏于上,说从于下,不动而柔者化,刚者应,拼然而飞矣。
> "化邦"之道,不几于是乎?坤在上为邦国,外巽内说,感之以诚
> 信,久而自化,不为而成也。其象巽、离化坤,巽、离者,万物化成
> 之时,故曰"说而巽,孚乃化邦也"。此总六爻而言中孚也。

〔一〕"六",原作"九",据通志堂本、四库本改。

"豚、鱼",六四也。中孚六四即讼坎之初,坎为豕,其初为豚,三兑为泽,四巽乎泽为鱼,六四一爻,具豚鱼之象,而在中孚之中,"信及豚、鱼也"。先王之交万物,无非信也,取之必有时,用之必有节,风有驺虞,信及"豚"也,颂有潜,信及"鱼"也。动物之蕃息者,莫如豚、鱼,"信及豚、鱼",上下草木鸟兽无所不及,而至诚之道,可以赞天地之化育,如是乃吉。六四,正也,正则吉,信至于赏罚而示之者,末矣,非心服也,其终必凶,故曰"豚、鱼吉",彖曰"信及豚、鱼也"。此以六四言中孚也。

坎为险难,初越二、三,涉坎成巽,巽为股,"涉大川"也。兑泽而为大川,决而成川也。巽为木,兑金刳其中,"舟虚"也,"舟虚"者,中虚之象,九五体巽,其中虚不以好恶之利累其心,其下说而不违利以济难也。夫乘木之利,乘桴不如乘舟,重载而乘险者,不如虚舟之为安,仗诚信而蹈大难,犹乘木,而其中枵然,岂复有风波之虞哉?古之人虚己游世,五兵兕虎不能害,用此道也。故曰:"利涉大川,乘木舟虚也。"此以四、五言中孚之功也。

天之道,不言而善信,四时自成,万物自生,正而已矣。正,诚也,六四之正,乃应乎天者,以其心正,其心正则其意诚,乃应于天之道,非人为也。故曰:"中孚以利贞,乃应乎天也。"此以六四、初九相应言中孚也。初九本九四,乾在上,为天之象。

在卦气为冬至,故太玄准之以中。

象曰:泽上有风,中孚,君子以议狱缓死。

"泽上有风",泽中应之,中孚也。中孚,信也。中孚自讼变,坎为狱,九四之初,坎成兑,兑为口,"议狱"也,"议狱"者,议其狱情之正否也。艮六变成中孚,艮体尽矣,为游魂,游魂,死之象,震为反生,"缓死"也,"缓死"者,未必死也。君子"议狱缓死",则好生之

德孚于上下矣。传曰"冬至四十五日,条风至,出轻刑,解稽留",
法此象乎?

初九,虞吉,有它不燕。象曰:"初九虞吉",志未变也。

中孚之初,戒在审慎其所信,初九、六四,正应也,初宜信四,而初、
四相易,以失位为忧,以其有忧也,故虞度之,虞乃不失其正应,故
吉。虞度而得其所从,宜诚一不贰,"有它"则择利而动,心无所
主,惑矣。"燕",谓三也,雷在泽中,有燕息之象。三非初之正应,
初与三同体,说乎阴而往应之,为"有它"。初之三,归妹象毁,而
"不燕",以其贰也。初九所以"虞吉"者,得其所从,其志未变于
三,变于三矣,何燕之有?

九二,鸣鹤在阴,其子和之,我有好爵,吾与尔靡之。象曰:"其子和之",中心愿也。

讼离为飞鸟,变震为鹤。说卦震为鹖,鹖,古鹤字也,穆天子传、列
子皆以鹖为鹤。鹤震声感兑,鸣于正秋,九二之象也。九二刚实
而中,中孚之至者,九居二,"鸣鹤在阴"也。坤为母,巽四为子,四
与二同体震,而九二阳为大,六四阴为小,故四有"子"之象。二、
四志同,二鸣而四和,二,中也,四亦中,虚心之象,其应岂强为哉?
出于"中心愿"而已矣,荀子所谓"同焉者合,类焉者应",故曰"其
子和之,中心愿也"。巽为命,五,出命者也。阳为美好,"好爵"
者,爵命之美。"吾",四自谓也。"我",四谓五,犹曰"我君"也。
"尔",亲乎二也,二诚于中,四自和之,若曰我君有好爵,吾与尔共
靡之,非二有求于四也。四于五,其疏附之臣乎?"靡",子夏传、
陆绩作"縻",巽为绳,縻系之象,当作"縻"。孟子曰"我善养吾浩
然之气",庄子曰"吾无食,我无粮",古人文章,相错而成,此爻所

谓"我"、"吾"亦然。易传曰:"至诚无远近、幽深之间,唯知道者识之。"

六三,得敌,或鼓或罢,或泣或歌。象曰:"或鼓或罢",位不当也。

"敌"者,势均而不相下也。艮之象曰"上下敌应,不相与也",言六爻势均,当应而否。故子夏传曰"三与四为敌",盖三、四同体而异意,近而不相得。六三不正,小人也,六四正,君子也,三小人不见信于君子,而志在得四,四终不可得。震为鼓,三动鼓而进,将以张之也,而四不应;既罢而退,将以诱之也,而四不来。三动离为目,兑泽流目,"或泣"以感之,而四不忧;巽为长,震为声,兑口为言,长声以永其言,"或歌"以乐之,而四不悦。"或鼓或罢,或泣或歌",小人之情状尽矣。四守正,终莫得之,处位不当,无以取信于君子也,岂能强得之哉?

六四,月几望,马匹亡,无咎。象曰:"马匹亡",绝类上也。

四处当位近君,其道上行,成孚者也。讼离为日,坎为月,坎变震,月在东也,离变兑,日在西也,月东日西,"望"也。五在中,四为"几望",阴道之盛,盛则敌君,祸败必至,不可不戒。古者驾车,四马,两服为匹,两骖为匹,不能四马,则驾两马,曰骈,骈亦匹也。四震为作足马,四应初成坎,坎为美脊之马,两马,"匹"也。震、坎,阳卦,类也,四之上,绝其类而不应,则"马匹亡"矣。孚道在一,四上从五,亡其匹,则绝系应之私,无敌君之祸。易传曰:"系初则不进,其能成孚乎?"

九五,有孚挛如,无咎。象曰:"有孚挛如",位正当也。

九五在上,六四在下,君臣之位正也。九五刚健中正,六四柔巽,正而顺,君臣之德当乎位也。五、四君臣相孚,上下固结如挛然,相易以致用,故"无咎"。"挛",拘挛也,五、四相易,有巽股、艮手、离目相就拘挛之象。夫忠为令德,苟非其人不可,君臣之际,非位正德当,其孚如是,岂能无咎乎?

上九,翰音登于天,贞凶。象曰:"翰音登于天",何可长也?

巽为鸡,刚,其翰也,柔,其毛也。"翰",羽翮也。震为声,上动反三成兑,鸡振其羽翮,而后声出于口,"翰音"也。乾五为天,六三往上,阴为虚,"翰音登于天"也。鸟之类,声闻于天者,鹤也,鸡无是实,虚声闻于上,虽登于天,须臾则反,其可长乎?巽为长,三之上巽毁,"何可长也"。不信之极,正乎其凶,故曰"贞凶"。张载曰:"信之无实,穷上必凶。"

艮下震上

小过,亨,利贞,可小事,不可大事,飞鸟遗之音,不宜上宜下,大吉。

彖曰:小过,小者过而亨也。过以利贞,与时行也。柔得中,是以小事吉也。刚失位而不中,是以"不可大事"也。有飞鸟之象焉,"飞鸟遗之音,不宜上宜下,大吉",上逆而下顺也。

小过与中孚相易,其卦四阴二阳,阳为大,阴为小,"小者过"也。六五过四而亨于外,六二过三而亨于内。盖事有失之于偏,矫其失必待小有所过,然后偏者反于中。谓之过者,比之常理则过也。

过反于中，则其用不穷而亨矣，故曰"小过，亨"，象曰"小者过而亨也"。此以四阴之中举六二、六五言小过也。

小过自临来，明夷变也。临九二之三，六三之二，成明夷，二过乎三也。明夷初九之四成小过，五过乎四也。二过乎三，正也；五过乎四，不正也。不正者，矫其失而过正也。正者，时所当过，过所以就正也。所谓时者，临之兑，秋也，震，春也，明夷之离，夏也，坎，冬也，小过之艮，终始也。过与时行，而六二之正不动，于六二不动，乃能小过而亨，利贞也。君子制事以天下之正理，所以小过者，时而已，譬之寒或过于阴，暑或过于阳，冬裘夏葛，无非正也，故曰"过以利贞，与时行也"。此以六二言小过也。

二、五之柔皆得中也，五得中得尊位，过而在上者也，二得中得正，过而在下者也。巽为事，正则吉。小过之道，不以位之上下，于小事有过而不失其正，则吉，"柔得中"也。九四刚失位，九三刚而不中，震为作，阳为大，作大事，非刚得位、得中不能济，失位则无所用，其刚不中，则才过乎刚，是以小过之时不可以作大事，故曰小事吉，不可作大事。此以二、三、四、五言小过也。

明夷离为鸟，初往之四，自下而升，有飞鸟之象。四易坤成坤、震，震为声，声往于上而止于下，飞鸟遗音之象。巽为风，"飞鸟遗之音"，逆而上则难，顺而下则易。上，逆也，故"不宜上"；下，顺也，故"宜下"。小过之时，事有时而当过，所以从宜，不可过越已甚，然亦岂能过哉？譬如飞鸟溯风，决起而上腾，其音安能远过？俄顷而止矣。大者如是则吉，不然必凶，时不可犯也。故曰："有飞鸟之象焉，飞鸟遗之音，不宜上宜下，大吉。"此复以初九之四言小过也。

中孚肖乾，小过肖坤，故二卦为下篇之正。郑康成曰："中孚为阳，贞于十一月子，小过为阴，贞于六月未，法于乾、坤。"

以卦气言之为立春,故太玄准之以差。

象曰:山上有雷,小过,君子以行过乎恭,丧过乎哀,用过乎俭。

雷出地上,其壮乘乾。"山上有雷",小有所过也。君子有时而小有所过者,三巽乎上下而过,"行过乎恭"也。震、巽为号咷,而上六过之,"丧过乎哀"也。巽为高,坤为吝啬,处高而吝啬,逼下已甚矣,初六过之,"用过乎俭"也。时当小过,君子不得不小有所过,以矫正一时之过。考父之过恭,高柴之过哀,晏平仲之过俭,非过于理也,小过乃所以为时中也。

初六,飞鸟以凶。象曰:"飞鸟以凶",不可如何也。

明夷离为鸟,初之四,"飞鸟"也。"以",如师能左右之曰"以"。四动体而躁,初艮体不正,柔而止,不当过也,有应在四,为四所以不当过而过,其过至甚,如飞鸟迅疾,虽欲救止,"不可如何",其凶必矣。坎为可,四以之,坎毁,"不可"也。兑口,"如何"也,与鼎"信如何也"同象,是谓恶成而不及改者。易传曰:"小人躁易而上应助,过速且远,不容救止也。"

六二,过其祖,遇其妣,不及其君,遇其臣,无咎。象曰:"不及其君",臣不可过也。

三乾在上为父,四为祖,五坤阴居尊位,配乎祖,妣也。曰"祖"曰"妣",既过之称。六二中正,祖,尊也,妣亦尊也,祖不中正,于义当过,妣中而过之,义不可也,过则失中矣,故"遇"之。"遇",不期而会,五下〔一〕应二,以中相会,故"遇"之,言过而适与中相当

─────────────────

〔一〕"下",原作"不",据通志堂本、四库本改。

也。五,君之位,坤居之,坤,臣也,过而适及于臣之分则可,过而及于君,过臣之分也,于义为有咎,故不可不戒。易传曰:"遇,当也,过臣之分,其咎可知。"

九三,弗过防之,从或戕之,凶。象曰:"从或戕之",凶如何也。

九三刚正而应上六,应则过五,五,中也,中不可过,三戒在小不忍,用刚以过中,故"弗过"。宜正己自守,防小人则吉。兑泽,坤土止之,"防"也。三不防,乃舍所守从之,刚过乎中,上或戕害之矣。离为戈兵,己动失正,"戕之"也,"戕"者,外伤之。"如何",兑口也,与初六"如何"同象。不能守正,见戕于外,其凶果如何也。晋阳处父易狐射姑之班,伯宗言于朝而诸大夫莫若,皆过之而弗防,故〔一〕及于难。

九四,无咎,弗过遇之,往厉必戒,勿用永贞。象曰:"弗过遇之",位不当也。"往厉必戒",终不可长也。

四不当位,以刚履柔为得宜矣,故"无咎"。四下应初,则过二,二,中也,弗可过也,知二不可过,乃与五遇,五亦中也,弗过二则与中适相当,遇得其道矣。若去柔用刚,进而之五,往则危厉,故必以用刚为戒。往之五成离,戈兵之象。不动,兑为口,"戒"也,小人过君子之时,不戒而用刚,鲜不为祸,故丁宁之,既曰"必戒",又曰"勿用永贞"。当随时处顺,不可固守其正,是以终无咎也。然盛衰相循,无小人常〔二〕过君子之理,巽为长,陆震曰"小者之过,终

〔一〕"故",原作"改",疑描补致误,据汲古阁本、通志堂本、四库本改。
〔二〕"常",汲古阁本、通志堂本、四库本作"当"。

不可长也”，戒而慎之，以俟其复。

六五，密云不雨，自我西郊，公弋取彼，在穴。象曰："密云不雨"，已上也。

兑泽之气上而为云，兑，盛阴也，故为"密云"，泽降为雨。小过自明夷变，初九往四成兑，泽气已上而未降，云虽密而无雨，故曰"密云不雨，已上也"，言阴过阳，君子之泽未能下也。四在内外之交，而见天际，"郊"之象。四兑，西也，五震，东也，巽风扬之，云自西往东，由阴而升，阴唱则阳不和，"不雨"之象，故曰"自我西郊"。三，公位，明夷三坎为弓，离为矢，初之四成巽，巽离为丝，以丝系矢，"弋"也，"弋"，取〔一〕之器也。坎、兑为穴，坎，幽隐也，艮为手，"取"也。"彼"谓二，六二在穴中，有中正之德，处于幽隐，九三君子俯而取之，往助于五，然六二、六五同为阴类，三虽取之，岂能济大事乎？小过之时，柔得尊位，二阳在下，为阴所过，不能成功，三下取二，用力多矣，亦岂能济哉？谓四阳为"我"，二阴为"彼"，以阳为主也。若中孚阳谓阳，则谓五曰"我"，自谓曰"吾"，谓二曰"尔"，尊卑之义。小畜象曰"密云不雨，尚往也，自我西郊，施未行也"，其辞与小过六五同，盖小畜所畜者小，小过则所过者小，皆不可以作大事，过之则畜之矣。二卦虽殊，而大者为小者所畜而不得施，则一也。故关子明曰："小畜一卦之体当小过一爻之义，然则畜之一也，小大之时异焉。"

上六，弗遇过之，飞鸟离之，凶，是谓灾眚。象曰："弗遇过之"，已亢也。

〔一〕"取"下，汲古阁本为占位存疑之"□"，因从底本不可通，通志堂本、四库本则径加一"物"字。

上六不与五相当,失中也,又动而过之,则甚矣,而况处小过之极,于时为已亢乎？故曰"弗遇过之"。上动成离,离为飞鸟、为目,巽为绳,以绳为目,罔罟之象,其违理过常,犹飞鸟过甚,自离于罔罟,故曰"飞鸟离之,凶"。动则不正,故凶。离有伏坎,灾也,"弗遇过之",灾乃自取,非天也,人也,而曰"灾眚"者,过之极,穷之灾也。于时已亢也,人事过越如此,使知时而守正,未必能免,已亢故也。

䷾ 离下坎上

既济,亨小,利贞,初吉终乱。

彖曰：既济亨,小者亨也。"利贞",刚柔正而位当也。"初吉",柔得中也。终止则乱,其道穷也。

> 既济自泰来,丰九四变也。泰兑为泽,九二之四成丰,四已济险而小者未尽亨,九四之五,则小者亨矣,于济为既。其卦三阴得位,三阳下之,大者既济,小者亦亨。子夏传曰："阳已下阴,万物既成。"不曰"小亨"而曰"亨小"者,大者之济,为亨小者而济,非为己也。禹思天下之溺犹己溺之,稷思天下之饥犹己饥之,亨至于小,则小大毕亨,故曰"既济,亨小",彖曰"既济亨,小者亨也"。彖文当曰"既济亨小,小者亨也",脱一字。此以三阳下三阴而言既济也。
>
> 以阳下阴,非正也,亨之也。刚,君子也,柔,小人也,刚柔不失其正,君子、小人各当其位,无犯分躐等之非,守既济之道也,故曰"利贞,刚柔正而位当也"。此以六爻当位而言既济也。
>
> 自泰至贲,二复三变,始于二之四成丰,次四之五成既济,其终五

之上而成贲,济天下之难莫若刚,过刚亦不可以济,失人心也。方济之初,以柔济刚,则其柔得中,刚者为用,天下之难有不济乎?此既济之初所以吉,正则吉也。既济矣,上六变艮成贲,艮,止也,止而不进,不复有为,文饰而已,济终则极,衰乱复起,终以乱也,盖其道已穷。故曰"初吉终乱",彖曰"初吉,柔得中也。终止则乱,其道穷也"。终始,时也,治乱者,道之穷通也。晋、隋有天下,不旋踵而乱,不知"终止则乱"之戒也。易传曰:"唯圣人为能通其变于未穷,不使至于极也,尧、舜是也,故有终而无乱。"此推原卦变,以九五一爻言既济之终始也。

在卦气为十月,故太玄准之以成。

象曰:水在火上,既济,君子以思患而豫防之。

水火相逮而后济。天地之道,以坎离相济,以日言之,日降则月升,以月言之,日交则月合,以岁言之,寒来则暑往,皆既济也。坎上离下,既济矣。然既济之极,水火将反其初,故既济之象,未济藏焉,君子不可不思虑以豫防其患。坤土为思,坎为险难,"患"也。土防水,"防"也。在既济之时而防险难,"豫"也。"思患而豫防之",则难伏而不作。或曰:五动坤变坎,成震体,豫而未济之象毁矣。

初九,曳其轮,濡其尾,无咎。象曰:"曳其轮",义无咎也。

三坎为轮,初卦后为尾,初九刚而离体,炎上有应,进于上,其志必锐。时既济矣,动而进不已,必至于咎,故戒之。初动之四成艮,艮为手,"曳"也。坎轮在水火交中,火欲上,水欲下,亦"曳"也。"曳其轮",不轻进,尾濡坎水,不速济,止之于初,持重缓进,以全其刚,而不至于极,则于既济之义为得矣,故曰"义无咎也"。

六二,妇丧其茀,勿逐,七日得。象曰:"七日得",以中道也。

二坤为舆,三坎为轮,二之五,离变震、坤,离为文,震为竹,竹有文,蔽车之前者,"茀"也。离为妇,妇人乘车不露见,有茀乃可以行。五于既济之时,安其位,无动而有为之意,二虽有文明中正之德,不得遂其行,"妇丧其茀"也。五坎为美脊之马,二、五相易,震为作足之马,"逐"也。五不下二,二当以中道自守,故戒以勿逐,逐则失其素守而不正。"七日得",自二数之,至上为五,复自初数之,至二,凡七日,"以中道"也。"中道"者,天地之所不能违,故坤极生乾,七日必复,而况人乎?易传曰:"自古既济用人盖鲜矣,以唐太宗之用言,犹怠于其终,况其下者乎?"虽不为上所用,而中正之道无终废之理,不得行于今,必行于异时。

九三,高宗伐鬼方,三年克之,小人勿用。象曰:"三年克之",惫也。

坤为鬼、为方,五坎为险,帝系有鬼方氏,鬼方盖国名。小国于既济之时,恃险不来,九五离体,有戈兵,用九三往伐之。坤为年,自四数之历三爻,三之上成巽,巽为入,入其险也,上之三成坤,顺也,既入其险,鬼方来顺,"三年克之"也。"克",难辞也。九三刚正,君子也,上六之三,柔而不正,小人也。高宗,中兴之贤君,伐鬼方氏之小国,历时之久,至于三年而后克之,其力亦惫矣,况用小人乎?坎为劳,重坎,"惫"也。小人非贪欲不为,其祸至于残民肆欲,遂丧其邦,故戒以"小人勿用"。爻言勿用小人,象曰"惫"者,圣人虑后世勤兵于远,托高宗久伐以济其欲,劳民动众,三年克之，虽<u>高宗</u>行之，亦惫也。

六四，襦有衣袽，终日戒。象曰："终日戒"，有所疑也。

四坎，水也，初之四成巽，巽木在水上，舟之象。四未交初，巽毁坎见，舟漏也。四坤为裳，"襦"，裳也。初乾为衣，艮为手，"袽"塞也。离日在下，"终日"也。兑为口，"戒"也。巽为不果，"疑"也。六四近君而正，明于防患，资初九之贤，弥缝九五之阙，终日相戒，如奉漏舟，不唯自竭，而初九助之，如有裳及衣袽塞其漏，苟可以豫防者无不为，斯能济乎重险矣。制治保邦之道，患至而后虑之，无及已。心有所疑，知祸乱之源，必先事而塞之，乃保既济之道，故曰"终日戒，有所疑也"。易传曰："不言吉者，方免于患也，既济之时，免患足矣，无复有加矣。"

九五，东邻杀牛，不如西邻之禴祭，实受其福。象曰："东邻杀牛"，不如西邻之时也。"实受其福"，吉大来也。

泰震为东，兑为西，三、四，邻也，兑为刑杀，坤为牛，坎为血，离为夏，震为声，上为宗庙，九二〔一〕之五，有长子奉祀、"东邻杀牛"、"西邻禴祭"之象。杀牛，盛祭也，禴尚声，薄祭也，盛不如薄者，时也。二、五均有中正之德，然二未济，有进也，九自五来，二以虚受，故曰"实受其福"。正，吉，阳为大，"吉大来"也。五既济，无所进也，盈则当虚，故曰"不如西邻之禴祭"也。理无极而不反者，既济，极矣，时已往矣，五以中正守之，能未至于反而已。易传曰："至于极，则虽善处，无如之何矣。"

〔一〕"二"，<u>通志堂</u>本、<u>四库</u>本作"三"。

上六,濡其首,厉。象曰:"濡其首,厉",何可久也。

上,既济之极,以刚处之,犹恐其反,六安其位而不变,必有颠陨陷溺之患。上反三,乾为首,濡于坎水之中,济而至于水濡其首,危极矣,济之穷也,其可长乎? 巽为长。易传[一]曰:"既济之终,小人处之,其败可立而须也。"

坎下离上

未济,亨,小狐汔济,濡其尾,无攸利。

象曰:"未济,亨",柔得中也。"小狐汔济",未出中也。"濡其尾,无攸利",不续终也。虽不当位,刚柔应也。

未济自否来,既济之反也。否塞之时,六二之柔得中而上行,天地相交,否者亨矣,柔而不中,则介于二刚,其能亨乎? 故曰"未济,亨,柔得中也"。此以二、五言未济也。

艮、坎为狐,小狐,初爻也,艮之初爻为小狐,犹中孚之豚,亦初爻也。尔雅曰"汔,汔也",诗曰"汔可小康",郑康成曰"汔,几也"。四为坎险,五为中,出险也。初往之四,几济而未及于五,"未出中"也。狐首轻尾重,老狐听水,负尾而济,其刚不息,是以终济。卦以成卦言之,上为首、为前,初为尾、为后。以画卦言之,初为始、为本[二],上为终、为末。上九,刚也;初六,柔也。小狐不度而进,未能审慎,其前则刚,其后乃柔,四坎"濡其尾",往无攸利,以其刚不足,"不续终"也。然则济险者,其在于审慎,始终如一,刚

〔一〕"传",原脱,据四库本补。
〔二〕"本",原作"卒",据汲古阁本、通志堂本、四库本改。

健不息者乎？孟喜曰"小狐济水，未济，一步下其尾"，故曰"小狐
汔济，未出中也。濡其尾，无攸利，不续终也"。此以初六、九四相
易言初六之柔不足以济险难也。

未济六爻虽不当位，而刚柔相应，苟量力度时，虑善而动，上下、内
外相与，未有不济者也，故曰"虽不当位，刚柔应也"。此以六爻申
未济有可济之理也。

在卦气为十一月，故太玄准之以将。

象曰：火在水上，未济，君子以慎辨物居方。

未济自否变，否艮，止也，"慎"之象。离为明，"辨"也。火，阴物
也，居南，水，阳物也，居北，二物有相济之理，火上水下，各居其
所，未济也。君子观此，慎辨万物，使各居其所，有辨然后有交，辨
之以正其体，交之以致其用，不辨则不交。有未济乃有既济，而未
济含〔一〕既济之象。

初六，濡其尾，吝。象曰："濡其尾"，亦不知极也。

卦后为尾，坎水濡之，"濡其尾"也。初处险下而上有应，其志欲
动，在未济之时，刚动则出险，于济为得其分量矣，"极"，分量之极
也。初柔，九二又以刚在前厄之，虽有应可动，而柔不能动，"吝"
也。于是而欲济，是"亦不知极也"，犹兽欲济而力柔，水濡其尾，
则不能举，终亦不出乎险矣。坎水为"知"。

九二，曳其轮，贞吉。象曰：九二贞吉，中以行正也。

坎为轮，二往五应，艮为手，"曳其轮"也。坎轮在水火交之中，水
欲下，火欲上，亦"曳"也。二，中也，九二之五，"中以行正也"。

〔一〕"含"，原作"舍"，据通志堂本、四库本改。

未济时,六五柔处尊位,五所赖者,九二刚中也,刚非臣德之正也,刚或好犯,恭顺之道或有不足,故戒以"曳其轮",则缓进以尽恭顺,于臣为中,于道为上行。"中以行正"者,正未必中,中以行正则尽矣。易传曰:"唐郭子仪、李晟当艰难未济之时,能保其终吉者,用此道也。"

六三,未济,征凶,利涉大川。象曰:"未济,征凶",位不当也。

三处险中,唯至刚乃可以出险。六柔不当位,"未济"也。以柔而行,外援上九,则乾首没于坎中,沦胥以溺之象,虽正亦凶,窦武、何进是也,故曰"征凶"。三、四非应,当未济之时,三资其助,四近而协力,巽股出险,"利涉大川"矣。

九四,贞吉悔亡,震用伐鬼方,三年有赏于大国。象曰:"贞吉悔亡",志行也。

九居四有悔,动而正,正则吉而悔亡。四动体震,震为威怒,坤为鬼方,坎为险。四近君,刚而明,有济之道。初恃险未顺,四用其威怒以入其阻,"伐鬼方"也。自三至初历三爻,坤为年,"三年"而后顺克之也。克,难辞。艮山,坎川,坤土,田赏之象。坤四为国,阳为大,"有赏于大国",非"贞吉悔亡",其志于上下乎?二卦言伐鬼方者,借此以明必济之义。天下之弊,固有盘结而难去者,四凶、顽民,历世既久,乃能去之,故曰"贞吉悔亡"。易传曰:"古之人用力之甚者,伐鬼方也,故以义动而远伐,至于三年然后成功,而行大国之赏,必如是乃能济。四居柔,故戒以此。"

六五,贞吉无悔,君子之光,有孚,吉。象曰:"君子之光",其晖吉也。

六五文明之主,柔居尊位,"悔"也。虚中而下九二,二往五正,以刚济柔,故"贞吉无悔"。坎为光,"君子之光",谓九二也。五离为明,二与五应,光明相烛,"有孚"也。"晖"者,光之散,管辂曰"日中为光,朝日为晖[一]",朝日初出,其光晖散也,言二、五未交,其德晖之所及已孚于上下,则吉。济险难者,君必刚正,臣必有不言之信,然后委任笃,下无间言,功济天下而无后患,不然,凶必至矣。

上九,有孚于饮酒,无咎,濡其首,有孚失是。象曰:饮酒濡首,亦不知节也。

上孚于三,三震、坎为酒,上反三成兑,坎流于兑口,"有孚于酒"也。三之上得正,"无咎"也。未济之极,无极而自济之理,非刚健之才,得时得位,上下孚应,终不济也。上九君子,有才而不当位,与六三相应,而无可济之资,以其有孚矣,相与饮酒,乐天顺命,以俟可济之时,则于义无咎。上反三,乾首濡于酒中,则从乐耽肆,"亦不知节"矣,坎、兑,节之象也,有孚,若然,失是义矣。晋、魏之交,士多逃于曲蘖,无济时之志,以故世复大乱,圣人之戒不其深乎? 易传曰:"人之处患,知其无可奈何而放意不反者,岂安于义命者哉?"

周易下经丰传第六

〔一〕"晖",原作"辉",据<u>汲古阁</u>本、<u>通志堂</u>本、<u>四库</u>本改,下同。

周易系辞上传第七

翰林学士左朝奉大夫知制诰兼侍读兼资善堂翊善

长林县开国男食邑三伯户赐紫金鱼袋朱震集传

天尊地卑,乾坤定矣。卑高以陈,贵贱位矣。动静有常,刚柔断矣。方以类聚,物以群分,吉凶生矣。在天成象,在地成形,变化见矣。是故刚柔相摩,八卦相荡。鼓之以雷霆,润之以风雨。日月运行,一寒一暑。乾道成男,坤道成女。乾知太始,坤作成物。乾以易知,坤以简能。易则易知,简则易从。易知则有亲,易从则有功。有亲则可久,有功则可大。可久则贤人之德,可大则贤人之业。易简,而天下之理得矣。天下之理得,而成位乎其中矣。

"乾坤"、"贵贱"两者,圣人观天地而画卦。"刚柔"、"吉凶"、"变化"三者,圣人观万物而生爻。"变化"者,爻有变动也。伏羲画卦,乾上坤下,立天地之位。归藏先坤后乾,首万物之母。连山乾始于子,坤始于午。至于周易,尊乾卑坤,其体乃定。见于卦,则上体,乾也,下体,坤也,道虽屡迁,上下不易。君尊臣卑,父尊子卑，夫尊妇卑，谓之三纲。三纲不正，天地反覆。高者贵，卑者贱，则"贵贱"之位分矣。阳为贵，乾也；阴为贱，坤也。"高"者，乾之位也；"卑"者，坤之位也。上既曰"尊"矣，尊无二上，故易"尊"为"高"。又曰"卑高"者，贵以贱为本。易自下升上，元士、大夫、三公、诸侯承之，然后君位乎五也。

动而不屈者，刚也；静而不变者，柔也。"动静有常"，则乾刚、坤柔，其德断而无疑矣。策数以七、九为阳，六、八为阴。阳，刚也；阴，柔也。爻位以一、三、五为刚，二、四、上为柔。阳先阴后，故策七者二十八，策九者三十六。爻一阳、二阴、三阳、四阴、五阳、六阴，君不刚则臣强，父不刚则子强，夫不刚则为妻所畜，尊卑之位，贵贱之分也。

五方之物，各以其"类聚"，同气也；五物之类，各以其"群分"，异情也。气同则合，情异则离，而"吉凶生矣"。爻或得朋，或失类，或远而相应，或近而不相得，或睽而通，或异而同，阴阳之情也。

"在天成象"者，阴阳也；"在地成形"者，刚柔也。天变则地化，变者，阴阳极而相变也。阴阳之气变于上，刚柔之形化于下，故策二十八者其数七，策三十二者其数八，策三十六者其数九，策二十四者其数六。阴阳交错，刚柔互分，天地变化之道，乾、坤之交也。乾以刚摩柔，坤以柔摩刚，"刚柔相摩，八卦推荡"，变化彰矣。说卦谓之中爻，先儒谓之互体。

"鼓之以雷霆"者，震反艮也；"润之以风雨"者，巽反兑也[一]。风而曰"润"者，以雨而风，不以阴先阳也。"日月运行，一寒一暑"者，坎、离也。六子致用，万物化生，然不越乎乾、坤也。震、坎、艮

〔一〕"也"，原脱，据汲古阁本、通志堂本、四库本补。

之为三男,得乾之道也;巽、离、兑之为三女,得坤之道者也。

圣人之用天下,合乾、坤也。父子、君臣,乾、坤也。夫妇,震巽、坎离、艮兑也。长幼,其序也。朋,同类也;友,异体也。五者,乾、坤而已矣。始于乾,终于坤,以"乾知太始,坤作成物"也。物生始于子,物成始于午。乾,西北方,亥也。阳藏于坤,有一而未形,"知太始"也。坤,西南方,申也,物成于正秋,酉也,坤终于十月,亥也,坤作于申,成于酉,终于戌、亥,"作成万物"也。"乾知太始,坤作成物",尊卑、贵贱之分也。故父作子述,君佚臣劳,夫唱妇和。

夫乾,确然不易,无为而为万物宗,"以易知"也。天动地随,坤顺乎乾,其作成万物者,"以简能"也。简曰易从者,归之乾也。与"高"不言"尊"、"风雨"言"润"同义。圣人之于尊卑之际,君臣之大义严矣。孟子所谓"一本",荀卿所谓"一隆"。易则其心一,故"易知";简则其政不烦,故"易从"。"易知"则天下见其忧乐,故"有亲";"易从"则匹夫、匹妇各获自尽,故"有功"。"有亲"则不厌,故"可久";"有功"则不已,故"可大"。"可久"者,日新之德;"可大"者,富有之业。"贤人"者,贤于人者也。圣人,贤人之极。舜、禹之圣,亦曰选贤、与贤也。乾、坤之理尽于"易简",易简,而天下之理得。"天下之理得",则上下与之同流。德业既成,乃位乎两间,与天地为一。

圣人设卦观象,系辞焉而明吉凶,刚柔相推而生变化。是故吉凶者,失得之象也。悔吝者,忧虞之象也。变化者,进退之象也。刚柔者,昼夜之象也。六爻之动,三极之道也。是故君子所居而安者,易之序也。所乐而玩者,爻之辞也。是故君子居则观其象而玩其辞,动则观

其变而玩其占,是以"自天祐之,吉无不利"。

圣人"设卦",本以"观象",不言而见吉凶。自<u>伏羲</u>至于<u>尧</u>、<u>舜</u>、<u>文王</u>,近者同时,远者万有千岁,其道如出乎一人,"观象"而自得也。圣人忧患后世,惧观之者其智有不足以知此,于是系之卦辞,又系之爻辞,以明告之,非得已也,为观象而未知者设也。

爻有刚柔,"刚柔相推而生变化",变化微矣,非辞何以明之? 象与辞反复相发也。是故辞之有吉凶者,人有得失之象也;辞之有悔吝者,人有"忧虞"之象也。"失得"者,刚柔相文,有当否也。失者能"忧虞"之,俄且得矣,得者"忧虞"有不至焉,俄且失矣,悔其失者或致吉,吝其失者或致凶,"变化"也。"变化"之于"刚柔",犹"进退"之于"昼夜"。变化者,进退之象;刚柔者,昼夜之象。昼推而进则夜退,柔者变而刚,夜推而进则昼退,刚者变而柔,昼夜之进退无止,刚柔之变化不穷。"忧虞"异情,得失殊致,故曰"吉凶悔吝生乎动"。"变化"者,动爻也。

"六爻之动,三极之道也。"一生二,二生三,三,极矣。<u>邵雍</u>曰:"<u>易</u>有真数,三是也。"<u>关子明</u>曰:"天三,数之极也,极乎终则反乎始,兼两之义也。"故极而不变,其道乃穷。<u>说卦</u>"震其究为健",三变而乾也,"巽其究为躁卦",三变而震也,观此可以例余卦矣。是故君子"所居而安者",易贵贱之序也;"所乐而玩者",爻[一]吉凶之辞。居则观其卦之象而玩其辞,动则观其爻之变而玩其占。<u>易</u>以变为占,于占言变,则居之所玩,未变之辞也。居处动作,无非道也。天、人一理也,是故"自天祐之,吉无不利"。

象者,言乎象者也。爻者,言乎变者也。吉凶者,言乎其

〔一〕"爻",原作"文",疑描补致误,据<u>汲古阁本</u>、<u>通志堂本</u>、<u>四库本</u>改。

失得也。悔吝者，言乎其小疵也。无咎者，善补过也。是故列贵贱者存乎位，齐小大者存乎卦，辩吉凶者存乎辞，忧悔吝者存乎介，震无咎者存乎悔。是故卦有小大，辞有险易。辞也者，各指其所之。

"设卦观象"，默而识之，不得已而有象者，所以言乎一卦之象也。玩其象辞而不得，观其象可也。"刚柔相推而生变化"，吉凶有难知者，故有爻辞，所以言乎一爻之变也。玩其爻辞而不得，观其变可也。

吉凶者，言如是而得，则吉，如是而失，则凶。悔吝者，言乎"小疵"也，恶积罪大，则悔无及已。吝〔一〕者，言当悔而止，护小疵致大害者也。无咎者，本实有咎，善补过而至于无咎。易有言"又谁咎"者，言咎实自取，自咎可也；有言"不可咎"者，义所当为，才不足也。君子度德量力，折之以中道，则无咎矣。吉凶、悔吝、无咎，一也，其实悔吝、无咎所以明吉凶也。象不言悔而言无咎，无咎则无〔二〕悔可知矣。言凶而不言吝，吝不足言也。

卦自下而上，"列贵贱"之位，"存乎位"，则刚柔、往来、上下、内外，得位失位，或应或否，见矣。易于小事不忽，于大事不惧，视履尊位与居家同，视征伐天下与折狱同，视享上帝、养圣贤、养万物与饮食同。知此，则知颜子与禹、稷同，曾子与子思同。故存乎卦之小大，则见事之小大齐矣。忧悔吝之将至者，当存乎"介"，"介"者，确然自守，不与物交。震惧而无咎者，当存乎悔，悔者，追悔前失而不惮改也。故悔则无咎，"介"则无悔，不近于"知几"

〔一〕"吝"，原作"言"，疑描补致误，据汲古阁本、通志堂本、四库本改。
〔二〕"无"，原脱，据通志堂本、四库本补。

乎？几者，动之微，吉之先见也。易曰“介于石，不终日，贞吉”，确然自守者，守正也。辞有“易”者，之于吉也，所谓“能说诸心”；辞有“险”者，之于凶也，所谓“能研诸虑”。有忧虞悔吝，非险辞不足以尽之。爻辞也，各指其所之之“险”、“易”也。所之者，动爻也，言乎其变也。春秋传观其动曰“之某卦”是也。从其所之，乃能趋时尽利。顺性命之理，则系辞焉以命之，不可已也。

易与天地准，故能弥纶天地之道。仰以观于天文，俯以察于地理，是故知幽明之故。原始反终，故知死生之说。精气为物，游魂为变，是故知鬼神之情状。与天地相似，故不违。知周乎万物，而道济天下，故不过。旁行而不流，乐天知命，故不忧。安土敦乎仁，故能爱。范围天地之化而不过，曲成万物而不遗，通乎昼夜之道而知，故神无方而〔一〕易无体。一阴一阳之谓道。继之者，善也。成之者，性也。仁者见之谓之仁，知者见之谓之知。百姓日用而不知，故君子之道鲜矣。

王昭素离“易与天地准”，合“精气为物”通为一章，今从昭素。圣人观天地以作易，其道甚大，与天地均，故能用天地之道，弥满无间，纶经而不绝。天气也而成〔二〕文，地形也而有理。形散为气，明而幽也；气聚成形，幽而明也。仰观乎天，凡地之成形者莫不有是文；俯察乎地，凡天之成象者莫不具是理。故分而为二，揲之以四，生二仪、四象、八卦，成三百八十四爻、万有一千五百二十策，

〔一〕“而”，原脱，据通志堂本、四库本补。
〔二〕“成”，原作“咸”，疑描补致误，据汲古阁本、四库本改。

皆源于太极。知此,则"知幽明之故"也。聚而为有生之始也,散而入无生之终也。始终循环,死生相续,聚散之理也。以八卦观之,一变者,卦之始也,谓之一世;六变者,卦之终也,谓之游魂;七变而反者,卦体复也,谓之归魂。始者,生也,终者,死也,反则死而复生,故知此则"知死生之说"也。

乾、兑,金也。震、巽,木也。坎水、离火也。坤、艮,土也。乾、震、坎、艮,阳也;坤、巽、离、兑,阴也。阴阳之精,五行之气,气聚为精,精聚为物。得乾为首,得坤为腹,得震为足,得巽为股,得坎为耳,得离为目,得艮为鼻,得兑为口。及其散也,五行、阴阳各还其本,故魂阳反于天,魄阴归于地。其生也,气日至而滋息,物生既盈,气日反而游散。至之谓神,以其申也;反之谓鬼,以其归也。阴阳转续,触类成形,其"游魂为变"乎?物,其状也;聚散,其情也。故曰"乾,阳物也;坤,阴物也",知此则"知鬼神之情状"矣。或曰:太史公言儒者不言鬼神而言有物,物与鬼神异乎?曰:人生始化曰魄,既生阳曰魂,至于死也,体魄降而魂气升,升则无不之也。魄降而气不化者,物也。今人行气中,若哭若呼,其人忤视,俄且化矣。谓诚有是,而不知气之不化者也。谓鬼为物,察之有不至也。韩愈谓鬼无声、形,是也。

生蓍、立卦、生爻三者,准天地也。自此以下,言"弥纶天地之道"。"易与天地准",天地无一物不体,有违于物则与天地不相似,"与天地相似,故不违"。此言易之时也。性者,万物之一源,知性则知天,知天则知物无非我者,故"智周乎万物"。"智周乎万物"而不知以道济天下,则过矣。唯知周万物而道济乎天下,"故不过"。此言易之体也。道济天下,酬酢万变,其道旁行散徙,流而不反,徇物而丧己,亦过矣。故"道济天下","旁行而不流"。此言易之用也。道之行否有命,穷亦乐,通亦乐,不以天下累其心,"故不忧"。此言易之贞也。"安土"者,所遇而安也。虽所遇而安,亦未尝一日忘天下,笃于仁者也,"故能爱"。此言易正而亨也。"范围"者,防范之所围,夫[一]子所谓"矩",庄周所谓"大方"。"天地之化"者,气也。气之推移,一息不留,故谓之"化"。善养其气者,大配天地,不违也,不过也,不流也。虽忧乐以天下,而适乎大中至正之矩,故"不过"。"不过"者,不过乎中也。横渠谓非也绝物而独化,是也。此言易之中正也。"不过"故能尽己之性,能尽己之性则能尽物之性。"曲成"者,顺万物之理,成之者非一方也。天之生物也直,圣人相天而"曲成"之,不害其为直。此言中正之成物也。"曲成万物而不遗",乃能无一物不体,与天地相似,与时偕行矣。"昼夜"者,阴阳也。推乎昼夜阴阳之道而通之,则知幽明,知死生,知鬼神,非尽己之性、尽物之性者,不能也。故"通乎昼夜之道",而知阴阳,两也。两者合一而不测者,神也,不测则"无方";刚柔杂居而相易者,用也,相易则"无体"。知易"无方",则知易"无体",知易"无体",则知一阴一阳之道。

一阴一阳在天,日月之行也,昼夜之经也,寒暑之运也。在人,屈伸也,动静也,语默也。推而行之,故以是名之为"道"。知一阴一阳之道,则继之而不已者,"善"也。君子昼有为,宵有得,息有养,瞬有存,亹亹焉,孜孜焉,不敢须臾舍也。夫性无有不善,不善非天地之性。刚柔之气或得之偏,乃有不善,有不善然后善之名立,善、不善相形而后命之也。善反其初者,不善尽去,则善名亦亡。故舍曰善,而"成之者,性也",性自成也,岂人为哉?性即天地也,

〔一〕"夫",原漫漶似"天",据汲古阁本、通志堂本、四库本改。

所谓诚也。仁者见其物济天下,得易之体也,故谓之仁。智者见其旁行而不流,得易之用也,故谓之知。百姓习焉而不察,行之而不著,故"日用而不知"。君子之道,仁、智合,体、用一,兼体阴阳而无累,通乎昼夜之道而知,故"君子之道鲜矣"。君子者,具仁、智之成名,得道之大全者也。

显诸仁,藏诸用,鼓万物而不与圣人同忧,盛德大业至矣哉。富有之谓大业,日新之谓盛德。生生之谓易,成象之谓乾,效法之谓坤,极数知来之谓占,通变之谓事,阴阳不测之谓神。

夫易,广矣,大矣。以言乎远则不御,以言乎迩则静而正,以言乎天地之间则备矣。夫乾,其静也专,其动也直,是以大生焉。夫坤,其静也翕,其动也辟,是以广生焉。广大配天地,变通配四时,阴阳之义配日月,易简之善配至德。子曰:"易其至矣乎!夫易,圣人所以崇德而广业也。知崇礼卑,崇效天,卑法地,天地设位而易行乎其中矣。成性存存,道义之门。"

天道之行,雷霆风雨,日月寒暑,刚柔相摩,万物变化,"显诸仁"也。雷霆之所以鼓,风雨之所以润,日月、寒暑之所以运行,莫知其然而然,"藏诸用"也。天理自动,万物听之,"鼓万物"也。此天道无心之妙,犹"不与圣人同忧"者,盖圣人有相之道,不以其所可忧者而同乎无忧,以谓配天地、立人道者存乎己,易之道是已。则圣人"盛德"、"大业"岂不至矣乎?横渠曰:"富有者,大而无外也;日新者,久而无穷也。"

阳生阴,阴生阳,阳复生阴,阴复生阳,生生不穷,如环无端,此之谓"易"。太极不动则含两仪,动而生阳,一太极、两仪而成象,此天所以三也。静而生阴,阴配于阳,犹形之有影,故两,刚柔、男女而效之,法此地所以两也。"成象"者,健也,此之谓"乾";"效法"者,顺也,此之谓"坤"。

天数二十有五,地数三十,极天地之数,而吉凶之变可以前知,此之谓"占"。穷则变,变则有术以通之,此之谓"事"。阴阳变化,不可测度,此之谓"神"。是道也,在圣人为德业,在天地之用为易,在易为乾坤、为占、为神,以两言该之曰"仁智",以一言该之曰"道",其实一也。

"广"者,坤也;"大"者,乾也。"以言乎远"者,变动也,入于无形,莫之能御也。"以言乎迩"者,不变者也,静而守正,一天下之动者也。"以言乎天地之间",则乾坤合德,刚柔有体,变与不变互〔一〕相推荡,而万物"备"矣。"广矣"、"大矣"、"备矣",所谓"富有"也。

夫乾之静,以一阳藏于二阴之中,阴不能桡,故"专"。及〔二〕其动也,九变为六,依坤而行,故"直"。坤之静也,以一阴藏于二阳之中,随阳而入,故"翕"。及其动也,六变而九,从乾而出,故"辟"。"直"则自遂,"辟"则浸昌。"大生"者,通乎形外,"广生"者,用止乎形,此"广大"之辩也。"天地之大德曰生",乾坤不相离也,是以能广大,故"广大配天地"。"变通"者,乾坤之动也,故"变通配四时"。乾坤之动者,阴阳之变也,故"阴阳之义配日月"。"日月相推而明生焉",故也言乎天地之间者备矣,其究则乾坤简易而

〔一〕"互",原作"玄",疑描补致误,据汲古阁本、通志堂本、四库本改。
〔二〕"及",原脱,据汲古阁本、通志堂本、四库本补。

已。"至德"者,天地之德,隐于无形者也,故简易之善配至德。夫子于太伯之让、文王之德,孝也、中庸也,皆谓之至德,德至于是,无以复加矣。将以"崇德"故"知崇",将以"广业"故"礼卑"。崇上达,易自下升也,卑无不至,易遍体也。通乎昼夜之道而知,可谓"知崇"矣,"知崇"则德崇。曲成万物而不遗,可谓"礼卑"矣,"礼卑"则业广。知崇效天,礼卑法地,德崇业广,则上下与天地同流。易者,天地之用也。尊卑有定,"天地设位",六爻上下升降,而易行乎其中矣。"成性"者,存其所存则天地位,天地位则道义出,道义者,用也,故曰"一阴一阳之谓道",又曰"道有变动",又曰"精义入神以致用"。夫万物皆备于我,而存其所存者,何也?去人欲而天理存也。

圣人有以见天下之赜,而拟诸其形容,象其物宜,是故谓之象。圣人有以见天下之动,而观其会通,以行其典礼,系辞焉以断其吉凶,是故谓之爻。言天下之至赜而不可恶也,言天下之至动而不可乱也。拟之而后言,议之而后动,拟议以成其变化。

"鸣鹤在阴,其子和之,我有好爵,吾与尔靡之。"子曰:"君子居其室,出其言善,则千里之外应之,况其迩者乎?居其室,出其言不善,则千里之外违之,况其迩者乎?言出乎身,加乎民;行发乎迩,见乎远。言行,君子之枢机,枢机之发,荣辱之主也。言行,君子之所以动天地也,可不慎乎?"

"同人,先号咷而后笑。"子曰:"君子之道,或出或处,或默或语。二人同心，其利断金。同心之言，其臭如兰。"

"初六，藉用白茅，无咎。"子曰："苟错诸地而可矣，藉之用茅，何咎之有？慎之至也。夫茅之为物薄，而用可重也。慎斯术也以往，其无所失矣。"

"劳谦，君子有终，吉。"子曰："劳而不伐，有功而不德，厚之至也，语以其功下人者也。德言盛，礼言恭。谦也者，致恭以存其位者也。"

"亢龙有悔。"子曰："贵而无位，高而无民，贤人在下位而无辅，是以动而有悔也。"

"不出户庭，无咎。"子曰："乱之所生也，则言语以为阶。君不密则失臣，臣不密则失身，几事不密则害成，是以君子慎密而不出也。"

子曰："作易者，其知盗乎？易曰：负且乘，致寇至。负也者，小人之事也。乘也者，君子之器也。小人而乘君子之器，盗思夺之矣。上慢下暴，盗思伐之矣。慢藏诲盗，冶容诲淫。易曰'负且乘，致寇至'，盗之招也。"

王昭素合"初六，藉用白茅"通为一章，今从昭素。"天下之至赜[一]"者，理也；"天下之至动"者，时也。画卦以明理，而卦有变；生爻以明时，而爻有动。"拟诸其形容"者，刚柔有体，"象其物宜"者，百物不废，"是故谓之象"。"会通"者，亨也；"典礼"者，大猷也。观时之会，否者既通，则斟酌大猷，损益而行之，所以嘉其

────────────

〔一〕"赜"，原作"颐"，据通志堂本、四库本改，下均同。

亨之会也。又系辞以断其吉凶,知用各有时,时不可失,"是故谓
之爻"。如"颠趾出否"、"豕涂鬼车","言天下之至赜"也,然象其
物之所宜,虽至赜而不可恶也。如升降上下、反复相变,"言天下
之至动"也,然断之以吉凶,虽至动而不可乱也。言者尚其辞,故
"拟之而后言"则无妄言;动者〔一〕尚其变,故"议之而后动"则无妄
动。"拟议以成其变化",则语默、动静皆中于道。易言变化者四:
曰"天地变化"者,乾坤变化也;曰"乾道变化"者,乾之变化也;曰
"刚柔相推而生变化"者,爻象之变化也;曰"拟议以成其变化"
者,言行之变化也。或语或默,或出或处,变化也。爻象之变化象
天地,故曰"天地变化,圣人效之"。言行之变化,体易也。

自此以下,举诸卦以明拟议,以明成其变化者如是。"靡"当作
"縻",中孚九二辞也。二在内,居室也。二动五应,"出其言善,千
里之外应之"也。兑口不动则不正,巽五不应,"出其言不善,千里
之外违之"也。坤为众,"言〔二〕出乎身,加乎民"也。内近外远,
"行〔三〕发乎迩,见乎远"也。艮门震动,"枢机"也。或应或否,
"荣辱之主"也。乾坤天地,震巽相应,"动天地"也。明"拟之而
后言,议之而后动"者当如是。此动彼应,非变化乎?

"同人,先号咷而后笑",同人九五辞也。五应二也,乾变为金,兑
金断之,故曰"其利断金",言同心之利,"动而不括"者然也。巽
为草、为臭,阳为芬芳,二、五相易,芬芳上达,兑为口,故曰"同心
之言,其臭如兰",言可服也。震动,"或语"、"或出"也;艮止,"或

〔一〕"者",原作"而",据汲古阁本、通志堂本、四库本改。
〔二〕"言",原作"行",据上系辞传文改。
〔三〕"行",原作"言",据上系辞传文改。

处"、"或默"也。出处语默不必同,所同者心,则其利可断,其言可服。变化不同,其归同也,明言行不必同也。中孚、同人二五相易乃成变化,故曰"一则神,两则化",一者,合两而为一也。爻辞曰"用大师克相遇",五、四动而克三,乃与二遇。系辞所陈,止以二、五相易尽同心之义。是谓"玩辞"、"玩变"之道,举上二爻以例爻之变者也。

"藉用白茅,无咎",大过初六爻辞也。初六一柔承四刚,执柔处下而不犯,虽柔无咎。譬之置器,苟错之于平安之地,斯可矣。又藉之以洁白之茅,"慎之至"也。茅之为物虽薄,而祭祀用之,可谓重矣。持是以往,何以尚之? 明言行之当慎也。

"劳谦,君子有终,吉"者,谦九三爻辞也。坎为劳,九三体谦,以阳下阴,劳而不自伐,有功而不自得,"厚之至也,语以其功下人者"也。艮成始成终,成功之象,明言行之当谦也。"德"者,"言盛"者也,厚之至是也。"礼"者,"言恭"者也,礼,自卑而尊人,自后而先人,故以"恭"言之。君子之于谦也,岂唯下人? 亦所以"存其位","存其位"非固位,有终吉也,谦恭则其德厚矣。

"亢龙有悔",乾上九爻辞也。不当尊位,"无位"也。乾见坤隐,坤为众,"无民"也。九三不应,"无辅"也。上九〔一〕刚过亢满,不知谦降之道,"是以动而有悔",违谦故也。

"不出户庭,无咎",节初九爻辞也。兑为口,动于内为舌。初应四,"出户庭"也,是为否乱之阶。初、四易则乾君受言,坤臣纳言。离为明,坎为难,明言而有难,"不密"之害也。初、四失〔二〕位,君

〔一〕"九",原作"乃",疑描补致误,据汲古阁本、通志堂本、四库本改。
〔二〕"失",原作"尖",疑描补致误,据汲古阁本、通志堂本、四库本改。

臣失也。初乾为君，四坤为臣，初为事几，成于四，四失而难作，"害成"也。"不出户庭"，坎、离象隐，"是以君子慎密而不出"，言此以明不慎、不密之戒。

易曰"负且乘，致寇至"，解六〔一〕三辞也。以"小人而乘君子之器"，则为盗者，不夺不厌，故"思夺之"。四坎为盗，三、四同象，六三据非其位，"上慢"也，以柔乘刚，"下暴"也。上下恶之盗，将声其罪，故"思伐之"。离为戈兵，三、四易位，自上伐下也。"慢藏"者诲人使盗，"冶容"者诲人使淫，无不自己求之。"负且乘，致寇至，盗之招也"，故子曰"作易者，其知盗乎"，言此以明致恭可以存位，慢则盗夺之、伐之，为不恭之戒。

举上五爻，以例爻之不变者也。夫谦恭慎密，又知夫不密、不恭之戒，则于言行也何有？善易者也。易岂止于文字而已哉？

大衍之数五十，其用四十有九。分而为二以象两，挂一以象三，揲之以四以象四时，归奇于扐以象闰。五岁再闰，故再扐而后挂。天数五，地数五，五位相得而各有合。天数二十有五，地数三十，凡天地之数五十有五，此所以成变化而行鬼神也。乾之策二百一十有六，坤之策百四十有四。凡三百有六十，当期之日。二篇之策万有一千五百二十，当万物之数也。是故四营而成易，十有八变而成卦，八卦而小成。引而伸之，触类而长之，天下之能事毕矣。显道神德行，是故可与酬酢，可与祐神矣。

小衍之五，参、两也。大衍之五十，则小衍在其中矣。一者，体也，

〔一〕"六"，原作"九"，据通志堂本、四库本改。

太极不动之数。四十有九者,用也。两仪、四象分太极之数,总之则一,散之则四十有九,非四十有九之外复有一,而其一不用也。方其一也,两仪、四象未始不具,及其散也,太极未始或亡,体、用不相离也。四十有九者,七也,是故爻用六,蓍用七,卦用八,玄用九。十即五也,十,盈数,不可衍也。分之左右而为二以象两者,分阴阳、刚柔也。挂一于小指以象三者,一太极、两仪也。揲之四以象四时者,阴阳、寒暑即四象也。归奇于扐以象闰者,先以其左四揲之,归其所揲之余而扐之,以象闰。次以其右四揲之,归其所揲之余而扐之,以象五岁再闰。故再扐而后复挂,皆参、两也。三揲而成一爻。闰生于日月合朔,周天不尽之气,十九岁七闰,凡三岁闰者五,二岁闰者二,大率五岁再闰,所以定四时成岁也。韩康伯曰:"其间五岁再闰者二,故举其凡。"是以太一筭数,关子明卜百年之义,皆源于此。京房以五十为十日、十二辰、二十八宿,马融谓北辰、日月、五行、十二月、二十四气,误也。或谓每成一爻而后挂,二揲、三揲不挂,亦误也。

一、三、五、七、九,奇也,故"天数五";二、四、六、八、十,偶也,故地数十。九者,河图数也;十者,洛书数也。"五位相得"者,一、五为六,故一与六相得,二、五为七,故二与七相得,三、五为八,故三与八相得,四、五为九,故四与九相得,五、五为十,故五与十相得。然"各有合",故一与二合,丁、壬也,三与五合,甲、己也,五与六合,戊、癸也,七与四合,丙、辛也,九与八合,乙、庚也,五即十也。天地五十有五,大概如此,故曰"凡天地之数五十有五"。然五十则在其中,故太玄一、六为水,二、七为火,三、八为木,四、九为金,五、五为土,黄帝书亦曰"土生数五,成数五",是以"大衍之数五十"也。"大衍之数五十",而策数六、七、八、九,何也?曰:六者,

一、五也,七者,二、五也,八者,三、五也,九者,四、五也,举六、七、八、九,则一、二、三、四、五具。所谓五与十者,未始离也。五与十,中也,中不可离也。考之于历,四时迭王,而土王四季,凡七十有五日,与金、木、水、火等,此河图十五隐于一九、三七、二四、六八之意。刘牧曰"天五居中,主乎变化,三才既备,退藏于密",是也。故六、七、八、九而五十之数具,五十之数而天地五十有五之数具。奇耦相合也,故能"成变化"。相合而有升降也,故能"行鬼神"。变化、鬼神者,天地也;成之、行之者,人也。太玄天之策十有八,地之策十有八,虚其三以扐之,准大衍之数其用四十有九也。虽虚其三而三画成首,首有三表,七、八、九为用,亦大衍五十而五在其中也。凡此,言天地之数五十有五,而大衍之数其用四十有九者,为是也。

自此以下,再论揲之四以象四时。归奇、合耦之数:得五与四四,则策数三十六,四九也,是为乾之策,乾之策,老阳也;得九与八八,则策数二十四,四六也,是为坤之策,坤之策,老阴也;得五与八八、得九与四八,策数皆二十八,四七也,是为震、坎、艮之策,少阳也;得九与四四、得五与四八,策数皆三十二,四八也,是为巽、离、兑之策,少阴也。三十六合二十四,六十也,二十八合三十二,亦六十也。乾之策,六爻二百一十有六,坤之策,六爻一百四十有四,乾、坤之策凡三百有六十,当期之日,具四时也。震、坎、艮之策,六爻一百六十有八,巽、离、兑之策,六爻一百九十有二,震、坎、艮、巽、离、兑之策凡三百有六十,亦当期之日。举乾坤,则六卦举矣。老者变,少者不变,易以变为占者也。变则化,成变化则鬼神行矣,管子曰"流行于天地之间,谓之鬼神"。归奇、合耦之数,所以异于策数者,存其挂一之数也。一者,太极不动之数。故五与四四合为十三,去其一则十二;九与八八合为二十五,去其一则二十四;五与八八合为二十一,九与四八合亦二十一,去其一则皆二十;九与四四合为十七,五与四八合亦十七,去其一皆十六。一,体也,体隐则用显,所谓显[一]者亦隐。故二十四者,老阴之策也;以二十四合十二则三十六者,老阳之策也;以二十合十二则三十二者,少阳之策也;以十六合十二则二十八者,少阴之策也。二十四合三十六,六十也,二十八合三十二,亦六十也。用与不用通而为一,体无非用也。

刘牧谓"经唯举乾坤老阳、老阴三百六十之数当期之日,不更别举他卦之爻",而疑六日七分之义,此不以三隅反也。唐陆希声谓:"易以年统月,以岁统旬,以日统时,凡言月者,以一策当一月,一九之策三十有六,是为三年,故曰皆一九之策也。"又曰:"以年统月,一日十二时,七日八十四时,一九之策三十六,二六之策四十八,凡八十有四,是为七日八十四时,故曰七日者,一九、二六之策也。"又曰:"以日统时,一朔之旬三十日,七,二十八策,八,三十二策,凡六十策,半之为三十,故曰言旬者,合七、八之策而半之,以象一朔之旬。一闰三十日,再闰六十日,九,三十六策,六,二十四策,凡六十策,故曰言岁者全之,以象再闰之日。月有朔虚,故半之;岁有中盈,故全之。一月三旬,八月二十四旬,而老阴之策二十有四,故曰八月之旬当极阴之策二十有四。三岁为一闰,一岁三百六十日,而二篇之爻三百八十有四,除三百六十日,余二十四日,故曰闰之日当二篇之爻八[二]十有四。乾坤之策当期之日,而

少六日,故曰虚分包焉。二篇之爻三百八十四爻,多二十四日,故曰盈分萃焉。"其说本于系辞坤乾之策"当期之日",然时有抵牾。且虞翻为孙权筮关羽,遇节五爻变之临,曰"不出二日",五应二,以二爻为日也。尚广为孙皓筮并天下,遇同人之颐,曰"庚子岁青盖入洛",庚子,震初爻也,震少阳数七,凤凰元年至天纪四年春三月,吴入晋,实七年,若以一九、二六之策推之为八十四时,则可以言七日,不可言七岁、七年矣。又临"至于八月有凶"者,谓自复数至遁,一爻为一月,非取二十四极阴之策,若二爻属老阴,四十八策,不可言十六月矣,不然,当言一岁四月乎?

中条隐者谓易含万象,策数乃数之一,又有爻数、卦数、五行、十日、十二辰、五声、十二律、纳甲之数,不可一端而尽。二篇之策,三百八十四爻,阳爻一百九十二,其策六千九百一十二,阴爻一百九十二,其策四千六百八,二篇之策合之,凡万有一千五百二十,当万物之数。此变爻也,老阳、老阴之策也。以不变者论之,少阳之策二十有八,凡一百九十二爻,为五千三百七十六策,少阴之策三十有二,凡一百九十二爻,为六千一百四十四策,二篇之策合之,亦万有一[一]千五百二十,当期之日。变者以不变为基,不变者以变者为用。以爻数言之,阳爻一百九十二,昼数也,其数一千七百二十八,阴爻一百九十二,夜数也,其数一千一百五十二,综而言之,二千[二]八百八十,凡四求之,亦万有一千五百二十,当万物之数。四时行而后万物生,无非四也,故曰"四营而成易"。分二,挂一,归四揲之,余而并扐之,一变也,三变而成一爻,六爻"十

〔一〕"一",原作"二",据汲古阁本、通志堂本、四库本改。
〔二〕"千",原作"十",据汲古阁本、通志堂本、四库本改。

有八变而成卦"。自乾至坤，"八卦而小成"。"引而伸之"，为六十四卦。"触类而长之"，乃有变动。

或谓三画之卦为小成，误也，上既陈"十有八变而成卦"，则八卦者，重卦也，八卦而六十四卦具，故曰"小成"。自归奇合扐之数观之，三少者，乾也，三多者，坤也，一少二多者，震、坎、艮也，二少一多者，巽、离、兑也。三少者策数九，三多者策数六，一少二多者策数七，一多二少者策数八，则多少之数，八卦已具。自三画观之，八卦为阳画者十有二，阴画者二十有四。阳，七、九也，阴，六、八也，九、六，十五也，七、八，亦十五也。二十四者，坤策也，总而为三十六者，乾策也。则三画之中，五行、十日、十二辰、二十四气已具。"引而伸之，触类而长之"，不越乎此。是故圣人语小，天下莫能破，语大，天下莫能载。谓"八卦而小成者"，举中而言也。

"显道"者，"危者使平，易者使倾"，惧以终始，其要无咎之道也。"德行"者，卦之德行。"神"者，变而通之。"酬酢"者，互为宾主。"祐神"者，先、后天也。饮酒之礼，主人献宾，宾酬主人，主人酬宾。卦反复相变，而乾、坤、坎、离、大过、颐、小过、中孚不变，此所以能"酬酢"也。

子曰："知变化之道者，其知神之所为乎？易有圣人之道四焉：以言者尚其辞，以动者尚其变，以制器者尚其象，以卜筮者尚其占。"是以君子将有为也，将有行也，问焉而以言，其受命也如响。无有远近幽深，遂知来物。非天下之至精，其孰能与于此？参伍以变，错综其数。通其变，遂成天地之文。极其数，遂定天下之象。非天下之至变，其孰能与于此？易，无思也，无为也。寂然不动,感而遂通天下之故。非天下之至神,其孰能与于此?
夫易,圣人之所以极深而研几也。唯深也,故能通天下
之志。唯几也,故能成天下之务。唯神也,故不疾而速,
不行而至。子曰"易有圣人之道四焉"者,此之谓也。

变化之道尽于参、两之神,知其道则知神之所为。辞也、变也、象
也、占也,四者易之变化,本于参、两者也,参天、两地也。错综而
生变化,其妙至于不可知,然亦不越乎四者。故"以〔一〕言者尚其
辞",则言必不苟。"以动者尚其变",则动必精义。"以制器者尚
其象",则器必致用。"以卜筮者尚其占",则占必知来。非神之
"有为"乎?"有为",造事也。"有行",举事也。有问者焉,而以
易言之,则其辞足以答〔二〕天下之问。有命者焉,受而应之如响,
则其占足以决天下之疑。问、答、占、决,皆辞也。故通言之,"无
有远近",以内外言也,"无有幽深",以变动言也。心者,天地之
鉴,万物之镜,显于参伍之神,则"远近幽深"毕陈乎前,"遂〔三〕知
来物"。我与物,一也。精之又精,谓之"至精"。

"参伍〔四〕以变"者,纵横十五,天地五十有五之数也。错之为六、
七、八、九,综之为三百六十。以天地观之,阴阳三五,一五以变为
候者七十二,二五以变为旬者三十六,三五以变为气者二十四。
三百六十五日,周而复始。故乾之策三十有六者,三六而又二也;
坤之策二十有四者,二六而又二也。三其二十四与二其三十六,

〔一〕"以",原脱,据汲古阁本、通志堂本、四库本补。
〔二〕"答",原作"德",据通志堂本、四库本改。
〔三〕"遂",原作"逐",据汲古阁本、通志堂本、四库本改。
〔四〕"伍",原作"位",疑描补致误,据汲古阁本、通志堂本、四库本改。

皆七十二。三其七十二为二百一十六,得乾之策;二其七十二为百四十四,得坤之策。三画之卦,三变而反;六画之卦,五变而复。通六、七、八、九之变,则刚柔相易,"遂成天地之文"。极五十有五之数,则刚柔有体,"遂定天下之象"。非成文不足以成物,非定象不足〔一〕以制器。变之又变,谓之"至变"。夫有行始于有为,有为始于有思。有思、有为者,人也;无思、无为者,天也。谁能有思、有为而无于人之累乎?其唯易而已。易有思也,本于无思;有为也,本于无为。合五十有五之数,归于太极,寂然无声,其一不动,万化冥会乎其中。有物感之,散为六、七、八、九之变,而天下之所以然者,无乎不通。所谓"远近幽深,遂知来物",乃其一也。"精"者,精此者也;"变"者,变此者也。神之又神,谓之"至神"。精故可以穷深,变故可以与几,夫易,圣人体之以"极深研几"者也。天下之志藏于无形,非推见至隐者,其能尽通乎?易,至精者也。天下之务其来无穷,非曲得所谓者,其能成乎?易,至变者也。疾而速,行而至,有思、有为者皆然。易,至神也。体易者至于"不疾而速,不行而至"者,"极深研几"之效也。莫知其然而然也,故曰"易有圣人之道四焉"。

天一地二,天三地四,天五地六,天七地八,天九地十。子曰:"夫易,何为者也?夫易,开物成务,冒天下之道,如斯而已者也。"是故圣人以通天下之志,以定天下之业,以断天下之疑。是故蓍之德圆而神,卦之德方以知,六爻之义易以贡。圣人以此洗心,退藏于密,吉凶与民

〔一〕"足",原作"定",疑描补致误,据汲古阁本、通志堂本、四库本改。

同患。神以知来,知以藏往,其孰能与此哉?古之聪明
叡知,神武而不杀者夫。是以明于天之道,而察于民之
故。是兴神物,以前民用。圣人以此斋戒,以神明其德
夫。是故阖户谓之坤,辟户谓之乾。一阖一辟谓之变,
往来不穷谓之通。见乃谓之象,形乃谓之器。制而用之
谓之法,利用出入,民咸用之,谓之神。

是故易有太极,是生两仪,两仪生四象,四象生八卦,八
卦定吉凶,吉凶生大业。是故法象莫大乎天地,变通莫
大乎四时,县象著明莫大乎日月,崇高莫大乎富贵。备
物致用,立成器以为天下利,莫大乎圣人。探赜索隐,钩
深致远,以定天下之吉凶,成天下之亹亹者,莫大乎蓍
龟。是故天生神物,圣人则之。天地变化,圣人效之。
天垂象,见吉凶,圣人象之。河出图,洛出书,圣人则之。
易有四象,所以示也。系辞焉,所以告也。定之以吉凶,
所以断也。

易曰:"自天祐之,吉无不利。"子曰:"祐者,助也。天之
所助者,顺也。人之所助者,信也。履信思乎顺,又以尚
贤也。是以自天祐之,吉无不利也。"

万物在天地间,不离乎五十有五之数。圣人虽不言,其能逃乎?
然则易之为书,何为者也?物有理,易则开之;事有时,易则成之。
圣人"冒天下之道",所谓易者,"如斯而已者也"。冒天下之道
者,日月所照,霜露所坠,舟车所至,凡有血气者,必待此道而后覆
冒。关子明曰:"象生有定数,吉凶有前期。变而能通,则治乱有

可易之理。"天命人事，其同归乎？故圣人以此"通天下之志"，谓其"极深"也；以此"定天下之业"，谓其"成务"也；以此"断天下之疑"，谓其"受命如响"也。天下之业定，则务既成矣。

圣人于天地五十有五之数，盖有超然独得而遗乎数者。是故蓍运无穷，可以前知，其德"圆而神"也。圣人以此"洗心"，酬酢万变，一毫不留于胸中，卦成不易，爻见而策藏，其德"方以知"也。圣人以此"退藏"，遁于无形，深不可测。六爻之义，唯变是适。上下内外，相易以告吉凶，圣人以此吉凶与民同患。夫"洗心"、"退藏"，若绝伦离类，则过矣，是以"吉凶与民同患"。

开物于几先，故曰"知来"，所谓可以前知也；明忧患而弭其故，故曰"藏往"，所谓爻见而策藏也。惟"吉凶与民同患"，是以有开物成务，冒天下之道，此所谓"不与圣人同忧"者也。若舍是道，唯数而已，则易于天地为赘矣。上言蓍神卦、知爻义，而总之以神知者，言卦则爻在其中，孰能与于此者哉？古者聪明不蔽于耳目，叡知不蔽于思虑，有武而不杀者。夫有武不杀，万物自服，故谓之神武。物之蒙蔽，动违诸理，不得已而用刑，至于杀之，岂得已哉？圣人忧之，是以"明于天之道"，"察于民之故"。明于天之道而不察于民之故，知天而已，非圣人也。无非物也，天地五十有五之数，见于蓍龟，故谓之"神物"，"是兴神物"，前百姓之日用，示之以吉凶之理，使知违顺取舍，其效至于刑措不用，兵革不试，何杀之有？然非聪明叡知，岂能明察如此？圣人以此斋洁戒慎，恐惧于不闻、不睹，所谓诚也。"神明其德"者，配天地也，故其民有肃心而不欺，民至于不欺，至矣。

坤自夏至以一阴右行，万物从之而入，故曰"阖户谓之坤"；乾自冬至以一阳左行，万物从之而出，故曰"辟户谓之乾"。坤阖则阳变而阴,乾辟则阴变而阳,故"一阖一辟谓之变"。阖者,往也,辟者,来也,一阖一辟,往来相感,其机有不得息者,"故往来不穷谓之通"。气聚而有"见",故谓之"象","象"成而有"形",故谓之"器"。利用此道,以动静出入,而蚩蚩之民,咸日用之,莫知其然,故谓之"神"。七者同出而异名,其变化之道,神之所为乎?知阖辟变通者,明于天之道;知"利用出入,民咸用之"者,察于民之故。乾天坤地而曰"明于天之道"者,乾兼坤也。阖辟以一岁言之,寒暑也;以一日言之,昼夜也;以一身言之,出入之息,死生之变也。无阖则无辟,无静则无动,此归藏所以先坤欤。

此以下言"是兴神物"。极,中也;"太极",中之至欤。"易有太极",四十有九合而为一乎?四象、八卦,具而未动,谓之太极。在人,则喜怒哀乐之未发者也。阴阳匹也,故谓之仪。太极动而生阳,阳极动[一]而生阴,阴极复动而生阳。始动静者,少也,极动静者,老也,故生四象。乾,老阳也,震、坎、艮,少阳也,坤,老阴也,巽、离、兑,少阴也,故"四象生八卦"。卦有爻,爻有位,刚柔相交[二],有当否,故"八卦定吉凶"。有吉凶则有利害,人谋用矣,故"生大业"。"八卦定吉凶"者,"开物"也;"吉凶生大业"者,"成务"也。"法象莫大乎天地",故定乾坤也。"变通莫大乎四时",故明六爻也。"县象著明莫大乎日月",故用坎、离也。积而"崇高"者,"富贵"也。"富贵"然后可与人共位、食禄、行道,爻之尊位是也,故"莫大乎富贵"。备百物,致民用,立成器,如网罟、耒耜

〔一〕"阳",原脱,汲古阁本"阳极动"作"极□静","動"字未写完,通志堂本、四库本"阳阳"作"阴阳阳"。据上下文意补"阳"字。
〔二〕"交",原作"文",据汲古阁本、通志堂本、四库本改。

之类,以为天下利,唯圣人能之,象言先王、大人、君子之所以者是也,故"莫大乎圣人"。天地、鬼神之奥,幽赜隐伏,深远而难穷,探取之,搜索之,钩出之,使自至之,以定吉凶之未形,以成亹亹之不已,唯蓍龟能之,故"莫大乎蓍龟"。圣人观天地、四时、日月,又考之蓍龟而作易,"以通神明之德,以类万物之情",处崇高之富贵,备物致用,立成器,建卜筮。然则通天下之志,定天下之业,断天下之疑,非圣人,其孰能之?是以成位两间,与天地并立,故曰"大哉人谟"。舍此而能覆冒天下者,未之见也。

蓍一根而百茎,龟具八卦、五行、天地之数,"神物"也,故"圣人则之"。"天地变化",四时行焉,万物生焉,故"圣人效之"。日月、五星,天象也,天不言,示之以象,吉凶见矣,故"圣人象之"。河图九宫,洛书五行,"圣人则之"。"效之"者,效之以六爻之动,故曰"爻者,效天下之动者也"。"象之"者,象也,故曰"象也者,像也"。于蓍龟、图书言"则之"者,大衍之数、八卦、五行,作易者则之,故乾、坤、坎、离、震、巽、艮、兑三画之卦,爻合皆九、六、七、八、九,数皆十五,水六、火七、木八、金九,五行之数具焉。传曰:"圣人以蓍龟而信天地、四时、日月之象数,以河图、洛书而信蓍龟之象数,信矣其不疑也,于是乎作易。""易有四象",圣人所以示吉凶也。系辞焉而命之,所以告吉凶也。易于吉凶,有以利言者,有以情迁者,有义命当吉、当凶、当否、当亨者,一以贞胜而不顾,非圣人不能定也。定之者,所以断之。

易曰"自天祐之,吉无不利",大有上九辞也。乾为天、为人。祐,助也。坤为顺。五〔一〕与二孚,信也。天之所助者,顺理也。人之

〔一〕"五",原漫漶似"三",据汲古阁本、通志堂本、四库本改。

所助者,信相与也。六五履信而思乎顺,又自下而上贤,是以"自
天祐之,吉无不利"。言此者,明获天人之利,然后吉无不利。圣
人明于天之道,察于民〔一〕之故,合天、人者也。

子曰:"书不尽言,言不尽意。"然则圣人之意,其不可见
乎? 子曰:"圣人立象以尽意,设卦以尽情伪,系辞焉以
尽其言,变而通之以尽利,鼓之舞之以尽神。"

乾坤,其易之缊邪? 乾坤成列,而易立乎其中矣;乾坤
毁,则无以见易;易不可见,则乾坤或几乎息矣。是故形
而上者谓之道,形而下者谓之器,化而裁之谓之变,推而
行之谓之通,举而错之天下之民谓之事业。是故夫象,
圣人有以见天下之赜,而拟诸其形容,象其物宜,是故谓
之象。圣人有以见天下之动,而观其会通,以行其典礼,
系辞焉以断其吉凶,是故谓之爻。极天下之赜者存乎
卦,鼓天下之动者存乎辞。化而裁之存乎变;推而行之
存乎通;神而明之存乎其人;默而成之,不言而信,存乎
德行。

言之难谕〔二〕者,不能尽形之于书;意之难传者,不能尽见之于言。
然圣人之意,终不可见于天下后世乎? 夫有意斯有名,有名斯有
象。意,至赜也。圣人于无形之中建立有象,因象而得名,因名而
得意,则言之所不能尽见者尽矣。君子、小人,情、伪而已矣。情

〔一〕"民",原漫漶似"氏",据汲古阁本、通志堂本、四库本改。
〔二〕"谕",通志堂本、四库本作"论"。

则相应,伪则相违。圣人陈卦以示之,断之以中正,而君子、小人见,然后著情去伪,而其意诚矣。系之卦辞,又系之爻辞,以吉凶明告之,与卦象相发,则书之所不能尽形者尽矣。阴极变阳,阳极变阴,当变而变则通,不变则穷,穷非道也,变而通之,则无所不利而道行矣。鼓、舞者,鼓之于此,舞之于彼,动止应节,莫知其然,神也,横渠曰"辞不鼓舞则不足以尽神"。爻至于变通以尽利,辞至于鼓舞以尽神,则圣人之意几无余蕴矣。

乾坤成列,则象、爻变动蕴于其中。乾坤,体也;象、爻变动,用也。体毁则用不可见,用不可见则体因是息矣,故曰"乾坤,其易之蕴邪","乾坤毁,则无以见易","易不可见,则乾坤几乎息矣"。乾,健也;坤,顺也。健顺者,意也。谓之乾坤者,名也。乾奇坤偶者,象也。象成而著者,形也。"形而上者谓之道",变通也;"形而下者谓之器",执方也。然则变通者易之道,执方者易之器。是故语道而至于不可象,则名言亡矣。变通,一也,离而言之则二。今天地之化,一息不留,圣人指而裁之,则谓之变。故昼夜六时,寒暑六气,刚柔六位,因其化而裁之,以著其变之微,故曰"化而裁之谓之变"。昼夜相推为一日,寒暑相推为一岁,刚柔相推为一卦,推之则通,故曰"推而行之谓之通"。又曰"刚柔相推,变在其中矣",知此,则知变、通,一也。举此道而错之于天下,"谓之事业"。又曰"通变之谓事",知此,则知事业、通变,一也。

圣人见天下之至赜,将以示人,故"拟诸其形容",象其物[一]之宜。"形",一定也。刚柔,以立本也。"容",变动也。变通,以趋时

〔一〕"物"前,<u>汲古阁本、通志堂本、四库本</u>有"八"字。

也。是故谓之象,立象则卦也、变通也在其中矣。圣人见天[一]下
之至动,既观其会通之时,损益典礼以行之矣,又系之辞以断其
疑,曰如是而吉、如是而凶,是故谓之爻。系辞则变通在其中矣。
然则体易者欲极天下之至赜者,"存乎卦"可也,"存乎卦"则见象
矣。欲鼓天下之至动者,"存乎辞"可也,"存乎辞"则见变通矣。
"化而裁之",其化有渐,存乎爻之变可也。"推而行之",其利不
穷,存乎爻之通可也。神而藏用,明而显仁,存乎古之人可也。革
存乎汤、武,明夷存乎文王、箕子,复存乎颜氏之子,故曰"存乎其
人,默而成之"。言不下带而道存者,以心感心也,存诸己也,故曰
"不言而信,存乎德行"。易至于"存乎德行",则得意忘象,我与
圣人一也。上系终于"默然成之,不言而信",下系终于六"辞",
语、默,一也。

周易系辞上传第七

〔一〕"天",原漫漶似"大",据汲古阁本、通志堂本、四库本改。

周易系辞下传第八

翰林学士左朝奉大夫知制诰兼侍读兼资善堂翊善

长林县开国男食邑三伯户赐紫金鱼袋朱震集传

八卦成列，象在其中矣。因而重之，爻在其中矣。刚柔相推，变在其中矣。系辞焉而命之，动在其中矣。吉凶悔吝者，生乎动者也。刚柔者，立本者也。变通者，趣时者也。吉凶者，贞胜者也。天地之道，贞观者也。日月之道，贞明者也。天下之动，贞夫一者也。夫[一]乾，确然示人易矣。夫坤，隤然示人简矣。爻也者，效此者也。象也者，像此者也。爻、象动乎内，吉凶见乎外。功业见乎变，圣人之情见乎辞。

伏羲始画[二]八卦。"八卦成列"，而乾坤定位。震、巽，一交也。坎、离、艮、兑，二交也。兑以一阳与艮，坎以一阴奉离，震、巽以二相易，六十四卦之象在其中矣。三画，天、地、人也。伏羲因而重之，"六位成章"，"兼三才而两之"，则三百八十四爻在其中矣。归藏初经八卦六爻，则知"因而重之"者，伏羲也。姚信曰："连山

〔一〕"夫"，原漫漶似"大"，据汲古阁本、通志堂本、四库本改。

〔二〕"画"，原作"昼"，据汲古阁本、通志堂本、四库本改，下同。

氏得河图,夏人因之曰连山。归藏氏得河图,商人因之曰归藏。伏羲氏得河图,周人因之曰周易。"连山,神农氏也;归藏,黄帝氏也。其经卦皆八,本伏羲也。其别卦皆六十有四,因八卦也。六爻刚柔,互相推荡,六十四卦之变在其中矣。

郑康成曰:"虙羲作十言之教,曰乾坤震巽坎离艮兑消息,无文字,谓之易。"乃知周易系辞于卦下者,文王也。文王系辞,指其象而命之以名,则周公之爻辞所以鼓天下之动者在其中矣。彖辞,曰吉凶而已,吉凶悔吝者,爻辞也,是亦生乎卦之动也。爻动静当则吉,当静而动、当动而静则凶悔吝矣。言吉凶悔吝生乎动者,主动爻言之也。自神农氏而下,演为三易,赞为十翼,非圣人能为是也,"引而伸之",不外是也。爻有刚柔,不有两则一不立,所以"立本"也。刚柔相变,通其变以尽利者,"趣时"也,"趣时"者,时中也,故曰"乾坤毁则无以见易"矣。刚柔相错,有当有否,则吉凶生,又曰"吉凶者,贞胜"也,何谓邪?此于动中明乎不动者也。韩康伯谓"不累乎吉凶",是已。张载曰:"有义命当吉、当凶、当否、当亨者,圣人不使避凶趋吉,一以贞胜而不顾。如'大人否亨','有陨自天','过涉灭顶,凶无咎',损、益'龟不克违'及'其命乱也'之类。"天地之道有升降,然上下之观不动也,故曰"天地之道,贞观"也;日月之道有往来,然昼夜之明不动也,故曰"日月之道,贞明"也。天下之动,吉凶之变多矣,而君子安其义命,一以贞胜,吉凶不能动,何累之有?故曰"天下之动,贞夫一"也。"一"者,贞也,贞,所以一天下之动,此彖辞、爻辞所以贵夫贞也。吉凶以贞胜,故能立天下之本,趣天下之时。

八卦,本乾、坤者也。夫乾阳至刚,"确然"不易,示人为君、为父、为夫之道,不亦易乎?夫坤阴至柔,"隤然"而顺,示人为子、为臣、为妇之道,不亦简乎？乾刚坤柔,以立本者也。爻也者,效乾坤之动者也。天道下济,地道上行,刚柔相推,变通以趣时者也。象者,像乾坤之象者也。爻有变动,象亦像之。"爻象动乎内"者,有当有否,则人事之见于外者,有吉有凶。人与乾坤,一也。吉凶之变,有术通之。凶者反之吉,则功业不期于见而见矣。观此,则乾坤示人足矣。圣人必以象言乎象,爻言乎变,系辞以言吉凶者,圣人之情,爱人无已也,恐其陷于凶咎,是以指其所之。故考乎其辞,则圣人之情见矣。

天地之大德曰生,圣人之大宝曰位。何以守位曰仁,何以聚人曰财,理财正辞、禁民为非曰义。

古者包牺氏之王天下也,仰则观象于天,俯则观法于地,观鸟兽之文与地之宜,近取诸身,远取诸物,于是始作八卦,以通神明之德,以类万物之情。作结绳而为罔罟,以佃以渔,盖取诸离。

包牺氏没,神农氏作,斫木为耜,揉木为耒,耒耨之利,以教天下,盖取诸益。

日中为市,致天下之民,聚天下之货,交易而退,各得其所,盖取诸噬嗑。

神农氏没,黄帝、尧、舜氏作,通其变,使民不倦,神而化之,使民宜之。易穷则变,变则通,通则久,是以"自天祐之,吉无不利"。

黄帝、尧、舜垂衣裳而天下治,盖取诸乾坤。

刳木为舟,剡木为楫,舟楫之利,以济不通,致远以利天下,盖取诸涣。

服牛乘马,引重致远,以利天下,盖取诸随。

重门击柝,以待暴客,盖取诸豫。

断木为杵,掘地为臼,臼杵之利,万民以济,盖取诸小过。

弦木为弧,剡木为矢,弧矢之利,以威天下,盖取诸睽。

上古穴居而野处,后世圣人易之以宫室,上栋下宇,以待风雨,盖取诸大壮。

古之葬者,厚衣之以薪,葬之中野,不封不树,丧期无数,后世圣人易之以棺椁,盖取诸大过。

上古结绳而治,后世圣人易之以书契,百官以治,万民以察,盖取诸夬。

是故易者,象也。象也者,像也。彖者,材也。爻也者,效天下之动者也。是故吉凶生而悔吝著也。

胡旦分"天地之大德曰生"为一章,"阳卦多阴"为一章,考之文义,当从旦,龚原本亦然。乾,大生也;坤,广生也。乾坤合而成德,生物而已,故曰"天地之大德曰生"。圣人之情见乎辞者,亦天地之德也。圣人成位乎两间,有其德,无其位,不能兼善天下,于其位也,慎之重之,在卦则尊位也,故曰"圣人之大宝曰位"。"天地之大德曰生"者,仁也。圣人成位乎两间者,仁而已矣,不仁不足以参天地。圣人者,聪明叡知,神武而不杀,不杀者,好生也,故曰"何以守位曰仁"。仁被万物,取财于天地,则财不可胜用,其民养生丧死无憾,可以保四海,守宗庙社稷,故曰"何以聚人曰财"。"理财"者,节之以制度也,节之类是也。"正辞"者,正邪说也,六

辞是也。"禁民为非"者,禁其非,归之于是也,如是乃得其宜,故
曰义。义,所以为仁,非二本也,故曰"立人之道仁与义"。莫非义
也,义至于禁民为非,尽矣。

自此以下,明备物致用,立成器以为天下利者,无非有取于易,皆
仁也。曰"王天下"者,明守位也,所谓"崇高莫大乎富贵"也。
"鸟兽之文"即天文,太玄曰"察龙虎之文,观鸟龟之理",举鸟兽
则龟见矣。仰观龙虎鸟龟之文,其形成于地,俯观山川原隰之宜,
其象见于天。凡在地者,皆法天者也。"近取诸身",则八卦具于
百骸,而身无非物;"远取诸物",则八卦具于万物,而物无非我。
故"神明之德"虽异而可通,"万物之情"虽众而可类,其道至于一
以贯之,此包牺氏所以作易。一者何?仁也。上古茹毛饮血,故
教之以佃、鱼〔一〕,盖取诸重离。巽绳、离目,罔目谓之"罟",两目
相连,结绳为之,"罔罟"也。离为〔二〕雉,"佃"也。兑、巽为鱼,
"渔"也。观此,则伏牺画八卦,因而重之,明矣。

神农氏时,民厌鲜食而食草木之实,圣人因是以达其不忍之心,故
教以耒、耜之利,盖取诸益。益,否乾之初也。乾金斫巽木,"斫
木"也。四之三成坎,坎为揉,之〔三〕初成震,"揉木"也。入坤土而
巽于前,"斫木为耜"也。动于后,"揉木为耒"也。耒、耜之利,其
益无方矣。

是时民甘其食,美其服,至死不相往来,故教之以交易,盖取诸噬
嗑。噬嗑,否五之初也。离日在上,为"日中"。坤众在下,为

〔一〕"鱼",通志堂本、四库本作"渔"。
〔二〕"为",原脱,据通志堂本、四库本补。
〔三〕"之",原作"木",据汲古阁本、通志堂本、四库本改。

“市”。众为民。离有伏兑，为赢贝。坤往之乾，“致天下之民，聚天下之货”也。以坤交乾，“交易”也。乾五退初而得位，“各得其所”也。佃、渔不言利，于耒、耜言利，佃、渔非圣人本心也。佃有猛虎之害，渔有蛟龙之害，不若耒、耜之利。为市不言利者，“聚天下之货”，利在其中矣。

唐虞氏时，洪水之患，庶民鲜食，然后教民稼穑，“懋迁有无化居”，其道万世一揆。神农氏没，民情已厌，黄帝、尧、舜作，因其可变，变而通之，使民日用其道而不倦，而又微妙入神，化而无迹，天下各得其宜。盖易道，阳极变阴，阴极变阳，变则不穷，不穷则可久而不息，善乎变通以趣时也，是以“自天祐之，吉无不利”，圣人先、后天故也。

神农氏时，与民并耕而食，饔飧而治，至〔一〕是尊卑定位，君逸臣劳，乾坤无为，六子自用，“垂衣裳而天下治，盖取诸乾坤”。乾在上为衣，坤在下为裳。

上古山无蹊，泽无梁，至是“舟楫之利，以济不通，盖取诸涣”。涣，否四之二也。乾金刳巽木，浮于坎上，“刳木为舟”也。离火上锐，“剡木为楫”也。否塞者涣散，济不通也。

上古牛未穿，马未络，至是“服牛乘马，引重致远，以利天下，盖取诸随”。随，否上九之初也。坤牛而震足驱之，“服牛”也。震作足马而巽股据之，“乘马”也。坤舆震輹，上六引之，“引重”也。内卦近，外卦远，上六在外卦之外，“致远”也。牛、马随人而动，否不通也，上之初，“济不通”也。

上古外户不闭，御风气而已，至是“重门击柝，以待暴客，盖取诸

〔一〕“至”，原作“正”，据汲古阁本、通志堂本、四库本改。

豫"。豫,谦之反也。谦艮为门,九三之四又为门,"重门"也。艮为手,坎为坚木,震为声,手击坚木而有声,"击柝"也。坤为阖户,而坎盗逼之,"暴客"也。

知耒、耜而不知杵、臼之利,则利天下者有未尽,故教之以杵、臼之利,"盖取诸小过"。小过,明夷初之四也。兑金断巽木,"断木为杵"也。巽木入坤土,"掘地为臼"也。坎,陷也,臼之象。杵动于上,臼止于下。四应初,三应上,上下相应,杵、臼之利也。坎变巽股,万民济也。

知门、柝而不知弧、矢之利,则威天下者有未尽,故教之以弧、矢之利,"盖取诸睽"。睽,家人反也。家人巽为木,巽、离为丝,坎为弓,弦木为弓也。兑金剡木而锐之,"剡木为矢"也。兑决乾刚,"威〔一〕天下"也。

圣人以百姓之〔二〕心为心,民之所欲不以强去,民之所恶不以强留。然变而通之者,亦因其典礼以损益之而已。且"上古穴居而野处,后世圣人易之以宫室",自黄帝而来,夏后氏之世室,商人之重屋,周人之明堂,宫室之制有不同,而"上栋下宇,以待风雨",取诸大壮者同也。大壮自遁来,三复三变也。一变中孚,艮为居,兑为口,穴之象,"穴居"也。再变大畜,乾在上,天际也,野之象,巽入变艮而止,"野处"也。三变大壮,震木在上,栋也,乾天在下,宇也。巽风隐,兑泽流,"待风雨"也,大壮则不挠矣。

"古之葬者,厚衣之以薪,葬之中野,不封不树,丧期无数,后世圣人易之以棺椁。"自尧、舜以来,有虞氏之瓦棺,夏后氏之堲周,商

〔一〕"威",原作"咸",疑描补致误,据汲古阁本、通志堂本、四库本改。
〔二〕"之",原脱,据通志堂本、四库本补。

人之梓,棺椁之制有不同,而取诸大过者同也。大过自遁四变。一变讼,乾见坤隐,"不封"也。再变巽木而兑金毁之,"不树"也。三变鼎,离为目,兑泽流,"丧"也。上九变而应三,坎、兑为节不变,"丧期无数"也。木在泽下,中有乾人,"棺椁"也。葬则棺周于身,椁周于棺,土周于椁,大过也。

"上古结绳而治,后世圣人易之以书契。"象形、会意、转注、处事、假借、谐声,书契之制有不同,而"百官以治,万民以察",取诸夬者同也。夬自姤五变:一变同人,二变履,三变小畜,四变大有。姤巽为绳,"结绳"也。巽变成离,坤离为文,"书"也。兑金刻木,"契"也。乾为君,坤为臣民,坤居二、四、上,"百官以治"也。离明上达,"万民以察"也。以是决天下疑者,夬也。

以是推之,后世畋猎捕鱼之器虽不同,而取于离则同也。井牧〔一〕沟洫之事虽不同,而取于益则同也。朝市〔二〕夕市虽不同,而取于噬嗑则同也。余卦可以类推矣。盖动于人情,见于风气,有是时必有是象。"易者,象也",易之有象,"拟诸其形容"而已,犹绘画之事,雕刻之工,一毫损益则不相似矣。象之辞又谓之彖者,言乎其才也,卦有刚柔,才也。有是时,有是象,必有是才以济之〔三〕。才与时会,斯足以"成务"矣。然天下之动,其微难知,有同是一时、同处一事,所当之位有不同焉,则趋舍进退殊途矣,故曰"爻者,效天下之动"也。是以卦同爻异,趣时之变,不得而同,然所归则若合符节。故自伏牺、神农、黄帝、尧、舜凡六万一千四百有余岁,而行十三〔一〕卦而已。夫爻动则有吉凶悔吝,吉凶者,所以"生大业"也,吉凶生而悔吝著,其动可不慎乎?

阳卦多阴,阴卦多阳。其故何也?阳卦奇,阴卦耦。其德行何也?阳一君而二民,君子之道也;阴二君而一民,小人之道也。

易曰:"憧憧往来,朋从尔思。"子曰:"天下何思何虑?天下同归而殊涂,一致而百虑。天下何思何虑?日往则月来,月往则日来,日月相推而明生焉。寒往则暑来,暑往则寒来,寒暑相推而岁成焉。往者,屈也;来者,信也。屈信相感,而利生焉。尺蠖之屈,以求信也。龙蛇之蛰,以存身也。精义入神,以致用也。利用安身,以崇德也。过此以往,未之或知也。穷神知化,德之盛也。"

易曰:"困于石,据于蒺藜。入于其宫,不见其妻,凶。"子曰:"非所困而困焉,名必辱;非所据而据焉,身必危。既辱且危,死期将至,妻其可得见邪?"

易曰:"公用射隼于高墉之上,获之无不利。"子曰:"隼者,禽也。弓矢者,器也。射之者,人也。君子藏器于身,待时而动,何不利之有?动而不括,是以出而有获,语成器而动者也。"

子曰:"小人不耻不仁,不畏不义,不见利不劝,不威不惩。小惩而大诫,此小人之福也。易曰'屦校灭趾,无

〔一〕"三",原脱,据通志堂本、四库本补。

咎',此之谓也。善不积不足以成名,恶不积不足以灭身。小人以小善为无益而弗为也,以小恶为无伤而弗去也,故恶积而不可掩,罪大而不可解。"

易曰:"何校灭耳,凶。"子曰:"危者,安其位者也;亡者,保其存者也;乱者,有其治者也。是故君子安而不忘危,存而不忘亡,治而不忘乱,是以身安而国家可保也。"

易曰:"其亡其亡,系于苞桑。"子曰:"德薄而位尊,知小而谋大,力少而任重,鲜不及矣。易曰'鼎折足,覆公𫗧,其形渥,凶',言不胜其任也。"

子曰:"知几其神乎?君子上交不谄,下交不渎,其知几乎?几者,动之微,吉之先见者也。君子见几而作,不俟终日。易曰'介于石,不终日,贞吉'。介如石焉,宁用终日,断可识矣。君子知微知彰,知柔知刚,万夫之望。"

子曰:"颜氏之子,其殆庶几乎?有不善未尝不知,知之未尝复行也。"易曰:"不远复,无祗悔,元吉。"

天地�缊,万物化醇。男女构精,万物化生。易曰"三人行则损一人,一人行则得其友",言致一也。

子曰:"君子安其身而后动,易其心而后语,定其交而后求。君子修此三者,故全也。危以动,则民不与也;惧以语,则民不应也;无交而求,则民不与也。莫之与,则伤之者至矣。"易曰:"莫益之,或击之,立心勿恒,凶。"

凡得乎乾者为阳卦，震、坎、艮是也；凡得乎坤者为阴卦，巽、离、兑是也。阳卦以奇为本，故多阴；阴卦以耦为本，故多阳。本不可二也。阴阳二卦其德行不同，何也？阳一君而遍体二民，二民共事一君，一也，故为君子之道；阴卦一民共事二君，二君共争一民，二也，故为小人之道。阳贵阴贱，昼人多福，夜人多祸，故君子贵夫一也。

咸九四曰"憧憧往来，朋从尔思"者，劳神明以为一也。夫思之所及，朋则从之，思之所不及，其谁从乎？虽憧憧于往来之间，其从亦狭矣。不知"天下何思何虑"。万物即一，一即万物，"同归"而有"殊涂"，"一致"而具"百虑"，其一既通，万物自应，岂思虑营营之所至哉？且日月寒暑，一往一来，自异者观之，两也；相推而生明，相推而成岁，自同者观之，一也。自往自来，其谁使之？往者，"屈"也；来者，"信"也。一屈一信，默然相感而利生焉。尺蠖不屈则不能信，龙蛇不蛰则不能存。消息循环，相待而为用。夫致用在于"精义"，义则无决择、无取舍，唯其宜而已。精一于义，则进而入于不可知之神，故感而后动。其动也天，其用利矣，游乎人间，物莫之伤，其身安矣。"利用安身"，日进无疆，德不期于崇而自崇矣，此吾之所知也。过此以往，则"化"矣。如日月有明，容光必照，寒暑相代，万物自生，日月寒暑所不能知也，故曰圣人有所不知焉，圣人有所不能焉。然则所谓"化"者，终不可知欤？曰"穷神"之所为，则"知化"矣，德盛者自至焉。道至于此，万物与我一也，故曰"一则神，两则化"，穷神则知变化之道。

人孰不欲安其身？或"困于石"而不知休，"据于蒺藜"而不知避，名既污辱，身既危殆，日近于死亡，虽欲安，得乎哉？妻且不得见也，况朋从乎？

藏可用之器,待可为之时,动无结阂,出则有获。唯乘屈信之理,而其用利者能之。

小人"不耻不仁",故"不畏不义",陷于死亡,辱及其先,耻孰大焉?虽愚也,而就利避害与人同,故见利而后劝,威之而后惩,"小惩大诫"犹为小人之福,况真知义乎?精于义者,岂一日积哉?彼积不善以灭其身者,不知小善者,大善之积也。

夫身者,国家之本,存亡治乱之所系。身虽安矣,犹不可恃也,故安其位者危,保其存者亡,有其治者乱。君子兢兢业业,不恃其有,故"身安而国家可保",国家保而德崇矣。

位欲当德,谋欲量知,任欲称力,三者各当其实,则用利而身安。小人志在于得而已,以人之国,侥幸万一,鲜不及祸。自古一败涂地,杀身不足以塞其责者,本于不知义而已。

神,难言也,"精义入神以致用",其唯"知几"乎?"知几"其神矣。"几者,动之微,吉之先见",譬如阳生而井温,雨降而云出,众人不识而君子见之,其于行义也,不亦有余裕乎?夫安危存亡之几,在于始交之际。君子上交不谄,下交不渎,义之与比,无悔吝藏于其中,"知几"故也。是以君子见微已去,小人遇祸不知,见与不见,相去远矣。进此道者,存乎介而已。确然守正,不转如石者,乃能见之。其心定,其智明,默识而善断,故"不俟终日"也。守身如此,无一朝之患矣。知彰易,知微难,知刚易,知柔而刚难。"君子见几",故"知微知彰,知柔知刚"。一龙一蛇,或弛或张,唯义是适,则万夫望之而取法焉,所从者岂特其朋从之彼劳思虑者?亦末矣。

夫智周万物者,或暗于自知,雄入九军者,或惮于改过,克己为难也。颜子"有不善未尝不知,知之未尝复行",故曰"颜氏之子,其殆庶几乎"。孰谓小善为无益而可以弗为,小恶为无伤而可以弗去乎?复者,刚反动之卦也。善者,天地之性,而人得之,性之本也。不善,非性也,习也。不远而复者,修为之功也,故曰"不善未尝弗知,知之未尝复行"。知之者,觉也,自性也。或曰:鲋、椒之恶,岂习乎?曰:知修为之功,则复其本矣。由其习之不已,迷而不复矣。人之生,有气之质,有性之本。刚柔不齐者,气也,性之本则一而已矣,故曰"天地,贞观也;日月,贞明也",气岂能变哉?天地万物,其本一也。天地升降,其气"絪缊",万物化矣,醇而未杂。序卦曰"有天地然后有万物",刘牧曰"乾道自然而成男,坤道自然而成女",序卦言万物,则男女在其中矣。曰"万物化醇"者,言其一未始离也。天地既生万物,万物各有阴阳,精气相交,"化生"无穷。序卦曰"有万物然后有男女",刘牧曰"咸卦不系之于离、坎,以离、坎而上,男女自然而生,咸卦而下,男女偶合而生"。曰"男女"、曰"化生"者,言有两则有一也。损之六三曰"三人行则损一人,一人行则得其友","言致一也"。"致一"则殊涂而同归,一致而百虑矣。老氏论天地、王侯"得一",又曰"天地相合而降甘露",老氏之所谓"得一"、"相合",即夫子所谓"致一"也。其在卦则六爻相应,合而致用是也。所谓全者,合我与人而为一也。动而与之者,"安其身而后动"也;语之而应者,平其心而后虑也;求而与之者,"定其交而后求"也。三者得,故能以天下为一家,中国为一人,故曰"君子修此三者,故全也"。离而为二物,物成敌,莫或与之、击之者至矣,故曰"立心勿恒,凶"。"勿恒"者,不一之谓也。张载曰:"下文当云易曰:'自天祐之,吉无不利。'子曰:'天之所助者,顺也;人之所助者,信也。履信思乎顺,又以尚贤也。是以自天祐之,吉无不利也。'"考之义,或然也。顺乎天者天助之,应乎人者人助之,"致一"之效乎? 此章以咸、困、解、噬嗑、否、鼎、复、损、恒九卦十爻尽其意,盖书之于言,有不能尽也。

子曰:"乾坤,其易之门邪?"乾,阳物也;坤,阴物也。阴阳合德而刚柔有体,以体天地之撰,以通神明之德。其称名也,杂而不越,于稽其类,其衰世之意邪?

夫易,彰往而察来。而微显阐幽,开而当名,辨物、正言、断辞,则备矣。其称名也小,其取类也大。其旨远,其辞文。其言曲而中,其事肆而隐。因贰以济民行,以明失得之报。

乾坤,其易之门邪? 乾坤毁,则易无自而入矣。乾刚者,阳之物,老阳之策也,其德则健;坤柔者,阴之物,老阴之策也,其德则顺。阴阳,气也;刚柔,形也。气变而有形,形具而有体,是故总策成爻,健顺合德,而刚柔之体见矣。圣人以此"体天地之撰",体,形容之也,撰,定也。形容天地之所定者,体造物也,即"刚柔有体"是已。天,神也;地,明也。"通神明之德"者,示幽、显一源也,即"阴阳合德"是已。阴阳相荡,刚柔相推,自乾坤而变八卦,自八卦而变六十四卦、三百八十四爻。"其称名也",杂然不齐,枝叶至扶疏矣,而亦不越乎阴、阳二端而已。乾坤,其易之门邪? 伏羲始画八卦,文王监于二代而作周易,周公因于文王而作爻辞。卦有象,爻有变动,系辞焉而命之,日益详矣。盖时有隆污,道有升降,世既下衰,不如是不足以尽天下之情伪。何以知其然哉? 于此稽考其类,则知之矣。

夫易之为书,以八卦言之,自震至乾,"彰往"也,自巽至坤,"察来"也。一往一来,周旋无穷,是谓环中。以重卦言之,前卦为往,后卦为来,自内之外为往,自外之内为来,"彰往"故"微显","察来"故"阐幽"。显莫如既往,而有微而难知之理;幽莫如方来,而有显而易见之象。开释爻卦,各当其名,无隐也;辨阴阳之物,正吉凶之辞,无遗也。断之以卦辞、爻辞,则备矣。观乎此,宜若坦然明白,使人易晓矣。然而"其称名也小",则百物不废,"其取类也大",则达之于天下。意有余故"其旨远",物相杂故"其辞文"。其言致曲而后中于道,其事闳肆而〔一〕实本于隐,非天下至神、至精、至变,有不能与也。而又因其疑贰不决,恐惧易入之时,"以济民行",告之以吉凶悔吝之辞,以明失得之必报,盖有远害防患之心,非衰世之意乎?

易之兴也,其于中古乎? 作易者,其有忧患乎? 是故履,德之基也。谦,德之柄也。复,德之本也。恒,德之固也。损,德之修也。益,德之裕也。困,德之辩也。井,德之地也。巽,德之制也。履,和而至。谦,尊而光。复,小而辩于物。恒,杂而不厌。损,先难而后易。益,长裕而不设。困,穷而通。井,居其所而迁。巽,称而隐。履,以和行。谦,以制礼。复,以自知。恒,以一德。损,以远害。益,以兴利。困,以寡怨。井,以辩义。巽,以行权。

作易者,上古也;兴易者,中古也。何以知易兴于中古邪? 观九卦之象,圣人有忧患后世之心,得失滋彰矣。然则上古作易,何以知"有忧患"乎? 曰:圣人,随时者也。佃渔不厌,则耒耜之利不兴;

〔一〕"而",原作"其",据通志堂本、四库本改。

结绳未弊,则书契之文不作。而所以忧患后世者,固已具于八卦之中。至于文王,而易道兴矣。

履,说而应乎乾,履乎和者也,故为"德之基"。谦,执之而有终者也,故为"德之柄"。复,刚反动而复其初,德自此始者也,故为"德之本"。恒,久而不已,终则有始者也,故为"德之固"。损,损其可损而致一者也,故为"德之修"。益,益其可益而日进者也,故为"德之裕"。困,刚见掩而不失其所亨者也,故为"德之辨"。井,刚中而不变者也,故为"德之地"。巽,以刚下柔不失乎中者也,故为"德之制"。

履[一],和而至于礼,不至则流而徇于物矣。谦卑而人尊之,其道光也。"复,小而辨于物"者,以初九也。人之所以异于万物者,以其存心也。剥之刚阳反动于初,则善心生于冥昧难知之时,不俟乎大而后与物辨也,斯非"德之本"欤?恒,泰之变也,初九,正也,动而之三,雷风并作,万物繁兴之时,三守正不动,酬酢而不厌,天地所不能旋,日月所不能眩,可以言"德之固"矣。"损,先难而后易",何也?情欲者,强阳之气也,初损之,必有吝心,刚健决断乃能行之,故"先难"也。及其既损,考诸理而顺,反诸心而悦,其孰御我哉?故"后易"也。夫一介不以取诸人,然后系千驷之马而弗视,禄之以天下而弗顾,故曰仁,亦在熟之而已。"益,长裕而不设",何也?益,否之变也,九四下益于初,初九,正也,益物以诚也,益物以诚即是自益以诚,故四与初以益而正,诚自成也。受益者不赘,益之者不亏,与时偕行,如天地之裕万物,非张设之也。"困,穷而通",何也?否之上九陷而之二,上下柔掩之,"穷"也。

〔一〕"履",原漫漶作"复",据汲古阁本、通志堂本、四库本改。

处险而说,在穷而心亨,"通"也。通者,不穷之谓,岂必富贵利达而后为通哉?故曰"学不能行谓之病",病则穷矣。"井,居其所而迁",何也?泰初之五为井,初九,正也,九五,亦正也。初迁之五,往者正也;五迁之初,来者正也。五居其所,而往来皆正,能迁也。"巽,称而隐",何也?临〔一〕二之四为巽,"称"者,轻重均之谓也。二阴方进,六二从四,九四君子屈己以下之,则君子、小人势均矣。人见其屈己,以为巽,而不知六二亦巽乎刚,故曰"称而隐"。

"履,以和行",何也?和者礼之用,节者礼之体,节而不和,礼不行矣。"谦,以制礼",何也?礼自卑而尊人,自后而先人,不能乎谦,安能行礼?"复,以自知",何也?有善必自知之,不善必自知之,修其善,去其不善,则复矣。"恒,以一德",何也?杂而不厌,非徇物也,久而不变也,久则其德无二三矣。"损,以远害",何也?自损以修德,则物无害之者,故曰"恭寡过,情可信,俭易容"也,以此失之者鲜矣。"益,以兴利",何也?因其所利而利之也。"困,以寡怨",何也?虽困而通,在穷而悦,乐天者也。我不尤人,人复何怨?"井,以辨义",何也?井自守以正,与人必以正,处己、处人各得其宜者也。"巽,以行权",何也?权者,称之所以轻重也,与时推移,潝然无际,如行权称物,人见其适平而已。其序则履和,执谦,复本,恒久,损己,益人,然后可以处困不穷,能迁,然后可以行权。九卦履出于乾,谦、复出于坤,恒出于震,损出于艮,益出于巽,困、井出于坎。独不取离,何〔二〕也?离,万物皆相见之卦,包牺氏取之,文王"内文明外柔顺,以蒙大难","明在地中"时也。

〔一〕"临",疑当作"遯",临二之四无巽,遯二之四,则下卦为巽。
〔二〕"何",原作"可",据通志堂本、四库本改。

易之为书也不可远,为道也屡迁。变动不居,周流六虚。上下无常,刚柔相易。不可为典要,唯变所适。其出入以度,内外使知惧,又明于忧患与故。无有师保,如临父母。初率其辞,而揆其方。既有典常,苟非其人,道不虚行。

龚原曰"易之为书也,三章",当从龚。此章言易有变动出入。易之为书,明天地之用,其用不过乎六爻,"不可远"也。远此而求之,则违道远矣。其"道也屡迁",有变有动,不居其所,升降往来,循环流转于六位之中。位谓之"虚"者,虚其位以待变动也,故太玄九位亦曰"九虚"。或自上而降,或自下而升,"上下无常"也。刚来则柔往,柔来则刚往,"刚柔相易"也。无常则不可为"典",相易则不可为"要"。流行散徙,"唯变所适",然亦不过乎六爻,不过者,以不可远也。"其出入"云者,以一卦内外言之,两体也,出者,自内之外,往也,入者,自外之内,来也。以是度外内之际,而观消息盈虚之变,出处进退之理,使知戒惧。当出而入与当入而出,其患一也。故"大观在上",窥观者丑。三阳方壮,"牵羊悔亡"。出入、内外,本于相形。比〔一〕四从二亦曰"外",离五用九亦曰"出",唯精于义者能知之,知义则"知惧"矣。又此书明于己之所当忧患与所以致忧患之故,安不忘危,存不忘亡,治不忘乱。"无有师保",教训而严惮之,明失得之报也。如有父母亲临而爱敬之,见圣人之情也。初率其吉凶之辞,揆其八卦之方,则"既有典常"可守矣。盖"不可远"者,易之体也,而有用焉;"为道也屡

〔一〕"比",原作"此",据通志堂本、四库本改。

迁"者,易之用也,而有体焉。能知卦象合一,体用同源者乎,斯可以言易之书矣。书,载道者也。待人而后行,苟非其人,道不徒行。

易之为书也,原始要终,以为质也。六爻相杂,唯其时物也。其初难知,其上易知,本末也。初辞拟之,卒成之终。若夫杂物撰德,辨是与非,则非其中爻不备。噫!亦要存亡吉凶,则居可知矣。知者观其象辞,则思过半矣。

此章言重卦六爻之义。易之为书也,"原始"于初爻,"要终"于上爻,成六位以为体质者也。八卦,八物也;六爻,六时也。六爻相杂,时异而物异。八卦,本象也;时物,别象也。其本甚微故"难知",其末已著故"易知"。"初辞拟"而后言,不亦"难知"乎?"卒成之",其事终矣,不亦"易知"乎?上下之位,以时言之,初、终也,以道言之,本、末也,以事言之,始、卒也,其实一也。时变则事变,事变则道与之俱,未有违时造事而能成者。三画非无本、末也,圣人何为重卦?曰理具乎中,其事则未也。若夫糅杂八卦之物,撰定六爻之德,辨得失是非,则"非中爻不备"。中爻,崔憬所谓二、三、四、五,京房所谓互体是也。盖物无常是,亦无常非,施于彼者或不可施于此,用于古者或不可行于今。蒙以九二纳妇,而六三取女则不利。节以初九不出,而九二不出则失时。得失是非,不可不辨也。噫!重卦六爻之意,亦要诸吉凶存亡之辞而已。有同位而异物,同物而异象,同象而异辞,要诸辞则四者不同,居然易见,可指掌而知矣。六爻者,变动相错,而有吉凶存亡者也。象辞者,合内外二体,以一爻相变而有者也。知者明于理,则观诸象辞,而爻义已知,其"过半"矣。

二与四同功而异位,其善不同。二多誉,四多惧,近也。
柔之为道,不利远者,其要无咎,其用柔中也。三与五同
功而异位,三多凶,五多功,贵贱之等也。其柔危,其刚
胜邪。

> 龚氏合"易之为书也"为一章,误矣,今从故本。此章再明中爻之
> 义。二、四,耦也,同为阴之功,内外异位,有不同焉。"二多誉,四
> 多惧",何也? 四近五,五,尊位,近尊位则多惧。月望日则食,礼
> 近君则屈。然柔之为道,不利远者,坤从乾也。二远于五所以多
> 誉者,其要在于虽柔而无咎,以"其用柔中"也。用柔而失中,其能
> 无咎乎?
>
> 三、五,奇也,同为阳之功,内外异位有不同焉。"三多凶,五多
> 功",何也? 五贵三贱,其等不同也。三处下位之极,其柔居之则
> 危,不胜任矣,其刚居之,将以为胜邪。以刚居刚,有时乎过刚矣,
> 危则疾颠,过则易败,此三所以多凶也。若五不然,以刚居之,得
> 尊位大中,宜处贵者也,以柔居之,有处谦执柔、以贵下贱之美,二
> 为五用矣,此五所以多功也。
>
> 夫二、五,中也,二、三、四、五皆曰中爻,何也? 曰:以三数之,自一
> 至三以二为中,自四至上以五为中。以五数之,自二至上以四为
> 中。以四数之,自二至五以三、四为中。复之九四曰"中行独复",
> 中孚以二柔在内名卦。卦言德,爻言善者,"积善成德"也。

易之为书也,广大悉备。有天道焉,有人道焉,有地道
焉。兼三材而两之,故六。六者非它也,三材之道也。
道有变动故曰爻,爻有等故曰物,物相杂故曰文,文不当

故吉凶生焉。易之兴也，其当殷之末世、周之盛德邪？当文王与纣之事邪？是故其辞危。危者使平，易者使倾，其道甚大。百物不废，惧以终始，其要无咎。此之谓易之道也。

此章再明六爻杂物之义。"易之为书"，"广大"而无外，语天地之间则无乎不备矣。"有天道焉"，阴与阳也。"有人道焉"，仁与义也。"有地道焉"，柔与刚也。此三者，一物而两体。阴阳也，而谓之天。仁义也，而谓之人。刚柔也，而谓之地。故曰"三材"，"兼三材而两之，故六"。"兼"之者，天之道兼阴与阳也，人之道兼仁与义也，地之道兼柔与刚。六者非它，即三材之道也。是故三画而有重卦，六即三也，三即一也。道有变易，有流动，爻则效之，故曰"爻"。天地相函，精气所聚，其等有六，曰"物"。八物相错而成文，故曰"文"。文当其位则吉，文不当其位则凶，故"吉凶生焉"。

易之兴也，"当殷之末世、周之盛德邪"？何系之辞而告其吉凶者如是乎？又纣与文王之事邪？何君子处小人之间而其辞危乎？是故危惧者使知可平，慢易者使知必倾。所以长君子，消小人也。其道甚大，君子、小人无所不容，不容则不足以准天地。"百物不废"者，所以形容其道，所谓"悉备"也。"初辞拟之，卒成之终"，使知善、不善之积，成名灭身，非一朝夕之渐，故原始要终而惧焉，其大要归之无咎而已，此之谓"易之道"。"易之道"，立人道以贯天地而为一者也。

夫乾，天下之至健也，德行恒易以知险；夫坤，天下之至顺也，德行恒简以知阻。能说诸心，能研诸侯之虑，定天下之吉凶,成天下之亹亹者。是故变化云为,吉事有祥。象事知器,占事知来。天地设位,圣人成能。人谋鬼谋,百姓与能。八卦以象告,爻彖以情言。刚柔杂居,而吉凶可见矣。变动以利言,吉凶以情迁。是故爱恶相攻而吉凶生,远近相取而悔吝生,情伪相感而利害生。凡易之情,近而不相得,则凶或害之,悔且吝。将叛者其辞惭,中心疑者其辞枝,吉人之辞寡,躁人之辞多,诬善之人其辞游,失其守者其辞屈。

此章论六爻而归之于简易。乾健而为万物先,莫或御之,故其"德行恒易";坤顺以从乾,无二适也,故其"德行恒简"。以易也,故知险之为难;以简也,故知阻之可疑。简生于易,阻生于险。简易也,故"能说诸心";知险阻也,故"能研诸虑"。简易者,我心之所固有,反而得之,能无"说"乎? 以我所有虑其不然,反复不舍,能无"研"乎? 曰"研诸侯之虑"者,衍"侯之"二字,王弼略例曰"能研诸虑",则衍文可知。"天下之吉凶"藏于无形,至难定也;"天下之亹亹"来而不已,至难成也。定之、成之者,简易而已。

乾坤变化,有"云"有"为","云"者,言也,"为"者,动也。"吉事有祥",祥者,吉之先见,有祥必先知之,兼言动也。制器者尚象,"知器",则知成器之为天下利,而可动也。卜筮者尚占,"知来",则知来物,而言动审矣。是以能"定天下之吉凶,成天下之亹亹",非知险、知阻者,能之乎? 天尊地卑,乾坤"设位"。圣人配天地而立,合乾坤之德以成能事。"能说诸心,能研诸虑"者,明以尽人谋也。"定天下之吉凶,成天下之亹亹"者,幽以尽鬼谋也。人谋、鬼谋,幽显合一,天下乐推而不厌,百姓之愚,与之以能矣,"成能"故也。

伏羲氏始画八卦,不言而告之以象者,至简易也。后世圣人演之为六十四卦,有爻有象,以人情变动言之于辞,"知险阻"也。且八卦成列,"刚柔杂居",吉凶已可见矣。然道有变动,变则通,通则其用不穷,所以尽利者不可不言也,故"变动以利言,吉凶以情而迁",巧历之所不能计也。圣人唯恐迁之而失其正矣,故"爻象以情言"。变动者何?情伪之所为也。人之情伪,难知矣。以情相感则利生,以伪相感则害生。近不必取,远不必舍,则"悔吝生"。爱恶不一,起而相攻,则"吉凶生"。吉凶生而悔吝著,情伪其能掩乎?是则"情伪相感"也,"远近相取"也,"爱恶相攻"也。爻有变动也,有利害斯有悔吝,有悔吝斯有吉凶,"吉凶以情迁"也。悔吝者何?凡易之情,阴阳相求,内外相应,"近而不相得",则伪不可久,物或害之,害之则凶将至矣。悔吝者,利害、吉凶之界乎。害之而悔,则吉且利矣。吝而不悔则凶,圣人不得不以利言之,而使之远害也,故曰"圣人之情见乎辞"。然则何以知情伪邪?考其辞可矣。将叛者其心惭负,故其辞愧。中心疑者其心惑乱,故其辞枝。吉人守约,故其辞寡。躁人欲速,故其辞多。诬善之人妄,故其辞游。失其守者穷,故其辞屈。吉人辞寡,以简易知也。五者反是,以知险知阻而知也。简易则吉,险阻则凶,其辞虽六,其别则二,情伪而已矣。上系言"易简而天下之理得",下系终之以易简而"知险阻",故曰"殊涂而同归,一致而百虑"。

周易系辞下传第八

周易说卦传第九

翰林学士左朝奉大夫知制诰兼侍读兼资善堂翊善
长林县开国男食邑三伯户赐紫金鱼袋朱震集传

昔者圣人之作易也，幽赞于神明而生蓍，参天两地而倚数，观变于阴阳而立卦，发挥于刚柔而生爻，和顺于道德而理于义，穷理尽性以至于命。

"昔者圣人之作易也，幽赞于神明而生蓍，参天两地而倚数"，说策数也。"观变于阴阳而立卦"，说揲蓍分卦也。"发挥于刚柔而生爻"，说爻有变动也。"和顺道德而理于义，穷理尽性以至于命"，说所系爻、象之辞也。"神明"，天地也。圣人赞天地以立人道，于是生蓍之法以起数。其用起于一，及其究也，上下与天地同流而无迹，故曰"幽赞"。太玄曰："昆仑天地而产蓍。"一者何？气之始也。"参天"者，一太极、两仪也。"两地"者，分阴阳刚柔也。参天、两地，五也。五，小衍也。天地五十有五之数具，而河图、洛书大衍之数实倚其中。一与五为六，二与五为七，三与五为八，四与五为九，九与一为十。五十者，河图数也。五十五者，洛书数也。五十有五即五十数，五十即大衍四十有九数。"倚"，言数立其中而未动也，马融曰"倚，立也"。蓍四十有九，总而为一，三天也，分而为二，两地也。挂一者，三天也；揲之四者，两地也。归奇于扐者，两地而又三天也。四者，六、七、八、九。七者，少阳；九者,老阳;八者,少阴;六者,老阴。三变成爻,十有八变而卦立。三变者,三天也。五变者,参天而又两地也。变而上者,三变而两;变而下者,两变而三。凡八卦之位、六十四卦之名,皆以阴阳之变定之,而不离乎参伍之神。王洙曰:"发越挥散也。阴阳有变,故九六七八以立卦;刚柔有体,故发越挥散以生爻。"变刚生柔,变柔生刚,四象迭相为用,生生而不穷,故曰生。阴阳,气也;刚柔者,气聚而有体也。由推行言之谓之道,由得于道言之谓之德。性者,万物之一源。命者,刚柔不齐,禀于有气之初者也。理者,通乎道德性命而一之者也。义者,道德所施之宜也。生蓍、起数、立卦、生爻,凡以为道德而已。圣人系之以辞,和之使不乖,顺之使不违,通天地人而贯之以一理,施之各得其宜焉。穷易之理则知万物一源,兼体而不偏滞,及其至也,通极乎一气之外,所不可变者,唯生死寿夭尔。故顺受吉凶之正,不回以求福,不幸以免祸,此作易之本旨也。

昔者圣人之作易也,将以顺性命之理,是以立天之道曰阴与阳,立地之道曰柔与刚,立人之道曰仁与义。兼三才而两之,故易六画而成卦。分阴分阳,迭用柔刚,故易六位而成章。

说位画有六,而后有变动也。"易有太极",太虚也。阴阳者,太虚聚而有气也。柔刚者,气聚而有体也。仁义,根于太虚,见于气体,而动于知觉者也。自万物一源观之谓之性,自禀赋观之谓之命,自通天地人观之谓之理。三者,一也。圣人"将以顺性命之理",故分一而为三,曰阴阳,曰柔刚,曰仁义,以立天地人之道,盖互见也。易"兼三才而两之",六画而成卦,成卦则三才合而为一。

知阴阳、刚柔、仁义同源于太虚,则知性。知天道曰阴阳,地道曰柔刚,人道曰仁义,则知命。知仁义即天之阴阳、地之柔刚,则知性命之理。不顺乎性命之理而行之,将何所逃于天地之间乎?然道有变动,故"分阴分阳,迭用柔刚"。以位分之,一、三、五,阳也,二、四、六,阴也。以卦分之,乾、震、坎、艮,阳也,坤、巽、离、兑,阴也。以十日分之,甲、丙、戊、庚、壬,阳也,乙、丁、己、辛、癸,阴也。所谓"分阴分阳"也。八卦相荡,五行更生〔一〕,上下无常,周流六虚,所谓"迭用柔刚"也。分阴阳、用柔刚者,仁义也,以人而用天地也。诚知乎此,则德胜于气,性命于德,气之昏明不足以蔽之,至于尽性而配天地矣。太玄曰"立天之经曰阴与阳,形地之纬曰从与横,表人之行曰晦与明",准卦之三才、六画也。

天地定位,山泽通气,雷风相薄,水火不相射,八卦相错。数往者顺,知来者逆。是故易,逆数也。

"天地定位",乾上坤下也。"山泽通气",艮、兑以三相易也。"雷风相薄",震、巽以初相易也。"日月不相射",坎、离以中相易也,虞翻曰"射,厌也,坎离水火不相厌,坎戊离己,月三十日一会于壬,故不相厌也"。伏羲氏之画卦也,乾坤定上下之位,坎离列左右之门,震与巽为偶,艮与兑相配。震、离、兑、乾,天之四象也;巽、坎、艮、坤,地之四象也。"八卦相错",乾坤相易,生六十四卦。乾自震而左行,坤自巽而右行。"数往"者,以顺而数;"知来"者,以逆而知。邵雍曰:"数往者顺,顺天而行,左旋也,皆已生之卦也;知来者逆,逆天而行,右行也,皆未生之卦也。"夫易之数,由逆而成矣。逆者,犹逆四时之比。盖圣人将言易,故先说易之本,

---

〔一〕"生",原作"王",据汲古阁本、通志堂本、四库本改。

"易,逆数也",故六爻自下而起。太玄曰"南北定位,东西通气,万
物错乎其中",准八卦也。

雷以动之,风以散之,雨以润之,日以烜之,艮以止之,兑
以说之,乾以君之,坤以藏之。

帝出乎震,齐乎巽,相见乎离,致役乎坤,说言乎兑,战乎
乾,劳乎坎,成言乎艮。万物"出乎震",震,东方也。
"齐乎巽",巽,东南也,齐也者,言万物之絜齐也。离也
者,明也,万物皆"相见",南方之卦也,圣人南面而听天
下,向明而治,盖取诸此也。坤也者,地也,万物皆致养
焉,故曰"致役乎坤"。兑,正秋也,万物之所说也,故曰
"说言乎兑"。"战乎乾",乾,西北之卦也,言阴阳相薄
也。坎者,水也,正北方之卦也,劳卦也,万物之所归也,
故曰"劳乎坎"。艮,东北之卦也,万物之所成终而所成
始也,故曰"成言乎艮"。

神也者,妙万物而为言者也。动万物者莫疾乎雷,桡万
物者莫疾乎风,燥万物者莫熯乎火,说万物者莫说乎泽,
润万物者莫润乎水,终万物、始万物者莫盛乎艮。故水
火相逮,雷风不相悖,山泽通气,然后能变化,既成万
物也。

阳聚而动,动极则散之,散则复聚,阴积而润,润极则烜之,烜则复
润,此雷霆、风雨、日月、寒暑所以屈信相感而成万物也。艮则动
者静而止,入于坤也;兑则止者说而行,出乎乾也。乾以君之则万
物睹,坤以藏之则天地闭。前说乾坤而至六子,无形者聚而有形

也;此说六子而归乾坤,有形者散而入于无形也。终始循环,不见首尾,易之道也。

此以下,言文王之八卦。连山首艮,归藏首坤。艮、震、巽、离、坤、兑、乾、坎,连山之序也,而易兼用之,此太玄所以作欤。玄谓“神战于玄”、“龙出于中”、“雷风炫焕,与物时行”、“天根还向,成气收精”,皆准乾、坤、震、巽也。郑康成曰:“万物出于震,雷发声以生之也。齐于巽,相见于离,风摇长以齐之,洁犹新,‘万物皆相见’。日照之使光大,‘万物皆致养焉’。地气含养,使有秀实,‘万物之所说’,草木皆老,犹以泽气说成之。战,言阴阳相薄。西北,阴也,而乾以纯阳临之,犹君臣对合也。坎,劳卦也,水性劳而不倦,‘万物之所归也’。万物自春出生于地,冬气闭藏,还皆入地,‘万物之所成终而所成始’,言万物阴气终,阳气始,皆艮之用事。”

坤不言方,坤之养物不专此时也。兑不言方而言“正秋”者,臣曰:兑言“正秋”,秋分也,于兑言秋分,则震为春分,坎为冬至,离为夏至,乾为立冬,艮为立春,巽为立夏,坤为立秋可知,言“正秋”者,正时也。离言“圣人南面而听天下,向明而治”,则余卦亦可以类推矣。“战乎乾”,言阴阳相薄而乾胜也。

上说天地定位,六子致用;此说六子合而为乾坤,乾坤合而生神。“妙万物而为言者”,物物自妙也。郑康成曰:“共成万物,物不可得而分,故合谓之神。”张载曰:“一则神,两则化。妙万物者,一则神也。且动、挠、燥、说、润、终始万物者,孰若六子?然不能以独化,故必相逮也,不相悖也,通气也,然后能变化。既[一]成万物,

---

〔一〕“既”,原作“记”,疑描补致误,据汲古阁本、通志堂本、四库本改。

合则化，化则神。"康成之学进于是矣。

乾，健也。坤，顺也。震，动也。巽，入也。坎，陷也。离，丽也。艮，止也。兑，说也。

上说坎、兑合以致用，今复以八卦别而言之。动、陷、止皆健之属也，入、丽、说〔一〕皆顺之属也，不离乎乾、坤也。

乾为马，坤为牛，震为龙，巽为鸡，坎为豕，离为雉，艮为狗，兑为羊。

说八卦本象也。乾为马，健也。乾变震为龙，纯乾为马，故马或龙种，而马八尺以上为龙，九则变也。房为天驷，为苍龙之次，七星为马，于辰为午，故马又为火畜。乾为金，午为火，马生角，金胜也，故于五行为兵。蚕，马首龙星之精，故马、蚕同气。屯〔二〕、大畜、中孚之震，屯、贲、晋、明夷、暌〔三〕之坎，皆乾也。或曰：鸟飞、龙行不健于马乎？曰：鸟飞极而息，龙升降有时，健者唯马而已。

坤，顺也，牡者坤之阳，牝者坤之阴，老，其究也，故离为牝牛。而既济初九变艮，京房以为博牛。坤极生乾，故角刚而善触。牵牛在丑，丑，土也，土亦坤也，离六二己丑，土也，牛有黄者，离之六二也。离为飞鸟、为蟹、为鳖、为龟卵，皆有黄。

震动于重阴之下而善变者，龙也。震东方卦，直春分以后，辰亦为龙，苍龙之次也。动极必反，故龙以春分升，以秋分降，升者，豫也，降者，归妹也。盛夏疾雷，木拔而龙起，震为木也。王充曰"龙、雷同类"，其知震之为乎？震位在卯，其日甲、乙，其数三、八，

〔一〕"说"，原作"記"，疑描补致误，据汲古阁本、通志堂本、四库本改。
〔二〕"屯"，汲古阁本、通志堂本、四库本作"也"。
〔三〕"暌"下原衍"中孚"二字，据通志堂本、四库本删。

故玄之中以次[一]三为龙，占家以甲、乙、寅、卯为龙。或曰：龙之类多矣，皆震乎？曰：气之散也。天文角为蛟，亢为龙，翼为蚓，轸为蛇。角、亢，辰也；翼、轸，巳也。东方朔占守宫、蜥蜴[二]，以龙、蛇推之，金匮书以饴治蛟龙病，出蜥蜴而愈，皆龙类也。自春分至芒种，震治也，而辰、巳为巽，故曰气之散也。

巽，入也，为风，风主号令，故鸡号知时。先儒以鸡为火之精者，巽木含火，火生风，火炎上，故雄鸡有冠乃鸣，南越志曰“鸡冠如华，其声清彻”。巽位在巳，金所生也，王于酉，上直于昴，故鸡又为金畜，洞林曰“巽为大鸡，酉为小鸡”。素问以鸡为木畜者，巽也，离者，巽之再变，兑者，离之变，故鸡、雉皆耿介，而鸡将号，动股，击羽翰，而后有声。又曰玉衡星散为鸡者，坎至四月成乾，其方为巽。玉衡，斗也，坎之位。坎，陷也，水畜也。美脊刚鬣，坎中阳也。垂耳俯首而尾不足本末，阴也。卑而处秽，阴也。突荡难制，阳也。

豚者，豕之初也，故讼初之四为中孚之豚。豮者，剧猪也，故大畜之三，兑金制之，为豮。坎再变成艮，故豕用鼻，壮豕有牙者，乾之刚也。象亦豕类，故运斗枢曰“瑶光散而为象”。坎离相纳，故象齿有文。又为羸豕者，阴也，豕豭强而牝弱。亥为豕者，直室也，坎之所自生也。传言“斗星散精为彘”，斗星，坎也。又曰“瑶光不明，彘生鹿”，张宿为鹿。

坎离，反也。离，附丽也，美丽也。鹑雉之属，飞必附草，附丽也。五色成章，离日也。雉方伏时，东西风则复，南北风则去而不复，

〔一〕“次”，原作“兑”，据通志堂本、四库本、太玄改。
〔二〕“蜥蜴”，原误倒，据通志堂本、四库本乙正，下同。

坎胜离也。坤方之雉,呕文如绣,离变而兑乎?小寒雉始雊,临之六三,离变兑也。兑交震故雉不雊,则雷不发声。陈仓之声,隐然如雷,野雉皆雊。星有坠而雉雏者,震、兑相感也。蛇化雉者,巽成离也。竹化蛇者,震、巽易也。雉入大水为蜃,而老鹜为蝙[一]蝠,雀类为蛤,离成坎也。八卦独巽、离为飞鸟者,何也?曰:南方七宿,朱鸟也。午为鹑火之次,未为鹑首,巳为鹑尾。其味在柳,其翼在翼。柳,午也,离也;翼,巳也,巽也。卜楚丘论明夷之谦曰"当鸟",所谓鸟者,朱鸟也,故曰"明夷于飞"。归藏初巽,曰"有鸟将来而垂其翼",薛贞曰"巽值鹑尾,故称飞鸟"。离,火也,巽木,风也,木中有火,风者,火气之动也,得乎风者为飞之类,得乎火者得乎风。离为目,动巽[二]为多白眼,观眼目之变可以知风、火矣。故惊飙奋发,火势炽然,雷行电照,草木怒张,火、木同类乎?或曰:腾蛇无翼而飞,何也?曰:亦巳巽也。八荒之外,有以首飞者,背飞者,尾飞者,触象成形,岂特腾蛇乎?或曰:海水群飞,无情而飞,何也?曰:坎极成离也。火光起于洲潬,烈焰生于积油,坎极故也。或曰:飞类决起,朝发而暮栖,何也?曰:离在天为日,在地为火,日为昼,火生风,故飞者属乎昼,化乎风,昼翔而暝息,风骞而木飞。

艮,止也。搏噬者,前刚也。戌为狗者,直娄也。火墓于戌,生于寅,寅为虎,而其子亦曰狗。考异邮曰"斗运生狗"者,星艮、离也,斗止而动,亦狗也。

兑,说也,羊内很者,二阳伏于一阴之下也。羠者,交乎震,震为反

〔一〕"蝙"下原衍"蛎"字,据汲古阁本、通志堂本、四库本删。
〔二〕"巽",原脱,据汲古阁本、通志堂本、四库本补。

生也。兑极成艮,故羚羊以角息。艮反成兑,故羵[一]羊为土怪,夫子曰"地反物为妖"。或曰:史言开皇、大历羝或斗于云中,殺或坠于雷震,何也?曰:乾变坤则阳附阴而为走,坤变乾则阴附阳而为飞,其震、兑之交乎?或曰:号物者有万,八物能尽之乎?曰:其变不可胜言也。张载有言曰:"游气纷扰,合而成质者,生人物之万殊。其阴阳两端,循环不已者,立天地之大义。"

乾为首,坤为腹,震为足,巽为股,坎为耳,离为目,艮为手,兑为口。

说八卦合而成体也。郑本此章在"乾为马"之前。乾为天,尊而在上,为首,在下亦为首,如木根草荄之类,乾无往而不为万物先也。乾"首出庶物"者,震交乾也。观"有孚颙若"者,乾首肃也。明夷九三"得其大首",乾三之上也,三本临乾,故曰"大首"。既济上六之"濡首"者,上六反三乾也。未济上九之"濡首"者,上九反三乾也。乾又为顶者,首之上也,大过上六"过涉灭顶"是也。又为辅者,在首而止于上也,咸之上六、艮之六五是也。辅上,颔也,与颐卦上体同象。又为面者,在首而说见于外也,革上六是也。又为颊者,止于上而有面之象也,咸上六是也。又为頄者,面之上益之以刚也,夬九三之"壮于頄"[二]是也,頄,面颧也,骨刚而肉柔。玄九体,八为面,九为额,八、九,上体也。京房以上爻为头、目,亦上体也。

腹,虚而有容也,又为釜者,腹器也,有水火交则为釜。故郭璞筮豫之解,曰有釜之象。瓶、甖、缶,皆腹器也,太玄"土为腹器"。又

〔一〕"羵",原作"坟",据汲古阁本、四库本改。
〔二〕"于頄",原作"上六",据四库本改。

为尊壶者,交乎震、坎也,坎、震为酒,震为足,艮为鼻,腹器有足、有鼻、有酒,尊壶也,<u>礼少仪</u>曰"尊壶者,面其鼻"。又为篚者,交震、艮也,有尊壶象而无酒焉者也。<u>礼少牢</u>敦皆南首,首者,敦器之盖饰。首有面,面有鼻,坤又为身,身亦谓之中,又为躬折其身也。

震,动也,一阳动于二阴之下也。艮为止者,动极而止也,一阳止于二阴之上也。人之经脉十有二,其六动于足,其六动于手。动于足者,震之阳,故自下而生;动于上[一]者,艮之阳,故自上而止。震、艮相反,故行者必止,止者必行,疾走者掉臂,束手者缓行。震又为趾者,通乎物言之也。足趾,下体之下也,手,上体之下也,故<u>太玄九体</u>,一为手足,言其位也。甲刚,乾阳也,在足者艮交震,在手者震交艮,震交艮则动者止,艮交震则止者动。震、艮又为蹢者,足之指也,拇,手大指也,手、足,所以能动也,故动乎下体之下而应乎足者,蹢也,指在下而动者,亦蹢也。艮又为肱者,自手观之,拇,阳也,余指,阴也,指节,三阴中之阳,拇节,二阳中之阴,指动而掌止,止者在上,动者在下,止者运,动者止,艮也。自臂观之,手也,臂也,肱也,三也。肱属乎上而止臂,指用乎下而动,止者役动,动者从之,艮也。肱臂奇而指数偶,亦艮也。

手之有肱,亦犹股之有腓,故股在上则二为腓。巽为股,随足,巽也,雷风相与也。

坎为耳,阳陷乎阴也。轮偶者,阴也;窍奇者,坎中之阳。精脱者聭,水竭则槁,耳目通窍者,水火相逮也。

离,阴丽乎阳也。实者,阳也,阳中有阴,故肉白;虚者,阴也,阴中

〔一〕"上",疑当作"手"。

有阳,故睛黑目白。其坎离之交乎?精竭者目盲,离火无所丽也。离为日,寐者神栖于心,其日昃乎?寤者神见于目,其日出乎?故寐者形闭,坤之阖也;寤者形开,乾之辟也。一阖一辟,目瞑耳听,坎离相代,昼夜之道。唯善用者能达耳目于外,唯善养者能反耳目于内。太玄以一、六为耳,二、七为目,一、六,水也,二、七,火也。

兑为口,说也,郑康成曰"上开似口"。艮为鼻,口鼻通气,山泽通也。

乾,天也,故称乎父。坤,地也,故称乎母。震一索而得男,故谓之长男。巽一索而得女,故谓之长女。坎再索而得男,故谓之中男。离再索而得女,故谓之中女。艮三索而得男,故谓之少男。兑三索而得女,故谓之少女。

将说天地生万物而言人者,天地之性,人为贵,万物皆备于人也。乾,天也,为阴之父;坤,地也,为阳之母。揲蓍者,一爻三揲,三爻而八卦具。故搜于坤策,一索而得阳者,谓之长男,再索而得阳者,谓之中男,三索而得阳者,谓之少男。搜于乾策,一索而得阴者,谓之长女,再索而得阴者,谓之中女,三索而得阴者,谓之少女。万物分天地也,男女分万物也。察乎此,则天地与我并生,万物与我同体。是故圣人亲其亲,长其长,而天下平,伐一草木,杀一禽兽,非其时,谓之不孝。纳甲之说,乾纳甲、壬,始于子。坤纳乙、癸,始于未。震纳庚、子,子代父也。坎纳戊、寅,艮纳丙、辰,左行以顺父,循父道也。巽纳辛、丑,离纳己、卯,兑纳丁、巳,右行以向母,从母教也。三女配男,夫妇之义,天地之性,人之大伦,实告之矣。太玄准之以一摹、二摹、三摹,摹亦搜也。

乾为天，为圜，为君，为父，为玉，为金，为寒，为冰，为大赤，为良马，为老马，为瘠马，为驳马，为木果。

说重卦别象也。六爻变化，其象岂能尽摹哉？此凡例也，智者触类而长矣。易言天者，皆乾也。天位者，中正也，又曰帝位。天德者，刚也。天道者，其行以正也。天之神者，阴阳合一也。天则者，不可过也。天行者，终则有始也，反复其道也，消息盈虚也，三者一也。天文者，艮、离也。天命者，乾、巽也。天衢者，艮反震也。天宠者，君泽加也。天险者，坎在上也。天祐者，天助也。天下者，乾下也，或乾爻降于下也。曰在、曰统、曰御、曰先后、曰奉、曰承、曰顺、曰应、曰丽，各以其卦爻变化言之。天或谓之帝，言主〔一〕宰也，推而上谓之上帝。乾又为大人、圣人、贤人、君子，大人者，尽天之体也。诚者，天之道，圣人至诚以尽天，诚则化，化则莫知其然，谓之神，故观之九五"天之神道"、"圣人以神道设教"同象，君子通言之也。或问：天有形乎？曰：天，积阳也，气也。易曰"日月丽乎天，百谷草木丽乎土"，日月附丽乎天，亦若百谷草木之丽乎土。天果有质欤？日月之行，或迟或速，奔星上下前后，或卑或高，不得自如。庄周曰："天之苍苍，其正色耶？其视下也，亦若是而已。"列御寇曰："日月星辰，积气中之有光耀者。"郄萌曰："天了无质。"郑康成曰："天清明无形。"或曰：星陨石，何也？曰：光耀既散，气凝为石，如人之精神既散，形亦刚强矣，故曰"在天成象，在地成形"，成形者皆地也。

为圜者，浑沦无端，周而复始也。曾子曰"天道曰圆，地道曰方"，故得乎天者皆圜，既济之初九、未济之九二，坎变乾为轮是也。不

〔一〕"主"，原漫漶似"工"，据汲古阁本、通志堂本、四库本改。

特其形也,昼夜不穷,死生无际,非天道之行乎?

五者,君之位,得位居中,发号令于天下,曰大君。在家人,父母位曰"严君"。在归妹,帝女之位曰"小君",自娣言之则君也。乾为六子父,乾爻往矣,为考,考之上为祖,配为妣,异体别家,分而同焉,为宗。乾居九五之位,则为君,而父也,考也,祖也,宗也,通上下言之。自天子至于庶人一也,一〔一〕玄孙,二曾孙,三仍孙,四子,五己身,六父,七祖,八曾祖父,九高祖父,亦以世数言之。

乾刚之不变者为玉,变者为金。益之三以上九为圭,鼎之上以九三为玉,言其不变也。蒙之"金夫",临初之上也,亦屯之初也。讼之"鞶带",上九之三也。噬嗑"金矢",四之五也。六五"黄金",五之上也。姤之"金柅",二之初也。鼎之"金铉",五之二也。言其变也。乾、艮同类,故石攻玉则解;乾、离同体,故金火守则流。京房以乾、兑配金,兑正秋,亦九五爻也。太玄以二、八为金、为环佩、为重宝、为钅器,以一、六为水、为玉者,六即乾也。玉有水,玉水得乾气乎?

为寒者,坤交乾也。阴至亥成坤,戌、亥乾位。九月寒露,十月立冬、小寒,十一月大寒。露,坤气也。云祖雨流,而露无所不至,坤也。黄帝书曰"阳不足,阴气上入阳中,则洒淅恶寒",此寒之验也,邵雍曰"月为寒"。二阴一阳,阳不足也,坎为水、为月,故水寒。或曰:井,五月卦,九五"寒泉洌",何也?曰:井之九五即泰乾初九甲子爻也,子,坎位也,坎交泰坤也。阳温阴寒,乾阳而寒者,阴阳相薄。十一月阳气生于下,以其阴不足也,故井泉温;五月阴气生于下,以其阳不足也,故井泉寒。

〔一〕"一",原作"太",据四库本改。

又为冰者,坎交乾也。乾西北方之卦,十月水始冰,地始冻,水不冰则为阴负阳胜,十月乾阳宜不足也。乾刚,金也,故水凝而坚,则阴胜。坤初六一阴生,至上六,十月亥位,坎交乾。邵雍曰"水遇寒则结,遇火则竭",从所胜也。

赤,阳色也。阳始于子,坎中之阳,故坎为赤。极于巳,纯乾也,故乾为大赤。乾者,日在嵎中、月在望、岁在四月时也。困九二坎为赤,二交巽五为"赤绂"。又为朱者,朱,赤黄色。诗"朱芾斯皇",毛公曰"黄朱,染绛者,一入谓之縓,再入谓之赪,三入谓之纁,四入谓之朱"。纁,黄赤也。小尔雅曰"彤、𪓐、赪、韎,赤也"。然则縓、纁、朱皆赤,而朱比赤为黄,比縓、纁为异耳。故困九五下交二,坎、离易巽为"朱绂"。离坤,黄也。

乾阳得位为良马,阴消阳为老马,为瘠马,郑康成曰"凡骨为阳,肉为阴",孔颖达曰"骨多也"。

驳马,玄黄也,乾变离也。驳食虎者,兑变乾也。郭璞筮遇乾之离,曰"骅骝、绿耳,遂玄黄于坎离"。

艮曰"其于木"者,交巽木也。于乾曰"为木果"者,巽、艮之阳皆乾也。艮为果者,木之阳止于果,果成则降,降而反生。震者艮之反,震阳亦乾也。

秦、汉之际,易亡说卦,孝宣帝时河内女子发老屋得说卦、古文老子,至后汉荀爽集解,又得八卦逸象三十有一。按集解坎为狐,子夏传曰"坎称小狐",孟喜曰"坎,穴也,狐穴居",王肃曰"坎为水、为险、为隐伏,物之在险,穴居隐伏,往来水间者,狐也"。子夏时坎为狐,孟喜、王肃止随传解释,不见全书,盖秦、汉之际亡之矣。今考之六十四卦,其说若印圈钥合,非后儒所能增也,故校证其误而并释之,以俟后之知者。

为龙,乾体坤,自震息之成乾,故乾为龙,坤体乾,剥乾成坤,阴极
生阳,为复震也,故坤上六"龙战于野,其血玄黄",坎为血,震为
玄黄。

为直,乾其动也直。巽为绳直者,亦乾之直也。

为衣,乾在上为衣,坤在下为裳,太玄曰"垂绡为衣,襞幅为裳",垂
绡,奇也,襞幅,偶也。讼之"带"、归妹之"袂"、既济之"衣袽",皆
乾也;困之"绂"、既济之"襦",皆坤也。古者衣裳相连,乾坤相
依,君臣上下同体也,至秦始取女之衣裳离之。

为言者,震声兑口,声出于口也,所以能言者出于乾阳也。

坤为地,为母,为布,为釜,为吝啬,为均,为子母牛,为大舆,为文,为众,为柄,其于地也为黑。

易凡言地者,皆坤也。乾、坤皆言天地者,阴阳相根,动静相资,形
气相应。有一则有二,有乾则有坤。邵雍曰:"天依形,地附气,其
形有涯,其气无涯。"张载曰:"地在气中。"黄帝书曰:"地在太虚
之中,大气举之。"天地未始相离也。明夷"日在地中",则地在气
中可知。或曰:师"地中有水",而渤海之东有归墟焉,其下无底,
水岂气乎? 曰:黄帝书"天在地外,水在天外",表里皆水。两仪运
转,乘气而浮,载水而行。考之天,西河中九星曰钩星,钩星伸则
地动者,以水动也。辰星色黄而小,则地大动,土胜水也。钩钤
者,天之筦籥,钩钤坼则地动者,天之筦籥动也。以此三者观之,
水土动则地动,地动则天动,地非乘气载水乎? 气无涯,水亦无
涯,水亦气也。坤又为邑、为邦国。天子建邦,诸侯有国,大夫受
邑,分土也。邑,内也,故以下卦言之。诸侯,四也,下兼卿、大夫、
士。邦对国,则邦为王国。五,王位,诸侯承之。通言之,邦、国,
一也。坤又为城、为墉,墙谓之墉,城,墉之大者。震足艮手筑之,

巽绳缩之。掘地为泽,土自下升者,城也。积土在内外之际,设险可入者,墉也。又为泥、为甓。坎水坤土,汩之为泥。土水合而火之为甓,以甓修井为甃。

乾为父则坤为母,乾为祖则坤为妣。坤得尊位,母也,五[一]动成乾为王母,王母,尊祖,王妣也,五,尊位。在家人,乾父居五,则坤母居四,尊无二上也。

麻、纻、葛曰布。巽为草,以坤阴不变者为布。巽、离为丝,以坤阴变阳者为帛。贲六五"束帛戋戋",上九变五,巽、离也,坤阴变阳也。坤为帛,束帛五两,天九地十之数。布帛两两相偶,五尺谓之量,倍量谓之丈,倍丈谓之端,倍端谓之匹。

釜有范金者,有合土者,其象有腹,有耳,无足,皆自坤变,坤为土、为腹。家人者,遁四之初,变艮、坤,六二有坤腹坎耳,坎水、离火、巽木,以釜亨饪之象。离为中女,故曰"在中馈"。郭璞筮豫之解,六二变坤有坎离,曰釜之象。遇大有之旅,初九、九二变乾成艮、坤,兑为金、为泽,有离火而无耳,曰金之祥非釜也。或曰:鼎何以取于坤? 曰:鼎自遁五之二,巽变艮、坤,器之有腹者也,而又有足、耳、铉,以木巽火,坎水亨之,故曰鼎象也。

易言吝者十二卦十三爻,阳爻居三。咸之九三从上六,故往吝。恒之九三趋上六,故可贞而吝。姤之上九居阴,故吝。其余可往而不往,可动而不动,可变而不变,坤阴也。亦有知其不可,以往为吝者,屯六三是也。然则坤之吝啬,顾用之如何耳,故曰"忧悔吝者存乎介"。

乾,独阳也,坤阴均之,寒均暑,夜均昼,君子而有小人,然后上下内外适得其平。故小者亨则曰既济,而小大相过,皆谓之过。

为子母牛者,坤交离也。坤为牛、为腹,离为大腹。京房既济之初九变曰“博牛”,言以牸牛博犊也。洞林明夷之既济曰“当有牛生一子”,盖坤变坎,坎为子,三至五互有离,四者,坤之丑爻,丑亦牛也。离“畜牝牛”者,母也。大畜艮坤之初为“童牛”者,子也。太玄以土[一]为犊。

地方而载,舆也。坎内阳外阴,阳实而直,阴虚而曲,内实,毂也,外虚,穿也,内直,辐也,外曲,牙也,一实一虚,周流无穷,轮也。有舆有轮而乘其上曰车,贲初九是也。自上视之,有轮有舆而居其中亦曰车,睽上九视六三、困九四视九二是也。或曰乘,解六三是也。有舆无轮,止曰舆,大畜九二、九三是也。有舆有轮而爻当舆,睽六三是也。坤爻变乾,阳为大,则曰大舆。有舆有轮,或爻在轮下,或当轮,止曰轮,既济初九、未济九二是也。曰輹者,坤震也,震之阳爻在坤下,为舆下之横木,大畜九二是也。震之阳爻变坤之中爻,为大舆之輹,中者心之位,輹在舆下,钩心夹轴,四往之五为坎,变舆成轮,大壮九四是也。曰茀者,有轮舆矣,震为竹,苇蔽之,第也。

一刚一柔,相错成文。有天而后有地,一不独立,二则为文,天一地二也。季春之月,夬九三爻也,阳气充塞,气成虹蜺,有刚然后文柔之也。仲冬之月,坤六四爻也,虽雾而日,虹蜺伏藏,阳不足也。以此见无一则无二矣。离者,乾坤以中相易者也。离为日、为火、为雉,日五色,火烟随而变,雉五色具焉。谓之文明者,以离言也。或曰:极南之方,冬虹不藏,见则怒风发屋,雷动则风止,何

〔一〕“土”,原漫漶似“上”,据汲古阁本、通志堂本、四库本改。

也？曰：离，南方，巽之再变也。巽动于下，离变于上，巽极成震，是以风止，中国阳缓阴散，虽有虹蜺而非风候。又为章，何也？曰：文合而成章，荀子曰"文理成章"，诗声变成文，积句成章。噬嗑初、五相易，震、离合一，故曰"雷电〔一〕合而章"。坤六三、姤九五，动则"成文"，不动则"含章"。

众者，对寡之名。师以一阳主五阴，故曰"用众"、曰"畜众"。明夷以二阳临四阴，故曰"莅众"。解以初九之坤四，故曰"得众"。民者，有君之名也，师曰众，又曰民，何也？曰：复初九之二，坤阴自下从之，故曰民，坤之阴即坎之二阴也，坎之二与上坤之三阴合，故又为众。坤又为丑者，阳美阴丑也。又为舆者，通于车舆之舆，车〔二〕成于众工，始于舆，邵雍曰"君子以万物为舆马"。又曰群者，通阴阳言之，乾之九四以三阳为群，否之六二以三阴为群，睽之上九以六三坎、坤、兑三疑为群。巽为鱼，亦曰民者，巽之坤也，与坎水兑泽之坤为民同。

为柄者，巽之坤，顺其凿而入焉者也，斧、柯、剑、夹、殳、戈、矛之柲，耜之耒〔三〕，柄也。旅九四得斧，巽上九丧斧，或得其柄，或失其柄。

黑者，坤之极也。以日言之，日在虞渊也。以月言之，晦也。以岁言之，十月也。故日冬则行黑道，月死成魄，火之末，泽之污下，草木之朽腐，人之鲞老，极也。坤极成乾，故明生于晦，阳兆于北，死为生之故。而增肥之泽，黑坟之土，皆地之美者。易言冥、言晦，皆坤也。坤为地,又曰"其于地也"者,坤为黑,其于地乃其一也。坤变乾为牝马,离变坤为牝牛,阴阳之中复有阴阳,此万物所以无穷也。姤初六坤变乾,初九甲子坎豕,不曰牝豕者,初阴未壮也。为迷者,坤冥晦,待阳而后明。先阳而动与远于阳而不复,皆迷之道。为方者,坤静而德方,方不可易也。为囊者,坤虚有容,与腹同,而囊,手可括也。为裳、为黄者,黄,地之中色,得乎阳之美,不偏于阴者也。为帛、为浆者,帛当在为布之下。坎、震为酒,故作酒以曲蘖,麦,东方谷也,而东风至则酒涌浆者,酒之初,故坤为浆,不足于阳也。

震为雷,为龙,为玄黄,为旉,为大涂,为长子,为决躁,为苍筤竹,为萑苇,其于马也为善鸣,为馵足,为作足,为的颡,其于稼也为反生,其究为健,为蕃鲜。

张载曰:"阴气凝聚,阳在内者不得出,则奋击而为雷霆,阳在外者不得入,则周旋不舍而为风。其聚有远近虚实,故风、雷有小大暴缓。"

郑康成读龙为龙,取日出时色杂也,虞翻曰"駹,苍色,震,东方,故为駹,旧作龙,上已为龙,非也"。臣曰:读当作斗,字当作貙,苍龙尾也,国语曰月会于龙貙。孟春日月会于诹訾,斗建寅,旦见尾中,播种之时,无妄、益乾变震之象乎?若苍色,则上已曰"苍筤竹"矣。

坤于地为黑,又曰天玄而地黄者,坤之中爻为黄,黄者,地之中色,得阳之美者也。中为坤宫,太玄以五五为土,其色黄,五五,中也,中首曰"阳气潜萌于黄宫"。坤上六,十月也。言"龙战于野"。坤,黑也,乾,赤也,谓之其血玄可也,而曰"其血玄黄",又曰震为玄黄者,何也?曰:此天地鬼神之奥,圣人之微意也。坤之上六,闭塞成冬,阴极疑阳而战,阳于此不争而自胜,于是冬至而坎之初六受之,故曰天玄,而<u>太玄</u>亦曰夜半近玄。极坤生震,阳自外来而为主于内,于卦为复,以坎言之则玄也,以复震言之则玄黄也。然十月未可以言黄,故古人谓冬为玄冬。震所以为玄黄者,初九春分,六二清明,六三谷雨,九四立夏,六五小满,上六芒种,初九乾坤之初交,以赤交黑,所谓玄也,六二、六五坤之中爻,所谓黄也。十月又谓之阳月,言未尝一日无阳,而阳亦未尝一日不胜也,故曰"神战于玄,邪正两行,龙出于中,法度文明",龙出于中则震也。又曰"天炫炫出于无畛,熿熿出于无垠",出者亦震也。阴极阳生,乱极德形,君子于是修德以俟时。否之九五与二相易,巽木玄黄而在田上,桑也。观之六四与五相易,坎为玄,坤之中爻为黄,而在朝廷,帛也。丰之九三,玄黄在车上而金断之,旆也。贲之六五,三坎为玄,巽乾为大赤,离坤为黄,纁也,纁,黄之变,染者自黄而入赤,纁,三入之赤也。

为旉者,阴体凝滞,震阳旉之。<u>延叔坚</u>曰"旉,大布也",<u>王洙</u>曰"字从寸,甫声,布也"。泰初之四,否四之初,草之旉也。大过二变之五,木之旉也,五变之二,旉者敛矣。解自升变,草木之旉也。

<u>郑康成</u>曰:"国中三道曰涂,震上值房、心,涂而大者,取房有三涂焉。"<u>王洙</u>曰:"卯为日门,险极成易,大川之上必有大路,故大途之象必出于坎、兑之外。"或曰道,或曰衢。履九二动成震,动而正,故曰道。大畜自大壮来,上九畜极艮反成震,大途而在天上,无所不达,天衢也,故曰衢。贾又为徒行者,初九之四,艮应足动,足指履乎大途,徒行也。泰九三为陂者,大途变而为山泽,易极成险,故曰"无平不陂"。

为长子,师六五动成艮,艮少男,视二震为长,震视艮为弟,坤母视

之为子,故曰长子。九二用众,处险持律,五任之,本复乾也,自震坎视之,丈也,故曰"丈人"。随初九否乾自坤视之为夫,自艮视之为丈,故曰"丈夫"。小畜九三离妇乘震,故曰夫。大过乾二变之五,巽成震,巽为白,自兑妻视之,震为夫,夫而白首故曰"老夫"。恒六五自二巽视之为夫,自泰乾视之为子,故曰"夫子"。无妄六三即遁之初六,遁初上行之三成震,故曰"行人"。明夷初之四,震成巽,巽位东南,故曰"主人"。震四诸侯之位,临二之四,有不丧匕鬯奉宗庙之象,故曰"祭主"。

震变兑为决,变巽为躁。

竹中虚节实,重震之象。苍筤,青也,震之色,孔颖达曰"春生之美也"。竹,草类而有木气,草〔一〕于五行为木,故苍筤竹乃尽震象,他竹,震之变也。太玄以甲、乙为竹,亦震也。列御寇言"久竹生青宁",青宁,世无识者。昔人钟山伐竹,竹中得青虾蟆,其青宁乎?虾蟆,巽、兑之气,震极而变也。

萑苇,震之废气也,故竹坚而萑苇脆,竹久而萑苇易枯。郑康成曰:"竹类。"搜神记言朽苇为蛬,震成巽,巽为风乎?夫橘成蛾,苇成蛬,麦成蜂,陵舄得郁栖为乌足,叶为蝴蝶,皆震、巽也。归妹上六、既济九二之五为竹苇,既济十月卦,亦震之废气也,二卦皆震、巽交。

乾为马,善鸣者,震也。易凡有震声曰鸣,谦六二、上六是也。兑口震声,在人曰言,需九二以四为言,讼初六往四为言,明夷初九往四为言,夬九四不动为"闻言不信",革九三往上为言,震〔二〕临

〔一〕"草",四库本作"震"。
〔二〕"震",疑衍。

二之四为言,上六交四则五为言,艮五动易二为言,渐初六动而之二为言,皆震、兑也。在飞鸟曰音,中孚上动反三,小过初九之四是也。或曰:音有五,善鸣者何独震乎?曰:震,动也,凡声,激而后有,雷以阳激阴,风以阴激阳,水火之声,无非激也,不动何由有声?

为舁足者,伏爻也,震为足,于左,在下卦,为后,震下有伏巽,巽为白,此震爻发于下之象。

乾为首,上发震爻则为的颡,的颡,诗所谓"白颠",传所谓"的颅"也。

为作足者,乾马变也,震下爻动,屯初九是也。大畜九三乾变震,三阳并进,故曰"良马逐"。中孚六四震作足马,四易初成坎,坎为美脊,震、坎,类也,四绝类上行,坎亡震存,故曰"马匹亡"。

其于稼也为反生。宋衷曰:"阴在上,阳在下,故为反生,谓枲豆之属戴甲而出。"郑康成曰:"生而反出也。"反其生者,有生有不生。夫一阳自下升而息,五阴自上降而消,其卦为复。彖曰"刚反动",太玄曰"反乎始",故人与草木反生,心胆之阳倒悬,岂特枲豆而已哉?于稼言反生,举一隅也。大过二变之五,兑成震,为"枯杨生稊",反生也。五变二往,震成兑,为"枯杨生华",亦反生也。屯三震交艮,黔喙之属,而角反生,鹿也。大壮四震交兑,羊角反生,羝也。震三、四相易,死者反生,苏也。

虞翻曰:"震[一]相薄,变而至三,则下象究,与四成乾,故其究为健[二],巽究为躁卦。雷风无形,故卦特变耳。"

〔一〕"震"下,周易集解有"巽"字。
〔二〕"健",原作"律",疑描补致误,据汲古阁本、通志堂本、四库本改。

为蕃鲜者,泰、颐、恒、萃、归妹言万物,解言百果草木甲坼者,震也。咸四月卦,言"万物化生",姤五月卦,言"品物咸章"者,震变巽也,震为蕃,变巽为鲜,故又曰絜齐。太玄曰"物咸重光,保厥昭阳",言离[一]明也。或曰:离言百谷草木者何?曰:离有震、巽也。解言百果草木者何?曰:有震、巽而又自艮变也。睽无震、巽曰万物者何?曰:睽,大壮之震三之上成睽,万物睽也。

乾曰"云行雨施,品物流形"者何?曰:乾自震息也。动爻,巽也。"为王"当在"乾为天"之下,错文也。五为王之位,乾为君,君宜正位宅中,故九五为王,比、随、观、家人、蹇、夬、萃、井、涣是也。离九四与五相易,五曰"离王公"。上九与五相易,曰"王用出征"。师二进至五曰王,王[二]自五[三]之二曰"王三锡命"。蛊上九自泰初历四五之上,曰"不事王侯"。晋二动易五,曰"受兹介福,于王母"。丰二至四,曰"王假之"。坤六三之动、讼九三从上九,皆曰"从王事"而已。大象曰"先王"者,比、观、涣以九五[四],噬嗑、复、无妄以初九,皆以前卦变而言之,故曰"先王"。大有九三不言王曰天子者何?曰九三交于六五,六五下交九三,乾变离、兑,有天子施泽,降心于九三之象,故曰天子。先儒以震为诸侯是乎?曰:非也。长子主[五]器,谓长子为诸侯也。四,诸侯位。豫九四,天子建诸侯也。晋九四,天子接诸侯也。四近君位,古者诸侯入为三公,三公出为诸侯,故其位四与三通曰公侯之位。

〔一〕"离",原作"鲜",疑描补致误,据汲古阁本、通志堂本、四库本改。
〔二〕"王",原作"主",疑描补致误,据汲古阁本、通志堂本、四库本改。
〔三〕"五",原漫漶似"三",据通志堂本、四库本改。
〔四〕"五",原漫漶似"三",据汲古阁本、通志堂本、四库本改。
〔五〕"主",原漫漶似"王",据汲古阁本、通志堂本、四库本改。

鹤,古鹤字。震、离为鹤,中孚九二是也。讼初之四,坎变巽,离变
震、兑,震为善鸣、为足,巽为白,兑为泽。繁露曰:"鹤,水鸟也,夜
半水感其生气,益喜而鸣。"京房论中孚曰:"九二处和体震,则震
为鹤。"房本有之,房在孝宣后故也。鼓象雷,中孚六[一]三或鼓或
歌,震交巽为木,艮为手,手执桴击之,鼓也。又为鼓缶之鼓,离九
三变坤、震,坤为器,震为鼓,巽木艮手,鼓缶也。

巽为木,为风,为长女,为绳直,为工,为白,为长,为高,为进退,为不果,为臭,其于人也为寡发,为广颡,为多白眼,为近利市三倍,其究为躁卦。

震、巽皆木也,说卦巽为木,言蕃鲜之时,震之九四爻也。乾、艮、
坎、离皆有木象,何也? 曰:水、火、土、石,地兼体之,金生于石,木
备此四者而后有,故木果,乾也,坚多节,艮也,坚多心,坎也,科上
槁,离也,其实乾、坤而已。或为苞桑,或为枯杨,或为枯木,或为
杞,何也? 曰:否之九五,二为田,木在田上,上玄下黄,桑也。二、
五相易,刚柔相包,苞桑也,其卦气则七月桑落之时。大过巽木兑
泽,杨,泽木也,兑正秋,枯杨也,其卦气则十月小雪,亦枯杨时也。
困初六视九四为臀,困于株木,巽木而兑金克之,枯株也,其卦气
则九月霜降,亦枯株也。姤九三因四动者,兑泽巽木,变乾为大
泽,木之大,杞也,其卦气则五月夏至,杞木盛时,故能包瓜。或为
床,或为栋,或为桷,或为木,或为舟楫,或为耒耜,何也? 曰:剥初
六、六二、六四,巽九二、九四[二],皆以坤变乾成巽,坤为西南,乾
为人,设木于西南之奥而人藉其上,床也。大过巽为木,木反在

〔一〕"六",原作"九",据中孚卦画改。
〔二〕"九四",疑当作"上九",巽卦第四爻为阴爻,且爻辞无床,上九爻辞有床。

上,栋也。渐九四乾动成巽坤,三变也,乾动为直,坤为众,木而平直者,桷也。益自否变渐,变换,巽木在坎上,至益而成,故涣曰"乘木有功",益曰"木道行也"。中孚巽木,兑金刳之,故曰"乘木舟虚"。涣巽有艮手断木,"剡木为楫"也。益自否变,九四之二,"斫木为耜"也,之二则"揉木为耒"。

风者,火气之动。阴丽于阳则为火,阴入于阳之下则为风,巽之所入,即所丽之阴也,火非动不见,而动则属乎风。黄帝书曰"在天为风,在地为木",举一隅也。西方书曰"暖气归火,转动归风",风化虫,故郭璞曰"风,蛊也"。

为长女者,女在下,男在上,或男未下女,或男下女而未归,或女归而有渐,或男行而不动,或女与女同居,则三女皆谓之女,春秋传曰"女者,谓其远于人也"。古之嫁者,三月庙见,而后行夫妇之道,未庙见而死,则归葬于父母,故咸"下女",渐"女归",犹谓之女。三女从三男,五有乾坤舅姑之象,子夏曰"妇人,学于舅姑者也"。或曰:蒙六五纳九二成巽,大过九五变而之二成巽,恒六五从九二成兑,谓之妇者,从夫也。家人九三、渐九三曰妇,何也?曰:家人本遘变,九四之初,则初六从而成离,离女从坎男也,坎视乾为子,离乾为舅,故曰"妇子"。渐九三本否九四也,之三成坎,六三从之成离,故谓坎曰夫,谓离曰妇。曰:小畜上九巽为妇,何所从乎?曰:九三动则成震,震者,巽之夫也,不动者,为上九所畜也。小畜九三、大过九二、困六三〔一〕又曰夫妻,何也?曰:小畜九三,离、震同象,大过九二动之五,震、兑同象,困六三坎、离同象,故曰妻。鲁春姜曰:"妇人事夫有五:平旦缅笄而朝,有君臣之严;

〔一〕"三",原作"二",据汲古阁本、通志堂本、四库本改。

沃盥馈食,有父子之敬;报反而行,有兄弟之道;受期必诚,有朋友之信;寝席之交,而后有夫妇之道。"谓之妻者,寝席之交乎? 故曰妻,齐也。女或为娣,何也? 曰:所归之妹,其爻在上则下为娣,归妹九二是也。

为绳直者,巽一柔为二刚所纠,有股而合,绳也,其刚爻为直。绳所以直者,以刚纠柔。刚,乾也。又为徽缥者,坎上六动,坤、坎成巽,坤、坎为黑,巽为绳,徽,黑索也,巽为股,两股谓之缥,上之三成巽、离,三股谓之徽。又为繘者,井自二反上成巽,坎车相应,繘也,汲绠谓之繘,系者或以此系彼,或以彼系此,引者持绳相应,牵者手挽而股动,系者系动于此。无妄之牛自遁初之三〔一〕,四巽系之,故曰"或系之"。姤初之二,二巽系之,乾金在焉,故曰"系于金梐"。维者,反复成巽绳,反复,维之也。

为白者,坎变巽也,坤至北为黑。坎中之画,乾,赤也,赤黑为玄。坎水一也,或为白露,或为霜雪、为冰者,皆寒气巽入之也。春秋传曰"冰以风壮",诗曰"北风其凉,雨雪其雱",易曰"履霜坚冰至,阴始凝也",白虎通曰"露者,霜之始也"。坎为月,溯日而白,离之光,巽,入也。

坎为发、为血,发者,血之华,少而美,逾壮则黑而不玄,过此则乾消坤见、坎降离升而黄,既老则坎变巽,坤黑尽矣,然凡有益于血者皆能黑。或曰:素履何以言坎? 曰:四变之初,巽变坎,初之四,坎变巽也。大过初六"白茅",何坎也? 曰:遁一变讼,二变巽,三变鼎,四变大过,则大过初六自讼坎变巽,故为白,而初六、九二、九五同取此象,五色皆本于白。草木既槁则白,须发既老则白,豕

〔一〕"三",原作"二",据汲古阁本、通志堂本、四库本改。

鬵埋之则白,金可变而白,丹可炼而白。白者,阴也,阳之基也,阴阳相贲而后有文,阳尽则阴质见矣。物有生而白者,气自芒芴之间固已变矣。巽又为墨者,巽变坎也。白复成黑,墨者,黑与水合,太玄饰曰"阴白阳黑,分行其职"。

天地变化万物者以巽,而莫见其变化之迹,故巽为工。讼之鞶带,比、坎之缶,泰之城隍,解之墉,同人、随之门,节之门户,豫之门柝,小畜、大畜之舆輹,大有、贲、困之车,既济之轮,井之收,噬嗑、旅、解之矢,睽之弧矢,旅、巽之斧,贲之帛,困之绂,既济之衣襦,剥、巽之床,涣之机,大过之栋宇,渐之桷,困之宫,小畜之室,大壮之宫室,丰之屋,旅之次,剥之庐,坎之樽簋,井之瓶瓮,鼎之耳铉,中孚之舟楫,益之圭,归妹之筐,既济之茀,离之罔罟,益之耒耜,小过之杵臼,大过之棺椁,夬之书契,恒之浚,井之渫甃,皆巽工为之也。或曰:大畜九二,坎六四,恒初六,归妹上六,节初九、九二,既济六二,损二簋,豫门柝,何取于巽乎?曰:大畜三有伏巽。坎自临三变而成,一变升,二变解,三变坎,自升至坎,巽工为之,乃有樽、簋、缶之象。恒初六本泰之六四,自四之初,入于兑泽之下成巽,所入深矣,故曰浚,犹浚井也。归妹,渐之反也。损,益之反也。节,涣之反也。既济六二应五。困初九应四也。豫,伏巽也,巽,东南主人之位,内有主故有客。

巽为风,草、木、风之类皆长。巽离为丝,丝亦长。姤初变兑为履之虎尾,亦长。施之于事,久长是也。易言"不长"、"不可长"、"何可长",皆巽变也。讼初往讼二,四应初,巽、坎变兑、震,曰"讼不可长也"。屯上无助,妄动之三,离见巽变,曰"泣血涟如,何可长也"。否四应初,巽体犹存,五应二,巽变矣,上应二,巽体尽而成泰,故曰"否终则倾,何可长也"。姤一阴方长,五阳下之,巽体既尽,剥极成坤,故曰"勿用取女,不可长也"。中孚上九登久而降,巽变成离,故曰"何可长也"。小过九四以往厉为戒,久则四、五相易,小不胜大,故曰"往厉必戒,何可长也"。临六三处位不当,忧而退避,二、三相易成坎,坎为加忧,二至四有伏巽,二、三相易,巽变坎,故曰"既忧之,咎不长也"。或曰:豫上六,大壮上六,何取于巽?曰豫上六震动反三成巽,大壮上六震者巽之反也。

为高者,风,高至者也。飞鸟之类,有背负苍天,皆风所为也。或曰:乾天不为高,何也?曰:天运往而不来,升而不降,亦不能为高,来也,降也,所谓巽也。同人九三动与五争应,成巽、艮,故曰"高陵"。解上六动之三,坤体连巽,故曰"高墉"。蛊上九自巽往外而处卦上,故曰"高尚其事"。

为进退者,坤生震之一阳,则退者进,乾生巽之一阴,则进者退。易称进退者,巽也,观九三是已。屯初九曰"盘桓"者,进而之四成巽,四不能安,故"盘桓",萃初六退而乱,进而与四相萃,故曰"乃乱乃萃",皆进退也。或曰:大壮上六何也?曰:上六震,震者巽之反,"不能退,不能遂",则进退不可矣。

巽,兑之覆也,兑为决,覆之为不果,称疑者皆不果也。乾九四或跃,贲六四当位,丰六二之往,既济六四之戒,困九四、九五之徐,鼎九二、未济大象之慎,皆不果也。豫九四勿疑,兑初九未疑者,巽毁也。遯上九、升九三,无所疑者,巽或不反,或毁也。或曰:坤上六"阴疑于阳",睽上九"群疑亡",损六三"三则疑",何也?曰:乾五月一阴生,巽,阴始疑也,至于十月,阴疑于阳,盖其疑自一阴始生则疑之,故君子于姤之初系之以金柅也。睽上九之三成兑、震,兑,巽之覆,震,巽之反。损自泰变,九三上行,上六下之,九、六相遇,"得其友"也,三阳并进成巽,故三则疑也。

为臭者,张载曰"聚而有间则风行,风行而声闻臭达"。系辞曰"同心之言,其臭如兰",先儒谓同人六二也,二巽为草,二易五为芬芳,"其臭如兰"也。

坎为发,发者,血之华,坎血耗减,顶露于上,寡发也。大过九二"老夫",九五"老妇",离九三"大耋",兼取此象。

乾为首,析而言之,初画为颐,中画为面,上画为颡。震得初画为颐者,动于下也。兑得中画为面者,悦见于外也。巽得上画为广颡者,上大下小也。张载曰"躁人之象",传曰"上方"者,触人亦躁也。睽六三"其人天且劓",马融曰"刻凿其额",易传曰"髡其首",是乎?曰:睽九二即无妄之九五,巽变乾为广颡,兑毁之,髡其首也。刑鼻曰劓,髡曰天,互见也。

为多白眼者,离为目,虚者,阴也,实者,阳也,虚者其体阳,实者其体阴,故虚者为眸子,实者为白肉,离变巽则白肉在上,眸子在下,故为多白眼。见于易者,为惕,为反目。乾九三,危而惕也。讼九二,窒而惕也。小畜九四,畜君乘刚而惕也,与上合志,则有孚惕出矣。九二受畜于四,妻上夫下,反目而怒视也。虞翻曰巽为鱼,何也?曰:鱼,多白眼而巽乎泽者也,不曰巽乎川者,积水成渊而后鱼鳖生焉,川壅成泽也。剥自姤变至遁、否,观有伏兑,巽为鱼,五艮持绳,贯鱼也。姤初巽二动成艮,有伏兑,九二不动,"包有鱼"也。九四远初,"无鱼"也。中孚坎变为巽,乾变坎成兑,鱼也。郭璞得豫之小过,曰"五月群鱼入寺",艮为门阙,六三变九,体有兑、巽、豫,五月卦也。或曰:鱼,水虫也,何以言巽?曰:坎、离、乾、坤之变,交而生物,离乾卦,坎为水,故陆多走类,水多飞类。鱼浮游于水,有飞越江湖者,巽也,故巽在陆为鸡,在水为鱼,鸡瞑而鱼不瞑,离不足也。传曰"鱼与鸟同类",其知巽之所为乎?岭南黄鱼,或化为鹦鹉,巽变离也;泡鱼而刺者,或化为猵,巽变坎也。震、巽,相易者也,故鱼或为龙,鱼而斑〔一〕者或化为鹿。畜鱼以二月上,庚亦震也,随阳者,震也,潜化者,巽也,孕鱼依草子如其实,月体亏于上,鱼脑减于下,月盈成乾,其亏成巽。

为近利市〔二〕三倍者,噬嗑六三变也,日中为市,巽变兑,离为赢、为货,市利也,巽变离、兑,三倍也,举此一爻以例诸卦。

其究为躁卦者,巽三变成震,举震、巽二卦以例余卦。天地万物,无有独立者,极则相反,终不相离,以其不可离也。司马迁律书曰:"冬至则一阴下藏,一阳上舒。"京房论八卦飞伏,虞翻论伏爻,郭璞又论伏爻、纳甲,其说皆源于此。

为扬者,巽为风,风轻扬。中孚九二"鸣鹤在阴,其子和之",上九"翰音登于天",用此象。为鹳者,别于鹤也,震为鹤,阳鸟也,巽为鹳,阴鸟也,鹤感于阳故知夜半,鹳感于阴故知风雨。世传鹳或生鹤,巽极成震乎?

坎为水,为沟渎,为隐伏,为矫揉,为弓轮,其于人也为加忧,为心病,为耳痛,为血卦,为赤,其于马也为美脊,为亟心,为下首,为薄蹄,为曳,其于舆也为多眚,为通,为月,为盗,其于木也为坚多心。

一阳陷于二〔三〕阴之中,为坎,坎,陷也。盈天地之间皆水,曰水者,举其凡〔四〕也。坎之阴为阳所得,上而为云,故屯曰"云雷",需

〔一〕"斑",原作"班",据四库本改。
〔二〕"市",原脱,据汲古阁本、通志堂本、四库本补。
〔三〕"二",原漫漶似"一",据汲古阁本、通志堂本、四库本改。
〔四〕"凡",原作"九",疑描补致误,据汲古阁本、通志堂本、四库本改。

曰"云上于天"。坎之阳为阴所得,卜而为雨,故屯、解曰"雷雨"。
坎水之通流为川,讼之坎由遁乾三之二,渐之坎由否乾四之三,涣
之坎由否乾四之二,益之坎由涣二之初,故曰"大川"。或曰:小过
彖、夬九三、中孚下体,兑也,或为云、为雨、为大川,何也?曰:坎、
兑,一也。革兑上离下,彖曰水火相息,兑亦水也,自阳为阴所陷
言之谓之坎,自泽物言之谓之兑。泽无水则亦无以泽物矣,故泽
无水谓之困。上浮而为云,下坠而为雨,非泽气之升降乎?川泽
者,坎、兑之相变也。需之川自大壮之兑变而为坎,泽决而为川
也。中孚之川自讼之坎变而为兑,川壅而为泽也。泽或决而通,
川或壅而塞,岂有常哉?曰涉大川,何也?曰:需之利涉,震足蹈
川也。益之利涉,巽股蹈川也。讼之涉,坎变兑,巽股入于下而泽
灭其顶,不利涉而"入于渊〔一〕"也。坎或为渊,何也?曰:乾九四
"或跃在渊"者,坎之下复有泽也。讼曰"入于渊"者,讼变巽。
睽、大过三坎成兑,川壅成泽,泽蓄成渊,与乾九四一也。坎又为
泉,何也?艮、兑变坎,山泽通气,山下之泽出而流动则为泉,泉,
有源之水,泽,其源也。蒙自临来,兑变坎、艮,与井自泰初之五,
乾变兑,坤变坎,初自兑下往而成坎,则初为泉源同象。坎又为膏
者,亦坎、兑也。泽之肥者,阳之美也。

为隐伏者,坎为水,水善隐伏。沇济沱潜之水,潜行千有余里,五
纬唯辰星难见,而血之流行于肌肉之际者,至幽也。乾之初九甲
子,坎之位也。九变而六,则为潜,为隐。坤之六四言"贤人隐",
以乾之初九为贤也。在履九二、归妹九二,因初九之动,皆谓之
幽,隐伏也而谓之幽,坎、离相形也。丰九四处不当位,则曰"幽不

〔一〕"渊",原漫漶似"川",据汲古阁本、通志堂本、四库本改。

明"。在讼九二为"遹窜",在同人九三为"伏戎"。在需、小过为穴,需上六降三,小过六五三取二,坎、兑交,可隐伏者,穴也,需六四坎交兑,三阳自下进,故曰出穴。在困为幽谷,在井为井谷,谷与穴异者,泽决水流,注于山间,艮,山也,谷,注溪者也。

輮,宋衷[一]、王廙作"揉",今从二家。矫者,矫曲为直;揉者,揉直为曲。噬嗑九四噬五,解九二之五,旅六五逮四,皆巽为木,艮手矫之,正曲为直,加以锐金,故曰矢。曰金矢者,乾也;曰黄矢者,离也。否四之初,三变成益。一变渐,巽变乾,直者曲也。二变涣,而曲其柄,末也,涣巽变乾,曲而有足,肱据其上,机也。皆有坎揉之象。古矢干用蒲柳,故曰"剡木为矢"。小过为弋者,四本明夷之初,离、巽为丝,以丝系矢射之,弋也。

为弓轮者,揉直为曲,坎木为之,坎两端柔,其中刚,刚柔往来,弛张也,轮一虚一实,内实外虚。睽自无妄来,五之二,巽木变离为丝绳,变坎则弓有弦。既济初九之四,未济九二之五,巽木艮手,揉木曲之,其成则圜者,轮也,乾为圜,矢取巽、离,弓取巽、坎,又有工矫揉之,岂人为哉? 枉矢、荧惑之变,火也。獝豸激豪,短狐射影,无非坎、离之变。

其于人也为心病者,虞翻以坤为心,坎二折坤,为心病。以类言之,心,火也,坎,水也,坎,心病也。以位言之,坤土,中也,中者心之位。周景王铸大钟,声过其中为心病。先儒以皇极不建为眢乱之疾,五声以宫为君,太玄以五五为心,其中不平者,心病也。明夷六四应初比三,四入而初出,坎变兑,心病去而说,"获心意"也。井九三未用,上六其心病,故恻然伤之。艮六三静与动争,夤裂而

心病,故"厉动心"。艮六二随三,不能动而应五,旅九四不能进而上,道行于五,故其心病皆"不快"。

为加忧者,卦以阴阳失位、失应为忧,忧之中又见险,加忧也。在屯上六为"泣血涟如",在离六五为"出涕沱若",在晋六二为"愁如",在震九四为"虩虩"。或曰:屯上六失位乎? 曰:失应也。上六动成巽,反三成离而巽毁,故曰"何可长也"。

人所以知疾痛搔痒者,由血流行也。坎为血卦,为耳,血流行而物伤之,为耳痛,举此则百体之痛一也。在噬嗑上六为"何校灭耳",在夬九四为"闻言不信"。

为血卦者,坎为水、为血,赤者,坎中之阳,静则阳消,故盐白而大,卤之色正赤。穆天子传有黑羊白血,今岭南产钟乳之山,黑羊食其草则血白,钟乳金石,兑阴之气也。故凡血停久不动亦白,阴变阳也。黄帝书肾主血,心藏血,肾,坎水也,心,离火也,离中坤阴而藏血。坎、离交也,其实皆乾阳之动。屯上六,临乾变坎也。归妹上六、涣上九,泰乾变坎也。

为赤者,乾为大赤,坎中之阳,乾中画也。

其于马也为美脊者,乾为马,上画为颡,故震交之为的颡,中画为脊,故坎得之为美脊,下画为足,故震得之为作足。良马者,纯乾也。屯上六以五为马,贲六四以三为马,晋以四为马,睽初九以四为马,中孚以讼二为马,皆美脊之马也。

为下首,为亟心,为薄蹄者,屯上六之"班如",贲六四之"翰如",睽初九之所"丧马",皆以亟心。坎在中也,乾为首,坎阴在上交之,为下首,震为足,坎阴在下交之,为薄蹄,中之位为心,坎阳交之,偏于阳矣,为亟心。乾为马,三男皆乾索也,言震、坎而不言艮者,颡在上,即艮之乾也,犹乾为木果而艮又为果是已。

为曳者,坎离交也。坎水欲下,离火欲上,曳也。坎为豕,坎极成离,故豕亦俯首,薄蹄呕心,卑而率,有曳之象。

其于舆也为多眚者,坤为大舆、为众多,多坎陷者舆之病,行则必败,唯无眚者乃可行。灾以坎言者,险也。眚自取不正,灾天降之,虽正犹不免。讼九二讼五,无妄三、四、上不正,震六三不当位,自取也,故曰眚。需九三、剥六四、大畜初九正也,故曰灾。或曰:复上六正,灾也,而曰眚,无妄上九不正,眚也,而曰灾,遁初六不正,宜眚也,亦曰灾,何也? 曰:复上六"迷复"用众,"以其国君凶",自取之也,然上六穷矣,虽正亦凶,灾也,故曰"有灾眚"。无妄上九之穷,虽行而正,亦灾也。遁初六退藏,自晦其正也。

为通者,坎水决为江河,升为雨露。血之在人者,周流无穷也。乾曰"六爻发挥,旁通情"者,坎离升降,遍被诸爻,乾之情也。坤六五曰"黄中通理"者,五动成坎也。节九二"知通"者,动而应五坎也,"知塞"者,坤土塞其行也。需自大壮四之五成坎,乾九四变渐、涣之坎而成益,通也,故曰"大川"。中孚之川由讼坎,而讼自遁三变之坎,亦通也。豫九四曰"朋盍簪"者,上下通也。或曰:泰言"天地交而万物通",否言"天地不交而万物不通",何取于坎乎? 曰:坎初六冬至,九二小寒,六四立春,九五雨水,上六惊蛰,而泰当坎之九五,水气上行,自坎为泰,万物通矣。否者,泰之反也,坎降离升,震伏兑见,自离成兑,而否当离之六五,万物不通矣。

"为月"当在"坎为水"之下,错文也。坎,坤体也,坎中之乾,二、五也,乾阳流于坤阴,故月以速为退,月体不明,待日而明,明者,乾也。<u>横渠</u>曰"日月之精,互藏其宅",是也。乾言"日月合其明"者,坎、离互用也。豫言"日月不过"者,坎为月,伏离为日,日月会于北方也。恒言"日月得天"者,乾九四之五,变离、坎也。小畜上

九、中孚六四、归妹六五"月几望"者,小畜四有伏坎,巽有伏震,月在东,日在西,望也,中孚、讼坎变震,月在东,亦望也,归妹六五,月在东,日在西,亦望也。然曰"几望"者,小畜、中孚坎在四也,归妹六五爻在五,坎在四,若五则中矣,是故日望月则月食,月掩日则日食,坎、离之交胜也。或曰:坎,水也,离,火也,火丽乎水,何也?曰:离非水则明无自而托,坎非离则明无自而生,故水聚则精聚,精聚则神生。今焚薪为炭,枯柿成灰,朽木夜明,湿尽光暗,血为走磷,见于暮夜阴雨之时,故曰离者,丽也,坎水尽则离亦无所丽矣。

水潜行,伺隙而动,故为盗。太玄以水为盗,阴阳家以玄武为盗,玄武,水也。屯六五以五为寇盗,用众也。蒙上九以二为寇盗,用师也。需九三以五为寇,贲六四以三为寇,解六三、睽上九以四为寇。寇,用兵也,兵,戎也,故需曰寇,象曰戎。夬九二动离有伏坎,亦曰戎,以有戎兵,其实盗也。

坤众为多,坎,阳卦,其刚在中,坚心也,重坎者,"坚多心"也。曰"其于[一]木也"者,与木爻交也,震、巽为木,坚多心,松柏之类,周官所谓"阳木"。洞林家人之蒙,巽、震交坎为长松,其在震九四为棘匕,在涣九二为机。

为宫者,复初九即乾初九甲子爻,子者,坎之位,于律为黄钟,太玄曰"阳气渐萌于黄宫"。

为律者,法度之始,太玄以水为法、为准,水可动而动,可止而止,故为可。有以位言者,有以爻及变言者。乾六位,三、五坎为可,初、上、四皆曰不可。言可者,九三也。大过九五"何可久也"、"亦可丑也",亦三、五也。坤六三"可贞"者,三动也。师"可以王",

---

〔一〕"于",原脱,据通志堂本、四库本补。

二之五也。谦上六"可用行师"者，上应三也。蛊上九"志可则"者，三动应上九。无妄九四"可贞"者，五动也。大壮"天地之情可见"者，四之五也。解六三"可丑"者，负四也。损"可贞"者，九三上行也。九四"可喜"者，四、初相易也。井九三"可用汲"者，上六用九三也。震"出可以守宗庙社稷"者，四也。小过"可以小事"者，六二也，明夷变也，"不可大事"者，九三、九四也，坎变巽也。否上九"何可长"者，三爻自上降也。谦"卑而不可逾"者，艮变坎也。蛊九二"不可贞"者，不动也。剥上九"终不可用"者，坤不复也。无妄九五"不可试"者，五不动也。大过九三"不可辅"者，三、上不易也。坎"天险不可升"者，二、五不易也。离九三"何可久"者，坎毁成巽也。遁九三"不可大事"者，三不动也。明夷九三"不可疾贞"者，三之上也。丰九三"不可大事，终不可用"者，三不往而退也。节"苦节不可贞"者，上穷也。中孚上九"何可长"者，反三也。小过六二"不可过"者，坎变巽也；六四"终不可长"者，四之五也。既济上六"何可长"者，上〔一〕反三也。

为栋者，水就湿避燥，去高取卑，有栋之象。或曰：火不避湿而就燥乎？曰：火岂择于高卑哉？在屯六三为"君子舍之"，在讼九二为"不克讼"，在比九五为"舍逆取顺"，在贲初九为"舍车而徒"，在离九三为"不鼓缶而歌，则大耋之嗟，凶"，在节六三为"不节若，则嗟若"。

为丛棘者，其于木也为坚多心，交离为棘。离火锐上而不可触，刺也，坚多心之木而有刺，棘属也。坎上六〔二〕动为巽，曰"置于丛棘"，是也。古者狱后种九棘，周官王之外朝，左九棘右三槐，司寇公卿议狱其下。坎言丛棘者,狱也。天文天牢六星在斗魁下,贵人之牢也。贯索九星在招摇前,庶人之牢也。占家天狱视斗系曰本,斗,北方坎也。未济坎自否巽变为狐,坎隐伏,巽不果。虞翻以艮为狐,干宝以坎为狐,互发也。天文以心为狐,说卦以艮为黔喙,犹天文以辰为龙,说卦以震为龙。圣人观鸟兽之文,又观地之宜,参考之也。巽交坎、离为蒺藜,象与棘同,巽为草木,刚爻,木也,柔爻,草也。

为桎梏者,艮手震足交于坎木,桎梏也。桎,足械也;梏,手械也。坎有狱象,故以桎梏言之。蒙坎自升巽,以木爻变也。

离为火,为日,为电,为中女,为甲胄,为戈兵,其于人也为大腹,为乾卦,为鳖,为蟹,为蠃,为蚌,为龟,其于木也为科上槁。

一阴丽乎二阳也。乾、离同体,离巽为风,故天与火同。风自火出,乾位六爻坎离互用,故以水火言之。若大有、贲、革、鼎、既济、未济,举大凡也,故皆曰火。离九四、旅九三,离火巽木,故曰焚。

或曰:何以阴丽阳乎?曰:束蕴而吹,烟气郁然,及其外明,烟即是火,火动而薪止,火灭而烬留,非阴丽阳乎?然坎、离不相离也,坎中有离,故有温泉,有火井,离中有坎,故有火鼠,有火龟。

离在地为火,在天为日,乾体也,其中画乃坤之二、五。横渠所谓"阴阳之精,互藏其宅"欤?行迟者,阴丽乎阳也。晋曰"昼"者,日出地上,进而中也。丰曰"宜日中"者,九四之五也。离九三、丰象曰"日昃"者,日中而又西也。乾九三、既济六四〔一〕曰"终日"

〔一〕"既济六四","济"漫漶似"齐","六四"原脱,据汲古阁本、通志堂本、四库本改、补。

者,日在下也。豫六二曰"不终日"者,二动之五成离,日在上也。夬九二曰"暮夜"者,动成离日,在西方之下,日薄于虞渊之时也。或曰:夕,日入为夕。大畜曰"日新"者,大壮一变需,坎月离日,合照也,再变大畜,艮终复始,"日新"也。益曰"日进"者,初九自下而进也。卜楚丘[一]论十日,其说源于易之昼夜。又为"大明"者,"悬象著明莫大于日月",而月受明于日,阳为大,阴为小,故曰"大明"。乾"大明终始",晋"进而丽乎大明",皆日也。又为明者,日月相推而生明。屯九五求四,四往之五,讼初往四,皆坎月在东,月之明也。大有九四离动,井九五、旅上体日在上,日之明也。困初六、丰九四曰"幽不明"者,日在西而隐伏也。大有、贲、同人、明夷曰"文明"者,离居二、五也。坤为文,又为光者,日月之明无所不及也,孟子曰"日月有明,容光必照",管辂曰"日中为光",易凡言光者,皆明之所及也。坤之"化光"者,含[二]坎、离也。观之"观光"者,四、五交也。颐之光者,四施初也。夬之光者,离自下升也。未济之光者,二、五易也。需"光亨"者,大壮四之五,日西月东,四、五得位也。凡言"未光"者,皆未能行也。屯九五,未之二也。噬嗑九四,噬六五而后光也。晋上九反三,自治而后光也。夬九五"中行",上决而后光也。萃九五,之二而后光也。凡言"光明"者,兼体用也。老子曰:"用其光,复归于明,体用合一,光明无尽。"履刚中正而不倚,故离日[三]下升,"光明不疚",言无私照也。谦以刚济柔,故坎自上降,"万物化光",言皆相见也。艮行止动静

〔一〕"楚丘",原作"丘楚",据通志堂本、四库本改。
〔二〕"含",原作"舍",据通志堂本、四库本改。
〔三〕"日",原作"目",疑描补致误,据汲古阁本、通志堂本、四库本改。

不失其时，故坎、离下济，"其道光明"，言久不息也。凡言"光大"者，其象与"光明"同。曰大者，指阳爻也。坤曰"光大"者，初、三、五也。涣六四曰"光大"者，二从四也。咸九四可以光大者，九也。四来初往则离、坎成，四往初来则离、坎毁，"未光大"也。益自否之九四，三变离、坎而成益，大者，光也。言光辉者，日月之光挥散也。言晖者，主离日也，管辂曰"朝日为晖"。或曰：星辰何象也？曰：艮、离也。邵雍曰"离为星"。贲艮上离下，彖曰"柔来文刚"，又曰"分刚上而文柔，天文也"。班固曰："阴阳之精，其本在地。"张衡曰："地有山岳，精钟为星。"盖星辰者，地之精气上发乎天，而有光耀者也。星，日之余也；辰，月之余也。月生于日之所照也，众星被耀，因水转光，三辰同形，阴阳相配，其体则艮也。河洛篇曰："天中极星，昆仑之墟。天门明堂，太山之精。中挺，三台也。五灵，诸侯也。"岍、岐、荆山、壶口、雷首、太岳、砥柱，东方之宿也。析城、王屋、太行、恒山、碣石、西倾、朱圉，北方之宿也。鸟鼠、太华、熊耳、外方、桐柏、嶓冢、陪尾，西方之宿也。荆山、内方、大别、岷山、衡山、九江、敷浅原，南方之宿也。九隘之险，九河之曲，潆水三危，汶江九折，上为列星，诸贤之论，不诡于经矣。故精致气歇，坎极离见，乃有陨星。其光烛地者，离也。陨而成石，或为阜堆尘沙者，艮也。

电，阳光；雷，阳声。阳自子息而至春分，四阳成大壮，雷乃发声，后五日始电。阴自午消而至秋分，四阴成观，雷乃收声，电亦不作。震，动也，不动则声光何由而发？笑者目动，怒者目光，栉发而鸣者有光，振衣有声者有光，离、震交也。噬嗑、丰，离、震合也。戛竹钻木，两石相击，其火必出，动极也。子云曰："观雷观火，为盈为实，天收其声，地藏其热。"盈实者，阳息也，震与兑交，离与坎交,故雷电而雨降。

为中女。

为甲胄者,离外实中虚,有甲之象,在上为胄,在下为甲。先儒谓
巽为绳,缮甲也。

为戈兵者,乾为金,离火煅之,火锐上,戈兵也。兵有五,言兵则五
兵具矣。同人、解、夬、萃曰戎者,戈兵,戎器也。噬嗑、旅言矢,乾
金火煅,锐上为镞,巽木为干,加于坎弓之上,矢也。旅、巽言斧
者,兑为决断也。归妹言刲者,交兑金为刀兵也。小过言戕者,外
杀也。谦、既济、未济言伐者,自上伐下,入其险阻也。谦又言侵
伐者,侵削其地而后伐也。或〔一〕曰:萃无离也,何以“除戎器”?
曰:原其始也,临变明夷、小〔二〕过,萃自小过,离变坎、兑,巽、坎为
栋,有简治弊恶、修缮戎兵之象。或曰:制器者尚象,蚩尤铸兵,亦
知取象乎?曰:蚩尤不能也。夫子曰“蚩尤,慭欲无厌者也”,何器
之能作?蜂虿挟螫而生,见害而校,以卫厥身者也。人生有喜怒,
故兵之作与民俱生。

为大腹者,坤为腹,有容也。坤二、五易乾成离,阳为大,故为大腹,
内虚外坚实,大腹之象。大有九四动,非大腹也,曰“匪其彭”。明夷
九四之三,震为左,曰“左腹”。井九二,坤腹器,有兑口,离大腹,曰
“甕”。渐九三,坎夫离妇,与四相易,坎往离毁,曰“妇孕不育”。

离燥,故为乾卦。于日为烜,于木为槁。渐初六艮动成离,之二坎
水之傍,乾而可止,匤也,匤谓之干。震其究为乾,故曰“其究为
健”,巽其究为震,故曰“其究为燥卦”,卦变也,观此二卦,则知乾、

〔一〕“或”,原作“予”,据汲古阁本、通志堂本、四库本改。
〔二〕“小”,原作“大”,据汲古阁本、通志堂本、四库本改。

坤、坎、离、艮、兑,其究皆变。乾健独不言卦者,无非乾也。

为鳖、为蟹、为蠃、为蚌、为龟五者,皆大腹,离也。为鳖者,离交巽也。巽位巳,巳为蛇,故蛇或化鳖,蛇鸣而鳖应。为鼋者,交乾也。郭璞筮遇需之复,曰"鼋也"。为蟹者,巽交离也,蟹连两目,重离也,托于蛇鳝之穴,亦巽也。鳖、蟹其中皆黄,坤之二、五乎?璞筮遇咸之井,曰"东方当有蟹食稼",咸巽井离、坎,兑变震也。为蠃者,兑交离也。附蠃生于池泽,蜗生于暑雨,螺生于月旋。震六二,旅六二、九四,巽上九,兑九四,噬嗑六二,变皆兑交离也。为蚌者,离交坎也。千岁之燕为蛤,雀为蛤,伏翼为蛤,雉为蜃,雕为蛎,方诸泣月,蚌胎含珠,离、坎也。为龟者,坎交离也。北方玄枵之次为龟蛇,故龟游山泽,出入水火,含神负智,得坎、离之正乎?颐、损、益三卦皆然。

其于木也为科上槁。康节论木曰:"枝、干,土石也,故岁不易。叶、花,水火也,故岁易。"横渠曰:"离为乾卦,其于木也为科上槁,附而燥也。"然则横渠所谓"附而燥",即康节所谓"叶、花"也。郑康成曰"科上者,阴在内为疾",虞翻曰"巽虫食心故上槁",宋衷、孔颖达以科为空中,然则诸儒又以科上虫病为槁矣。

为牝牛者,坤为牛,艮为小子,艮、坤变离,牝牛也,谦初六变九是已。坤变离,柔丽中正,畜之以刚正,畜牛也,离六二、六五是已。牝者以柔养刚,畜者以刚制柔。王洙本作"牝牛"。

艮为山,为径路,为小石,为门阙,为果蓏,为阍寺,为指,为狗,为鼠,为黔喙之属,其于木也为坚多节。

艮积于下,止于上,二阴含阳,土石聚焉。蒙、贲、剥、大畜、颐、艮、咸、遁、蹇、渐、旅皆曰山,以三画卦言也。为丘、为陵、为陆者,以重卦言也。高平曰陆,大陆曰阜,大阜曰陵,而丘有一成、再成、三成,如昆仑亦曰丘,故重艮以三为陆,四为陵,五为丘,上为山。太玄九地,七为下山,八为中山,九为上山,准易也。渐九三艮渐坤,高者平矣,高平曰陆。上九动成六,六降九升,亦高者平也。同人九三动以四为陵,震六二以四为陵,渐五应二而历四、三,亦曰陵。贲六五、颐六二拂五、涣四以五,皆曰丘。随上六、升六四以九三升而之上,皆曰山。坎五艮言丘陵足矣,又曰山川丘陵者,坎变则蒙,极其险言之。五行以艮为土,太玄以山为金者,山,土石也,石者土之实,故为土,石,金类也,故又为金。

震为大途,动而行,莫之止也,交艮为径路,止而行,行而止也,艮者震之反,山径之蹊,则行者改步矣。又为巷者,通乎家以达内外,二为家。

山,土石也,水流山则土去而石见,故艮、坎为石,为小石,豫六二以四为石是也。困六二否艮交坎,故"困于石"。渐六二曰"磐"者,二、五相易,坎变巽、艮,艮为石也。

辟乾为门,阖坤为户,艮土东北,当启闭之际,门阙也。艮为宗庙者,六也,一六,坎也,坎者,鬼之所归,太玄以一六为庙,故艮为门阙,在宗庙之位为庙,萃、震、涣、损是也。为宫者,止于中也,太一出阳入阴,息于中宫,坎、艮、坤为宫。在旅为次,在野为庐。又为牖者,宫之户,坎其傍以通明也,故艮、坤、坎、离为牖。

巽为草木,艮,阳止也,止于上为果,止于下为蓏。蓏,瓜瓠之属,乾为圜。

为阍寺者,阍,守门者也,寺,守巷者也。郭璞筮遇豫之小过,曰"当有群鱼入州城寺舍",言小过艮也。

艮为手又为指者,在上体为手指,止者动也,在下体为足指者,动者止也,震动艮止,相反也。曰趾者,趾在下体之下,鼎足亦谓之趾,噬嗑初九,贲初九,鼎初六,艮初六,三爻以初应四,皆艮止震动而在下体之下,故曰趾。或曰:大壮、夬初九何取于艮?曰:大壮,遁之反也,遁艮为指,反而成震,为足指,夬即大壮积而成刚,故曰"壮于前趾",前趾谓大壮也。趾又谓之踇者,踇,足大指也,拇,手大指也,阳为大。咸初六感九四,解九四应初六,皆以阴变阳,而解者蹇之反,解震即蹇艮也。

为狗,上言艮为狗者,狗马之狗也,此言为狗者,熊虎子,字当作"豿",尔雅曰"熊虎丑,其子豿",盖虎子未有文,犹狗也。虞翻、马融、郭璞以兑、艮为虎,艮者,寅位也,艮究成兑,故艮为虎子,又为黔喙之属,成兑则坤交乾而有文矣。

为鼠者,艮交坎也。天文虚为鼠,玉衡之星为鼠,其艮之九三爻乎?晋九四是也。郭璞筮遇咸之井,曰"东方当有蟹鼠为灾",亦艮、坎也,坎虚在子,故子为鼠,昼止者,艮也,夜动者,坎也,穴土者,艮也,隐伏而窃者,坎也,蟹或化鼠,焚蟹致鼠,坎离交也。艮反为震,故有缘木之鼠。坎极成离,故有飞鼠、火鼠、豹文之鼠。鸟、鼠同穴者,坎、离之合乎?鼷鼠食牛者,水土相伤乎?传曰"曾磎之鼠,水下出焉",是亦艮、坎而已。

为黔喙之属者,坎为玄,坎变艮则玄在前,故郑康成曰"取其为山兽"。寅为虎,狸亦是也,寅即艮也。屯六[一]三艮、震为鹿,角者,艮之阳,蹄者,震之阳,躁者,震也,止而伏者,艮也。阴生而鹿角解,震反巽也;阳生而麋角解,巽反震也。麋,鹿类也,故麋与鹿游,龙,震也,故鹿与龙游。刘牧曰:"鹿性决躁,其角反生,震象

〔一〕"六",原作"九",据通志堂本、四库本改。

也。"颐六〔一〕四、革九五，兑、艮为虎，上六为豹，解九二、未济，艮、坎为狐。或曰：艮、兑一也，革上六何以为豹？曰：上六阴爻，离九三文之过也。天文箕为豹，尾为虎，同在艮。履何取于艮乎？曰：伏艮也。

其于木也为坚多节者，坤为众多，坚节，乾刚也，三索故多节。否九五坚多节之木在田上，上玄下黄，桑也。郭璞筮遇家人之蒙，巽变艮为高松，松，坚多节也。

为鼻者，传曰"鼻者，面之山"，兑为口，山泽通气，故鼻口相为用。噬嗑六二动，故"噬肤灭鼻"。睽六三艮成兑，刑〔二〕其鼻也，故"其人天且劓"。或为肤、为皮革者，皮兼肌言之曰肤，肌，其阴也，肉为阴，充其肤者，阳气也，马融曰"柔脆肥美曰肤"，皮者，舍肉而言，革则坚矣。通鸟兽言之，艮之阳也为虎、为狐。

兑为泽，为少女，为巫，为口舌，为毁折，为附决，其于地也为刚卤，为妾，为羊。

泽者水之聚，二阳沉于下，一阴见于上，乾阳为美，阳沉于下，钟美矣。太玄之沉曰："阴怀于阳，阳怀于阴，在志玄宫。"然坎、兑一也，故坎壅成泽，泽决成川。

为少女。

为巫者，兑变巽，兑为口，尚口而巽，进且退者，巫也，巽九二是也。或为史，升而为史，降而为巫，尚口则一也。

为口者，说见于外也；为舌者，动于内也。口为言，太玄四八为金，于五事为言。为辞者，言成文也，乾三动成兑、离是也。笑者，目

〔一〕"六"，原作"九"，据颐卦画改。
〔二〕"刑"，原作"形"，据汲古阁本、通志堂本、四库本改。

动而声出于口,故兑、离又为笑。为嘻嘻者,笑无节也。嗟者,忧而发于声也。笑者,得位、得应,喜而后笑也。嗟者,失位、失应,忧而后嗟也。号者,大声出于口也。故兑、巽为号,巽为风,风者天之号令,风鸣窍穴,有号呼之象,号咷者,号哭之声,号呼而又有哭象也。告者,决之也,或取决于彼。戒者,告戒也。问者,有所疑也。允者,口顺从也。愬者,恐惧而愬也。食者,口就之也。不食者,口不应也。明夷初九〔一〕可食而不食者,义不食也。颐为求口实者,兑变临也。咸九五曰脢者,口之下、心之上也。

为毁折者,阴见则阳毁,阴升则阳折,物极而穷。噬嗑六二、上九为减,离九四为弃,毁也。丰大象、九三,离上九之五,鼎四之初为折。泰兑变贲之离、坎、艮,为“无敢折狱”。又为刑杀者,兑正秋也,变坎为刑,自决有罪言之,坎为狱,自屠畜言之,坎为血。故蒙初六曰“刑人”,丰曰“致刑”,归妹曰“刲”,既济曰“杀”。萃独曰“用大牲”者,有杀牛之象,无坎血也。

为附者,兑反艮也;为决者,兑也。阴盛阳微则阳附阴,阳盛阴微则阳决阴。剥一阳五阴,故曰“山附于地”;夬一阴五阳,故曰“刚决柔也”。或附或决,时也。

其于地也为刚卤者,水动而往,刚留于泽,为卤,刚,而柔为沙,需之九二是也。水畜于泽下为咸,咸无水亦为卤,困之大象是也。主父偃所谓“地固泽咸卤,不生五谷”,咸亦谓之卤,咸生卤也。咸泽之下成玄精,洞穴中水凝为钟乳,黄帝书曰“湿化生金石”,虞翻曰“乾二阳在下故刚,泽水润下故咸”。沙,水中之阳,阳动而水泉动,水动生沙,刚,其阳也柔者,散而未聚也,沙聚成石,沙石生金,

---

〔一〕“九”,原作“六”,据明夷卦画改。

兑反为艮,艮、兑之阳皆乾。医书寒入水府为沙石,寒亦乾也。

为妾者,遁九三兑女伏于下,与艮同位,艮小子,坤为臣,臣,仆也,故以伏兑为妾。六四兑来奔初为妾,自初言之,得妾也,传曰“聘则为妻,奔则为妾”。巽、离,女也,兑独为妾者,娶论年德,而得妾者以其子,故常少。

为羊,郑康成本作“阳”,虞翻本作“羔”,今从郑。郑曰:“此阳谓为养,无家女行赁炊爨,今时有之,贱于妾也。”按尔雅“阳,予也”,郭璞引鲁诗曰“阳如之何”,又曰“今巴、濮之人自呼阿阳”。璞筮遇咸之渐,曰“兑为贱女,戏倒阴阳”,盖咸兑变巽,阴阳颠倒。遁九三,鼎初六之四,爻位皆正,咸、渐之变,爻位不正,故为贱妾,阳,妾之贱者也。归妹六三,兑女不正为须,须,贱女,阳之象乎?

为常,先儒谓西方之神,误也,当在坤后,简编错乱耳。易〔一〕坤为常,以阴从阳,常也,地从天,子从父,臣从君,妇从夫,少从长,卑从尊,故坤“顺得常”,又曰“后得主而有常”。屯〔二〕六二,二、五相易,“十年乃字”为反常。需初九“需于郊,不犯难行”,须六四下交而后行。师六四阴从阳,当顺九二,知其不可变而反次,皆曰“未失常”。

为辅颊。乾、艮为辅,乾为首,艮止于上,辅也。又为辅颊者,连兑也而悦于首,颊,面颊也。

周易说卦传第九

〔一〕“易”,汲古阁本、通志堂本、四库本作“且”。
〔二〕“屯”,原作“也”,疑描补致误,据汲古阁本、通志堂本、四库本改。

周易序卦传第十

文王作易,以乾、坤、坎、离为上篇之用,以艮、兑、震、巽为下篇之用。上篇终于坎、离,下篇终于既济、未济,颐、大过、小过、中孚为二篇之正。乾、坤者,易之本;坎、离者,乾、坤之用。离肖乾,坎肖坤,中孚肖乾,小过肖坤,颐肖离,大过肖坎。既济,坎、离之交;未济,坎、离之合。坎、离所以为乾、坤用者,得天地之中也。斯圣人酬酢不倚,千变万化不离乎其中钦。康节曰:"至哉文王之作易也,其得天地之用乎。"至夫子序卦,然后明生生不穷,而天地之蕴尽矣,故太玄准之以玄图。

有天地然后万物生焉,盈天地之间者唯万物,故受之以屯,屯者,盈也。屯者物之始生也,物生必蒙,故受之以蒙,蒙者,蒙也,物之稚也。物稚不可不养也,故受之以需,需者,饮食之道也。饮食必有讼,故受之以讼。讼必有众起,故受之以师,师者,众也。众必有所比,故受之以比,比者,比也。比必有所畜,故受之以小畜。物畜然后有礼,故受之以履。履而泰,然后安,故受之以泰,泰者,通也。物不可以终通,故受之以否。物不可以终否,故受之以同人。与人同者物必归焉,故受之以大有。有大者不可以盈，故受之以谦。有大而能谦必豫，故受之以豫。豫必有随，故受之以随。以喜随人者必有事，故受之以蛊，蛊者，事也。有事而后可大，故受之以临，临者，大也。物大然后可观，故受之以观。可观而后有所合，故受之以噬嗑，嗑者，合也。物不可以苟合而已，故受之以贲，贲者，饰也。致饰然后亨则尽矣，故受之以剥，剥者，剥也。物不可以终尽剥，穷上反下，故受之以复。复则不妄矣，故受之以无妄。有无妄然后可畜，故受之以大畜。物畜然后可养，故受之以颐，颐者，养也。不养则不可动，故受之以大过。物不可以终过，故受之以坎，坎者，陷也。陷必有所丽，故受之以离，离者，丽也。

上篇以乾、坤、坎、离为用，天地之生万物也，而有艮、兑、震、巽焉，天地万物具而人道备矣。下篇以艮、兑、震、巽为用，有万物而后男女夫妇也，而有乾、坤、坎、离焉，人道备而天地万物备矣。故曰"三才同科，厚薄相劘"。韩康伯不领此旨，谓"岂有天道、人事偏于上下哉"，读序卦而不察者也。

云行雷动，动必满盈，故曰"屯者，盈也"。震者物之始生，坎者难也，故曰"屯者，物之始生也"。蒙，冥昧也，物生者必始于冥昧，勾萌胎卵[一]是也，故次之以蒙，蒙，童蒙也，物如此稚也。物稚而无以养之，则夭阏不遂，蓄德养才者亦然，故次之以需。震、坎为酒，

〔一〕"卵"，原作"卵"，据通志堂本、四库本改。

兑为口,有饮食之道,饮食,所以养也。饮食必有讼,干餱以愆,豕酒生祸,有血气者必有争心,故次之以讼。讼者两辞,必以众起,故次之以师,师,众也。众不能以治众,治众者,至寡也,众之所以比,执一以御之,则众治矣,故以次之以比。比,相亲比也,彼来比我,我必蓄之,故次之以小畜。物畜聚然后有上下尊卑之等,上下尊卑,所谓礼也,故次之以履。礼者,履而行之者也,所履者君子大道,则其心泰然而安,故次之以泰,泰者,万物通也。物终通则无节,故次之以否,否,塞也。物终否则乖异不相为用,故次之以同人,同人者,与人同也。与人同者物必归焉,舜、大王是已,故次之以大有。认物之归为己有者必骄,骄则亢满,大复为累矣,有大者不可盈也,故次之以谦。物归之矣,又持之以谦,犹富而守之以俭,岂不有余裕哉? 有大而能谦者必暇豫也,故次之以豫。事豫立则动而不跲,众必随之,故次之以随。好上人者人之情也,以喜随人,必有所事,臣事君,子事父,妇事夫,弟子事师,非乐于所事者其肯随乎? 故次之以蛊,蛊者,事坏而后有事者也,韩康伯曰“可大之业,由事以生”。临者,以大临小也,故次之以临。观者,自下观上,物大然后可观,是以王尚大,故次之以观。在上而无可观,则在下引而去矣,非可观,其能有合乎? 故次之以噬嗑,噬嗑者,噬而合者也。物不可以苟合,苟合者其终则离,必致饰焉,故次之以贲,贲,阴阳相饰也。致饰然后物亨,亨则尽矣,无以复加,故次之以剥,剥者,剥也,此商、周之末所以不胜其弊,文之末流也。物穷则反,不可终尽剥,阳穷于上而终反于下,故次之以复。复天理则无妄,无妄则其动也天,故次之以无妄。然后物物循理,乃可大畜,故次之以大畜。前曰比必有所畜者,比而后畜,其畜也小,故次之以小畜。物能畜止然后可养,虽养虎不外是也,故次之以颐,颐者,观人之养也,求口实以自养也。圣人养贤,贤人养德,不养之则不能动,大过者,动而大过乎物也,故次之以大过,而大过六爻皆以居安不动为忌。君子之所以过者,时也,过而不已则失中,失中则陷没,坎,陷也,陷必有所附丽,乃能出险,故次之以离,离,丽也。一本云"丽必有所感,故次之以咸,咸,感也"。

有天地然后有万物,有万物然后有男女,有男女然后有夫妇,有夫妇然后有父子,有父子然后有君臣,有君臣然后有上下,有上下然后礼义有所错。夫妇之道,不可以不久也,故受之以恒,恒者,久也。物不可以久居其所,故受之以遁,遁者,退也。物不可以终遁〔一〕,故受之以大壮。物不可以终壮,故受之以晋,晋者,进也。进必有所伤,故受之以明夷,夷者,伤也。伤于外者必反其家,故受之以家人。家道穷必乖,故受之以睽,睽者,乖也。乖必有难,故受之以蹇,蹇者,难也。物不可以终难,故受之以解,解者,缓也。缓必有所失,故受之以损。损而不已必益,故受之以益。益而不已必决,故受之以夬,夬者,决也。决必有〔二〕遇,故受之以姤,姤者,遇也。物相遇而后聚,故受之以萃,萃者,聚也。聚而上者谓之升,故受之以升。升而不已必困,故受之以困。困乎上者必

〔一〕"物不可以终遁",原脱,据汲古阁本、通志堂本、四库本补。

〔二〕"有"下,通志堂本、四库本有"所"字。

反下,故受之以井。井道不可不革,故受之以革。革物者莫若鼎,故受之以鼎。主器者莫若长子,故受之以震。震者,动也,物不可以终动,止之,故受之以艮,艮者,止也。物不可以终止,故受之以渐,渐者,进也。进必有所归,故受之以归妹。得其所归者必大,故受之以丰,丰者,大也。穷大者必失其居,故受之以旅。旅而无所容,故受之以巽,巽者,入也。入而后说之,故受之以兑,兑者,说也。说而后散之,故受之以涣,涣者,离也。物不可终离,故受之以节。节而信之,故受之以中孚。有其信者必行之,故受之以小过。有过物者必济,故受之以既济。物不可穷也,故受之以未济终焉。

君子之道,造端乎夫妇。久于其道而后化,故次之以恒,恒,久也。进退升降,与时消息,不可久居其所而不去,故次之以遁。君子,万物之主,终遁而不反,天地闭塞,故次之以大壮。大者壮则小者羸,可进之时也,故次之以晋,晋,日出地而进于昼也。进而不已,伤之者至,故次之以明夷,明夷日在地中,明有所伤也。物无不反其本者,疾痛则呼其父母,伤于外者未有不反于内,故次之以家人,家人,内也。治家者刚柔有节,过刚则厉,过柔则渎,无节则道穷而亲族乖离,故次之以睽,睽者,水火乖也。乖离则情不通而难生,故次之以蹇,蹇者,行有难也。难极必解,无终难之理,故次之以解,解,蹇难解也。难解则舒缓,解者蹇之反,五退而居二,缓也,缓则宽弛,必有所失,故次之以损,损,减也。减下而益上,有失之象,消久则息,损而不已者必益,损、益相反也,故次之以益。

益久则盈，盈则必决，堤防是已，故次之以夬，夬者，阳决阴也。决则分，分则相遇，故次之以姤，姤者，阴出而与阳相遇也。物以类相从，遇而后聚，非其类，虽同居不相遇，故次之以萃，萃，二阳聚也。物相崇聚，其势必升，积土是已，故次之以升，升者，聚而上之谓也。升而不知反，则力穷而困，故次之以困。困乎上者必反乎下，山剥是已，故次之以井，井，在下者也。井久则秽浊不食，治井之道，革去其害井者而已，三代之革，其礼相因，损益可知也，故次之以革。鼎之革物，以水济火而熟之，革物者莫如鼎，故次之以鼎，鼎，器也。主宗庙之器者莫如长子，震，长子也，故次之以震，震者，阳动于下也。物不可以终动，动极则止，故止之，艮者，一阳止于上也，故次之以艮。物不可以终止，止极则动，故次之以渐，渐者，进有序也。进必有所归，盈科之水是也，故次之以归妹，归妹者，女之归也。得其所归者必大，海善下是也，故次之以丰，丰，大也。前曰与人同者物必归焉，故受之以大有，此曰得其归者必大。大有次同人者，处大之道也；丰次归妹者，致大之道也。已大矣而又穷之，必至于无所寄托，而失其所居之常，非特大名大位然也，学亦如是，故次之以旅，旅者，君子之穷也。旅卦以柔顺谦下为吉，否则无所容矣，故次之以巽，巽者，阴入于阳之下也。天地之泽万物，礼义之说人心，不入则不说，故次之以兑，兑者，说见于外也。说之而后散之，则说道不劳，无所不说矣，故次之以涣，涣者，险难离散也。离者必聚，散者必合，物无终离者也，聚者离之节，合者散之节，节之则无离散，故次之以节。天地之节不可以不信，不信则无以成万物，而况于人乎？饮食起居，身之节也，不信则致疾，尊卑长幼，家之节也，不信则召乱，故次之以中孚，中孚，信也。行者足相过也，小过以阴过阳，有行之象，有其信者必行中无所疑也,故次之以小过。物各有量,不过则不能相济,所过大则其济亦大,是以智周万物然后道济天下,故次之以既济,而止复入于未济。物之相生,终不可穷,故以未济终篇焉。

周易序卦传第十

周易杂卦传第十一

杂卦专〔一〕以刚柔、升降、反复取义，又揉杂众卦以畅无穷之用，而归藏、连山三代之易皆在其中，百世之后有圣人作，不外是也，康节曰"乾、坤三变，坎、离不动"，故太玄准之以玄冲、玄错。

乾刚坤柔，比乐师忧。临、观之义，或与或求。屯见而不失其居，蒙杂而著。震，起也；艮，止也。损、益，盛衰之始也。大畜，时也；无妄，灾也。萃聚而升不来也。谦轻而豫怠也。噬嗑，食也；贲，无色也。兑见而巽伏也。随，无故也；蛊则饬也。剥，烂也；复，反也。晋，昼也；明夷，诛也。井通而困相遇也。咸，速也；恒，久也。涣，离也；节，止也。解，缓也；蹇，难也。睽，外也；家人，内也。否、泰，反其类也。大壮则止，遁则退也。大有，众也；同人，亲也。革，去故也；鼎，取新也。小过，过也；中孚，信也。丰，多故也；亲寡，旅也。离上而坎下也。小畜，寡也；履，不处也。需，不进也；讼，不亲也。大过，颠也。姤，遇也，柔遇刚也。渐，女归待男行也。颐，养正也。

〔一〕"专"，汲古阁本、通志堂本、四库本作"传"。

既济,定也。归妹,女之终也。未济,男之穷也。夬,决也,刚决柔也,君子道长,小人道忧也。

乾、坤易之门,凡刚皆乾也,凡柔皆坤也。刚柔相杂乃成诸卦,故曰"乾刚坤柔"。比得位而众比之,故"乐",师犯难而众从之,故"忧",忧乐以天下也。临之九二在下,四阴与之,故能以大临小,观之九五在上,四阴求之,故能以上观下,"或与或求",乃成临、观之义。屯自震变,四之五,虽见于屯也,而不失其所居,所以大亨钦。蒙自坎变,五之上,阴阳相杂,虽杂也,而九自著见,阴岂能蒙之?所以蒙亨钦。阳起于坤而出震,则静者动,阳止于艮而入坤,则动者静,故起莫如震,止莫如艮也。损以九三为上,由泰而损,始衰者也,益以九四益初,由否而益,始盛者也,故"损、益,盛衰之始"也。大畜以四、五之柔而畜三阳,时也。无妄九五、六二中正,而三、四、上爻为无妄之疾,灾也。关子明曰:"无妄而灾者,灾也。有妄而灾者,其所宜也,非灾之者也。"萃二阳萃于上,升二阳升于下,升者,往也,升往则不来矣,不来者,必聚于上也,气之方升,谁能遏之?故曰"萃聚而升不来也"。谦自上降三,豫自初升四,谦故降也轻,豫故急而止,故曰"谦轻而豫怠也"。噬嗑,除间者也,四为颐中有物,故曰"噬嗑,食也"。贲自泰来,本无色也,刚柔交错然后有文,故曰"贲,无色也"。阴随阳升,说而见乎外,故曰"兑见"也;阳随阴降,巽而伏乎内,故曰"巽伏"也。施说之道,小者亦伸,处巽之时,大者亦屈,无非天也。随,随时也,以是为正,故曰"随,无故也"。蛊,坏也,二往之五,饬蛊之道,故曰"蛊则饬也"。剥,烂也,五阴溃于内也。复,反也,剥上反于下也。晋之明进而至于昼,明夷之明降而至于诛,夷,诛也,诛,其明熄矣,非诛之象乎?泰初之五,往来不穷,故曰"井通";否上之二,阳遇阴而见掩,故曰

"困相遇也"。或往而通,或来而困,唯其时也。以刚下柔,其感必速,故曰"咸,速〔一〕也";刚上柔下,可以持久,故曰"恒,久也"。涣三阳涣离,故曰"涣,离也";节三阳止而不去,故曰"节,止也"。阳离则三阴散,阳止则三阴来,阳者阴之表也。蹇二往五,涉难也,故曰"蹇,难也";解五来二,复吉也,故曰"解,缓也"。来者为缓,则往者当夙,故曰"有攸往,夙吉"。关子明曰:"明乎外者物自睽,故曰'睽,外也';明乎内者家自齐,故曰'家人,内也'。"君子泰则小人否,小人泰则君子否,故曰"否、泰,反其类也"。四阳并进,六五以和易待之,可以止而仕也,故曰"大壮则止";四阳偕往,二阴在内而执其柄,可以退而去也,故曰"遁则退也"。同人六二得中、得位而同乎人,同乎人则人亦亲之,故曰"同人,亲也";大有六五柔得尊位而有其众,有其众则众亦归之,故曰"大有,众也"。水火相革,革已废也,故曰"革,去故也";以木巽火,火方兴也,故曰"鼎,取新也"。功成者退,方来者进,一去一取,天之道也。小过二阳在内,动而止,小者过也,故曰"小过,过也";中孚二阴在内,伏而说,小者信也,故曰"中孚,信也"。丰泰二之四,进退不得其所,多故也,多故则难处,故曰"丰,多故也";旅否三之五,失位无应,以其旅于外也,旅外者不如在内之为安,故曰"亲寡,旅也"。丰多故也,故四、五相错然后有庆;亲寡旅也,故五动二应而后有誉。离火炎上也,故阳爻多凶;坎水趣下也,故阴爻多凶。坎、离,相济者也。小畜五阳而畜一阴,所畜者寡,故曰"小畜,寡也"。履一柔而履二刚,不处为善,故曰"履,不处也"。需险在前,三阳需时而不进。关子明曰:"履而不处者,其周公乎? 需而不进者,其

〔一〕"速",原作"感",据杂卦传正文改。

仲尼乎?"险在下而阳上行,相过者也,故曰"讼,不亲也"。

自"大过,颠也"而下,简册错乱,当曰"颐,养正也。大过,颠也。遘,遇也","遘"当作"姤"〔一〕。"柔遇刚也。夬,决也,刚决柔也,君子道长,小人道忧也。渐,女归待男行也。归妹,女之终也。既济,定也。未济,男之穷也。"颐一阳在上而养四阴,正也,故其卦以下养上为颠。大过一阴在上,四阳无所托,颠也,故其卦初阴承阳,无失位之凶,阴宜在下也。姤以一柔而遇五刚,故曰"姤,遇也,柔遇刚也"。夬以五刚而决一柔,故曰"夬,决也,刚决柔也"。姤小人道长,君子道忧也,故"系于金柅"。夬君子道长,小人道忧也,故"无号之凶"。女以外为归,乾男下而迎三,然后坤女行而归,故曰"渐,女〔二〕归待男行也"。归妹以三易四,男行而女从,夫妇之正也,上六无应守正,而终不改之,义也,故曰"归妹,女之终也"。既济,虞翻曰"六爻得位,定也",故曰"既济,定也"。未济,伊川曰"三阳失位",故曰"未济,男之穷也"。

周易杂卦传第十一

〔一〕此句似夹注。
〔二〕"女",原脱,据通志堂本、四库本补。

附录一　周易卦图

周易卦图卷上

卦图，所以解剥彖、象，推广说卦，断古今之疑，发不尽之意，弥缝易传之阙者也。

河图

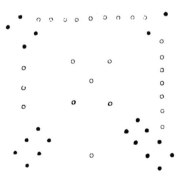

右河图，刘牧传于范谔昌，谔昌传于许坚，坚传于李溉，溉传于种放，放传于希夷。陈抟其图，戴九履一，左三右七，二四为肩，六八为足，纵横十有五，总四十有五。列御寇曰："易者一也，一变而为七，七变而为九，九复变而为一。"李泰伯曰：

"伏羲观河图而画卦。"御寇所谓变者,论此图也。一者,太极不动之数;七者,大衍数;九者,玄数也。泰伯谓画卦亦未尽其实。大衍五十之数,寓于四十有五之中,黄帝书"土生数五,成数五",太玄以五五为土,五即十也。其在周官天府"凡国之玉镇,大宝器藏焉",大宝器,书所谓"天球、河图在东序"是也,其在易则见于系辞。王洙曰:"山海经云伏羲氏得河图,夏后因之曰连山,黄帝氏得河图,商人因之曰归藏,列山氏得河图,周人因之曰周易。"斯乃杜子春之所凭抑,知姚信之言非口自出,但所从传者异耳。梁武攻之,涉于率肆。易曰"河出图,洛出书,圣人则之",仲尼曰"凤鸟不至,河不出图,吾已矣夫",盖圣人受命必有符瑞,若图出不再,无劳叹侯。谓河伯不智,尤为妄矣。

洛书

右洛书,刘牧传之。一与五合而为六,二与五合而为七,三与五合而为八,四与五合而为九,五与五合而为十。一、六为水,二、七为火,三、八为木,四、九为金,五、十为土,十即五、五也。洪范曰:"一、五行。"太玄曰:"一与六共宗,二与七共朋,三与八成友,四与九同道,五与五相守。"范望曰:"重言五者,十可知也。"一、三、五、七、九,奇数二十有五,所谓天数,二、四、六、八、十,偶数,所谓地数,故曰"天地之数五十有五",数五即十也。故河图之数四十有五,而五十之数具,洛书之数五十有五,而五十之数在焉。惟十即五也,故甲、己九,乙、庚八,丙、辛七,丁、壬六,戊、癸五,而不数十,十,盈数也。

伏羲八卦图

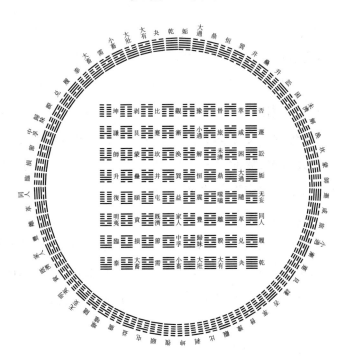

右伏羲八卦图,王豫传于邵康节,而郑夬[一]得之。归藏初经者,伏羲初画八卦,因而重之者也。其经初乾,初奭坤,初艮,初兑,初荦坎,初离,初釐震,初巽卦,皆六画,即此八卦也。八卦既重,爻在其中。薛氏曰:"昔神农氏既重为六十四卦,而初经更本包牺,八卦成列而六十四具焉,神农氏因之也。"系辞曰"神农氏作,斫木为耜,揉木为耒,耒耨之利,以教天下,盖取诸益",王辅嗣以为伏羲重卦,郑康成以为神农重卦,其说源于此。子曰"天地定位,山泽通气,雷风相薄,水火不相射",天地定位即乾与坤对,山泽通气则艮与兑对,雷风相薄则震与巽对,水火不相射则离与兑对。而说卦健、顺、动、入、陷、丽、止、说,马、牛、龙、鸡、豕、雉、狗、羊,首、腹、足、股、耳、目、手、口,与夫别象次序,皆初卦也。夬曰乾之初交于坤之初,得震,故为长男,坤之初交于乾之初,得巽,故为长女,乾之二交于坤之二,得坎,故为中男,坤之二交于乾之二,得离,故为中女,乾之上交于坤之上,得艮,故为少男,坤之上交于乾之上,得兑,故为少女。乾、坤,大父母也,故能生八卦;复、姤,小父母也,故能生六十四卦。复之初九交于姤之初六,得一阳,姤之初六交于复之初九,得一阴,复之二交于姤之二,得二阳,姤之二交于复之二,得二阴,复之三交于姤之三,得四阳,姤之三交于复之三,得四阴,复之四交于姤之四,得八阳,姤之四交于复之四,得八阴,复之五交于姤之五,得十六阳,姤之五交于复之五,得十六阴,复之上交于姤之上,得三十二阳,

---

〔一〕"夬",原作"史",据四库本改。

姤之上交于复之上,得三十二阴。阴[一]阳、男女皆顺行,所以生六十四卦也。

文王八卦图

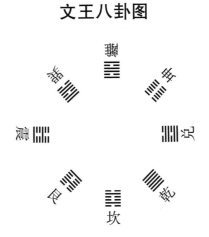

右文王八卦。说卦:"帝出乎震,齐乎巽,相见乎离,致役乎坤,说言乎兑,战乎乾,劳乎坎,成言乎艮。"又曰:"震,东方也。巽,东南也。离也者,明也,万物皆相见,南方之卦也。坤也者,地也。兑,正秋也。乾,西北之卦也。坎者,水也,正北方之卦也。艮,东北之卦也。"又曰:"动万物者莫疾乎雷,挠万物者莫疾乎风,燥万物者莫熯乎火,说万物者莫说乎泽,润万物者莫润乎水,终万物、始万物者莫盛乎艮。"此说周易也。故管辂曰:"圣人何以处乾位于西北,坤位于西南?"邵康节曰:"置乾于西北,退坤于西南,乾统三男而长子用事,坤统三女而长女代母,坎、离得位而兑、震为耦,以应地之方也,王者之法

〔一〕"阴",原脱,据四库本补。

尽于是矣。"

太极图

　　右太极图,周敦实茂叔传二程先生。茂叔曰:"无极而太极。太极动而生阳,动极而静,静极而生阴,静极复动。一动一静,互为其根。分阴分阳,两仪立焉。阳变阴合,而生水火木金土。五气顺布,四时行焉。五行,一阴阳也。阴阳,一太极也。太极本无极也。五行之生也,各一其性。无极之真,二五之精,妙合而凝。乾道成男,坤道成女,二气交感,化生万物。万物生生,而变化无穷焉。唯人也,得其秀而最灵。形既生矣,神发知矣。五性感动而善恶分,万事出矣。圣人定之以中正、仁义,圣人之道,仁义、中正而已矣。而主静,无欲则静。立人极焉。故圣人'与天地合其德,日月合其明,四时合其序,鬼神合其吉凶'。君子修之,吉;小人悖之,凶。故曰'立天之道曰阴与阳,立地之道曰柔与刚,立人之道曰仁与义'。又曰'原始反终,故知死生之说'。大哉易也,斯其至矣。"

变卦反对图

六十四卦,刚柔相易,周流而变,易于序卦、于杂卦尽之。

乾坤二卦为易之门万物之祖图第一旧本曰功成无为图

乾
老阳

称乎父　用九天德不可为首　乾道变化

天行健　乾元亨利贞

万物资始

坤
老阴

称乎母　用六利永贞　坤厚载物

地势坤　坤元亨利牝马之贞

万物资生

乾坤相索三交变六卦不反对图第二_{旧本"图"下有"义"字}

乾坤相索三交变六卦不反对图第二旧本"图"下有"义"字

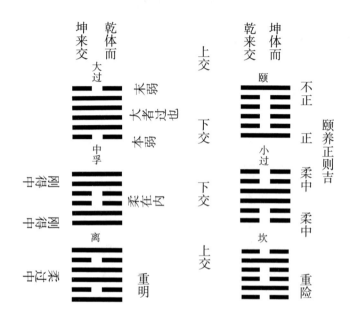

康节曰："乾、坤之名位，不可易也。坎、离名可易，而位不可易也。震、巽位可易，而名不可易也。兑、艮名与位皆可易也。离肖乾，坎肖坤，中孚肖乾，小过肖坤。颐肖离〔一〕，大过肖坎，是以乾、坤、离、坎、中孚、颐、大过、小过，皆不可易者也。"

〔一〕 "离"下原衍"坤"字，据邵雍集删。

乾卦一阴下生反对变六卦图第三

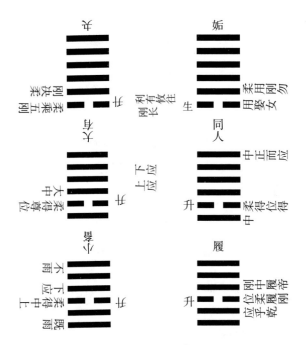

　　陆希声曰："颐、大过与诸卦不同,大过从颐来,六爻皆相变,故卦有反合,爻有升降,所以明天人之际,见盛衰之理焉,故征象会意必本于此。"陆所谓反合、升降,即此图也。

坤卦一阳下生反对变六卦图第四

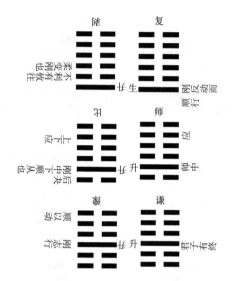

乾卦下生二阴各六变反对变十二卦图第五

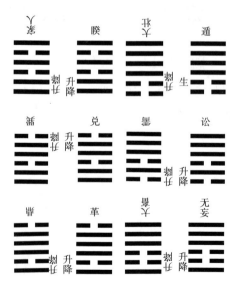

坤卦下生二阳各六变反对变十二卦图第六

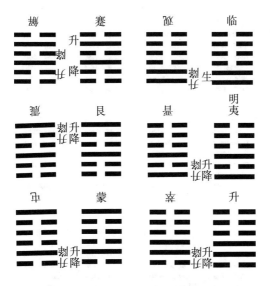

乾卦三阴各六变反对变十二卦图第七

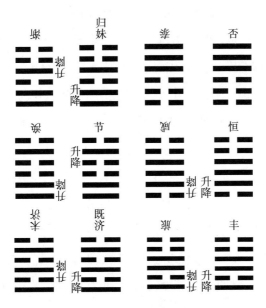

坤卦下生三阳各六变反对变十二卦图第八

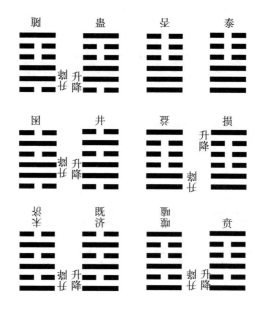

右李挺之变卦反对图八篇。康节曰："卦之反对,皆六阳六阴也。在易则六阳六阴者,十有二对也。去四正者,八阳四阴、八阴四阳者,各六对也。十阳二阴、十阴二阳者,各三对。"康节所谓六阳六阴者,否变泰、恒、咸、丰、旅、归妹、渐、节、涣、既济、未济十二卦,泰变否、损、益、贲、噬嗑、蛊、随、井、困、既济、未济十二卦。四正,颐、大过、中孚、小过也。所谓八阳四阴、八阴四阳者,遁变大壮、讼、需、无妄、大畜、睽、家人、兑、巽、革、鼎十二卦,临变观、明夷、晋、升、萃、蹇、解、艮、震、蒙、屯十二卦。十阳二阴、十阴二阳者,姤变夬、同人、大有、履、小畜六卦,复变剥、师、比、谦、豫六卦。乾、坤,天地之本;坎、离,天地之用。乾、坤交而为泰,坎、离交而为既济。

乾生于子,坤生于午,坎终于寅,离终于申,_{连山也}。以应天时也。置乾于西北,_{伏羲初经乾上坤下,故曰:"天尊地卑,乾坤定矣。"}退坤于西南,_{归藏以坤先乾}。乾统三男而长子用事,坤统三女而长女代母,坎、离得位而兑、艮为耦,_{复归于伏羲之初经}。以应地之方也。王者之法尽于是矣。故易始于乾、坤,终于坎、离、既济、未济,而泰、否为上经之中,咸、恒为下经之首。乾、坤,本也;坎、离,用也。乾、坤、坎、离,上篇之用也。咸,兑、艮也;恒,震、巽也。兑、艮、震、巽,下篇之用也。颐、大过、小过、中孚,二篇之正也。故曰:"至哉文王之作易也,其得天地之用乎!"

六十四卦相生图

虞仲翔于小过曰"当从四阴二阳临、观之例",于丰曰"当从三阴三阳泰之例",于无妄曰"此所谓四阳二阴,非大壮则遁来"。又问剥之变于彭城蔡景君。大过或变于五之初,或以谓三之五[一]。睽或变于大壮上之三,或以谓无妄二之五。盖是时,其图未见,故难于折衷,亦莫得其纲要。诸儒各伸臆说,至于纷然,而仲翔则知有此图也。

〔一〕此句似有错讹、脱文。

乾坤者，诸卦之祖。

復　　　　姤

坤一交而为復。　　乾一交而为姤。

凡卦五阴一阳者，皆自复卦而来，复一爻五变而成五卦。

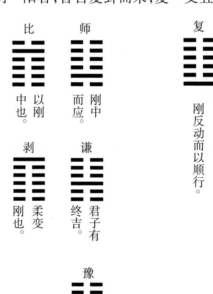

比　　師　　　　　　　　　复

以刚　　刚中　　　　　　刚反动而以顺行。
中也。　而应。

剥　　謙

柔变　　君子有
刚也。　终吉。

豫

刚应而
志行。

凡卦五阳一阴者,皆自姤卦而来,姤一爻五变而成五卦。

姤

刚 柔
也 过
。

同人

柔 而 柔
得 应 得
位 乎 位
得 乾 得
中 。 中

大有

柔 上 柔
得 下 得
尊 应 尊
位 之 位
而 。 而

履

柔 刚 柔
履 也 履
刚 。
也

夬

柔 柔
乘 乘
五 五
刚 刚
也 也
。

小畜

柔 上 柔
得 下 得
位 应 位
而 之 而
。

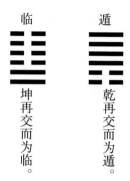

临

遁

坤再交而为临。

乾再交而为遁。

凡卦四阴二阳者，皆自临卦而来，临五复五变而成十四卦。

第一四变

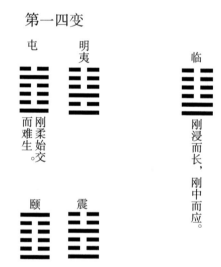

屯　明夷

颐　震

临

刚柔始交而难生。

刚浸而长，刚中而应。

第二复四变　　第三复三变　　第四复二变　　第五复一变

坎　　升　　　观　　小过　　　蹇　　　　　艮

坎：中也。乃以刚

升

观：正以观天下。大观在上，中

小过：位而不中。柔得中，刚失

蹇：蹇利西南，往得中也；不利东北，其道穷也。

艮：上下敌应。

蒙　　解　　　　　萃　　晋

萃：故聚也。刚中而应，

晋：上行。柔进而

凡卦四阳二阴者,皆自遁卦而来,遁五复五变而成十四卦。

第一四变

遁

小利贞,浸而長也。

讼

讼有孚,窒惕,中吉,刚来而得中也。

鼎

柔进而上行,得中而应乎刚。

巽

刚巽乎中正而志行,柔皆顺乎刚,初在下,二居四。

大过

刚过而中,本末弱也。

第二复四变

离

无妄

柔丽乎中正。

刚自外来而为主于内。

革

家人

相息。水火

第三复三变

大壮

中孚

柔在内而刚得中。

大畜

第四复二变

睽

柔进而上行，得中而应乎刚。

需

第五复一变

兑

刚中而柔外。

泰　　　否

坤三交而为泰。

乾三交而为否。

凡卦三阴三阳者,皆自泰卦而来,泰三复三变而成九卦。

第一三变

损　　归妹　　　泰

损下益上,其道上行。

归妹,天地之大义也。天地不交而万物不与。归妹,人之终始也。

小往大来。

节

刚柔分而刚得中。

第二复三变　　　第三复三变

贲　丰　　　　蛊　恒

柔来而文刚，分刚上而文柔。　　　刚上而柔下。　　刚上而柔下。

既济　　　　　　　井

刚柔正而位当也。　　　　巽乎水而上水，井，乃以刚中也。

凡卦三阳三阴者,皆自否卦而来,否三复三变而成九卦。

第一三变

咸　　　渐　　　　　　　否

柔上而刚下。

女归吉,进得位,往有功也。

大往小来。

旅

柔得中乎外而顺乎刚。

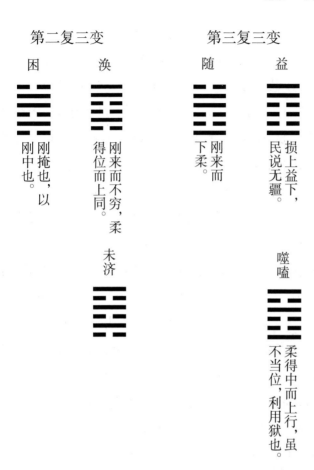

右<u>李挺之</u><u>六十四卦相生图</u>一篇，通变卦反对图为九篇。<u>康节</u>之子<u>伯温</u>传之于<u>河阳</u><u>陈四丈</u>，忘其名。<u>陈</u>传之于<u>挺之</u>。始<u>虞氏</u>卦变，乾、坤生坎、离，乾息而生复、临、泰、大壮、夬，坤消而生姤、遁、否、观、剥。自复来者一卦，豫。自临来者四卦，明夷、解、升、震。自泰来者九卦，蛊、贲、恒、损、升、归妹、丰、节、既济。自大壮来者六卦,需、大畜、大过、睽、鼎、兑。自夬来者一卦,同人。自遁来者五卦,讼、无妄、家人、革、巽。自否来者八卦,随、噬嗑、咸、益、困、渐、涣、未济。自观来者五卦,晋、蹇、颐、萃、艮。自剥来者一卦。谦。而屯生于坎,蒙生于艮,比生于师,颐、小过生于晋,睽生于大壮,咸生于无妄,旅生于贲,咸生于噬嗑,中孚生于讼。小畜变需上,履变讼初,姤无生卦。师、同人、大有、兑四卦阙。李鼎祚取蜀才、卢氏之书补其三卦。大有阙。而颐卦,虞以为生于晋,侯果以为生于观。今以此图考之,其合于图者三十有六卦,又时有所疑,不合者二十有八卦。夫自下而上谓之升,自上而下谓之降。升者,上也,息也。降者,消也。阴生阳,阳生阴,阴复生阳,阳复生阴,升降消息,循环无穷,然不离于乾、坤。一生二,二生三,至于三,极矣。故凡卦五阴一阳者皆自复来,复一爻五变而成五卦;师、谦、豫、比、剥。凡卦五阳一阴者皆自姤来,姤一爻五变而成五卦;同人、履、小畜、大有、夬。凡卦四阴二阳者皆自临来,临五复五变而成十四卦;明夷、震、屯、颐、升、解、坎、蒙、小过、萃〔一〕、观、蹇、晋、艮。凡卦四阳二阴者皆自遁来,遁五复五变而成十四卦;讼、巽、鼎、大过、无妄、家人、离、革、中孚、大畜、大壮、睽、需、兑。凡卦三阴三阳者皆自泰来,泰三复三变而成九卦;归妹、节、损、丰、既济、贲、恒、井、蛊。凡卦三阳三阴者皆自否来,否三复三变而成九卦。渐、旅、咸、涣、未济、困、益、噬嗑、随。

　　乾、坤,大父母也;复、姤,小父母也。坎、离,得乾、坤之用者也。颐、大过、小过、中孚,得坎、离者也。故六卦不反对,而

〔一〕"萃",原作"革",据前图改。

临生坎,遁生离,临生颐、小过,遁生大过、中孚。或曰:先儒谓
贲本泰卦,岂乾、坤重而为泰,又由泰而变乎?曰:此论之卦
也。所谓之卦者,皆变而之他卦也。周易以变为占,七[一]卦变
而为六十三卦,六十四卦变而为四千九十六卦,而卜筮者尚
之,此焦延寿之易林所以兴也。圣人因其刚柔相变,系之以辞
焉,以明往来、屈信、利害、吉凶之无常也。故"君子居则观其
象而玩其辞,动则观其变而玩其占",占与辞,一也。故乾、坤
重而为泰者,八卦变而为六十四卦也。由泰而为贲者,一卦变
而为六十三卦也。或曰:刚柔相易,皆本诸乾、坤也。凡三子
之卦言"刚来"者,明此本坤也,而乾来化之;凡三女之卦言"柔
来"者,明此本乾也,而坤来化之。故凡言是者,皆三子、三女
相值之卦也,非是卦则无是言也。谓泰变为贲,此大惑也。
曰:不然也。往来者,以内外言也,以消息言也。自内而之外
谓之往,自外而之内谓之来。请复借贲卦言之,"柔来而文刚"
者,坤之柔自外卦下而来,文乎乾之刚也;"分刚上而文柔"者,
乾之刚自内卦上而往,文乎坤之柔也。于柔言来,则知"分刚
上而文柔"者,往也;于刚言上,则知"柔来而文刚"者,下也。
上者出也,下者入也,此所谓"其出入以度内外",此所谓"上下
无常"也。若言"柔来"者,明此本乾也,则不当言"分刚上而文
柔",当曰"刚来而文柔"矣。无妄之象曰"刚自外来而为主于
内",外卦乾已三画矣,谓之"自外来",则当自卦外来乎?故乾
施一阳于坤,以化其一阴而生三子,坤施一阴于乾,以化其一

――――――――――――――――

〔一〕"七",疑当作"一"。

阳而生三女者,乾、坤相易以生六子,成八卦也。上下往来,周流无穷者,刚柔相易以尽其爻之变也。爻之言往来、言上下内外者,岂唯三子、三女相值之卦而已哉?故曰"刚柔相推,变在其中矣",又曰"往来不穷谓之通",又曰"变动不居,周流六虚"。谓之"周流六虚",则其往、其来,非谓三画之卦也。近世杨杰、鲍极论卦变之义。杨曰:"泰者,通而治者也。故圣人变于节、贲、损、蛊、恒〔一〕、归妹、大畜之象,以为御治之术焉。否者,闭而乱者也。故圣人变于咸、益、随、涣、噬嗑、无妄、讼之象,以为救乱之术焉。"鲍曰:"遁,阴长之卦,邪道并兴,圣人易一爻而成无妄,欲以正道止其邪也。"杨谓否变无妄、讼,亦误矣,然触类而长,六十四卦之相变,其义可推矣。

周易卦图卷上

〔一〕"恒",原作"常",据四库本改。

周易卦图卷中

右李溉卦气图。其说源于易纬。在类是谋[一]曰："冬至日在坎，春分日在震，夏至日在离，秋分日在兑。四正之卦，卦有六爻，爻主一气，余六十卦，卦主六日七分，八十分日之七。岁十二月，三百六十五日四分日之一，六十而一周。"孔颖达易疏解"七日来复"云："易稽览图卦气起中孚，故离、坎、震、兑各主一方，其余六十卦，

〔一〕"类是谋"，当作"是类谋"。

卦有六爻,别主一日,凡主三百六十日,余有五日四分日之一,每日分为八十分,五日分为四百分,日之一又分为二十分,是四百二十分,六十卦分之,六七四十二卦,别各得七分,每卦得六日七分也。"司马温公曰:"冬至卦气起于中孚,次复,次屯,次谦,次睽,凡一卦御六日二百四十分日之二十一,五卦合三十日二百四十分日之二〔一〕百五,此冬至距大寒之数也,故入冬至凡涉七日,而复之气应也。"在易通卦验曰:"冬至四十五日以次,周天三百六十五日,复当故卦。乾,西北也,主立冬;坎,北方也,主冬至;艮,东北也,主立春;震,东方也,主春分;巽,东南也,主立夏;离,南方也,主夏至;坤,西南也,主立秋;兑,西方也,主秋分。"郑康成曰:"春三月候卦气者,泰也、大壮也、夬也,皆九三、上六。坎九五、上六泰,震初九、六二大壮,震六三夬。〔二〕夏三月候卦气者,乾也、姤也、遁也,皆九三、上六。震九四、六〔三〕五乾,震上六、离初九姤,离六三、九三遁。秋三月候卦气者,否也、观也、剥也,皆六三、上九。离九四、六五否,离上九、兑初九观,兑九二、六三剥。冬三月候卦气者,坤也、复也、临也,皆六三、上六。兑九四、九五坤,兑上六、坎初六复,坎九二、六三临。"又曰:"冬至坎始用事而主六气,初六爻也,小寒于坎直九二,大寒于坎直六三,立春于坎直六四,雨水于坎直九五,惊蛰于坎直上六。春分于震直初九,清明于震直六二,谷雨于震直六三,立夏于震直九四,小满于震直六五,芒种于震直上六。夏至于离直初九,小暑于离直六二,大暑于离直九三,立秋于

〔一〕"二",当作"一"。

〔二〕此句小注,惠栋易汉学引作"坎六四、九五泰,坎上六、震初九大壮,震六二、六三夬。"

〔三〕"六",原作"九",据震卦画改。

离直九四,处暑于离直六五,白露于离直上九。秋分于兑直初
九,寒露于兑直九二,霜降于兑直六三,立冬于兑直九四,小雪
于兑直九五,大雪于兑直上六。"先儒旧有此图,故康成论乾、
坤、屯、蒙、否、泰六卦之贞,曰"余不见,为图者备列之",所谓
"备列之"者,谓此备列四正六十卦也。李鼎祚论剥画隔坤、复
来成震、七日来复之义曰:"先儒已论虽各指于日月,先儒褚氏、庄
氏云:"五月一阴生,至十一月一阳生,凡七月,而云七日不云月者,欲见阳长须
速,故变月言日。"后学寻讨犹未测其端倪,略陈梗概以俟来哲。"
王昭素难孔颖达六日七分,谓"坤卦之尽,复卦阳来,则十月节
终,一阳便来,不得冬至之日,据其节终尚去冬至一十五日"。
二家之学盖未见此图,是以其论纷然。鼎祚阙疑,请俟来哲,
昭素已臆断之矣,鼎祚于此其优乎?

乾凿度曰:"历以三百六十五日四分之一为一岁,易三百
六十析[一],当期之日,此律历数也。五岁再闰,故扐而后挂,以
应律历之数。"郑康成曰:"历以记时,律以候气,气率十五[二]日
一转,与历相应,则三百六十日粗为终也。历之数有余者四分
之一,参[三]差不齐,故闰定四时成岁,令相应也。"苏洵曰:"震、
离、坎、兑,各守其方,而六十卦之分散于三百六十日,圣人不以五日四分之一
者,害其为易,而以七分者加焉,此非有所法乎? 日月星辰之度,天地五行之
数也。以为上之不可以八,而下之不可以六,故以七分者加之,使文[四]易者

〔一〕"析",武英殿本乾凿度作"坼"。
〔二〕"率十五",原作"章六十",据武英殿本乾凿度郑注改。
〔三〕"参",原阙,据武英殿本乾凿度郑注补。
〔四〕"文",四部丛刊本嘉祐集作"夫"。

亦不为元[一],用于历而已矣。"皇甫谧[二]曰:"天地之数三百有六十,所以当期。凡岁,三百五十有四日,不充交者,余则归闰。交以存虚,虚所以待甲、癸之变,甲、癸者,举十日之终始也。"胡旦亦曰:"卦之交则实数也,岁之日则虚数也。岁月不尽之日,则加算焉。六日七分,实数也。三百六十五日有余焉,故算而为闰。"二十四气、七十二候,见于周公之时训,吕不韦取以为月令焉。其上则见于夏小正,夏小正者,夏后氏之书,孔子得之于杞者也。夏建寅,故其书始于正月,周建子,而授民时,巡狩、承享皆用夏正,故其书始于立春。夏小正具十二月而无中气,有候应而无日数,至于时训,乃五日为候,三候为气,六十日为节。二书详略虽异,其大要则同,岂时训因小正而加详欤?左氏传曰"先王之正时也,履端于始,举正于中,归余于终",中谓中气也,汉诏曰"昔者黄帝合而不死,名察庶验[三],定清浊,起五部,建气物分数",气谓二十四气也,则中气其来尚矣。仲尼赞易时已有时训,观七月一篇,则有取于时训可知。易通卦验易家传先师之言,所记气候比之时训,晚者二十有四,早者三,当以时训为定,故子云太玄二十四气、关子明论七十二候,皆以时训。

太玄准易图

右律历之元始于冬至,卦气起于中孚。其书本于夏后氏之连山,而连山则首艮,所以首艮者,八风始于不周,实居西北之方,七宿之次,是为东壁营室。东壁者,辟生气而东之;营室

〔一〕"元",四部丛刊本嘉祐集作"无"。
〔二〕"谧",原作"泌",据四库本改。
〔三〕"庶验",史记历书作"度验",汉书律历志作"发敛"。

者,营阳气而产之。于辰为亥,于律为应钟,于时为立冬,此颛顼之历所以首十月也。汉巴郡落下闳运算转历,推步晷刻,以太初元年十一月甲子夜半朔冬至而名节会,察寒暑,定清浊,起五部,建〔一〕气物〔二〕分数,然后阴阳离合之道行焉。然落下闳能知历法而止,扬子云通敏叡达,极阴阳之数,不唯知其法,而又知其意。故太玄之作,与太初相应,而兼该乎颛顼之历,发明连山之旨,以准周易,为八十一卦,凡九分共二卦,一五隔一四,细分之,则四分半当一日,准六十卦一日卦六日七分也。

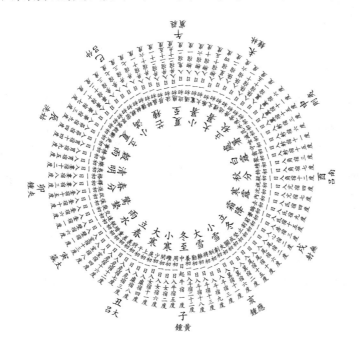

〔一〕"建",原作"违",据武英殿本史记历书改。
〔二〕"物",原作"初",据武英殿本史记历书改。

中,中孚也。周,复也。礥、闲,屯也。少,谦也。戾,睽也。上、干,升也。苻、羡,临也。此冬至以至大寒之气也。差,小过也。童,蒙也。增,益也。锐,渐也。达、交,泰也。奕、僕,需也。从、进,随也。释,解也。格、夷,大壮也。乐,豫也。争,讼也。务、事,蛊也。更,革也。断、毅,夬也。此立春以至谷雨之气也。装,旅也。众,师也。密、亲,比也。敛,小畜也。强、晬,乾也。盛,大有也。居,家人也。法,井也。应,离也。迎,咸也。遇,姤也。灶,鼎也。大、廓,丰也。文,涣也。礼,履也。逃、唐,遁也。常,恒也。此立夏以至大暑之气也。永,恒也。度,节也。昆,同人也。减,损也。啥、守,否也。翕,巽也。聚,萃也。积,大畜也。饰,贲也。疑,震也。视,观也。沉,兑也。内,归妹也。去,无妄也。晦、蓸,明夷也。穷,困也。割,剥也。此立秋以至霜降之气也。止、坚,艮也。成,既济也。闚,噬嗑也。失、剧,大过也。驯,坤也。将,未济也。难,蹇也。勤、养,坎也。此立冬以至大雪之气也。

日月之行有离合,阴阳之数有赢虚。蹄、盈二赞有其辞而无其卦,而附之于养者,以闰为虚也。蹄,火也,日也。赢,水也,月也。日月起于天元之初,归其余也。盖定四时成岁者,以其闰月。再扐而后挂者,由于归奇。六日七分必加算焉,以三百六十五日四分之,不齐也。坎、离、震、兑,四正之卦也。二十四爻,周流四时,玄则准之。日右斗左,秉巡六甲,东西南北,经纬交错,以成八十一首也。一月五卦也,候也,大夫也,卿也,公也,辟也,辟居于五,谓之君卦,四者,杂卦也,玄则准之。故一玄象辟,三方象三公,九州象九卿,二十七部象大夫,八十一首象元士。其大要则历数也,律在其中也。体有所循,而文不虚生也。陆绩谓自甲子至甲辰,自甲辰至甲申,自甲申至甲子,凡四千六百一十七岁,为一元。元有三统,统有三会,会有二十七章,九会二百四十三章,皆无余分。其钩深致远,与神合符,有如此也。善乎邵康节之言曰:"太玄,其见天地之心乎!"天地之心者,坤极生乾,始于冬至之时也,此之谓律历之元。

论太玄 当附于太玄八十一首准易图后

或曰:太初之历不作,子云无以草玄乎?曰:不然。逸周书曰:"维十有一月既南,至昏昴、毕见[一],日短极,其[二]践长,微阳动于黄泉,降[三]惨于万物。是月斗柄建子,始昏北指,阳气亏,草木萌动,日月俱起于牵牛之初,右回而行。月周天起一次而与日合宿,日行月一次而周天。历会[四]于十有二辰,终则复始,是谓日月权舆。"又曰:"天地之正,四时之极,不易之道。夏数得天,百王所同。"书所谓"日月俱起于牵牛之初",即太初历十一月朔旦冬至,"日月如合璧,五星如连珠"也。昔刘向藏三代之书,其子歆有所不知,以问子云,子云之于律历之元,固已博极群书而知之矣,是以落下闳得其历之法,而子云独得其意云。

〔一〕"见",原脱,据四部丛刊本逸周书补。
〔二〕"其",四部丛刊本逸周书作"基"。
〔三〕"降",四部丛刊本逸周书作"阴"。
〔四〕"会",四部丛刊本逸周书作"舍"。

乾坤交错成六十四卦图

荀爽曰："乾始于坎，坎终于离；坤始于离，终于坎。"

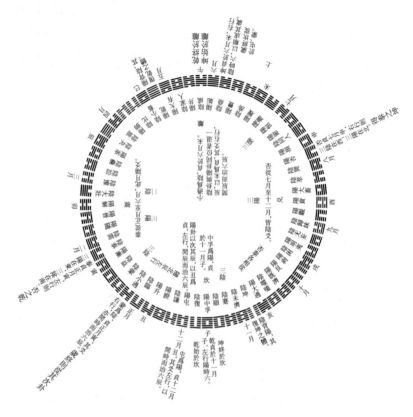

乾生三男震、坎、艮，故四卦所生为阳卦。

坤生三女巽、离、兑，故四卦所生为阴卦。

右图。乾，阳也，坤，阴也，并如而交错行。乾贞于十一月子，左行阳时六，贞，正也，初爻以此为正，次爻左右者各从次数之。坤贞于六月未,乾、坤,阴阳之主也,阴退一辰故贞于夬。右行阴时六,以顺成其岁。岁终次从于屯、蒙,岁终则从其次,屯、蒙、需、讼也。屯为阳,贞十二月丑,其爻左行,以闲时而治六辰。蒙为阴,贞正月寅,其爻右行,亦闲时而治六辰,岁终则从其次卦。阳卦以次其辰,以丑为贞,左行,闲辰而治六辰。阴卦与阳卦同位者退一〔一〕辰,以未为贞,其爻右行,闲辰而治六辰。阴卦与阳卦其位同,谓与日若在衡也。阴则退一辰,谓左右交错相避。否、泰之卦独各贞其辰,言不用卦次,泰当贞于戌,否当贞于亥,戌乾体所在,亥又乾消息之月。泰、否、乾、坤体气相乱,故避而各贞其辰。谓泰贞正月,否贞七月。六爻者,泰得否之乾,否得泰之坤。否贞申右行,则三阴在西,三阳在北。泰贞寅左行,则三阳在东,三阴在南。是则阴阳相比,共复乾、坤之体也。其共北辰左行相随也。北辰左行,谓泰从正月至六月,此月阳爻,否从七月至十二月,此月阴爻,否、泰各自相随。中孚为阳,贞于十一月子,小过为阴,贞于六月未,法于乾、坤。中孚于十一月子。小过,正月之卦也,宜贞于寅二月卯,而贞于六月,非其次,故言象法乾、坤,其余卦则各贞于其辰,同位乃相避。三十二岁期而周,六十四卦、三百八十四爻、一千五百二十复〔二〕贞,此乾坤交错成六十四卦,陈纯臣所谓六十四卦推荡诀是也。其说见于乾凿度,而郑康成及先儒发明之。京房论推荡曰:"以阴荡阳,以阳荡阴,阴阳二气荡而成象。"又曰:"荡阴入阳,荡阳入阴,阳〔三〕交互,内外适变,八卦回巡,至极则反。"此正解系辞"八卦相荡"之义,如六十卦图本

〔一〕"一",原作"十",据下文双行夹注改。
〔二〕"复"前,武英殿本乾凿度郑注有"析"字。
〔三〕"阳"前,疑脱"阴"字。

于乾坤并如、阴阳交错而行,故传图者亦谓之推荡。易,天下之至变者也,六位递迁,四时运动,五行相推,不可执一者也。

律吕起于冬至之气图

右图。郑康成注周礼太师云:"黄钟,初九也,下生林钟之初六,林钟又上生太簇之九二,太簇又下生南吕之六二,南吕又上生姑洗之九三,姑洗又下生夹钟之六三,夹钟又上生蕤宾

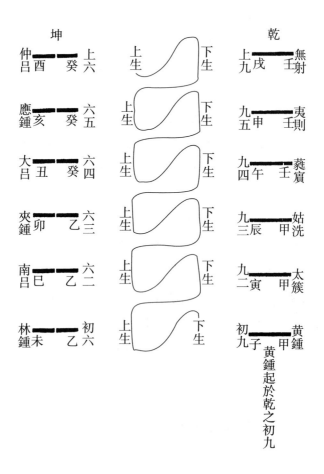

坤　　　　　　　　　乾

仲吕　酉　癸　上六　上生　下生　上九　戌　壬　無射

應鍾　亥　癸　六五　上生　下生　九五　申　壬　夷則

大吕　丑　癸　六四　上生　下生　九四　午　壬　蕤賓

夾鍾　卯　乙　六三　上生　下生　九三　辰　甲　姑洗

南吕　巳　乙　六二　上生　下生　九二　寅　甲　太簇

林鍾　未　乙　初六　上生　下生　初九　子　甲　黄鍾

黄鍾起於乾之初九

之九四,蕤宾又下生大吕之六四,大吕又上生夷则之九五,夷则又下生应钟之六五,应钟上生无射之上九,无射下生仲吕之上六。"臣谓不取诸卦而取乾、坤者,万物之父母。

阳律阴吕合声图

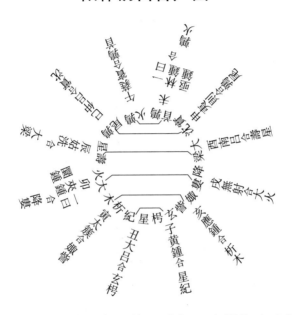

右图。周官太师"掌六律、六同,以合阴阳之声"。<u>郑康成</u>曰:"声之阴阳各有合。黄钟,子之气也,十一月建焉,而辰在星纪。丑也。大吕,丑之气也,十二月建焉,而辰在玄枵。子也。太簇,寅之气也,正月建焉,而辰在娵訾。亥也。应钟,亥之气也,十月建焉,而辰在析木。寅也。姑洗,辰之气也,三月建焉,而辰在大梁。酉也。南吕,酉之气也,八月建焉,而辰在寿星。卯也。蕤宾,午之气也,五月建焉,而辰在鹑首。未也。林钟,未之气也,六月建焉,而辰在鹑火。午也。夷则,申之气也，七月建焉，而辰在鹑尾。巳也。仲吕，巳之气也，四月建焉，而辰在实沉。申也。无射，戌之气也，九月建焉，而辰在大火。卯也。夹钟，卯之气也，二月建焉，而辰在降娄。辰[一]与建交错贸处，如表里然，是其合也。"

十二律相生图

十二律十二月消息卦。

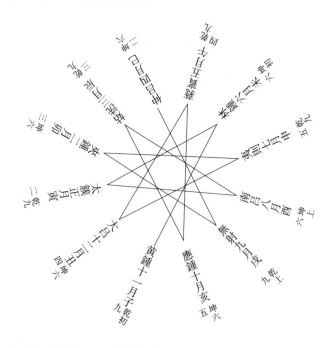

右图。太玄曰："黄钟生林钟，林钟生太簇，太簇生南吕，南吕生姑洗，姑洗生应钟，应钟生蕤宾，蕤宾生大吕，大吕生

〔一〕"辰"，原脱，据清嘉庆二十年南昌府学本周礼注疏补。

夷则,夷则生夹钟,夹钟生无射,无射生仲吕。"说者谓阳下生阴,阴上生阳。独陆绩注<u>太玄</u>云:"黄钟下生林钟,林钟上生太簇,太簇下生南吕,南吕上生姑洗,姑洗下生应钟,应钟上生蕤宾,蕤宾又上生大吕,大吕下生夷则,夷则上生夹钟,夹钟下生无射,无射上生仲吕。"其说谓阳生于子,阴生于午。从子至巳,阳生阴退,故律生吕言下生,吕生律言上生。从午至亥,阴升阳退,故律生吕言上生,吕生律言下生。至午而变,故蕤宾重上生。而绩论律吕分寸与<u>司马迁律书</u>特异,然黄钟至蕤宾,律生吕者,自左而右,吕生律者,自右而左,蕤宾至仲吕,律生吕者,自右而左,吕生律者,自左而右。云夫六十卦,乾贞于子而左行,坤贞于未而右行,屯贞于丑,间时而左行,蒙贞于寅,间时而右行,泰贞于寅而左行,否贞于申而右行,小过贞于未而右行。七卦错行,律实效之。黄钟,乾初九也。大吕,坤六四也。太簇,乾九二也。应钟,坤六五也。无射,乾上九也。夹钟,坤六三也。夷则,乾九五也。仲吕,坤六二也。蕤宾,乾九四也。林钟,坤初六也。初应四,二应五,三应上,故子、丑、寅、亥、卯、戌、辰、酉、巳、申、午、未谓之合声。<u>司马迁</u>曰"气始于冬至,周而复生",此所谓律数。

六十律相生图

六十律六十卦,自黄钟左行至于制时为上生,自林钟至于迟时为下生。

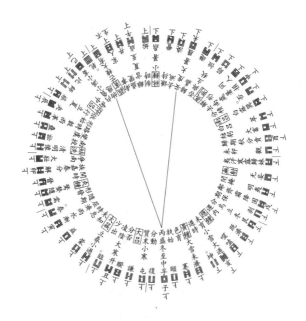

右图。太玄曰："声生日,律生辰。"乾凿度曰:"日十者,五
音也。辰十二者,六律也。星二十八者,七宿也。凡五十,所
以阂物而出之者。"郑康成曰:"甲乙,角也。丙丁,徵也。戊
己,宫也。庚辛,商也。壬癸,羽也。六律益六吕、十二辰,四
七二十八而周天。"观康成所论,五音本于日,十二律生于辰,
其学源于太玄。而子云则观大衍之数五十而知之。夫卦有十
二消息升降于前后,五日而成六十卦。律有十二[一],一律舍五
声,五声之变成六十律。冬至之卦,复也,其实起于中孚,七日
而后复,应冬至之律黄钟也,其实生于执始,而执始乃在冬至
之前。此律历之元也,唯子云知之。今北辰不动,纽为天枢,

〔一〕"二",原作"一",十二律乘五声为六十律,故改。

而不动之处，其实在纽星之末一度有余，非善观天者，孰能知之哉。

十二律通五行八正之气图

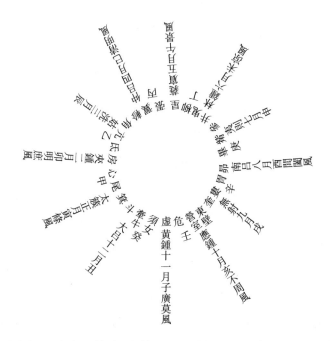

右图。<u>司马迁</u>律书论律历，天所以通五行、八正之气，其略曰：不周风居西北，东壁居不周风东，至于营室，至于危，十月也，律中应钟，其于十二子为亥。广莫风居北方，东至于虚，东至于须女，十一月也，律中黄钟，其于十二子为子，其于十母为壬、癸。十日为母，则十二辰为子。十日为干，则十二辰为支。东至牵牛，东至于建星，建星六星在南斗北。十二月也，律中大吕。条风居东北，南至于箕，正月也，律中太簇，其于十二子为寅。南至于尾，南至于心，南至于房。明庶风居东方，二月也，律吕夹钟,其于十二子为卯,其于十母为甲、乙。南至于氐,南至于亢,南至于角,三月也,律中姑洗,其于十二子为辰。清明风居东南维,西之轸,西至于翼,四月也,律中仲吕,其于十二子为巳。西至于七星,西至于张,西至于注,柳八星,一曰天相,一曰天库,一曰注。五月也,律中蕤宾。景风居南方,其于十二子为午,其于十母为丙、丁,西至于弧。参罚东有大星曰狼,下有四星曰弧。凉风居西南维,六月也,律中林钟,其于十二子为未,北至于罚。参为白虎,三星贞〔一〕是也,为衡石,下有三星,兑,曰罚。北至于参,七月也,律中夷则,其于十二子为申。北至于浊,北至于留,律中〔二〕南吕,其于十二子为酉。阊阖风居西方,其于十母为庚、辛,北至于胃,北至于娄,北至于奎,徐广曰:"一作圭。"九月也,律中无射,其于十二子为戌。太史公所论,即乾凿度所谓五音六律七变,由此而作。故大衍之数五十,七变言七宿,四七二十八而周天。甲、乙、丙、丁、庚、辛、壬、癸四方,而戊、己当轩辕之宫。京房论大衍五十,谓"十日、十二辰、二十八宿为五十,其一不用者,天之生气",郑康成谓"天地之数五十有五,以五行气通,凡五行减五,大衍又减一",其说皆本于此。

天文图

虞氏曰:"离艮为星,离日坎月。"王辅嗣曰:"刚柔交错,天之文也。"

〔一〕"贞",武英殿本史记作"直"。
〔二〕"中",原作"吕",据武英殿本史记改。

右图。徐氏云"'天文也'上，脱'刚柔交错'四字，故彖总而释之：刚柔交错，天文也；文明以止，人文也"，王昭素、胡安定皆用此义，石祖徕不然之，曰："彖解'亨小利有攸往'，中间更无异文，即言'天文'者，言刚柔也者天之文也，天之文即刚柔二气也，二气交错成天之文，'柔来文刚，分刚上而文柔'者，天文也。"臣曰：日为阳，月为阴，岁、荧惑、镇为阳，太白、辰为阴，斗魁为阳，尾为阴，天南为阳，北为阴，东为阳，西为阴。日月东行，天西转，日自牵牛至东井，"分刚上而文柔"也，月自角至壁，"柔来而文刚"也。五星东行，有迟有速，北斗西行，昏明迭建。二十八宿分配五行，各有阴阳、四时隐见，至于中外之宫，无名之星，河汉之精，皆发乎阴阳者也，则"二气交错成天之文"信矣。

天道以节气相交图

陆希声曰："天道以节气相交，天文也。"

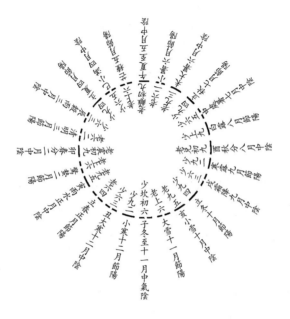

　　右图。孔颖达曰："四月纯阳用事，阴在其中，故靡草死。十月纯阴用事，阳在其中，故荠菜生。以此为刚柔交错，四时之变。"石徂徕谓："政道失于下，阴阳之气差忒于上，则天文乖错。"臣曰：二者皆是也，故采虞、陆二家之学以兼明之。

斗建乾坤终始图 太玄〔一〕曰："斗之南也，左行而右旋。"

天地革而四时成。

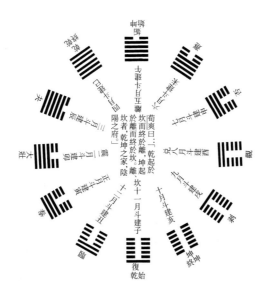

日行十二位图

右图。<u>楚丘</u>曰："明夷，日也。日之数十，故有十时，亦当十位，自王已下，其二为公，其三为卿。日上其中，食日为二，旦日为三。"<u>杜预</u>曰："日中当王，食时当公，平旦为卿，鸡鸣为士，夜半为皂，人定为舆，黄昏为隶，日入为僚，晡时为仆，日昳为台。隅中、日出，阙不在第，尊王公也。"夫日右行，经天成十

〔一〕"玄"，原避讳作"元"，故回改，下均同。

二位,子者,乾之始也,而终于巳,午者,坤之始也,而终于亥,故曰"大明终始,六位时成"。

卜楚丘所推十日,盖如一月五卦,辟卦当五,以初为诸侯,二为大夫,三为卿,四为公也。又卦有六位,一元士,二大夫,三诸侯,四卿,五天子,六宗庙。易之用于卜筮,其术多矣。

日行二十八舍图 太玄曰:"日之南也,右行而左旋。"

右图。斗左行建十二次,日右行周二十八舍,则乾坤终而复始。子、寅、辰、午、申、戌,阳也,乾之六位。未、巳、卯、丑、亥、酉,阴也,坤之六位。位之升降不违其时,故曰"大明终始,六位时成"。太玄之序曰:"盛哉日乎,炳明离章,五色淳光。夜则测阴,昼则测阳,昼夜之测,或否或臧。阳推五福以类升,阴幽六极以类降。升降相关,大贞乃通。经则有南有北,纬则有西有东。巡承六甲，与斗相逢，历以记岁，而百谷时雍。"所谓昼夜升降，经纬六甲，则"大明终始，六位时成"也。甲子、甲寅、甲辰、甲午、甲申、甲戌，谓之六甲。"大贞乃通"者，亨也。太玄明历，故举六甲。

北辰左行图<small>九宫数即卦数。</small>

右九宫数者，乾凿度曰"太一取其数从行九宫，四正、四维皆于十五"。郑康成曰："太一，北辰之神也。居其所曰太一[一]，常行于八卦日辰之间曰天[二]一。或曰太一出入所由[三]，息紫宫之外，其星因以为名。太一下行九宫，犹天子巡狩省方之事，每

〔一〕"一"，原阙，据武英殿本乾凿度郑注补。
〔二〕"天"，原作"太"，据武英殿本乾凿度郑注改。
〔三〕"由"，武英殿本乾凿度郑注作"游"，下同。

四乃还于中央。中央者，天地之所。太一以阳出，以阴入，阳起于子，阴起于午，是以太一下行九宫从坎始。坎，中男也。自此而从于坤宫，坤，母也。又自此而从于震宫，震，长男也。又自此而从于巽宫，巽，长女也。所行半矣，还自息于中央。既又自此而从乾宫，乾，父也。自此而从兑宫，兑，少女也。又自此而从于艮宫，艮，少男也。又自此而从于离宫，离，中女也。行则周于上下所由，息于太一、天一之星。而紫宫始于坎，终于离，且出从中男，入从中女，亦因阴阳男女之偶为终始云。”臣曰：所谓太一，取其数从行九宫者，七、九、六、八之数也。一与八为九，一与六为七，三与四为七，七与二为九，阳变七为九，阴变八之六，七与八为十五，九与六为十五，故曰“四正、四维皆于十五”。

乾坤六位图

坤六位
- 癸酉 金
- 癸亥 水
- 癸丑 土
- 乙卯 木
- 乙巳 火
- 乙未 上

乾六位
- 壬戌 土
- 壬申 金
- 壬午 火
- 甲辰 土
- 甲寅 木
- 甲子 水

震坎艮六位图

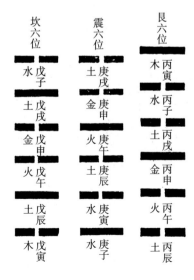

坎六位
- 戊子 水
- 戊戌 土
- 戊申 金
- 戊午 火
- 戊辰 土
- 戊寅 木

震六位
- 庚戌 土
- 庚申 金
- 庚午 火
- 庚辰 土
- 庚寅 水
- 庚子 水

艮六位
- 丙寅 木
- 丙子 水
- 丙戌 土
- 丙申 金
- 丙午 火
- 丙辰 土

巽离兑六位图

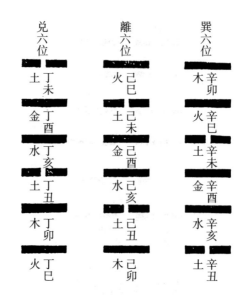

右图。京氏曰："降五行,颁六位。"陆绩曰："十二辰分六位,升降以时,消息吉凶。"又曰："天六,地六,气六,象六。"天乾交坤而生震、坎、艮,故自子顺行,震自子至戌六位,长子代父也,坎自寅至子六位,中男也,艮自辰至寅六位,少男也。坤交乾而生巽、离、兑,故自丑逆行,巽自丑至卯六位,配长男也,离自卯至巳六位,配中男也,兑自巳至未六位,配少男也。女,从人者也,故其位不起于未。易于乾卦言"大明终始,六位时成",则七卦可以类推。

消息卦图

右图。剥之象曰"柔变刚也"，纯乾之卦而柔变之，一变为姤，二变为遁，三变为否，四变为观，五变为剥，此变卦见于易者也。阴阳升降，变而为六十四。

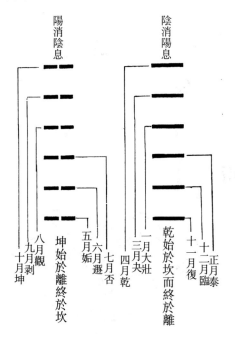

周易卦图卷中

周易卦图卷下

日月

纳甲图

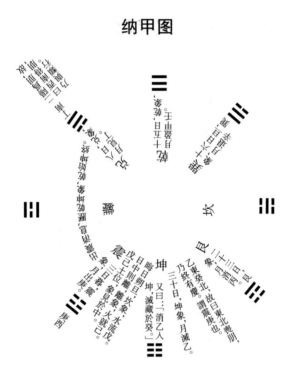

纳甲何也？曰：举甲以该十日也。乾纳甲、壬，坤纳乙、癸，震、巽纳庚、辛，坎、离纳戊、己，艮、兑纳丙、丁，皆自下生。圣人仰观日月之运，配之以坎、离之象，而八卦、十日之义著矣。

右图纳甲。系辞曰"悬象著明莫大于日月"，虞曰"谓日月悬天成八卦象。三日暮，震象，月出庚。八日，兑象，月见丁。

十五日，乾象，月盈甲、壬。十六〔一〕日旦，巽象，月退辛。二十三日，艮象，月消丙。三十日，坤象，月灭乙。晦夕、朔旦，则坎象，水流戊。日中则离，离象，火就己。戊戊、己土位，象见于中，日月相推而明生焉"。坤彖曰"西南得朋，东北丧朋"，虞曰"阳丧灭坤，坤终复生"，此指说易道阴阳之大要也，又曰"消乙入坤，灭藏于癸"。

天壬地癸会于北方图

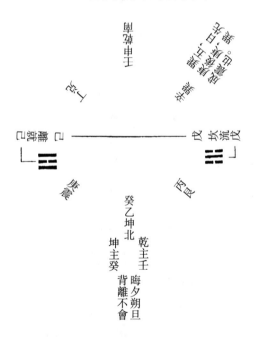

右图。坎，坤体，离，乾体，乾坤壬癸会于北方。乾以阳交坤而成坎，所谓流戊也。坤以阴交乾而生离，所谓就己也。

〔一〕"六"，皇清经解本周易虞氏义作"七"。

戊,阳,土也,乾之中画[一]也。己,阴,土也,坤之中画也。阳为实,故月中有物。阴为虚而白,故自正中则成白昼。日月十二会,不会则光明息矣。

乾甲

初變成乾,乾爲甲,至二成離,離爲日,賁時也。

變三至四體離。

至五成乾,无妄時也。

右图。蛊彖曰:"先甲三日,后甲三日,终则有始,天行也。"虞曰:"谓初变成乾,乾为甲,至二成离,离为日。乾三爻在前,故'先甲三日',贲时也。变三至四体离,至五成乾,乾三爻在后,故'后甲三日',无妄时也。易出震消息,历乾坤象,乾为始,坤为终,故'终则有始'。乾为天,震为行,故'天行也'。"

〔一〕"画",原作"尽",据四库本改,下同。

震庚所谓坤成于庚。

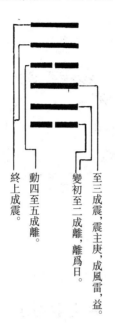

終上成震。

動四至五成離。

變初至二成離，離為日。

至三成震，震主庚，成風雷，益。

右图。巽九五:"贞吉悔亡,无不利,无初有终,先庚三日,后庚三日,吉。"虞曰:"震庚也,谓变初至二成离,至三成震,震主庚,离为日,震三爻在前,故'先庚三日',谓益时也。动四至五成离,终上成震,震三爻在后,故'后庚三日'也。巽初失正,终变成震得位,故'无初有终',吉。震究为蕃鲜,白为巽也,巽究为躁卦,谓震也。"又曰:"乾成于甲,坤成于庚,阴阳天地之终始,故经举甲、庚于蛊彖、巽五也。"

天之运行图

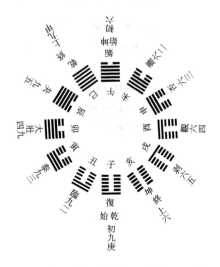

右图。始于乾,终于坤,乾纳甲,坤复生震,震纳庚。

月之盈虚图

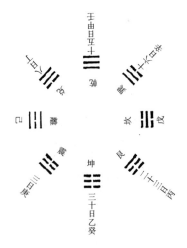

右图。月三日成震,震纳庚,十五日成乾,乾纳甲,三十日

成坤,灭藏于癸而复出震。

日之出入图

右图。春分旦出于甲,秋分暮入于庚。

虞氏义

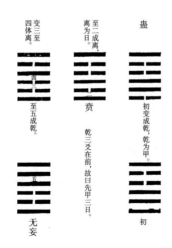

右虞氏义图,说与乾甲图说同。

乾六爻图

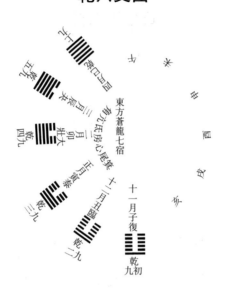

右图乾六爻。震为龙，而乾之六爻为龙，何也？曰：奋乎重阴之下者，震之动也。潜升以时，其用不穷者，乾之健也。乾者，息震而成也。天文东方之宿，苍龙之象，其角在辰，其尾在寅。震者，卯也，乾始于子，成于巳，故阳复于十一月者，乾之初九也，亦震也，说卦震曰"其究为健"。玄之中，冬至之气，象中孚也，其次三木也，东方也，故曰"龙出于中，首尾信，可以为庸"。玄文曰"龙出乎中"，何为也？曰：龙德始著者也，阴不极则阳不生，乱不极则德不形，所谓阴极生阳，则乾之初九也。

坤初六图

右图坤初六。乾为寒、为冰，何也？曰：坤，坎之交乎乾也。露者，坤土之气也。至于九月，坤交乎乾，白露为霜，故霜降为九月之候。冰，寒水也，乾交乎坎也。乾位在亥，坎位在子。大雪者，十一月之节，玄之难，大雪也，其辞曰"阴气方难，水凝地坼，阳弱于渊"。夫坤之初六，五月之气，姤卦也，是时岂唯无冰，而露亦未凝，何以言"履霜坚冰至"？曰：一阴之生，始凝于下，验之于物，井中之泉已寒矣，积而不已，至于坤之上六，则露结为霜，水寒成冰。是以君子观其所履之微阴，而知冰霜之渐。乾为金也，故霜肃杀而冰坚强。

坤上六天地玄黄图

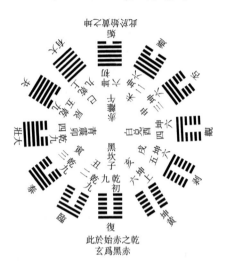

　　右图。消息之卦，坤始于午，至亥而成，阴之极也，道之穷也。乾，西北方之卦也。乾坤合居，阴凝于阳，为其兼于阳也，故称龙焉。古文周易曰："为其兼于阳也。"木刚则利，水凝则坚，阴凝于阳则必战。侯果谓阴盛似龙，非也。震为玄黄，何也？曰：以坤灭乾，坤终生阳，震，阳也。

　　天玄地黄，何也？曰：乾言其始，坤言其终也。坎为黑，乾之初九始于坎，息而至巳，午为火，大赤也，坎，黑也，赤黑为玄。坤之初六始于离，离之中爻，坤也，息而至亥，成坤。故十一月阳气潜萌于黄宫，黄宫者，乾始于坤也。坤之上六阴阳交战，坤终而乾始，故曰玄黄。震者，乾始也。太玄谓十月之气曰"深合黄纯，广含群生"，又曰"冬至及夜半以后者，近玄之象也"，冬至、夜半，子也，坎也，乾之始也。青、赤谓之文，乾、坤相错也。赤、白谓之章，坤终乾也，纁者，坤始于离也。

乾用九坤用六图

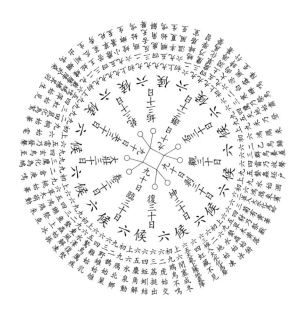

右。九、六者，阴阳之变也，阳至九而变，阴至六而变，九变则六，六变则九。阴阳合德，九、六相用，乾、坤未始离也。天之运行，自复九十日至于泰之上六，自大壮九十日至于乾之上九，自姤九十日至于否之上九，自观九十日至于坤之上六，成三百六十日。为阳候者三十有六者，九也；为阴候者三十有六者，六也。积十有二月而七十二候。九、六之变，循环无穷，是以乾用九其策亦九，坤用六其策亦六。太玄，明乾坤之用者也，故天玄三曰中、羡、从，地玄三曰更、晬、廓，人玄三曰减、沉、成。首各有九，九九八十一，始于冬至，终于大雪，阴阳相合，周流九变。

坎离天地之中图

　　右图坎离天地之中。乾、坤,鬼神也。坎、离,日月水火也。艮、兑,山泽也。震、巽,风雷也。坎、离、震、兑,四时也。坎、离,天地之中也。圣人得天地之中,则能与天地、日月、四时、鬼神合。"先天而天弗违",圣人即天地也。"后天而奉天时",天地即圣人也。圣人与天地为一,是以"作而万物睹"。"同声相应",震、巽是也。"同气相求",艮、兑是也。"水流湿,火就燥",坎、离是也。"云从龙,风从虎",有生有形,各从其类,自然而已。

临八月有凶图刚浸而长。

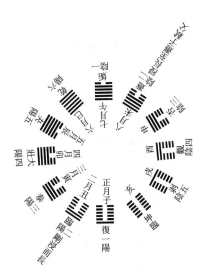

右。先儒论八月不同,孔颖达从建丑至建申,褚氏从建寅至建酉,何氏、王昭素、胡旦从建子至建未。考阴阳消息之理,二阳生则刚长,二阴生则柔长。刚长则君子之道息,小人之道消;柔长则君子之道消,小人之道息。易举消息之理,以明吉凶之道。以建子至建未为正。

论临至于八月有凶

郑康成、虞翻以八月为遁,荀爽、蜀才以八月为否,当从郑、虞。文王系卦辞,周月始建子,临,丑月卦也,自子数之为二月,至于未为八月,遁,未月卦也。刘牧曰"遁之六二消临之九二",又<u>卦略</u>曰"临刚长则柔危,遁柔长故刚遁〔一〕",<u>易传</u>亦然。

复七日来复图

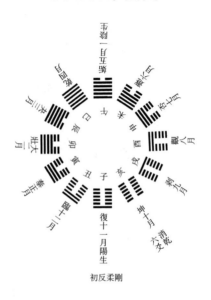

初反柔刚

右图<u>七日来复</u>。<u>子夏</u>曰:"极六位而反于坤,之复,其数七日,其物阳也。"<u>京房</u>曰:"六爻反复之称。"<u>陆绩</u>曰:"六阳涉六阴,又下七爻在初,故称七日,日亦阳也。"<u>虞翻</u>曰:"消乾六爻为六日,刚来反初。"盖先儒旧传,自<u>子夏</u>、<u>京房</u>、<u>陆绩</u>、<u>虞翻</u>皆以阳涉六阴,极而反初,为七日。至<u>王昭素</u>乃始畅其说曰:"乾有六阳,坤有六阴。一阴自五月而生,属坤,阴道始进,阳道渐消。九月一阳在上,众阴剥物,至十月则六阴数极。十一月

〔一〕此二句,原作"临刚长则柔微柔长故遁",据<u>四部丛刊</u>景<u>宋</u>本<u>周易注</u>改。

一阳复生,自剥至十一月,隔坤之六阴,阴数既六,过六而七,则位属阳。"以此知过坤六位,即六日之象也,至于复为七日之象。是以安定曰"凡历七爻,以一爻为一日,故谓之七日",伊川"四七变而为复,故云七日",苏子曰"坤与初九为七",其实皆源于子、午。夫阳生于子,阴生于午,自午至子,七而必复,乾坤消息之理也。故以一日言之,自午时至夜半复得子时;以一年言之,自五月至十一月复得子月;以一月言之,自午日凡七日复得子日;以一纪言之,自午岁凡七岁复得子岁。天道运行,其数自尔。合之为一纪,分之为一岁、一月、一日,莫不皆然。故六十卦当三百六十日,而两卦相去皆以七日。且卦有以爻为岁者,有以爻为月者,有以爻为日者。以复言"七日来复"者,明卦气也。陆希声谓"圣人言'七日来复',为历数之微明",是也。以消息言之,自立冬十月节至大雪十一月节,坤至复卦,凡历七爻。以卦气言之,自冬至十一月中气,卦起中孚至复卦,凡历七日。圣人观天道之行,反复不过七日,故曰"七日来复"。彖曰"七日来复,天行也",王辅嗣曰"复不可远也",夫天道如是,复道岂可远乎?岂惟不可远,亦不能远矣。

诸儒七日来复义

"七日来复",彖曰"七日来复,天行也"。王辅嗣云:"阳气剥尽,至来复时凡七日,以天之行,反复不过七日,复之不可远也。"孔颖达曰:"阳气始剥尽,谓阳气始于剥尽之后,至于反复,凡经七日。案易稽览图云'卦气起中孚',故坎、离、震、兑各主一方,其余六十卦,卦有六爻,别主一日,凡主三百六十日,余有五日四分日之一者,每日分为八十分,五日分为四百分,四分〔一〕日之一又分为二十分,是四百二十分。六十卦分之,六七四十二,卦别各得七分,每卦得六日七分也。剥卦,阳气之尽,在于九月之末。十月当纯坤用事,坤卦有六日七分,坤卦之尽则复卦阳来,是从剥尽至阳气来复,隔坤之一卦,六日七分,举成数言之,故辅嗣言凡七日也。"两汉诸儒传经皆用六日七分之说,故孔颖达述而明之,辅嗣论其大意而已。

至国朝王昭素、王洙、宋咸,始著论驳之。胡旦明其不然,今录其语而弥缝其阙云。王昭素曰:"注、疏并违夫子之义。序卦云物不可以终尽剥,穷上反下,故受之以复,以此知不剥尽也。况剥上九有一阳,取硕果之象,硕果则不剥尽矣。坤为十月卦,十月纯阴用事,犹有阳气在内,故荠麦先生。直至坤卦之末,尚有龙战之象,龙亦阳也。假使运有剥丧之时,则商王受剥丧元良,贼虐谏辅,乃亿兆夷人,离心离德。当此之时,岂无西伯之圣德,箕子之贤良乎?则知阳气必无剥尽之理。况阴阳者,刚柔迭用,变化日新,生生所资,永无尽矣。"

胡旦难昭素曰:"夫积阳则萎,凝水则载,男老则弱,女壮则雄,故麋草死于始夏,荠麦生于孟冬,数已尽而气存,时已极而物反,天地之常理,阴阳之本性。阴之极有龙战之灾,故剥

〔一〕"四分",原脱,据四部丛刊景宋本周易注补。

尽则复穷上反下,皆正理也。言穷者,剥之尽也。言反者,复
之初也。何知<u>西伯</u>、<u>箕子</u>非剥丧之人哉? <u>昭素</u>未之辩也。"臣
曰:阴剥阳尽而成坤,阴极阳反而成复,天之行也。以时言之,
九月剥,十月坤,十一月复。以理言之,阳无剥尽之理,故坤之
上六龙战于野,为其嫌于无阳也。上六则十月也,<u>说卦</u>曰"乾,
西北方之卦也",西北方亦十月也。<u>序卦</u>曰"物不可以终尽剥,
穷上反下,故受之以复",非特此也。五月一阴生,其卦为姤,
积而成坤,故坤下有伏乾。十一月一阳生,其卦为复,积而成
乾,故乾下有伏坤。反复相明,以见生生无穷之意。盖书不尽
言,言不尽意,天地阴阳不可以一言尽故也。<u>王</u>、<u>胡</u>达<u>序卦</u>之
义,而未尽夫<u>说卦</u>变卦之妙,是以其论如此,然各有所长,不可
掩也。

　　<u>王昭素</u>曰:"注云至来复时凡七日,注用凡字取七日之义,
即约酌而已。然未见指归也。疏引<u>易纬</u>:'六日七分,以十月
纯阴用事,有六日七分,坤卦之尽,则复卦阳来。'疏文此说未
甚雅当。其六日七分,是六十四卦分配一岁之中时日之数,今
复卦是乾、坤二卦阴阳反复之义,疏若实用六日七分以为坤卦
之尽、复卦阳来,则十月之节终,则一阳便来也,不得到冬至之
日矣。据其节终尚去冬至十五日,则知七日之义难用<u>易纬</u>之
数矣。"

　　今论七日者不离乾、坤二卦,天地阴阳之理。乾坤者,造
化之本。乾有六阳,坤有六阴。自建子而一阳生,至巳统属于
乾;自建午而一阴生,至亥统属于坤。

　　<u>胡旦</u>难<u>昭素</u>曰:"<u>西汉京房</u>以卦气言事,皆有效验,<u>东汉</u>郎

颐明六日七分之学,最为精妙。夫卦之爻则实数也,岁之日则虚数也。岁月不尽之数,积而为闰,则加算焉。六日七分,实数也,三百六十五日有余焉,故算而为闰。昭素言从十月终至冬至尚有十五日,未明岁月之积闰,术数之精妙也。惜乎纬文丧失,京郎已亡,学者难知,但凭臆说,后生穿凿,罕得师资,是以纷然而致论也。"臣曰:昭素知九月剥,十月坤,十一月复,而不知此言其大纲耳。坎、离、震、兑各主一方,六十卦分主一岁。卦有六爻,爻主一日,凡三百六十日余五日四分日之一,又分于六十卦,每卦六日七分。气之进退,推荡而成。如九月剥也,有艮,有既济,有噬嗑,有大过,凡五卦,而后成坤。十月坤也,有未济,有蹇,有颐,有中孚,凡五卦,而后成复。说卦言"坎,北方之卦也","震,东方之卦也","离,南方之卦也","兑,正秋也",于三卦言方,则知坎、离、震、兑各主一方矣,于兑言正秋者,秋分也,兑言秋分,则震春分、坎冬至、离夏至为四正矣。复大象曰"先王以至日闭关",所谓"至日"者,冬至也。于复言冬至日,则姤为夏至,而十二月消息之卦可知矣。复象曰"七日来复",则六十卦分主一岁,卦有六爻,爻主一日可知矣。系辞曰"三百八十四爻,当期之日",盖六十卦当三百六十日,四卦主十二节、十二中气,所余五日则积分成闰也。大纲而言,则剥九月,坤十月,复十一月,故京房曰"剥、复相去三十日"。别而言之,复主冬至,冬至中气起于中孚,自中孚之后,七日而复,故曰"七日来复"。譬如辰为天枢,而不动之处犹在极星之下,圣人之言居其所者曰北辰,而占天者必曰极星之下,详略异也。历代先儒,唯玄能得其旨,故玄一中、二羡、三从、四更、五晬、六廓、七减、八沉、九成。中者,象中孚之卦。冬至之节,日起牛宿一度,斗建子,律中黄钟,夏后氏之十一月也。其入牛宿之五度为周,周者,象复卦冬至之后,周,复也,宋衷、陆绩曰易"七日来复"是也。夫京房学于焦赣,其说则源于易矣。自扬子云、马融、郑康成、宋衷、虞翻、陆绩、范望并传此学,而昭素非之,奈何。

王洙曰:"孔颖达虽据稽览图以释王传,而易纬消息之术,月有五卦,卦有大小,有诸侯,有大夫,有卿,有公,有辟,五卦分爻,迭主一日,周而复始,终月而既,不连主七日,则是剥尽至复,全隔一月。恐王传之旨不在此义也。当以七为阳数,阴阳消复,不过七日,天道之常也。凡消息,据阳而言之,阳尊阴卑也。"臣难王洙曰:"辅嗣之意,谓阳为阴剥,其气始尽,至于阳气来复之时,凡七日而已。何故如是? 以天道之行,反复不过七日,复之不可远也。盖本于天矣。颖达以易消息之术考之,月有五卦,五卦分爻,迭主一日,周而复始,终月而既,以成一岁,其六十卦之相去不过七日,阴阳消复,天道之常,则辅嗣所谓复之不可远也,其言验矣。孰谓王传之旨不在此哉?"

宋咸曰:"卦气起中孚,如何? 曰:京房、郎顗、关子明辈假易之名以行其壬遁卜祝、阴阳术数之学,圣人之旨则无有焉。呜呼,好怪之甚也! 文王、周公、仲尼悉以阴阳、刚柔、进退、消长、得失、存亡之象为之教云尔,又何以是卦直是月,是爻直是月云云之为乎? 夫卦气何不起于他卦,而独起于中孚乎?"臣难咸曰:"六壬,推日月行度,参以时日,得易之坎、离者也。遁甲、九宫、八门,得易之河图者也。壬遁得易之一端,而不尽易之道,散而为阴阳术数之学,易亦何往而非阴阳哉?故曰'易以道阴阳',又曰'立天之道阴与阳,立地之道柔与刚'。圣人推阴阳、刚柔、进退、消长之理,为得失、存亡之象,其道一归于仁义,而未始不原于天地。咸信进退、消长,而不信消息之卦,是终日数十而不知二五也。又谓诸儒假壬遁言易学,以笼天下,不知壬遁实出于易,言易者亦何假壬遁哉?咸谓易书所不及者,为圣人之旨无有焉,且如河图、洛书,见于系辞,而河图四十五、洛书五十之数,传于异人,安得以为圣人之旨无有哉?中孚,十一月之卦也。以岁言之,阳始于冬至;以历言之,日始于牵牛;以日言之,昼始于夜半;以人言之,虑始于心思。咸谓何不起于他卦,真不知者也。且不信直卦,则阳生为复,阴生为姤,临至于八月有凶,八月不知果何月也。夫善味者别淄、渑之水,善听者知要妙之音,善视者察秋毫之末。咸读易疏,恶易纬之学,而并废消息之卦,岂得为善观书者乎?"

刘遵曰:"天行缠次有十二,阴行其六,阳行其六,当于阴六,阳失位,至于七,则阳复本位,此周天十二次,环转反复,其数如此,施之于年、月、日、时并同。故一日之中,七时而复;一月之中,七日而复;一年之中,七月而复;一纪之中,七岁而复。今云七日者,取其中而言,则时、月、年从可知也。"

胡旦难刘遵曰:"一日之中,从夜半至日中;一年之中,从建子至建午。言其复也,亦以阴阳之数也。若一月之中七日,一纪之中七年,则未知阴阳之复如何也。若天之十二次,环转反复,周而无穷,则未闻从玄枵至星纪,何者为阴,何者为阳?

以寅、卯、子、丑言之，则天之十二辰也，其以子为阳，丑为阳耶？左转之也，与天戾矣。刘遵之论妄也。"臣曰："遵论阴阳运行之数，得天道之行七日必复之理，但不本于乾坤二卦消息之象以论之，是以其言近乎漫漶。要之亦有所长，未可斥之以为妄也。夫阳生于子，阴生于午，自午至子，七而必复。以一日言之，自午时至夜半而复得子时。自一年言之，自五月至十二月而复得子月。以一月言之，自午日凡七日而复得子日。以一纪言之，自午岁凡七岁而复得子岁。天道运行，其数如此，合之为一纪，分之为一岁、一月、一日，莫不皆然。故六十卦当三百六十日，而两卦相去皆以七日。圣人所以存其七日来复于复卦者，明卦气也。陆希声谓'圣人言七日来复，为历数之微明'，是也。"

王洙曰："凡阴息则阳消，自五月至十一月，其日之历，行天七舍，而阳气乃复，故云七日来复。复初体震，震居少阳，其数七，复则君子道长，因庆之也，庆在乎始，其言速，故称日，取乎日行一舍也。"臣难王洙曰："周天三百六十五度，二十八舍，日行一度为一日行一舍，与月合朔为一月。洙取日行一舍故称日，盖用褚氏、庄氏变月言日者，欲见阳长欲速，大同而小异。要之日行七舍，自是七月，安有变月言日之理。且如诗言一之日、二之日，止是省文，盖言十一月之日、十二月之日也。"

王昭素曰："乾有六阳，坤有六阴。一阴自五月而生，属坤，阴道始进，阳道渐消。九月虽有一阳在上，无奈众阴之剥物也。至十月则六阴数极，十一月一阳复生。自剥至十一月，隔坤之六阴,六阴盛时,一阳自然息迹。阴数既六,过六而七,则位属阳。以此知过坤六位即六日之象,至于复为七日之象矣。"

胡旦难昭素曰:"易纬以剥卦阳气之尽在九月之末,十月纯坤用事,隔坤一卦,六日七分,阳气来复。昭素以五月一阴生,至九月虽有一阳,无奈众阴之剥物,至十月六阴数极,十一月一阳复生,此则谓昆为兄,窃褚、庄之美为己力者也。"臣曰:昭素虽掠褚、庄之美,其论乾坤消息,阴阳六位,周而复始,得易之象。虞翻、陆绩推六十卦,以解太玄八十一首,于中言象中孚,于周言象复,是于六日七分卦气之学既笃信之矣。而翻注"七日来复"曰"消乾六爻为六日,刚来反初,七日来复,天行也",绩注京房易传曰"六阳涉六阴反下,七爻在初,故称七日,日亦阳也"。岂唯虞、陆之学如此?论六十卦者,京房也,而房作复传曰"七日来复,六爻反复之称。盖天地之间,有是理则有是象,有是象则有是术,其致一也"。故子夏曰:"极六位而反于坤之复,其数七日,其物阳也。"安定曰:"凡历七爻,以一爻为一日,故谓之七日。"伊川曰:"七变而为复,故云七日。"苏氏曰:"坤与初九为七,皆言七日之象也,易之为术,深远矣。"故鼎祚于此请俟来哲,若陆希声、刘牧、王洙、龙昌期以七为少阳之数,则无取焉。

一曰策数。二曰爻数。三曰卦数。四曰五行数。五曰十日数。六曰十二辰数。七曰五声十二律数。八曰纳甲数。

少阳七　　　　二十八策

老阳九　　　　三十六策

少阴八　　　　三十二策

老阴六　　　　二十四策

　　右策数者,四象分太极数也。震"勿逐七日得",仲翔曰"少阳七",即此二十八策也。讼九二"不克讼,归而逋,其邑人三百户无眚",曰"乾为百,坤为户,三爻故三百户"。乾一爻三十六策,三阳一百八策。震彖曰"震惊百里",曰"阳爻三十六,阴爻二十四,震初九、九四,二阳二阴为百二十〔一〕,举其大数也"。陆希声疏矣。

爻数

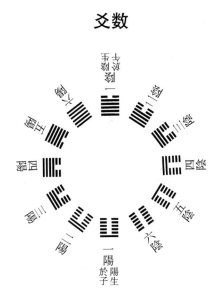

〔一〕此句,周易集解引虞注作"谓阳从临二,阴为百二十"。

右图爻数。自初数之,至上为六。或以一爻为一岁、一年:同人"三岁不兴",坎"三岁不得,凶",丰"三岁不觌",既济"三年克之",未济"三年有赏于大国"。或以一爻为一月:临"至于八月有凶"。或以一爻为一日:复"七日来复"。或以一爻为一人:需"不速之客三人来",损"三人行则损一人,一人行则得其友"。或以一爻为一物:讼"鞶带三褫",晋"昼日三接",师"王三锡命",比"王用三驱",睽"载鬼一车",解"田获三狐",损"二簋可用亨",萃"一握为笑",革"言三就",旅"一矢亡",巽"田获三品"。

卦数

右图。八卦数者,河图数也,此郭璞所谓"巽别数四,兑数七",又曰"坎为一年",易鉴所谓"震三艮八"也。

五行数

右图。五行数者，洛书数也，此郭璞所谓"水数六，木数三"，又曰"坎数六"也。

十日数

右图。十日数者，八卦、五行分天地五十五之数也。虞翻曰："甲乾、乙坤相得合木，丙艮、丁兑相得合火，戊坎、己离相得合土，庚震、辛巽相得合金，天壬、地癸相得合水，故五位相得而各有合。"崔憬曰:"天三配艮,天五配坎,天七配震,天九配乾,地二配兑,地十配离,地八配巽,地六配坤。不取天一、地四者,此数八卦之外。"臣曰:以三配艮、五配坎、七配震、八配巽,是也,余论非也。遁甲,九天九地之数。乾纳甲、壬,坤纳乙、癸,自甲至壬,其数九,故曰九天,自乙至癸,其数九,故曰九地。甲一、乙二、丙三、丁四、戊五、己六、庚七、辛八、壬九、癸十,故乾纳甲、壬配一、九,坤纳乙、癸配二、十,震纳庚配七,巽纳辛配八,坎纳戊配五,离纳己配六,艮纳丙配三,兑纳丁配四,此天地五十五之数也。关子明曰:"蓍不止法天地而已,必以五行运其中焉。"

十二辰数

右图。十二辰数者,十二卦消息数也。阳生于子,阴生于午,子十一月,午五月。郭璞以卯爻变未为未之月,此论十二辰也。十二辰即月数,月数即消息数,或用之为日数,则京房之积算也。

五声十二律数

右图。五声十二律数者，太玄曰："子、午之数九，丑、未八，寅、申七，卯、酉六，辰、戌五，巳、亥四。故律四十二，九、五、七而倍之，故四十二。吕三十六。八、六、四而倍之，故三十六。并律、吕之数，或还或否，并律、吕而数之，得七十八也。八则丑、未，所谓还得吕而不得律，故或还或否。凡七十有八，黄钟之数立焉，其以为度也，皆生黄钟。黄钟之管，长九寸，围九分，秬黍中者九十枚〔一〕，则其长数也，实管以上，龠合度量。"

甲、己之数九，乙、庚八，丙、辛七，丁、壬六，戊、癸五。声生于日，律生于辰。声以情质，律以和声，律相协而八音生。

大衍数

四因九得三十六。是谓乾一爻之策数。

〔一〕"枚"，武英殿本汉书律历志作"分"。

四因六得二十四。是谓坤一爻之策数。

> 太极不用,所用者四象,故以四因九、六。九者,阳数;六者,阴数也。阳用极数,故九;阴用中数,故六。九而四之得三十六,为乾一爻之策;六而四之得二十四,为坤一爻之策。

六因三十六得二百一十有六。是谓乾一卦之策数。

> 六者,一卦有六爻。乾一爻之策三十有六,以三十六而六之,则二百一十有六,为乾一卦之策也。

六因二十四得百四十有四。是谓坤一卦之策数。

> 六者,一卦有六爻。坤一爻之策二十有四,以二十四而六之,则百四十有四,为坤一卦之策也。

乾、坤之策凡三百有六十。

> 二百一十有六合百四十有四,则三百六十也。

三十二因二百一十有六,得六千九百一十二。是谓三十二阳卦之策数。

> 阳卦有三十二卦,以二百一十有六而三十二之,则六千九百一十二,为三十二阳卦之策数也。

三十二因百四十有四,得四千六百八。是谓三十二阴卦之策数。

> 阴卦有三十二卦,以百四十有四而三十二之,则四千六百八,为三十二阴卦之策数也。

二篇之策万有一千五百二十。

> 三十二阳卦之策六千九百一十二,三十二阴卦之策四千六百八,合而为万有一千五百二十,所谓二篇之策也。

右大衍数,邵康节传其子伯温。

周易卦图卷下

附录二　周易丛说

翰林学士左朝奉大夫知制诰兼侍读兼资善堂翊善

长林县开国男食邑三伯户赐紫金鱼袋朱震撰

甲、壬得戌、亥者,均谓之乾,不一,其甲子、壬子也。乙、癸得
申、未者,均谓之坤,不一,其乙未、癸未也。故论乾则甲子
与壬子同,甲寅与壬寅同,甲辰与壬辰同,壬午与甲午同,壬
申与甲申同,壬戌与甲戌同。论坤则乙未与癸未同,乙巳与
癸巳同,乙卯与癸卯同,乙丑与癸丑同,乙亥与癸亥同,乙酉
与癸酉同。

乾,阳物也,得于乾者皆阳物也,乾道成男是也。坤,阴物也,
得于坤者皆阴物也,坤道成女是也。

阴阳家八卦变五鬼、绝命、天医、生气、绝体、游魂、福德,其卦
乾、坤、坎、离、震、巽、艮、兑相对而变,亦先天之序也。

疾者,阴阳偏胜而不得其正也,故卦以阴居阳、阳居阴者谓之
疾,所得之偏者亦然,三疾是也。或曰:偏乎阴者资之以阳,
偏乎阳者资之以阴。谓阴处阴则误也,阴阳各得其正,非疾
也。说卦以坎为心病,坎者,乾之二、五交乎坤也,二阳不当
位,疾也,五阳当位,通也,故坎又为心亨。先儒概以坎为
病,则误也。曰心病、曰心亨者,二、五中也。

离为飞鸟,凤谓之朱鸟,离也,又谓之朱雀,故雀入大水为蛤,
　　离极成坎也。

变坎七变,艮二即五也。初自下爻三变,即前"参以变"也,次
　　自中爻下而二变,次自中爻上而二变,即前"伍以变"也。参
　　去伍,伍去参,皆不能变,此三所以为极数,五所以为小衍
　　也。若一、若二,即未变也,故曰"天地定位,易行乎其中"。

巽为号,又有"嗃嗃"者何? 交乎离也。巽为风,离为火,大且
　　急者,风火之声,怒声也。天下之大声有四,曰雷,曰风,曰
　　水,曰火,传曰"众怒如水火"。

或用一卦,或用一爻,或不可用,则曰"勿用"。天下之时,无不
　　可用者,顾用之如何耳。

一索、再索、三索,先论揲蓍,次论策数,中便有八卦,次论画
　　卦,中坎、离互有四卦。

归藏之乾有"乾,大赤",乾为天、为君、为父,又为辟、为卿、为
　　马、为禾,又为血卦。

归藏小畜曰"其丈人",乃知丈人之言,三代有之。

临川解睽六五"噬肤"曰"肤,六三之象,以柔为物之间,可噬而
　　合,此卦自二至上有噬嗑象",此互体也。

"后说之弧",一作"壶",爻有坤、坎、离、艮而无震足,当作
　　"弧"。

明夷之离为小过之"飞鸟",无妄之坤为睽之"掣牛"。

离"畜牝牛",离中之阴即坤之阴也。坎为"马脊",坎中之阳即
　　乾之阳也。

"苋陆",泽草也,生于三月、四月。苋,蒉也,叶柔根坚而赤,陆

大于芫,叶柔根坚,坚者,兑之刚也,坚而赤,赤者,乾之色也。

困,九月霜降气也,故曰"株木"、曰"蒺藜"。"蒺藜"者,秋成也。大过,十月小雪气也,故曰"枯杨生稊"、"枯杨生华"。姤,五月夏至气也,故曰"以杞包瓜",生瓜生于四月中气故也。夬,三月清明气也,故曰"苋陆夬夬",苋陆,三月、四月生也。

关子明曰"接物者,言接之而已,非同之也,故濯物心无所渎污,谓之洗心,言洗濯其接物之心,无所渎污,故谓之洗心",而注者误以为洗濯万物之心。

郭璞洞林得豫之小过曰"五月晦日,群鱼来入州城寺舍",注以乙未为鱼星,非也。豫艮为门阙,震为大涂,六三变九三,互有巽体,巽为鱼,豫五月卦,坤为晦日。

兑为妾,变为巽,巽为近市利,则倚市门矣,故洞林咸之渐,兑成巽,曰"妾为倡"。

王弼谓颐初九"不能使物由己养",误也。夫使物由己养,有命存焉。初九在下,未能养人,而当自养以正,故以"朵颐"戒之。

易之有说卦,犹诗之有诂训也。

天命圣人以祐下民,微阴浸长,民将内溃。圣人含章不耀,中正自处,委任贤佐,厚下安宅,尽人谋以听天,虽有陨越,自天陨之,吾志不动也,不舍天之所命也。周公曰"我弗敢知",孔子曰"天生德于予,桓魋其如予何"。

王洙曰:"木之始纽引乎甲,触地而出,能破磽确,无所不通,巽之上刚是也。根柢散之,自固其植,巽之下柔是也。以至华实成落,而不反其故处。杂卦曰'升不来也'。"

震亦为王者,五行更王,始于震也。震,乾之一索也,其王之始基乎。故大王、文王与武王之南狩,皆用此象。升之三不用此象者,决燥也。

"分阴"者,六、八也。"分阳"者,七、九也。"迭用柔刚"者,互变也。

人疑系辞非孔子作,乃门人所作,不然"子曰"何也,此大不然。答问者,所以起意也。如困之上六"困于葛藟,于臲卼〔一〕,曰动悔有悔,征吉",此爻言人,曰动必有悔,虽有悔也,征则吉,可不动乎。

"鲋",子夏作"虾蟆",此五月卦也。

初奇二偶,三奇四偶,五奇六偶。卦有取于奇偶为象者,如乾九四曰"渊",渊,重坎也,自四至上有重坎象。

五兵之有戈,上锐,将有兵者,刀剑有光,离也。

郭璞筮升之比,升二、三、五,变也,五变坎,曰"和气氤氲,感潜鸿",坎下伏离,离为飞鸟,鹅、凫同象。

郭璞为东海世子母病筮,得明夷之既济,坤变坎。曰"不宜封国列土以致患,母子不并贵",坤为国邑,坎折之,坤母坎子,土克水也。又曰"当有牛生一子而两头",一子谓坤变坎,此说卦所谓子母牛也,两头者,坎、离相应,离中爻有田。

璞得大有☰☰之泰☷☰,云"七月中有蛇在屋间,出食鸡雏"。案离

〔一〕"卼",原作"硊",据四库本改。

为飞鸟,变坤,互〔一〕中有震,震为大木者,梁也,已在上爻,故云屋,此大过云"本末弱",取栋桡象也。

洞林以巽为大鸡,酉为小鸡者,酉,巽之九三〔二〕爻也。以此推之,午为马,乾之九四也,丑为牛,坤之六四也,寅为虎,艮之上九也,辰为龙,震之九三也,未为羊,兑之上六也。

八卦兼用五行,乃尽其象,管辂、郭璞共用此术。

巽为风,蛊虫以风化,故为蛊。

又筮遇节䷻之噬嗑䷔,曰"簪非簪,钗非钗",此以内卦兑言也。兑为金,大抵断卦当先自内。又曰"在下头断髭须",所谓头者,坎中之乾也,须者,在首下而裔也柔,坎也。

顾士犀母病,得归妹,七日亡者,归妹,女之终也。

卦有取前卦以为象者,有取后卦以为象者,有一爻而取两象者,有一象而兼二爻者,有一爻变动而二爻共取以为象者,其言可谓曲矣。然而尽万物之理,不如是无以致曲焉,不如是其言亦不能以中矣。

乾策三十六,阳也;坤策二十四,阴也。阳合于阴而生震、坎、艮者,二十八策;阴合于阳而生巽、离、兑者,三十二策。乾、坤六爻,其策六十。

泽中有火,非火居泽下也,如以刚限之,故火不见灭,是水在鼎中,火巽鼎下之象,非革象也。盖水火之性,寒热燥湿皆有常,然泽中有火,则水火之性革其常矣。息,止也,火炎上而

〔一〕"互",原作"玄",据四库本改。
〔二〕"三",原作"二",据四库本改。

水息之,水润下而火息之,有"二女同居,其志不相得"之象,故曰"水火相息"。若以刚限之,则无同居之象。郭璞言有温泉而无寒焰,璞其知革、睽之象欤。

"两仪生四象"。孔氏谓"金木水火禀天地而有",土则分王四季,且金木水火有形之物,安得为象哉?孔氏失之远矣。庄氏之实象、假象、义象、用象,于释卦中破之。何氏谓"神物、变化、垂象、图书",此易外别有。"易有四象,所以示也",此象谓爻卦之象。七、八、九、六乃少阴、少阳、老阴、老阳之位,生八卦之四象也。天一、地二、天三、地四,兼天五之变化,上下交易,四象备其成数,而后能生八卦,于是坎、离、震、兑居四象正位,各〔一〕以本位数存三以生余数,则分乾、坤、艮、巽之卦。四象既列,五居四位,此河图五十有五居四位之数。

刘氏曰"八纯卦兼两仪、四象,而尽五十五数",谓先布五十五位,后除天地四方数,余以奇耦数排之,便见八卦之位,此说不通。所谓乾者,天〔二〕也,坤,地也。所谓坎者,北方也,离,南方也,兑,西方也,震,东方也。今除天九地六,四方四数而分布八卦,即八卦所用止三十六,而十九数为赘矣。夫八卦皆本于乾坤,而坤之数乾兼有之,故八卦不出于三十六。夫三十六数,六、九也,九,老阳之数也,此小成之卦也。若大成之卦,三十二策也,二十八策也,二十四策也,而三十六

〔一〕"各",原作"冬",据四库本改。
〔二〕"乾者天",原作"天者乾",据四库本改。

策皆兼有之。盖天地之数五十有五,自一衍而五,大衍为五
十,五十则五十五在其中。其用四十有九,则一在其中,更
不论五十五也。若除天地四方之数,又于四象二仪之外而
有八卦矣,故曰其论不通。

刘氏曰:"内十五,天地之用,九、六之数也,兼五行之数四十,
合而为五十有五,备天地之极数也。"曰九与六合为十五,水
一、六,火二、七,木三、八,金四、九,土五、十,凡四十数,配
合论之则不通。虞翻曰:"甲乾乙坤相得合木,丙艮丁兑相
得合火,戊坎己离相得合土,庚震辛巽相得合金,天壬地癸
相得合水。"翻谓天地者,言乾坤也。十日之数,甲一乙二,
丙三丁四,戊五己六,庚七辛八,壬九癸十,故乾纳甲、壬配
一、九,坤纳乙、癸配二、十,震纳庚配七,巽纳辛配八,坎纳
戊配五,离纳己配六,艮纳丙配三,兑纳丁配四,此天地分五
十五数也。

水一,火二,木三,金四,土五,五行之生数也;水六,火七,木
八,金九,土十,五行之成数也。一、三、五、七、九,奇数二十
五;二、四、六、八、十,偶数三十。奇耦之数五十有五,此五
行分天地五十有五之数也。太玄三、八为木,四、九为金,
二、七为火,一、六为水,五、五为土,五五者十也,洛书之数
也。刘牧曰"十五,天地之用,九、六之数也,兼五行之数四
十,合而为五十有五,备天地之极数"者,误也,言五行之成
数,则九、六在其中矣。

韩氏曰:"衍天地之数,所赖者五十,其用四十有九,则其一不
用也。不用而用以之通,非数而数以之成,斯易之太极也。"

此言是也。四十九数总而为一者,太极也。散而为四十九,即太极在其中矣。故分而为二以象两,揲之以四以象四时。四时者,坎、离、震、兑,此六、七、八、九之数也。

又曰:"夫无不可以无明,必因于有,固常于有物之极,必明其所由宗。"此言未尽也。四十九因于太极,而太极非无也,一气混沦而未判之时也,天地之中在焉,故谓之太极,极,中也。

京房云:"五十者,谓十日、十二辰、二十八宿也。凡五十其一不用者,天之生气,将欲以虚来实,故用四十九焉。"此言五十数之见于天者,其成象如此,谓其一不用为天之生气,则非也。

马融云:"易有太极,谓北辰也。太极生两仪,两仪生日月,日月生四时,四时生五行,五行生十二月,十二月生二十四气。北辰居位不动,其余四十九运转而用也。"季长之论,不若京房。盖两仪乃天地之象,而北辰不能生天地也,故邵雍曰"万物皆有太极、两仪、四象之象"。

荀爽曰:"卦各有六爻,六八四十八,加乾坤二用,凡五十。初九'潜龙勿用',故用四十九也。乾用九,坤用六,皆在八卦爻数之内。潜龙勿用,如'勿用娶女'之类。"

郑康成云:"天地之数,以五行气通,凡五行减五,大衍又减一,故用四十有九。"康成所谓"五行气通"者,盖谓十日、十二律、二十八宿三者。五行之气通焉为五十五,减五行之数为五十,大衍又减一为四十九,其说本于乾凿度,与京房为一说,而"五行气通"其说尤善,但后学一例抵之,不详观耳。

董遇云"天地之数五十有五者,其六以象六画之数,故减而用

四十九",非也。董谓五十有五减卦之六画为四十九,不知
五十有五天地之极数,大衍之数五十,其一太极不动,而四
十九运而为八卦,重而六十四,若去六画,即说不通矣。

顾欢云:"立此五十数以数神,神虽非数,因数以显,故虚其一
数以明其不可言之义,所谓神虽非数,因数以显是也。"然其
说大而无当,不及韩说。刘氏谓韩注虚一为太极,即未详其
所出之宗,而顾之未详又可知矣。

刘谓"天一居尊而不动",则与马季长言北辰不动何异?若谓
不动,则筮者当置一策以象天一不动,不当言其用四十有九
也。动静一源,显微无间,知四十有九为一之用,即知一为
四十有九之体矣。

刘曰:"天一者,在数为天一,在日为甲,在象为六之中位,在纯
卦为坎之中爻,在重乾为初九,在复为阳爻,在辰为建子,在
五行为水,在律为黄钟。"刘所谓一者,言一之定位也,不知
五十去一则一在四十九中,使四十九去一则一又在四十八,
凡有数则未尝无一,而一之所在无往而不为万物之祖。得
此而不失,是谓执天地之机。

又曰:"一用天德,天德者,九也。乾用九者,谓'天德不可为
首'也。用之如何,'见群龙无首吉'也,此存乎其人也。坤
用六者,'利永贞'是也,非谓一用九也。"

又曰"乾道包坤,阳得兼阴",此论用之于八卦小成,其三十六
爻皆出于乾可也。若谓乾三兼坤之六成阳之九,干运五行
成数而通变化,则误也。

刘前论天地之数十五,四方之数四,九〔一〕十有九,通八卦之爻三十六为五十五,今论七、九、六、八之策,又曰先分天地数为二十,后兼四时为二十四,何其纷纷耶。

少阳七者,谓天五驾地二为七。前言地以二上交于天五而生七,七为少阳之数也。阳以进,故进二之九,为老阳之数,此一进也。若以四位合之,则少阳数七,四七二十八也,又四位进二见八,二十八进八,故老阳数三十六也。又以天地四时数因之,天地分二,少阳数七,二七则一十四也,四七则二十八也,成一百六十有八数。阳生自复至乾凡六卦,每卦进八,故老阳数二百一十有六。若天五驾地二为七,二进之为老阳,四位合之,四七二十八,又四位进二见八,二十八进八为三十六。四位者,指四时之位也。天地四时之数二十四,以天地四时数因之,天地分二,少阳数七,二七则一十四,四七则二十八,二七十四又四七二十八,凡四十二,又四因之成一百六十有八数。阳生自复至乾凡六卦,复、临、泰、大壮、夬、乾,每卦进八,故老阳数二〔二〕百一十六,谓于一百六十有八之上又进六八四十八,成二百一十六,为老阳之数,谓之老阳者,皆乾爻也。

少阴数八者,谓天五驾天三为地八,阴以退,故退二之六,六为老阴之数,此一退也。若以四位合之,则少阴数八,四八三十二也。又四位每位退二见八则一十六,四八则三十二也,

---

〔一〕"九",疑当作"合",十五合四为十九,再合三十六则为五十五。
〔二〕"二",原作"一",老阳数二百一十六,故改。

成一百九十二。阴生自姤至坤凡六卦,每卦退八,故老阴数一百四十有四也。

刘氏论咸、恒二卦,不系之于离,其论过于韩注。至言天地之数五十有五,循十日而周一元,三周而万物之数足,则为可疑也。夫刘氏配五行生成之数,五十居中,水火居右,木金居左,始于丙丁,终于庚辛,周而复始,六十日之纳音尽矣。此一律含五音而成六十律之说也,而配于易之上经三十卦,则不合矣。虽甲子始于乾,而癸亥终于离,则不合也。乾当甲金,而二十九卦岂尽然哉?系辞言二篇之策当万物之数,而谓三周五十五数一百八十爻为万物之数足,则未之闻也。

易有以一策当一日者,乾坤之策是也。有以一爻当一日者,"七日来复"是也。有以策数七、八、九、六言日者,"勿逐七日得"是也。易之取象岂一端而尽?六十卦直日,两卦相去皆七日,其实则六日七分,犹书称期三百有六旬有六日,其实三百六十五日四分日之一,礼言三年之丧,其实二十七月,诗言一之日、二之日,其实十一月、十二月之日,何于此六日七分而疑之乎?先儒以此候气占风效,证寒温,而刘氏易之以五卦各主五日,则吾不知其说也。

刘氏曰:"郑氏虽以四正卦之爻减二十四之数,与当期之日相契,则又与圣人之辞不同也。"四正之卦,四六二十四爻,主二十四气,此先儒旧传,非郑氏配合也。刘氏用六十卦主期之日,则四正之卦主二十四气不废也,故曰策数当日而不取,爻数则一爻一日,五卦一月,何谓也?

遁、临卦义不同,何氏从建子阳生至建未为八月,褚氏自建寅

至酉为八月,孔氏以建丑至否卦八月。刘氏云:"若从建子
则卦辞当在复卦之下,否之六三当消泰之九三,又更临卦之
九二,不应今以遁之六二消临之九二。"则于我为得,则是刘
氏取何氏之说而条达之也。又曰:"临彖曰浸而长,遁彖亦
曰浸而长,二卦之爻相偶,而彖辞皆有阴阳消长之义。"又王
氏卦略云"临刚长则柔危,遁柔长故刚遁[一]",故伊川亦用
此说。

周公作爻辞多文王后事,则知文王之旨,周公述而成之。故以
周正言易有三名,夏曰连山,商曰归藏,周曰周易。连山,神
农氏之别号也,归藏,轩辕氏之别号也,并是代号,所以易题
周以别余代,犹周书、周礼之谓也。周公不得不以周之正朔
定其月也。

刘氏以天地五十五数布之五行,自丙丁至甲乙为一周,其辰子
丑午未,自甲乙至壬癸为一周,其辰寅卯申酉,自壬癸至庚
辛为一周,其辰辰巳戌亥。故上经三十卦,三周而成六十
卦,六十卦当期之日,其策一万一千五百二十。

子云子午九,丑未八,寅申七,卯酉六,辰戌五,巳亥四,以六辰
相配成十二支之数,盖有得于纳音之说也,其于十日亦然。

郑康成言四象曰"布六于北方以象水,布八于东方以象木,布
九于西方以象金,布七于南方以象火,备为一爻,而正谓四
营而成。"

乾凿度曰:"三百六十五日四分日之一以周事,一卦六爻,一爻

〔一〕此二句,原作"临刚长则柔微柔长故刚遁",据四部丛刊景宋本周易注改。

一日,凡六日,用事,一曰诸侯,二曰大夫,三曰卿,四曰三公,五曰辟,六曰宗庙,爻辞善则善,凶则凶。"流演曰诸侯在初,大夫次,尊王官也。

又曰:"三画以下为地。四画已上为天。"

又曰:"易气从下生,故动于地之下则应于天之下,动于地之中则应于天之中,动于地之上则应于天之上,故初以四,二以五,三以六,此之谓应。"

十日、十二辰、二十八宿凡五十,大衍之数也。

又曰:"历以三百六十五日四分之一为一岁,易以三百六十析当期之日,此律历数也。"

兑、乾,金也,而乾为大赤,故兑金从火革。

坎生于坤,本乎地也,故润下;离生于乾,本乎天也,故炎上。

占法以八卦绝乡为墓。金生巳,故乾、兑墓在艮。木生亥,故震、巽墓在申。水生申,故坎墓在巽。火生寅,故离墓在乾。土生申,故坤、艮墓在巽。此合河图、洛书而言之也。

七为少阳,九为老阳,八为少阴,六为老阴。一、五、九,老阴变老阳。二、五、六,少阳变老阴。三、五、七,少阴变少阳。四、五、八,老阳变少阴。反复数之,其变无穷。

"我仇有疾",王弼以六五为九二仇,伊川以初六为九二仇,郑、虞以九四为九二仇。按先儒说,我据四之应,四承我之应,故曰"我仇",四为毁折之象,故曰"有疾"。而子夏传亦曰:"四以近权,恶我专任,四之覆悚,正无几矣,岂辄谋我哉。"怨偶曰仇,当以四为仇。

安定胡先生以"陆"作"逵"。案虞氏所传之象,上之三成既济,三,陆也。夫上之所生者进也,所反亦进也,兹所以动而不穷欤。渐至九五极矣,进至上九亢矣,是以上反而之三,然后安处。考之鸿象,坎象既退,自南而北向之时也,宜以陆为正。或曰:鸿渐至此,千里之举也。曰:不然,鸿飞冥冥,洁身而去之象也,非渐也。

渐卦,虞氏之象以否坤之三上之四,乾之四下之三,而初、上二爻不正,故所变之爻止于初、三、上三爻而已,余二、四、五爻不动。六四,否坤之三也,故卦以为"妇孕不育",以为寇,小人之爻也。九三,乾之四也,故戒以"夫征不复",顺以相保,不中之爻也。

中孚,王洙曰"柔在内而巽说,合和之性也;刚得中而上下信,化育之道也"。中孚,天理之端,叶于教化之义,若鸟之孚卵,柔浑于内而刚毂于外,妪伏化羽,不违其期,自然之信也。此与小过旁通,自中孚而变,故小过有飞鸟之象焉。

小过,虞曰:"离为飞鸟,震为音,艮为止。晋上之三,☷☳晋变☳☷小过,离去震在,若飞鸣而音止,故'飞鸟遗之音'。上阴乘阳,故不宜上。下阴顺阳,故宜下大吉。"俗说或以卦象二阳在内,四阴在外,有似飞鸟舒翼之象,妄矣。

先儒论重卦者六家,王弼、虞翻曰伏羲,郑康成曰神农,孙盛曰夏禹,司马迁、扬雄曰文王,而孔颖达、陆德明、陆希声则以弼论为是。臣曰皆是也。系辞曰:"古者庖羲氏之王天下也,仰则观象于天,俯则观法于地,观鸟兽之文与地之宜,近取诸身,远取诸物,于是始作八卦,以通神明之德,以类万物之情。"则伏羲氏所画者,八卦而已。然"结绳而为网罟,以

佃以渔",则已取重离之象,何则?离,丽也,离为目,巽为
绳,以巽变离,结绳而为网罟之象也。罟网,目也,离为雉,
巽为鱼,以佃以渔之象也。下系曰:"八卦成列,象在其中
矣。因而重之,爻在其中矣。"谓之在其中者,盖既画八卦,
因而重之,虽未为六十四卦,而三百八十四爻之变固已具然
存乎其中矣。是以神农氏、黄帝氏、尧、舜氏,因其所重八
卦,触类而长,取于益,取于噬嗑,取于乾坤,取于涣,取于
随,取于豫,取于小过,取于睽,不特四圣人然也。自伏羲氏
没,其间圣人取重卦以利天下者多矣。是以取大壮,取大
过,取夬,谓之后世圣人,则夏后氏、商人亦在其中矣。伏羲
氏画卦,因而重之者,袭其气之母也。群圣人重之者,用其
子孙也。庄生曰"伏羲得之以袭气母",是也。考之归藏之
书,其初经者庖羲氏之本旨也。卦有初乾、初奭、坤也。初艮、
初兑、初荦、坎也。初离、初釐、震也。初巽八卦,其卦皆六画。
周礼"大卜掌三易之法,一曰连山,二曰归藏,三曰周易,其
经卦皆八,其别皆六十四",所谓经卦,则初经之卦也。又山
海经:"伏羲氏得河图,夏后氏因之曰连山,黄帝氏得河图,
商人因之曰归藏,列山氏得河图,周人因之曰周易。"列山
氏,世谱所谓神农氏也。以是观之,则弼、翻所论,举其大
要,康成、孙盛、迁、雄之言,各举其一,而迁、雄又指周易言
之也。然三易之卦,其次各异,首艮者连山也,首坤者归藏
也,首乾者周易也,即周礼所谓"其别各六十四"者也。故说
卦之文,叙天、地、山、泽、雷、风、水、火,健、顺、动、入、陷、

丽、止、说〔一〕之性。八卦之象则先经卦,而以文王八卦震、巽、离、坤、兑、乾、坎、艮次之,而序卦所次,皆文王所重之卦也。圣人犹虑后世未知三易之变,故于杂卦一篇杂糅众卦,错综其义,以示变易之无穷。虞氏曰“圣人之兴,因时而作,随其事宜,不必因袭,当有损益之意”,其知三易之说欤。

汉书艺文志“易经十二篇”。论彖、大象、小象、文言,班固以文王作上下篇,孔氏为之彖、象、系辞、文言、序卦之属十篇,先儒自郑康成、王弼、孔颖达尊是说。其后诸儒疑之:正义补阙曰“夫子因文王彖而有彖”,王昭素、胡旦亦云。范谔昌著易证坠简曰:“诸卦彖、象、爻辞、小象、乾坤文言并周公作,自文言以下孔子述也。”臣以经传考之,明夷之彖曰“内文明而外柔顺,以蒙大难,文王以之;利艰贞,晦其明也,内难而能正其志,箕子以之”,则彖非文王作,断可知矣。案司马迁曰“孔子晚喜易,序彖、系、象、说卦、文言”,信斯言也,则彖、象、说卦、文言古有之矣,孔子序之、系之、说之、文之而已,所谓述而不作也。昔者子贡问于孔子曰:“夫子圣矣乎?”孔子曰:“圣则吾不能。”夫圣,孔子不居,而系辞之言及于卦象象爻,必抑扬其辞,以圣人称之。曰“圣人设卦观象,系辞焉而明吉凶”,此所谓“系辞者”,指卦下之辞而言之也。又曰“彖也者,言乎其象也;爻也者,言乎其变也”,夫爻辞言一爻之变,彖辞言一卦之象,则文王卦下之辞又谓之彖矣。孔子序述其彖之意而已,故名其篇曰“彖”,使文王卦下之辞不谓

〔一〕“说”,原作“决”,八卦之象,兑为说,故改。

之象,孔子何为言？知者观其象辞,则思过半矣。夫子自谓如此,非逊以出之之义也。盖象者,孔子赞易十篇之一,先儒附其辞于卦辞之下,故加"象"以明之。谔昌以乾象释"元亨利贞",文言又从而释之,疑其重复,谓非孔子之言,且引穆姜之言证之,此又不然。文言者,文其言也,犹序象、说卦之类,古有是言,或文王或周公之辞,孔子因其言而文之,以垂后世,传曰"言之不文,行之不远",故以"文言"名其篇。左氏成公十六年,穆姜往东宫筮之,襄公二十二年孔子生,上距穆姜二十四年,穆姜之时虽已诵随繇之辞,因就乾卦文言,然其言与今易稍异,穆姜之言曰"元,体之长也;亨,嘉之会也;利,义之和也;贞,事之干也。体仁足以长人,嘉德足以合礼,利物足以和义,贞固足以干事",以今易考之,删改者二,增益者六,则古有是言,孔子文之,为信然矣。谔昌遂以六十四卦之象皆出于周公,则误也。或曰:象非周公,则孔子系乾何谓举其全文而释之？如曰"时乘六龙,以御天也","云行雨施,天下平也"。曰:臣固曰古有是言也,古有是言又举而释之,与乾坤六爻屡称而明之,其意一也。谔昌又谓乾卦答问以下为孔子赞易之辞,非文言也,此亦误也。孔子作十篇以赞易,象也,大象也,小象也,系辞上下也,乾文言也,坤文言也,说卦也,序卦也,杂卦也。若以答问以下为非文言,则先儒未以文言附于乾坤之下,其辞当列于何篇耶？盖文言之后又有此言,赞乾坤六爻之义,故通谓之文言,如系辞之中广述困、解、否、豫、复五卦之爻是也。圣人以易之蕴尽在乾坤,而六十二卦由此而出,故详言爻义以例诸卦耳。谔昌又谓大象、小象皆出于周公,亦误也。且"八卦成列,象在其中矣;因而重之,爻在其中矣","圣人有以见天下之赜,拟诸其形容,象其物宜,是故谓之象",有卦之象焉,有爻之象焉。"彖也者,言乎其象者也",言卦之象也;"爻象动乎内",言爻之象也。方设卦变爻之时,其象已具乎卦爻之中,故史墨对赵简子曰"在易卦雷乘乾曰大壮",观此,则"雷在天上,大壮"之类,有卦则有此象矣。如曰"君子以非礼勿履",则孔子所系之大象也,何以明之?且以复卦大象言之,曰"雷在地中,复,先王以至日闭关,商旅不行,后不省方",考之夏小正,十一月万物不通,则"至日闭关,后不省方",夏之制也,周制以十一月北巡狩至于北岳矣,以是知系大象之辞非周公作也。崔杼欲娶东郭偃之姊,筮之遇困之大过,陈文子曰"不可娶也,且其繇曰困于石,据于蒺藜,入于其宫,不见其妻,凶",其繇与今困卦六三爻辞正同,是特小象之作,故文子曰"困于石,往不济也,据于蒺藜,所恃伤也,入于其宫,不见其妻,凶,无所归也",使小象亦周公作,则文子必稽之矣,故曰谔昌误也。由是论之,迁之言盖不诬矣。先儒数十篇之次,其说不一,独胡旦为不失其指,故今从之。

崔憬、陆震谓文王作爻辞,马融、陆绩谓周公所作,考之爻辞,马融、陆绩为是。明夷九三"明夷于南狩,得其大首",六五"箕子之明夷",随上六"王用享于西山",升六四"王用享于岐山",盖南狩伐商之事,西岐王业所兴。武王数纣曰"囚奴正士",而追王西伯,在翦商之后,则爻辞为周公作审矣。韩宣子适鲁,见易象、春秋,曰"周礼尽在鲁矣",吾乃今知周公之德也。孔颖达尝正此义,今申其说,以证崔、陆之误。然琴书有言曰"文王在羑里,演易,作郁厄之辞,困于石,据于蒺藜",盖爻辞亦有文王之辞,岂周公述而成之欤?

文王作卦辞,周公作爻辞,通谓之系辞。仲尼赞二圣人系辞之意,成上下篇,名曰系辞,犹序文王之彖而名其篇曰彖也。凡系辞所称"系辞焉"者,或指卦辞,或指爻辞而言,如"圣人设卦观象,系辞焉而明吉凶",指卦辞为系辞也,如"圣人有以见天下之动,而观其会通,以行其典礼,系辞焉以断其吉凶,是故谓之爻",指爻辞为系辞也。古文周易上下二篇,上篇三十卦,下篇三十四卦,孔子作彖、象、系辞、文言、说卦、序卦、杂卦,别为十篇,以赞易道,与周易异卷,如诗、书之序不与诗、书同卷。前汉费直传古文周易,"以彖、象、系辞、文言十篇解说上下经"是也。费氏之易至马融始作传,融传郑康成,康成始以彖、象连经文。所谓经文者,卦辞、爻辞通言之也,即费传所谓"上下经"也。魏王弼又以文言附于乾、坤二卦,故自康成而后,其本加"彖曰"、"象曰",自王弼而后,加"文言曰"。至于文辞连属,不可取以附六十四卦之爻,则仍其旧篇,今系辞上下、说卦、序卦、杂卦是也。魏高贵乡公问博士淳于俊曰:"今彖、象不连经文而注连之,何也?"俊对曰:"郑康成合彖、象于经者,欲便学者寻省易了,孔子恐其与文王相乱,是以不合。"则郑未注易经之前,彖、象不连经文矣。扬子云作太玄九卷准易,首一卷,赞三卷,测一卷,冲、错、攡、莹一卷,数一卷,文、掜一卷,图、告一卷。范望注解合赞于首,散测于九赞之下,而学者自赞为经辞,此亦准文王卦辞、周公爻辞通谓之经也。隋书经籍志汉费直注周易四卷,郑康成注周易九卷,魏王弼注周易六卷,韩康伯注系辞三卷,郑、王二家之易本于费氏,康伯之学卒于辅嗣,则费氏之后,易经上下离为六卷,系辞而下五篇合为三卷矣,是以二家所注皆九卷也。今易乾卦自乾至用九"见群龙无首,吉",即古易之本文,坤卦而下,郑、王之所附也。范谔昌不知卦爻之辞同谓之经文,同谓之系辞,故谓周公作爻辞、彖、象、文言,别次两卷目曰系辞,孔子于卷末赞成其义,上卷明象,下卷明爻,后儒附经,留系辞之目,以冠孔子之述,何其误耶。胡旦又谓经有上下,理合自分,卦有彖、象,必非别出,其误与谔昌何异?

说卦脱误比于诸篇特多,荀氏易本乾后有四象,坤后有八,震后有三,巽后有二,坎后有八,而又一"揉"为"挠",离后有一,艮后有三,兑后有二。虞氏易本以"龙"为"駹","及"为"陂","专"为"剸","寡"为"宣","科"为"折","羊"为"羔"。郑本以"广"为"黄","乾"为"幹","黔"为"黚"。京氏本以"罪"为"未","羸"为"螺","果蓏"为"果堕"。其余陆绩、王肃、姚信、王廙,偏傍点画,亦或不同。盖焚书之后周易虽存,至汉已失说卦三篇,后河内女子得而上之,故三篇之文容有差误。今随文辨正,归于至当,疑则阙之。

陆氏易传削去爻象,自谓弥缝其阙,是乎?曰:仲尼系三百八十四爻之象,文皆中律,是谓少而法,多而类,世罕知者,故陆氏作传,谐音以发其辞体,正如子云作太玄,俾学者为进易之梯阶,至于陆氏言义,则自有中否。

周易论变,故古人言易,虽不筮,必以变言其义。史墨论乾之初九曰"在乾之姤",九二曰"其同人",九五曰"其大有",上九曰"其夬",用九曰"其坤",坤之上六曰"其剥"。以史墨之言推之,则乾九三当曰"其履",九四曰"其小畜"。伯廖举丰上六曰"其在周易丰之离",知庄子举师初六曰"在师之临"。至今占亦然。崔武子遇困之大过,六三变也。庄叔遇明夷之谦,初九变也。孔成子遇屯之比,初九变也。南蒯遇坤之比,六五变也。阳虎遇泰之需,六五变也。敬叔得观之否,贾逵曰"观爻在六四,变而之否"。三国时关羽败孙权,使虞翻筮之,得兑下坎上,节五爻变之临。凡所谓之某卦者,皆变而之他卦也。系辞曰"变动不居,周流六虚,上下无常,刚柔相易,不可为典要,唯变所适",信斯言也。则易之为书,无非变也。商瞿而下传易者多矣,而论卦变者可指数也。考之于经,其说皆有所合。说卦震曰"其究为健",案消息卦坤一变震,二变兑,三变乾,乾,健也。乾一变巽,二变艮,三变坤,剥易曰"柔变刚也",序卦曰"物不可以终尽,剥穷上反下,故受之以复",剥之上九穷而反初,乃成复卦。此京房八卦相生,变而成六十四卦之说也。巽曰"其究为躁卦",乾凿度曰"物有始、有壮、有究,故三画而成乾",究言巽之九三、上九也。虞翻曰"动上成震",巽三变成震,震三变成巽,举巽一卦,则知乾三变成坤,坤三变成乾,离三变成坎,艮三变成兑。说卦曰"天地定位,山泽通气,雷风相薄,水火不相射",六子皆以乾坤相易而成,艮、兑以终相易,坎、离以中相易,震、巽以初相易,终则有始,往来不穷,不穷所谓通也,此虞翻、蔡景君、伏曼容旁通之说也。说卦曰"乾,天也,故称乎父;坤,地也,故称乎母。震一索而得男,故谓之长男。巽一索而得女,故谓之长女。坎再索而得男,故谓之中男。离再索而得女,故谓之中女。艮三索而得男,故谓之少男。兑三索而得女,故谓之少女",此陆绩所谓"阳在初称初九,去之二称九二,则初复七。阴在初称初六,去初之二称六二,则初复八"矣。卦画七、八,经书九、六、七、八为象,九、六为爻,四者玄[一]明,此左氏所记卜筮之言曰"之某卦"之说也。杂卦曰"既济,定也",既济六爻阴阳得位,是以定也。乾文言曰"云行雨施",又曰"大明终始",云雨,坎也,大明,离也,乾卦而举坎、离者,言其变也。阴阳失位则变,得位则否,九二、九四、上九阳居阴位,故动而有坎、离之象,此虞氏所论动爻之说也。讼彖曰"刚柔而得中",随彖曰"刚来而下柔",蛊彖曰"刚上而柔下",噬嗑彖曰"刚柔分,动而明",贲彖曰"柔来而文刚,分刚上而文柔",无妄彖曰"刚自外来而为主于内",大畜彖曰"刚上而尚贤",咸彖曰"柔上而刚下",损彖曰"损下益上",又曰"损刚益柔",益彖曰"损上益下",又曰"自上下下",涣彖曰"刚来而不穷,柔得位乎外而上同",节彖曰"刚柔分而刚得中"。刚者,阳爻也,柔者,阴爻也,刚柔之爻,或谓之来,或谓之分,或谓之上下,所谓惟变所适也,此虞氏、蔡景君、伏曼容、蜀才、李之才所谓自

〔一〕"玄",疑当作"互"。

某卦来之说也。夫质之于经而合,考之义而通,则王弼折
之,亦可谓误矣。

先儒以鱼为巽,其多白眼乎？巽为风,蛊类之大者唯鱼与蛇,
故鱼有吞舟,蛇或吞象,如蠡鱼亦云厉蛇所化。

北方层碛鼠在冰下,西域火鼠毛可为布,坎、离之相易也。运
斗枢曰"玉衡散而为鼠",玉衡、斗星亦言乎坎也。

易无非象也,象著而形,乃谓之器,如坎有弓象,非木非绳,则
其器不备,巽变为坎,然后弦木为弧,乃有器之名矣。

自离至夬十三卦,序圣人"备物致用,立成器以为天下利"者,
皆取重卦之象,故其制器取法,皆有内外之象,其用亦然。
网罟、耒耜、市货、衣裳、舟楫、牛马、门柝、杵臼、弧矢、栋宇、
棺椁、书契,两象也。佃渔、耒耨、交易、垂衣裳、济不通、引
重致远、待暴客、济万民、威天下、待风雨、治百官、察万民、
封木、丧期,亦两象也。

罔,举纲纪通言之,罟,止言其纪而已。传言"断罟",又言"罟
目"是也。巽为绳,变为离,离为目,结绳为目,罟也。重目
为网,自二爻至四爻有巽体,巽为鱼,多白眼也。自三至五
有兑体,兑为泽,网罟入泽而鱼丽之,"以渔"也。离为雉,
"以佃"也。观乎此,庖羲氏既重六爻矣。

天地能变化成万物者,必水、火、雷、风、山、泽合一焉,所谓"阴
阳合德,刚柔有体"也。阴阳者,"在天成象"也。刚柔者,
"在地成形"也。万物既成,各得其一,故健、顺、动、入、陷、
丽、止、说,其性各不同。能备万物而兼有之者,人也,故下
举八畜、八体而终之以男女。

帝乘万物,出入终始,所可见者,万物之迹,而其用盖妙乎万
　　物,不可得而见焉,故曰"神也者,妙万物而为言"。易之乾
　　坤,"分阴分阳,迭用柔刚","上下不居,周流六虚",盖象乎
　　帝也,故曰"阴阳不测之谓神"。圣人用易,立法制器,变通
　　不倦,故曰"利用出入,民咸用之,谓之神"。

水、雷、山,乾也;火、风、泽,坤也。"雷风相薄,山泽通气","水
　　火不相射",乾坤不相离也。天地之撰物者如此,而万物皆
　　有乾坤六子之象。观乎物,则神明之德见矣。故易之六爻
　　变化,必阴阳合德,而刚柔有体,其立法制器亦然。

王弼曰"爻苟合顺,何必坤乃为牛;义苟应健,何必乾乃为马",
　　不知凡健、顺者,皆乾坤之象。爻有变化,杂而成文,如不以
　　健、顺论乾、坤之性,则说卦为赘矣。辅嗣自系辞而下不释
　　其义,盖于象数穷矣。

周以子为正,而孔子彖、象皆用建寅,故以复为十一月,姤为五
　　月,故曰"行夏之时"。虞氏已有此论。

乌其乾、巽乎,四月,纯乾也,黑者,乾也,占风者,巽也,巽变则
　　离,故其目赤,又为日中之乌。史言流火为乌,又有赤乌、白
　　乌,亦离、乾、巽之变乎。

贵贱、刚柔、吉凶、变化,四者皆天地之固有。首言乾、坤者,六
　　子皆本于乾、坤也。

乾、坤之道观乎天地万物之变化,其道较然著见矣。然反观吾
　　身,乾、坤安在哉?盖善端初起者,乾也;身行之而作成其事
　　者,坤也。人皆有善端,不亦"易知"乎?行其所知,不亦"简
　　能"乎?饥而食,渴而饮,昼作而夜止,岂不简且易哉?盖以

此推,天下未有不知而不从者也。我知之,人亦知之,故有亲;我行之,人皆行之,故有功。有亲则俟百世而不惑,有功则放诸四海而准。可久者谓之德,可大者谓之业。贤人之德业,至于配天地,成位乎两间,可谓久且大矣,然不过健、顺而已。而健、顺者,在乎反求诸身而已,岂不至易、至简哉。知此,则天尊地卑,八卦相荡在乎其中矣。古之传此者,唯曾子、子思、孟子则然。

易之为道,天地之道耶,人之道耶? 易兼明之矣。"系辞焉而明吉凶",明人道也。"刚柔相推而生变化",明天地之道也。象非见天下之赜者不足以明之,故"圣人设卦观象"。所谓吉凶、刚柔、变化,无非象也。得失之初,微于毫发,及其有吉、有凶,则得失之象见矣。忧虑虞度,踌躇而不决者,得失未判之时也。及其有悔、有吝,而忧虞之象见矣。凡此者,明乎人之道也。阴阳进退于子午,孰知其然哉? 万物蕃鲜而摇落,则进退之象见矣。所谓变化者,不尽于是也,此特其凡耳。纠错相纷,死生相缠,无非其变化也,故曰"变化者,进退之象也"。日之升降于大空之中,本无昼夜,犹地而上观之,则出乎地为昼,入乎地为夜,然南极大暑,北极大寒,东西出入之际,昼夜长短与中国自不同。故刚柔之象亦然,自六位观之,初为刚,二为柔,三为刚,四为柔,五为刚,六为柔,自阴阳之数观之,七、九为刚,六、八为柔。老阳之刚变为阴柔,老阴之柔变为阳刚,故曰"刚柔者,昼夜之象也"。凡此者,明乎天地之道也。吉凶也,悔吝也,变化也,刚柔也,四象之见,动于六爻之中,而六爻之动不过乎三,三者,极之道也。盖有天地斯有万物,是以卦之变不过乎三。六位者,重三也。九数者,三三也。邵康节曰:"易有贞数,三是也。"为是故君子所居而安者,易之序也,其安于高卑贵贱之位乎;所乐而玩者,爻之辞也,其玩于吉凶悔吝之辞乎。若夫有为有行,动而之焉,则观乎刚柔变化,而吉凶悔吝之来,可以前知矣。夫高卑、贵贱、吉凶、悔吝、刚柔变化,无非天地也。吾之动静不离乎此,则福自己求,命自我作,天地其不祐乎。

屯卦本坎二之初,九二,阳也,初六,阴也,阳贵阴贱,故曰"以贵下贱,大得民也"。"动乎险中"者,非善下不能得众,非刚强不能济弱,故屯卦之用在此一爻。

坤虽臣道,五实君位,故为之戒,云"黄裳元吉",黄,中色,裳,下服,言守中居下,则元吉。盖伊尹、周公之事也。或曰:安知非妻道也?曰:妻道之美,尽于六三爻。

贲自泰来,泰上之乾二,乾二之坤上,刚柔相文,故曰贲天玄地黄,玄黄者,天地之杂也。夫子筮贲,愀然其色不平,曰"以其离乎",所谓离者,即乾上坤下相文之爻也。

王弼云"卦变不足推致五行",然释中孚六三曰"三、四居阴,金、木异性",木、金云者,五行也。

五行乾、兑为金,坤、艮为土,震、巽为木,唯坎水、离火不二,中不可以有二故也。天积气而为金者,以位言也。兑位西,乾位西北,自东言之,震木生离火,离火生坤土,坤土生兑、乾金,兑、乾金生坎水。艮,止也,土也,万物之终始也。

苏氏以复卦为始兴之象,故于象论违天不祥,于六四言自托,于六五言阴之方盛,而自度不足以抗初九,于上六言乘极盛之末而用之不已,不知初九又已复,又曰"盛必骤胜,故败在其终也"。

伊川训"拂经"为违常,其说本于王肃。

颐,虞氏谓晋四之初,李挺之谓临九二之上。虞以颐初九为晋离,离为龟。案颐肖离,颐通大过,大过肖坎,坎、离交故亦有龟象。郭璞得大壮之颐,曰"柔内刚外则畜缩"。

易象难知者,当以卜筮决之,如郭璞以颐为龟是也。

既济,虞曰泰五之二,李曰泰二之五,其实一也。二升而之五,然后五降而之二,当从李图。

伊川解既济九五曰"中实,孚也",与虞氏"孚实"之象同。又曰"中虚,诚也",与郭璞筮得中孚之需,曰"虚中象道若虚舟"同。以此见伊川其于象,盖讲之矣。

既济之九三,以刚处刚而用济者,故用二、五爻象以发此爻用刚济物之义。乾,君也,坤为国、为昏乱、为鬼,二之五成坎,互成离,有兵戈之象,故"高宗伐鬼方,克之","三年"者,三爻也。坎为劳卦,故曰"惫也"。必于九三言之者,苏子曰"三之为五用也"。

九三刚正,处诸侯之位,古者诸侯入为六卿,出总六师。

未济,虞曰否二之五,图亦然。

未济九四动而正,故"吉悔亡",象曰"贞吉悔亡,志行也",九四之刚,其大臣沉勇而能断大事者乎?

言不能尽意,须观象乃默然而自喻。伏羲画卦无文字,文王作易乃有象,周公作爻辞,至仲尼作彖、象、文言、系辞、说卦,观其所遭之时，考其言之详略，则可知矣。

同人，蜀才曰夬九二升上、上六降二，图姤初六升二、九二降初，当从图。

郭璞曰"鱼者，震之废气也，巽王则震废"，故虞以巽为鱼。

坎，虞曰乾二、五之坤，图作临初九升五、六五降初，今从图。

坎五，虞曰"乾为岁，五从乾来"。案三男之卦无不自乾来者，又坎自临初之五，盖上六一爻动不以正，而体重险，动则陷于险中，不得出矣，失道然也。故圣人取象，专以失道言之，动不以正，失道也。上六动则成巽，巽，绳也，乾为岁首，亦以观巽言之也。

易传谓十为数极，又"十年不克征"为终不可行，而坎之上六"三岁"为终不得出，若以始终言之，上六，终也，若以三岁言之，三非极数。

内外者，卦之位；进退者，爻之时。

震、巽皆为木者何？巽之初，草之根也；震之初，木之根也。巽之二、三，木之在上也；震之二、三，草之在上者也。木有柔者，木之草也；草有刚者，草之木也。说卦举一隅尔。

皇甫谧〔一〕谓互体不可取，而论明夷曰："明久伤则坎体复，而师象立矣，得非武王以之乎？"不知明夷九三互有坎体，师象已见，乃成"南狩"。

易曰"刚柔相摩，八卦相荡"，先儒谓阴阳之气旋转摩薄，乾以二、五摩坤成震、坎、艮，坤以二、五摩乾成巽、离、兑。故"刚

〔一〕"谧"，原作"必"，据四库本改。

柔相摩",则乾、坤成坎、离,所谓卦变也。"八卦相荡",则坎、离卦中互有震、艮、巽、兑之象,所谓互体也。

王弼讥互体、卦变,然注睽六二曰"始虽受困,终获刚助",睽自初至五成困,此用互体也。注损九二曰"柔不可全益,刚不可全削,下不可以无正",初九已损刚以顺柔,九二履中而复损己以益柔,则剥道成焉,此卦变也。故王昭素难弼曰:"若九二损己便成剥道,则初九损刚,九二弗损,合成蒙卦。"

三者,易之极数也。小成之卦三,大成之卦六,六即三也。故杂卦反对,阳生者六,阴生者六,而卦变本于阴阳所生十二卦,他卦之变本于十二卦往来升降,而成所谓"旁行而不流"。或者复以八卦所生变六十四卦解之,不知其变具于十二卦中。师道不立,有不知而作者也。

刘曰:"乾爻辞易,睽爻辞怪,坎爻辞僻。"所谓辞易、辞怪、辞僻,所谓辞有险易也。

渐,虞曰否三之四,图亦然。

渐之成卦在六四一爻,渐者,否三之四,柔进得位,往承五而有功。虞以四为妇,渐巽上艮下,有男下女之象,故其卦以夫妇明相交之义。

虞谓三动离毁,上之三成既济,误也。九五"妇三岁不孕"者,天地不交之时。六四"柔进得位,往有功",则既交矣。六四妇贞,九五之所愿得也。如明夷上六,初登于天,离明出地上以明,后入于地,此之谓曲而当。

九五言陵,亦借否象言之。艮为山,巽为高,大阜之象。

上九,极矣,而言陆者,明进退也。

虞氏论象太密,则失之于牵合,而牵合之弊,或至于无说,此可删也。

说卦不论进退、往来、上下、内外,则不足以明周流六虚矣。

渐有进退之象,故诸爻以鸿明之。

丰,虞曰从泰二之四,又曰从噬嗑上来之三,今图从泰。

丰彖不取二之四为义,而以两体明之,曰"明以动故丰"。

星月之光,皆离之阳也,故坎、离以中相易,而贲"分刚上而文柔"。

辅嗣以初九配在四,初、四俱阳爻,故曰均。

辅嗣以九三应在上六,志在于阴,亦未足免于暗也。横渠云欲绝去上六,亦此意也。

辅嗣以九四阳居阴,"得初以发夷主,吉",诸儒皆不以得初发夷主,苏氏用之。

辅嗣以六五以阴之质来适尊阳之位,能自光大。

辅嗣以上六以阴处极而最在外,不履于位,深自幽隐绝迹深藏者也。

苏氏曰六五、上六,处上而暗者也。初九、六二、九三、九四,处下而明者也。案丰本泰卦,二之四成丰,所谓九四即乾之九二往而成离者也,故皆有明象,五、六本坤阴,故皆有暗象。

初九配四与上同,然以初因适五,五亦求阳。为均则不同,苏氏言五求阳,然一阴纳二阳,不得为均。

四适五,五为"夷主",谓九四当位,则明照天下,似通乎象矣。

六五"来章"为虚己以来二,阳谓之来者,我来彼也,胜于辅嗣。

肱,辅上体者也,此象越诸儒之表。

苏氏曰"来二阳则阴阳交错而成章",亦论象矣。

横渠凡言往者,皆进而上,知此象者也。

涑水以六二蔀覆幽塞不见知于人,张弼以巽为蔀。案震、巽为草莽,上与坤交,亦有蔀之象。然则"丰其蔀"、"其沛"、"其蔀"、"其屋",皆就本爻言之。

辅嗣曰"蔀,覆暧障光明之物",又略例曰"大暗之谓蔀"。郑康成作"菩",云"小席也"。陆希声曰:"茂盛周匝之义也。"案坤为冥暗,震、巽为草莽,丰之离在震、巽之下,而交于坤,是明为草莽周匝蔽蔀之象。

天文东方三十星为苍龙,南方六十一星为朱鸟,西方五十星为白虎,北方二十三星为玄武。苍龙、白虎、朱鸟、玄武相望而跱,勾陈六星在紫宫中,腾蛇二十二星在营室北。营室,天子之宫,皆中宫经星也。二十八舍经星随天右行,一岁三百六十五度,北斗魁、杓随月而建左行。以正月言之,苍龙在寅,白虎在申,朱鸟在巳,玄武在亥,勾陈在丑,腾蛇在辰,斗杓随月,是以苍龙正在寅,二在卯,三在辰,其余五位随天而改。

孟喜、京房之学,其书概见于一行所集,大要皆自子夏传而出。

郑氏传马融之学,多论互体。

陆绩之学始论动爻。

胡旦论丰上六曰:"乾极则悔,泰极则隍,豫极则冥,萃极则叹,履考祥而元吉,贲白色而无咎,井勿幕而有孚,艮敦艮而厚终,人道之美可不念哉。"

如明夷之飞为小过之鸟,井之乾为初九之禽,丰之乾为上六之翔,皆取离卦一爻为象。

仪礼少牢馈食"资黍"注云"今文咨作赍",今易文"赍",注作
"咨"解,则赍、咨古通用也。

说文"卦,筮也",徐铉曰"从挂省",章詧曰"挂之墙壁以观其
兆"。案筮宅仪,主人北面,命筮者在主人之右,筮者东面抽
韇执之,南面受命,既命,筮人许诺,北面而筮,卦者在左,画
爻,卒筮,执卦以示命筮者,命筮者受,主人视,反之东面旅
占,卒,进告于命筮者与主人,则画爻挂之旅占,其从否当从
挂省矣。

巽为绳,汲水为"繘",九二"汔至",此未及泉也。自二至四,有
反巽之象,故又为"亦未繘井",言未收繘而至井也。荀爽解
中孚曰"两巽对合,外实中虚",则古人取象有用反卦为象
者,于此可见。

井初六"井泥不食,旧井无禽"者,乾之初九去而坤之六五来
也。九二"井谷射鲋,瓮敝漏"者,动而求则乖也。九三"井
渫不食"者,正可任也。"为我心恻,可用汲"者,上六病也。
"王明并受其福"者,九三进也。六〔一〕四"井甃无咎"者,阴
守正也。九五"井洌寒泉食"者,乾之初九位中正也。上六
"井收勿幕"者,上六安位可戒也。"有孚元吉"者,上六下而
汲,九三引而上,则功乃大也。

乾为美,又为嘉,嘉,美之至也。乾坤合德,乃有是象。

坎,北方也,其色玄者,赤黑也。赤者,乾阳也;黑者,坤阴也。

〔一〕"六",原作"九",据井卦画改。

其在藏为肾,肾有二,左肾藏精,阳也,右肾藏血,阴也。其
在卦为坎、兑,坎,阳也,兑,阴也。

乾,金也,兑又为金。坎,水也,兑又为泽。艮,土也,坤又为
土。震,木也,巽又为木。离,火也,火藏于木。以此见无一
物不具阴阳者。

爻有一爻而取两象者,丁宁重复而非繁也,鼎之初六取"颠
趾"、"出否",又取"得妾以其子",皆喻得人。

亨有就卦体言之,不论应与者,震亨、兑亨是也。

虞曰:"阳爻三十六,阴爻二十四,三爻一百二十,曰三百者,举
大概也。"

易传曰:"乾坤之变为巽、艮,巽、艮重而为渐,在渐体而言,中
二爻交也,由二爻之交,然后男女各得正位。"观此则伊川亦
用卦变矣。

刚柔相推,推移也,刚柔之爻相推移则变化生。

或曰:坤为民者,谓全坤也。曰:不然也。阳卦一君而二民,阴
卦二君而一民。君,乾也,民,坤也,岂谓全坤、全乾哉。

一元之气变为四时,人自婴儿、少壮、老耄、死亡,亦止于四变。

荀爽九家集解"坎为狐",子夏传曰"坎称小狐",孟喜曰"坎,
血〔一〕也,狐穴居",王肃曰"坎为水,为险,为隐伏",物之在
险〔二〕,穴居隐伏,往来水间者,狐也。

乾为马,坤阴变之为牝马,此通一卦之象言也。乾六龙,而于

〔一〕"喜",原作"素","血",原作"六",据本书卷九改。
〔二〕"险",原作"狐",据本书卷九改。

卦象不言者,乾散为三百八十四爻之象也。

乾卦取象自坤变,积坎成乾,又逐爻变,初变巽,二[一]变离,三
　变兑,四变巽,五变离,上变兑。坤卦取象自乾变,姤积而成
　坤,又逐爻变,初震积而成乾,言乾坤无首尾也。

“正”字足以尽贞乎? 曰:不足以尽之。贞有坚固守正之意,有
　以守柔为正者,有以守刚为正者,有虽柔也,当坚守乎其刚,
　所谓用六也。元亨利贞四者,皆周流圆转,以尽易之用,故
　非知变不足以尽之。或厉、或悔、或吝,不善用之者也。

圣人既画卦,如画阳三爻也,命之曰乾,乾,健也,健一字足以
　尽三画之义,而乾之中又包元亨利贞四德,此四字亦圣人圆
　融会合以形容其用,如明道要忠恕合为一字,终不能也,圣
　人以仁字合而言之。

王肃曰:“西南阴类,故得朋;东北阳类,故丧朋。”荀曰:“阴起
　午至申,得坤之一体;阳起子至寅,丧坤之一体。”京曰:“女
　既嫁,降父之服;臣既仕,先公后私。”

斗六星二十六度,天庙也。危二星十度,冢宰之官,主邑居庙
　堂祭祀之事。又曰北方入冥,而天形也,为祠、为庙。北方,
　鬼神之府,幽暗之方。

乾、坤之变同生于震,何也? 乾自震变,坤亦自震变,此迎之莫
　见其首,随之莫见其尾也。先天坤生震,震生离,离生兑,兑
　生乾,乾生巽,巽生坎,坎生艮,艮生坤,坤复生震,此大易之
　祖也,故于乾、坤象之。

〔一〕“二”,原作“一”,据四库本改。

乾一变复,坤一变姤,独乾又一变巽,再变离,三变兑,与坤不
　　同,何也? 三、五之变,八卦皆同,而始于乾,故于乾尽之,尊
　　卑等也。

明夷,伤也,伤者必有所过,故明夷变小过。讼者,不信也,信
　　则无讼,故讼变中孚。

乾贞于子而左行,今占家自子至戌顺行六位。坤贞于未而右
　　行,今占家自未至巳逆行六位。

有因前爻之动以为象者,如咸九五"咸其〔一〕脢",明夷之二"夷
　　于左股"。

离为日,坎为月。离,乾体也,而坤索之;坎,坤体也,而乾索
　　之。乾,天也,日月得乎天之理,是以久照。乾,阳也,坤,阴
　　也,阴阳之精互藏其宅,是以不息。日行天之一度者,坤体
　　也;月行天之十三度有奇者,乾体也。日月十二会,会必于
　　二十八舍者,乾坤之合也。同道则食,相望则薄,精不可以
　　贰也。既午则昃,已望则食,中不可以过乎。

乾坤三变而成六卦,乾一阴下生,三变而成六卦,坤一阴下生,
　　三变而成六卦。乾卦二阴下生者,六变成十二卦,坤卦二阳
　　下生,六变成十二卦,六变亦三也。乾卦三阳下生者,六变
　　成十二卦,坤卦三阳下生,六变成十二卦,大抵皆三以变也。

五阴一阳自复来,一爻五变成五卦;五阳一阴自姤来,一爻五
　　变成五卦。四阴二阳自临来,五复五变成十四卦;四阳二阴
　　自遁来,五复五变成十四卦。三阴三阳自泰来,三复三变成

〔一〕"其",原作"在",据咸九五爻辞改。

九卦；三阳三阴自否来，三复三变成九卦。大抵皆五以变、
三以变也。

卦以刚柔升降通内外之变，遂成天地之文也。

九，极阳也；六，极阴也。九、六相变，阴阳迭用，遂定天下之
象，此制器者所以尚象也。

易无思也，无为也。"寂然不动"，太极未分时也。"感而遂通
天下之故"，两仪、四象、八卦生吉凶也。

仁者见其静则谓之仁，智者见其动则谓之智，君子之道则合仁
与智。

策以十六合十二则二十八者，少阴之策也。二十四合三十六，
五十也，二十八合三十二，亦五十也，非大衍五十而其用四
十有九乎？

剥五阴溃于内，犹鱼烂也。复一阳自外来而复于内，则乱极而
反正[一]也。玄曰："阴不极则阳不芽。"

王弼注贲曰"坤之上六来居二位，柔来文刚之义也。乾之九二
分居上位，分刚上而文柔之义也"，此即卦变也，而弼力诋卦
变，是终日数十而不知二五也。

至隐之中，万象具焉，见而有形，是为万物。人见其无形也，以
为未始有物焉，而不知所谓物者，实根于此。今有形之初本
于胞胎，胞胎之初源于一气，而一气而动，絪缊相感，可谓至
隐矣，故圣人画卦以示之。一画之微，太极、两仪、四象、八
卦无所不备，谓之四象，则五行在其中矣。

〔一〕"正"，原作"曰"，据四库本改。

太极者,阴阳之本也。两仪者,阴阳之分也。四象者,金木水火土也。八卦者,阴阳五行布于四时而生万物也。故不知八卦则不知五行,不知五行则不知阴阳,不知阴阳则不知太极,人孰知太极之不相离乎? 不知太极则不可以语易矣,故曰"易有太极"。

乾纳甲、壬,甲子、甲寅、甲辰而阙甲午、甲申、甲戌,于壬亦然;坤纳乙、癸,乙未、乙巳、乙卯而阙乙丑、乙亥、乙酉,于癸亦然者何? 此纳甲也,非纳音也。纳音则十日、十二辰合而成声,纳甲则八卦纳十干,而十二辰各从其一。亥、子水,辰、戌、丑、未土,寅、卯木,巳、午火,申、酉金,不以纳音论也。甲、壬得戌、亥者,均谓之乾,不以其甲子、壬子也;乙、癸得未、申,均谓之坤,不以其乙未、癸未也。故论乾则甲子、壬子同,甲寅、壬寅同,甲辰、壬辰同,甲午、壬午同,甲申、壬申同,甲戌、壬戌同;论坤则乙未、癸未同,乙巳、癸巳同,乙卯、癸卯同,乙丑、癸丑同,乙亥、癸亥同,乙酉、癸酉同。

或曰:"参伍以变"者,乾一变姤,二变遁,三变否,四变观,五变剥,此伍以变也,五变极矣。故四变晋,下体复乾为大有。又乾一变巽,二变离,三变震,三变极矣。故四变兑,五变坤,六变坎,复三变,又七变艮。是乎? 曰:非也,三、五不相离也。五者,参天两地而倚数。三,极数也,而具五行,小衍也,三在其中。以重卦论之,乾三变坤,姤巽也,遁艮也,否坤也,参以变也。四变观亦巽也,五变剥亦艮也,伍以变也。伍以变则复以三变,故艮变离,下体坤复变为乾,亦三变也。

以大〔一〕有卦论之,乾一变巽,二变离,三变震,三以变也。次自中二爻变而下,故四变兑,五变坤。次自中爻变而上,故六变坎,七变艮。二即五也,初自下爻三变,即前参以变也。次自中爻下而二变,次自中爻上而二变,即前伍以变也。参去伍、伍去参,皆不能变,此三所以为极数,五所以为小衍也。天地之运也,阴阳三五,一五而变为七十二候,二五而变为三十六旬,三五而变为二十四气,凡三百六十五,周而复始,日月轨度积于余分,或以参综伍,或以伍综参,交错而行者也。

长女东南,中女正南,少女正西,母西南,长幼相次,三女夹母而处,亲之也。父西北,中男正北,少男东北,长子正东,长子代父,二子随行而立,尊之也。亲之故同养,尊之故异宫,父母位严,男女异长,天地万物之理则然矣。

刘牧画图,为乾者四,为坤者四。乾天左旋,坤地右转,乾坤上下自然相交而成六子,则非数策之义也。

气聚为精,精聚为物,形始化曰魄,气能动曰魂。传曰"心之精爽是为魂魄",子产曰"人生始化曰魄,既生魄,阳曰魂"。及其散也,形散而魄散,气散而魂散,故季札曰"魂气则无不之也"。魄,阴也,魂,阳也,阴阳转续,触类成形。聚者不能无散,散者不能无聚,屈伸相感,阴阳之变也。神,申也,其气聚而日息;鬼,归也,其气散而日消。物,其形也;散,其情也。然则气何从生乎? 曰:太虚者,气之本体,人容也,动则

〔一〕"大",原作"小",周易只有大有卦,故改。

聚而为气,静则散为太虚,动静聚散,有形无形,其鬼神之情状乎。太史公曰"儒者不言鬼神而言有物",何也?曰:人之死也,各反其根,体魄,阴也,故降而在下,魂气,阳也,故升而在上,升则无不之矣。今也魄降而气不化,非物而何?所以不化者,物欲蔽之也。子产曰:"其用物也洪矣,其取精也多矣。"故圣人死曰神,贤人死曰鬼,众人死曰物。圣人清明在躬,志气如神,故五帝配上帝,傅说上比列星;贤人得其所归;众人则知富贵,生而已,其思虑不出于口腹之间、衽席之上,夸张于世,以自利焉,物欲蔽之,不能自反其初,故谓之物。然物之乘间而出,岂离乎五行哉?五行即阴、阳二端也。故管辂论杜伯、如意、宋无忌,皆以五行推之。今人行气中,或闻鬼哭,或闻鬼呼,其人逢之,愕然忤视,俄且化矣,谓诚有是也,而不知气也,非气之不化者乎。观此,则知鬼之与物矣,谓鬼为物,察之而未至也。

著四十九,总而为一,参天也,分而为二,两地也。挂一者,参天也;揲之四者,两地也;归奇于扐者,两地而又参天也。四者,七、九、六、八也。七者,少阳;九者,老阳;八者,少阴;六者,老阴。三变而成爻,十有八变而成卦。三变者,参天也;十有八变者,两地也。故曰:"观变于阴阳而立卦。"三变者,参天也;五变者,参天而又两地也。变而上,三变而两;变而下,两变而三。上下无常,变动不居,故曰"发挥于刚柔而生爻",曰"发挥"、曰"生"者,言变动也。阴、阳,天刚地柔也。立卦之前象未著,故曰阴、阳,以立天道也;立卦之后象乃见,故曰刚、柔,以立地道也。阴阳,用也;刚柔,体也。用之谓道,体之谓德,体用无间,和会为一。顺而行之,则动静语默皆得其宜,故曰"和顺道德而理于义"。天地万物共由一理,其理顺而不妄,深明其源,乃能一天人,合内外,体用无间矣,此之谓尽性。尽性则通昼夜之道,而知其于穷达寿夭,以正受之,不贰其心矣,此之谓立人道。道德有义,性命有理,义也、理也,同出于一。

太极者,中之至也,天地之大本也,所以生天地者也。天地分太极,万物分天地,人资天地之中以生,观乎人则天地之体见矣,故曰"惟皇上帝降衷于民"。而人之心者,又人之中也。"寂然不动",太极含三也。"感而遂通",则天地位矣,万物育矣。自一岁言之,冬至也。自一日言之,夜半也。此太玄八十一首所以起于中欹。

小过者,明夷初之四,二卦相因而成。明夷初九曰"明夷于飞",小过彖曰"飞鸟遗之音"。

震为出、巽为入者,以阳为主也。自坤出震成乾,自乾入巽成坤。消息盈虚,与时偕行。出者,升也;入者,降也。

鬼神,无形者也,而曰乾为神,坤为鬼,何也?曰:鬼神者,天地之用,二气之良能,不可以形求者也。圣人仰观俯察,四时之运,日月之行,寒暑昼夜,一幽一明,万物由之以死,由之以生。故寓之于乾、坤,万物资始于乾,资生于坤,莫不有天地之体,而各有所本。本于天者,动物也,故以呼吸为聚散之渐;本于地者,植物也,故以阴阳升降为聚散之渐。聚之谓生,"精气为物"也;散之谓死,"游魂为变"也。其始生也,气日至而滋息,至之谓神,以其申也;及其既盈,气日反而游散,反之谓鬼,以其归也。天曰神,地曰示,人曰鬼神。示者,归之始也;人鬼者,来之终也。寒来则暑往,夜尽则昼明。屈伸相感,生生不穷,而亦未尝死,未尝生。圣人以此观天地,以此知死生,以此知鬼神。天地也,人也,鬼神也,一而已矣。管仲曰:"流行于天地之间谓之鬼神,藏于胸中谓之圣人。"

坎,北方卦也,冬至坎始用事,阴气方难,水凝地坼,而物生亦难,阳陷乎阴中也,故坎为险难。又为劳卦者,坎用事则水归其泽,物归其根,劳也,故坎水上行亦谓之劳,并"劳民劝相"是也。

至者何? 往者以外为至,来者以内为至。

伊川易传损六三曰:"三阳同行,则损九三以益上,三阴同行,则损上以为三,三人行则损一人也。上以柔易刚而谓之损,但言其减一耳。上与三虽本相应,由二爻升降而一卦皆成,两相与也。初、二二阳,四、五二阴,同德相比,三与上应,皆两相与,则其志专,皆为得其友也。"传言"损三益上,损上为三,以柔易刚,二爻升降",此正论卦变也。

横渠易解损六三〔一〕、上九曰"六三本为上六"、"上九本为九三",解益曰"否卦九四下而为初九,故曰天施地生,又曰损上益下,又曰自上下下",则横渠言卦变矣。

苏氏解需"光亨"曰"光者,物之神也",此关子明之说也。或问:神曰日月在上,其明在地,夫日月之形,其大如盘盂,光

〔一〕"六",原作"九",据损卦画改。

之所烛,被乎万物,非神乎? 盖神难言也,故以光形容之。君子动而有光,广大无所不及,故易言"未光",未光大者,皆狭且陋也。

讼,反需者也。需四之五,刚往而得位,二阴避之,故曰亨;讼三之二,刚来而失位,二阴塞之,故曰窒。需有孚而亨于外,故物需之;讼有孚而窒于内,故己讼之。

或曰:乾当在上,处乎下则必升;坤当在下,处乎上则必降。此言否、泰可也,于讼、无妄不通矣。讼四刚来而得中,无妄曰"刚自外来而为主于内",二卦阳爻皆四画,盖讼者,遁三之二,无妄者,遁三之初,凡言来者,皆自外来,初、二视三则外矣。

小畜以阴畜阳,惟九三一爻受畜,所畜者寡矣。履以柔履刚,六三不有其位,履之而不处也。

王弼谓比九五为比之主,而有应在二,显比者也。比而显之,则所亲狭矣。则以不变论易。于初六言处比之首,应不在一,心无私吝,则莫不比之,故于九五应二则言其狭也。天地之间,阴必比阳,未有无应而相比者。初六不变则缶虚而不汲,失"有孚盈缶"之象矣。三驱之礼,禽逆来趣己则舍之,背己则射之,显比也,虽有爱恶,而爱恶出于彼之来去,吾岂容心哉。三苗逆命,禹乃徂征,不比也。七旬来格,舜则舍之,显其比也。比之与否,舜、禹非私也,用中之道也。若曰显比非大人之吉,此可以为言所使,使之者谁欤? 舜命禹征,亦使之也。

"咥人",胡旦云"咥"当作"齸",音垤,啮坚声也,古字与"咥"通用。

附录三　汉上先生履历

除春秋博士告词

敕迪功郎朱震:孔子曰"吾志在春秋",又曰"知我者其惟春秋乎",是经之不用于世,果遵何说哉?朕比诏立学官,用以取士。命汝往处师席,尔其推明三家之同异,与诸生切磨,以求合于圣人之意。罔俾汉儒专以名家,则称朕旨。可特授依前官守太学春秋博士。

靖康元年五月九日

除太学春秋博士告词

敕宣教郎朱震:孔子作春秋而乱臣贼子惧,岂特当时为然?使千百载之后,犹凛然畏之,此经所以久郁而不明也。朕比命列子博士,训迪诸生。尔以修洁诙洽而膺是选,必能明圣人作经之旨,使学者有考焉。勉称厥职,予则汝嘉。可特授依前宣教郎太学春秋博士填见阙。

靖康元年十月二十日

除秘书郎告词

敕宣教郎太学博士朱震:中秘雠书,极天下豪俊之选。异时贵臣用事,至参用医、卜之流,牛、骥同群,可为太息。肆朕初载,遴柬儒术之英。尔以文艺有闻,首置兹选,进与群髦之列,益观未见之书。三箧已亡,且询安世,勉思刻厉,将有试焉。可特授依前宣教郎秘书省校书郎。

靖康元年十一月六日

除祠部员外郎告词

敕左宣教郎朱震:朕旁求俊乂,列置文昌,非徒使之分职率属,允厘庶事,而众正在位则朝廷自尊。尔涉道精淳,存心乐易,强学力行,白首不衰,闻望之休,溢于予听。嘉其敷奏之美,喜见德人之容。郎选甚高,祠曹务简。往共乃职,体朕眷私。可特授依前官守尚书祠部员外郎。

绍兴四年十月五日

除秘书少监告词

敕左奉议郎守尚书祠部员外郎朱震:朕惟否、泰二卦,论君子、小人消长之理甚明,或者谓消长系乎时数,此大不然。"上下交而其志同",于时为泰,故君子"以其汇征"。"上下不交而天下无邦",于时为否,故"君子以俭德避难"而已。尔学古通经,特立守正,粹然君子人也。固穷乡闾,累经除召,今者惠然肯来,就我荣禄,朕以尔之避就卜时,否、泰其庶几焉。蓬山宝藏,乃今日养才之地也。用尔为贰,盖不徒然,朕知尔旧矣,奚俟深训。可特授依前官试秘书少监。

绍兴五年二月十六日

除秘书少监兼侍讲告词

左奉议郎试秘书少监朱震:可特授依前左奉议郎试秘书少监兼侍讲。左朝奉大夫守宗正少卿兼直史馆范冲等:学之为王者事，其已久矣，虽二帝、三王，盖尝汲汲于此。朕于国家多艰之际，不废祖宗故事，爰命儒学之臣环侍，便坐讲经史，敷求政礼以广聪明。尔等操履端方，学问诙洽，通今古，达于治乱之原，其必有裨吾不逮。宜自卿监之联，兼陪经幄之职，益思报称以副旁求。可依前件。

绍兴五年闰二月五日

转承议郎告词

敕左奉议郎试秘书少监兼侍讲朱震：朕纂极之初，推旷荡之泽，士大夫京秩而上，例进一等，盖祖宗旧制也。尔方投闲在远，积有岁年，而恩未沾及。恬退之风，有足嘉者。序进厥官，往其祗服。可特授左承议郎依前秘书少监兼侍讲。

绍兴五年三月九日

除起居郎告词

敕左承议郎秘书少监兼侍讲朱震：孔子称"天下归仁"，曰"非礼勿言，非礼勿动"。人君托于王公之上，一言一动则必记之，是欲克己复礼，俾天下之归也，设官之意其深矣乎！以尔习于春秋，明乎褒贬，经筵劝讲，开益为多，命尔立螭，记予言动。官分左右，职固不殊。朕知戒非礼之为，尔其谨必书之职。可特授依前左承议郎守起居郎兼侍讲。

绍兴五年五月三日

除兼资善堂赞读告词

敕左承议郎守起居郎兼侍讲赐绯鱼袋朱震：朕惟蒙之象曰"山下出泉，蒙，君子以果行育德"。盖泉之初未有所之，如人之蒙未知所适。泉决之东、西，蒙道之邪、正，亦惟其人而已矣。以尔纯白内备，博见洽闻，羲易麟经，尤所精贯。华光劝讲，宏益滋多。方开学于南宫，久注心于旧德。赞读资善，汝往惟谐。既正朕之不难，宜诲蒙之无倦。兼职虽众，应用莫穷。勿嫌拜赐之频，实繁稽古之力。其益懋哉！可特授依前官兼侍讲兼资善堂赞读。

绍兴五年六月三日

除中书舍人兼资善堂翊善告词

敕：昔者周穆继南征之后，无讨贼之心；逮乎平王为东迁之君，无兴复之志。观其告命，泰然与成、康之世无异，君子是以知周德之衰矣。乌乎！有能宣吾恻怛难喻之情，如建武奉天诏书，以助中兴之功者乎？左朝奉郎守起居郎兼侍讲兼资善堂赞读赐绯鱼袋朱震，学博而造深，行和而志正。以道献替，简于朕心。升擢纶诰之司，仍卒金华之业。尚贤西学，谕教如初。夫士以得君为难，而朕之知汝者厚矣。论思润色，尚往钦哉。必无愧于古人，乃有辞于永世。可特授依前官试中书舍人兼侍讲兼资善堂翊善。

绍兴五年八月十七日

转朝散郎告词

敕：典谟训诰，皆上古之书。笔削春秋，著先王之志。其文虽史，垂世为经。朕仰奉孙谋，恭绳祖武。览裕陵之实录，悼私史之谤言。譬夫氛祲之兴，或掩昭回之象。乃诏群彦，同次旧文。左朝奉郎试中书舍人兼侍讲兼资善堂翊善赐紫金鱼袋朱震，学贯九流，趋皇极会归之要，识深五传，穷古人述作之原。顷预编摩，克严去取。兹阅奏篇之上，弥嘉汗简之劳。十九年之勋德既昭，千万世之楷模斯在。祖宗有庆，非出朕私。爵秩所加，式为尔宠。名附不刊之典，实彰有永之辞。可特授左朝散郎，依前试中书舍人。

绍兴五年十月七日

转左朝请郎告词

敕：朕惟帝王之治，求端于天。是以察璇玑者协时月正日，陈洪范者省岁月日时，本天理而时措之。后王用智力而持世，曲学判天人为两途。凡历象授民之妙，散为术家。至于闰余失次，摄提无纪，以为是固然，而不知其拂天害民，乱之大者也。左朝散郎试中书舍人兼侍讲兼资善堂翊善赐紫金鱼袋朱震，学深象数，智潜幽眇，会于道要，得其本原。属历法之有差，视筹家而参正。成书来上，七政以齐。虽史迁之起太初，子云之明三统，不得专美，予用嘉之。序进一官，少旌劳绩。是谓德赏，往其钦承。可特授左朝请郎，余依前。

绍兴五年十月二十二日

除给事中告词

敕：自昔有事，殿内之臣不过侍左右、掌顾问而已。然犹遴择名儒，以充此选。矧今万务出入，皆属东台。时当艰危，动关兴废。其或行事不协于中，任官不厌于众，虽有君命，皆得驳而正之，其职可谓重矣。肆求闻人，今以命汝。左朝请郎试中书舍人兼侍讲兼资善堂翊善赐紫金鱼袋朱震，学际天人，识穷理乱，年德俱懋，望实素隆，演诰西垣，荣问益畅，进司琐闼，公议允谐。夫纠其乖违，俾庶政孚于群听；审其奏述，使下情得而上通。则朕为得人，而汝为称职，岂不休哉？可特授依前左朝请郎试给事中,余如故。

绍兴六年正月十六日

转左朝奉大夫告词

敕:朕深惟国本,茂建宗支。朝夕端士之亲,冀性习于为善;博约前言之识,俾学富于多闻。聿就终篇,可无褒律?翰林学士左朝请郎知制诰兼侍读兼资善堂翊善赐紫金鱼袋朱震[一],心潜六艺,文贯九流。廷论倚如蓍龟,正人赖为领袖。雍容视草,何独润色之工;密勿告猷,备罄论思之益。属宗藩之谕教,嘉术业之向成。畴稽古之勤,既车服之是锡;懋增秩之渥,抑典故之具存。尚坚调护之功,用究师儒之效。睠予耆艾,奚假训词。可特授左朝奉大夫依前翰林学士知制诰,余如故。

绍兴六年十一月三日

乞宫观差遣不允诏

敕:朱震省札子奏乞除一在外宫观差遣,事具悉。朕以王教存乎篇籍,方儒学之是咨,老成重于典刑,实朝廷之所赖,故详延于瑰硕,以参劘于古今。乡道术深明,文辞英妙。耆名高义,足以为群士之羽仪;博物洽闻,足以备一时之访问。禁林递直,岁律载周。侍经幄之燕间,谨宗藩之训道。国侨润色,非有官职之甚劳;陆贽腹心,尚倚神明之克壮。奉身而退,匪朕所闻。其体睠怀,毋重来请。所请宜不允,仍不得再有陈请。故兹诏示,想宜知悉。

〔一〕"震",原为避讳阙字,以意补之,下均同。

再乞宫观不允诏

卿文足以达意,学足以明理,行足以正人。兼是三者,故处以视草横经之地,且使从吾嗣子之游,既有年矣。遽览奏章,引疾丐外,辞意甚切,朕为之动心焉。夫德齿俱懋,固平日之所尊;气体失平,亦老者之常事。姑务休养,以期清明。使朝廷之所宝惟贤,则四方必仰朕之德,岂小补哉?所请宜不允,故兹诏示,想宜知悉。

辞免翰林学士不允诏

敕:朱震省所奏辞免翰林学士知制诰恩命,事具悉。昔陆贽为学士,国有大政,参裁可否。兴元戡难之功,实多文怀之助。卿学造壶域,识通系表;文章典雅,无愧昔人;议论坚明,有补当世。越朕初载,杖策军门,谊先国家,节贯华皓。老成在服,厥有典刑。俾代予言,以纾素缊。岂特资其讨论润色之益,亦将托以腹心耳目之寄焉。尚执谦执,殆非所望,亟共乃服,毋复费辞。所请宜不允,故兹诏示,想宜知悉。

再乞宫观不允诏

敕:朱震乞除在外宫观,事具悉。乡学高诸儒,名映一代。从朕艰难之际,实惟旧人;蔼然德义之风,信于多士。契阔累岁,登崇近班。大册高文,佐时戡难。博物强记,益朕多闻。国有老成,众无异论。朕方知九德之行,灼见三俊之心。庶无遗材,用齐多故。虽山林隐居之士,尚当结绶而来;顾朝廷领袖之贤,乃欲奉身而去。况神明之克壮,何疾病之可言?览观来章,殊咈朕眷。勉安厥位,毋复有云。所请宜不允,故兹诏示,想宜知悉。

辞免建国公听读尚书终篇恩命不允诏

敕:朱震所奏辞免转一官恩命,事具悉。朕择本支,以隆国势。修劝道而备官司,其有成劳,可无褒命?卿经术深懿,独高诸儒;德性纯明,自倾多士;为时耆旧,适副简求。日陈道义之言,助予诗礼之训。肆稽故事,以宠毕章。朕方擢先王厉世之规,通天下赴功之志,虽疏远之吏,摽末之庸,并录不遗,以劝为善,况如卿者,其可辞乎?何为上书遽求反,令固难曲徇,其趣钦承。所请宜不允。

再辞不允诏

朕以卿道艺深明,行能高妙,传授经业,训迪宗藩,俾通上古之书,宜从增秩之赏。而乃屡陈悃愊,力避宠荣。夫尊贤显功,盖人主驭臣之柄;而难进易避,亦师儒厉俗之规。使勤劳而见知者,尚或固辞;则虚伪而幸进者,庶几有耻。岂惟勉从于尔志,抑亦少劝于士风。载亮冲怀,不忘嘉叹。

乞宫观不允诏

朕寤怀英贤,共图康济,虽山林隐逸之士,尚不倦于招徕,矧朝廷耆艾之儒,岂忍使其轻去?卿学穷圣域,行允廷金,论必据经,文推华国。扬历禁涂之久,备观辰告之忠。不独朕知卿之既深,亦惟卿守义之甚固。老成在列,多士朋来。胡为抗章,遽欲引退?与其洁身而辞位,希廉士之风;孰若尽道以致君,卒贤人之业。勉体至意,毋重有陈。所请宜不允。

赠官告词

敕:死生之道,通乎昼夜,达者以为当然;君臣之义,笃于始终,有国以为今典。逮此告终之问,敢忘哀赠之恩。故翰林学士左朝奉大夫致仕长林县开国男食邑三百户赐紫金鱼袋朱震,夤以词华,亟跻膴仕,晚由学术,荐更禁涂。惊怛化之无常,怅徽音之如在。子有愍遗之感,人怀珍瘁之悲。考于故常,申此赠典。百身可赎,兴怀不朽之规;一鉴云亡,徒有无从之涕。精爽不昧,宜歆此恩。可特赠左中大夫,余如故。

绍兴八年七月三日

回朱八行子发启 胡文定公安国

荐章交剡,公议甚孚。凡属俊游,共欣荣问。学正八行,赋才雄鹜。受业精通,手披万卷之书;要归卓约,笔扫千军之阵。耻尚浮华,有言必务于躬行,所得多繇于心了。家庭素履,岂求闻达之方;郡国诸侯,乐任宾兴之职。夜鹤不惊于佩帐,大鹏正假于扶摇。言念逴愚,久敦情好。论交莫逆,固蕲美誉之彰;惩沸误吹,初绝游谈之助。盍相忘于微笑,尚伸觊于长笺。过形引重之词,弥服推先之义。然贤者名高而责备,物情利及而争归。圣门之实学,难穷人境之虚荣易惑。平居把袂,最钦松桂之姿;得路影缨,更砺冰霜之节。证明吾道,倚杖英标。

祭文

维绍兴八年,岁次戊午,七月庚申朔十七日辛丑,左朝散郎试尚书吏部侍郎兼详定一司敕令晏敦复,左朝散大夫试尚书户部侍郎兼详定一司敕令李弥逊,左中大夫试尚书礼部侍郎曾开左朝请郎试尚书兵部侍郎张焘,左朝奉大夫新除尚书兵部侍郎兼资善堂翊善兼侍讲吴表,左朝奉大夫试给事中兼侍讲张致远,左朝奉大夫试给事中兼史馆修撰勾涛,左朝奉郎试中书舍人兼直学士院兼侍讲吕本中,左朝请郎试中书舍人楼炤,左朝请郎试中书舍人勾龙如渊,左朝请郎权尚书吏部侍郎魏玒,左奉议郎权礼部侍郎张九成,谨以清酌庶羞之奠,致祭于故侍读内翰翊善朱公之灵:

惟公老于田亩,困于州县。白首穷经,意则不倦。视彼世人,奚贵奚贱。不义而得,吾亦不愿。一昨召来,遇知明主。金马玉堂,四涉寒暑。以经决事,随事有补。位高职卑,亦莫公侮。不传之要,自得之妙。惟公知之,固世所笑。彼笑何伤,公亦自强。愈老愈壮,虽死不亡。识公日浅,相知则深。公病不起,孰不痛心。凉风应时,白露日侵。薄酒寓哀,公或肯临。尚飨。

附录四　进周易表

　　右臣伏奉四月二十九日圣旨,令臣进所撰周易集传等书,仍命尚方给纸札书吏者。臣闻商瞿学于夫子,自丁宽而下,其流为孟喜、京房,喜书见于唐人者犹可考也,一行所集房之易传,论卦气、纳甲、五行之类,两人之言同出于周易系辞、说卦。而费直亦以夫子十翼解说上下经,故前代号系辞、说卦为周易大传尔。后马、郑、荀、虞各自名家,说虽不同,要之去象数之源,犹未远也,独魏王弼与锺会同学,尽去旧说,杂之以庄、老之言,于是儒者专尚文辞,不复推原大传,天人之道自是分裂而不合者七百余年矣。

　　国家龙兴,异人间出。濮上陈抟以先天图传种放,放传穆修,修传李之才,之才传邵雍。放以河图、洛书传李溉,溉传许坚,坚传范谔昌,谔昌传刘牧。修以太极图传周敦颐,敦颐传程颐、程颢。是时张载讲学于二程、邵雍之间,故雍著皇极经世之书,牧陈天地五十有五之数,敦颐作通书,程颐述易传,载造太和、三两等篇,或明其象,或论其数,或传其辞,或兼而明之,更唱迭和,相为表里,有所未尽,以待后学。

　　臣顷者游宦西洛,获观遗书,问疑请益,遍访师门,而后粗窥一二。造次不舍，十有八年，起政和丙申，终绍兴甲寅，成周易集传九卷，周易图三卷，周易丛说一卷。以易传为宗，和会雍、载之论，上采汉、魏、吴、晋、元魏，下逮有唐及今。包括异同，补苴罅漏，庶几道离而复合。不敢传诸博雅，姑以自备遗忘。岂期清问，俯及刍荛。昔虞翻讲明秘说，辨正流俗，依经以立注，尝曰"使天下一人知己，足以不恨"，而臣亲逢陛下曲访浅陋，则臣之所遇，过于昔人远矣。其书缮写一十三册，谨随状上进以闻。谨进。

附录五　建炎以来系年要录（节选）

建炎元年三月辛卯朔

太学博士朱震致仕。震，邵武人也。

绍兴二年六月庚寅朔

丁巳。左宣教郎主管江州太平观朱震为司勋员外郎。

绍兴二年秋七月己未朔

乙丑。给事中胡安国入对，上称善，安国因荐司勋员外郎朱震。

绍兴三年五月乙卯朔

戊寅。新除尚书司勋员外郎朱震依旧主管江州太平观，震初为胡安国所荐，故引疾而有是命。

绍兴四年三月辛亥朔

戊午。端明殿学士江南西路制置大使赵鼎参知政事，时鼎已召而未至也。上命鼎荐举人才，鼎即以王居正、吕祉、董弅、林季仲、陈棠、朱震、范同、吕本中上之。

绍兴四年九月丁未朔

庚午。左宣教郎主管江州太平观朱震守尚书祠部员外郎，兼川、陕、荆、襄都督府详议官。震言："荆、襄之间，沿汉上下,膏腴之田七百余里,土宜麻麦,古谓之神皋。若选良将民所信服者,领部曲镇之,招集流亡,务农重谷,寇来则御,寇去则耕,不过三年,兵食自足。又给茶盐钞于军中,募人中粜,可以下江西之舟,通湘中之粟。观衅而动,席卷河南北,以逸待劳之意也。"诏送都督府。震奏以此月壬申行下。时震始入见,上首询以易、春秋之旨,震以所学对,上大善之。

绍兴五年二月乙亥朔

丙子。祠部员外郎朱震试秘书少监。诏布衣陈得一就秘书省别造新历,令少监朱震监视。

绍兴五年闰二月乙巳朔

宗正少卿直史馆范冲、秘书少监朱震并兼侍讲。

绍兴五年三月甲戌朔

丁丑。诏侍讲朱震、范冲专讲春秋左氏传,孙近、唐煇仍讲论语、孟子,郑滋、胡交修读三朝宝训。上雅好左氏春秋,故择儒臣讲焉。

绍兴五年夏四月甲辰朔

壬申。秘书少监兼侍讲朱震守起居郎。

绍兴五年五月甲戌朔

己亥。贵州防御使瑗为保庆军节度使,封建国公。制略曰:"眷求属籍,早毓宸闱。迨兹就傅之初,式举出封之典。"学士孙近所草也。宗正少卿兼直史馆兼侍讲范冲徽猷阁待制提举建隆观兼史馆修撰兼侍讲资善堂翊善,起居郎兼侍讲朱震兼资善堂赞读,仍赐震五品服。初,上面谕鼎以二人除命，鼎以冲亲嫌为恳，上不从，鼎退，不复批旨。孟庾、沈与求奏其事，虽亲笔付出。制曰"朕为宗庙社稷大计，不敢私于一身。选于属籍，得艺祖七世孙，鞠之宫中，兹择刚辰，出就外傅。宜有端良之士，以充辅道之官。博观在廷，无以易汝冲。德行文学，为时正人。乃祖发议嘉祐之初，乃父纳忠元祐之末。敷求是似，尚有典型。顾质善之方开，史馆经筵，姑仍厥旧。朕方求多闻之益，尔实兼数器之长。施及童蒙，绰有余力。蔽自朕志，宜即安之。"时张浚在潭州，闻建国公当就傅，亦荐冲、震可备训道，朝论以二人为极天下之选，或谓浚繇此与鼎始有隙。

绍兴五年六月癸卯朔

己酉。是日，建国公初出资善堂，上命见翊善范冲、赞读朱震，皆设拜。

壬子。起居郎朱震言："窃见陛下经营荆、楚。控制上流。已命王彦领兵直入江陵，遂与襄阳表里相应。在兵法所谓先发者制人，诚得御侮之上策。然一方之民，久罹荼毒，若不优加绥抚，则民未有息肩之期。且如峡州四县，兵火之后，多用军功，如胥吏摄知县，栏头补盐税，椎肤剥髓，民无告诉。伏望取峡州、江陵府、荆门、公安军州县官阙，令吏部破格差注，或委安抚司别行踏逐可任之人，奏辟一次。庶使德泽下流，民瘼上闻，荆、湖之人，得免涂炭。"乃诏四郡官属，并令彦具名奏辟，内知通朝廷审量除授。其曾充胥吏人，毋得举辟及权摄，如违，各科违制之罪。

绍兴五年八月壬寅朔

癸丑。起居郎兼侍讲兼资善堂赞读朱震试中书舍人,升翊善。

绍兴五年九月辛未朔

辛巳。中书舍人朱震、徽猷阁待制兼史馆修撰范冲以资善堂职事同班入对。

绍兴五年冬十月庚子朔

戊午。布衣陈得一造新历成,赐号通微处士,官一子。中书舍人朱震以监视之劳进秩。太史局官吏推恩有差。

绍兴六年春正月己巳朔

癸未。中书舍人兼侍讲资善堂翊善朱震试给事中,徽猷阁待制提举建隆观兼史馆修撰兼侍讲资善堂翊善范冲升徽猷阁直学士,他职并如旧。

绍兴六年二月己亥朔

乙卯。给事中朱震言:"国家改官之法,选人六七考,用举主五员,始改京秩。所以周知民情,练达世务,养之以久,然后举而任之。近岁戎马生郊,士多失职,陛下览群臣之议,给宫庙之禄,待之固已优矣。而又用其考第,求荐于前执政之门,以充举主五员之数,无乃太优乎?臣愚乞自今而后,有用宫庙年月改官者,须一任知县,或县丞补足合用考数,然后两任官升知州,一如旧法。不历州县者,不得任朝廷之官。若异才实能,朝廷之所擢用者,不在此例。如此则抑侥幸之俗,止奔竞之风,施之于政,庶无妄作害民之事矣。"诏吏部勘当。

绍兴六年五月戊辰朔

癸酉。给事中兼侍讲资善堂翊善朱震兼权直学士院。

辛卯。给事中兼侍讲兼资善堂翊善兼权直学士院朱震为翰林学士。兼侍读仍兼翊善。　　蔡州进士谢克念特补右迪功郎，用朱震请也。震言："臣窃谓孔子之道传曾子，曾子传子思，子思传孟子，孟子之后无传焉。至于本朝西洛程颢、程颐，传其道于千有余岁之后，学者负笈抠衣，亲承其教，散之四方，或隐或见，莫能尽纪。其高弟曰谢良佐，曰杨时，曰游酢。时晚遇靖康、建炎之间，致位通显，诸子世禄。酢仕至监察御史，出典州郡，亦有二子仕宦。独良佐终于监竹木务，名在党籍，著于石刻，终身不遇。虽以朝奉郎致仕，奏补一子克己入官，后克己逢巨贼于德安府，举家被害。一子度岭入闽，死于瘴疠。一子克念今存，流落台州，贫窭一身，朝夕不给。窃见党籍诸人及上书得罪，身后无人食禄者，陛下皆宠之以官。良佐之贤，亲传道学，举世莫及，又遭禁锢而死，诸子衰替，最为不幸。伏望许依党人及上书人例，特官其子克念，使奉良佐之祀，以昭陛下尊德乐道之实。"故有是命。

绍兴六年六月丁酉朔

辛酉。翰林学士朱震言："窃见陛下念虔州之民，屡干邦宪，选任郡守，使牧其民，固已得治虔州之策矣。臣谓虔民弄兵，其说有二。越人劲悍，其俗轻生，见利必争，有犯必报。农事既毕，则径度潮、梅、循、惠四州，驱掠良民，剽劫牛马。此其一也。自军兴以来,守令多非其人,政令苛虐,科敛无艺,小民无告,横遭荼毒,互相扇动,遂萌奸心,徒党浸多,乃成巨盗。原其本意,岂愿屠戮,自取灭亡,良由吏失其职,奉法不虔,激之使然,罪至不赦。此其二也。凡虔之民,均是人耳,乌有不治者?臣愿诏孙佑,令到任条具本州及诸县官吏有贪墨无状、巽懦不职、无益于民者,一切罢去。听佑选择慈祥仁惠之吏,忠厚愿悫之人,异时治迹显著者,咸以名闻,朝廷优加奖劝,或令再任。宿弊尽去,人乐其生,虽诱之为盗,亦不为矣。臣又愿陛下诏枢密院,令于潮州安泊一军,以断贼路。今韶州已有韩京一军,贼度岭欲寇南雄、英、韶等州,则有所畏惮矣。如别置一军,屯于潮州,奸盗之心,自息于冥冥之间,不待诛锄剿绝,而老盗宿奸,心知其不可为矣。至于本州掌兵之官,亦乞选用立功边徼、有名于军伍者为之。如是而三年不治者,未之有也。"时新除守臣孙佑方入辞未去,乃以付佑焉。

绍兴六年秋七月案是月丁卯朔

己巳。翰林学士朱震言:"湖南去岁大旱,民多流亡,今夏又复旱,而一路连兴大狱,无辜就逮,死于狴犴者甚众。望特降旨,除有罪当系者治之,其余干系,一切疏放。"诏本路宪臣躬亲巡行如震请。后五日,左司谏王缙又请诸路并依湖南已得指挥,从之。

己卯。翰林学士朱震乞废靖州为县。上曰:"前朝开拓边境,似此等处,尤为无益。"赵鼎曰:"非徒无益,且复倾数州事力，供输不暇，至今为害。"上曰："朝廷拓地，譬如私家买田。倘无所获，徒费钱本，得之何用。当时首议之臣，深可罪也。"乃命本路帅司相度，后不行。<u>日历</u>，震札子以此月己丑行下，疑是差十日。

绍兴六年九月丙寅朔

癸巳。翰林学士<u>朱震</u>言："按<u>大理国</u>本<u>唐南诏</u>，<u>大中</u>、<u>咸通</u>间，入<u>成都</u>，犯<u>邕管</u>，召兵东方，天下骚动。<u>艺祖皇帝</u>鉴<u>唐</u>之祸，乃弃<u>越嶲</u>诸郡，以<u>大渡河</u>为界，欲寇不能，欲臣不得，最得御戎之上策。今国家南市战马，通道远夷，其王<u>和誉</u>遣清平官入献方物。陛下诏还其直，却驯象，赐敕书，即<u>桂林</u>遣之，是亦艺祖之意也。然臣有私忧，不可不为陛下言之。今日干戈未息，战马为急，<u>桂林</u>招买，势不可辍。然而所可虑者，蛮人熟知险易，商贾囊橐为奸，审我之利害，伺我之虚实，安知无<u>大中</u>、<u>咸通</u>之事？愿密谕<u>广西</u>帅臣，凡市马之所，皆用谨信可任之士，勿任轻狷生事之人，务使羁縻而已。异时西北路通，渐减<u>广</u>马，庶几消患未然。"诏札与<u>广西</u>帅臣。

绍兴六年十有二月甲午朔

德音降<u>庐</u>、<u>光</u>、<u>濠州</u>、<u>寿春府</u>，杂犯死罪已下囚，释流已下。制曰："朕以眇质，获承至尊。念国家积累之基，遭外侮侵陵之患。诚不足以感移天意，德不足以绥靖乱源。致彼叛臣，乘予厄运，频挟敌势，来犯边隅。直渡<u>淮</u>滨，将窥<u>江</u>浒。所赖诸将协力，六师争先，虽逆雏暂逭于天诛，而匹马莫还于贼境。载循不道，深恻于心。俾执干戈，皆朕中原之赤子;重为驱役,亦有本朝之旧臣。迫彼暴虐之威,陷兹锋镝之苦。繇予不德,使至于斯。申戒官司,务优存没。知朕兴怀于兼爱,本非得已而用兵。宜锡茂恩,以苏罢俗。"赦文,学士朱震所草也。

壬寅。尚书左仆射同中书门下平章事兼知枢密院事都督诸路军马兼监修国史赵鼎充观文殿大学士两浙东路安抚制置大使,兼知绍兴府。制曰:"粤惟入辅之初,密赞亲征之议。力与同列,共济多虞。协股肱心膂之为,张貔虎熊罴之气。捷方奏而祈去,章屡却而复来。"其词,学士朱震所草也。诏鼎辞日,令上殿出入如二府仪。

丁巳。翰林学士朱震乞以自古循吏传编成一书,遇守令有治行者赐之。上曰:"不若有治行者,或进官,或擢用,无治行者,随轻重责罚。赏罚既行,自有惩劝。赐循吏传,恐无补于事。"

己未。左司谏陈公辅言:"朝廷所尚,士大夫因之,士大夫所尚,风俗因之,此不可不慎也。国家嘉祐以前,朝廷尚大公之道,不营私意,不植私党,故士大夫以气节相高,以议论相可否,未尝互为朋比,遂至于雷同苟合也。当是时,是非明,毁誉公,善恶自分,贤否自彰。天下风俗,岂有党同之弊哉?自熙、丰以后,王安石之学,著为定论,自成一家,使人同己。蔡京因之,挟绍述之说,于是士大夫靡靡党同,而风俗坏矣。仰惟陛下天资聪明,圣学高妙,将以痛革积弊,变天下党同之俗,甚盛举也。然在朝廷之臣,不能上体圣明,又复辄以私意取程颐之说,谓之伊川学,相率而从之。是以趋时竞进,饰诈沽名之徒,翕然胥效,倡为大言,谓尧、舜、文、武之道传之仲尼,仲尼传之孟轲,孟轲传之程颐,颐死无传焉。狂言怪语,淫说鄙喻,曰此伊川之文,幅巾大袖,高视阔步,曰此伊川之行也,能师伊川之文,行伊川之行,则为贤士大夫,舍此皆非也。臣谓使颐尚在,能了国家事乎?取颐之学,令学者师焉,非独营私植党,复有党同之弊,如蔡京之绍述。且将见浅俗僻陋之习,终至惑乱天下后世矣。且圣人之道,凡所以垂训万世,无非中庸,非有甚高难行之说,非有离世异俗之行,在学者允蹈之而已。伏望圣慈,特加睿断,察群臣中有为此学,相师成风,鼓扇士类者,皆屏绝之。然后明诏天下以圣人之道,著在方册,炳如日星,学者但能参考众说,研穷至理,各以己之所长而折中焉,唯不背圣人之意,则道术自明,性理自得。故以此修身,以此事君,以此治天下国家,无乎不可矣。毋执一说,遂成雷同。使天下知朝廷所尚如此,士大夫所尚亦如此,风俗自此皆知复祖宗之时。此今之务,若缓而急者。"辅臣进呈,张浚批旨曰:"士大夫之学,宜以孔、孟为师,庶几言行相称,可济时用。览臣僚所奏,深用怃然。可布告中外,使知朕意。"先是范冲既去位,公辅以冲所荐,不自安,会耿锑等伏阙上书,或者因指公辅靖康鼓唱之谤,公辅惧,见上求去,因上此疏。诏:"公辅,朕所亲擢,非由荐引,可令安职,毋得再请。"时朱震在经筵,不能诤,论者非之。

绍兴七年春正月癸卯朔

癸酉。翰林学士兼侍读朱震引疾求在外宫观，不许。先是，董弅免官，震乃白张浚求去。徽猷阁待制胡安国闻之，以书遗其子徽猷阁待制寅曰："子发求去，晚矣。当公辅之说才上，若据正论力争，则进退之义明。今不发一言，默然而去，岂不负平日所学？惜哉。且复问宰相云：某当去否？既数日，又云：今少定矣。此何等语？遇缓急则是偷生免死计，岂能为国远虑，平生读易何为也？"于是安国自上奏曰："士以孔、孟为师，不易之至论。然孔、孟之道久矣，自程颐始发明之，而后其道可学。而至今使学者师孔、孟，而禁不得从颐之学，是入室而不由户也。夫颐之文，于诸经、语、孟则发其微旨，而知求仁之方，入德之序；鄙言怪语，岂其文哉？颐之行，则孝弟显于家，忠诚动于乡，非其道义，一介不以取予；则高视阔步，岂其行哉？自嘉祐以来，颐与兄颢及邵雍、张载，皆以道德名世，如司马光、吕大防莫不荐之。颐有易、春秋传，雍有经世书，载有正蒙书，惟颢未及著书。望下礼官讨论故事，加此四人封爵，载在祀典，比于荀、扬之列。仍诏馆阁哀其遗书，以羽翼六经，使邪说不得作，而道术定矣。"

丁亥。阁门祗候充问安使何藓、承节郎都督行府帐前准备差使范宁之至自金国，得右副元帅宗弼书，报道君皇帝、宁德皇后相继上仙。张浚等入见于内殿之后庑，上号恸擗踊，终日不食。浚奏："天子之孝，与士庶不同，必也仰思所以承宗庙奉社稷者。今梓宫未返，天下涂炭，至仇深耻,亘古所无。陛下挥涕而起,敛发而趋,一怒以安天下之民,臣犹以为晚也。"上犹不听。浚等伏地固请,乃少进粥。是日,百官诣行宫西廊发丧。故事,沿边不举哀。特诏宣抚使至副将以上即军中成服,将校哭于本营,三日止。时事出非常,礼部长贰俱阙,而新除太常少卿吴表臣未至,一时礼仪,皆秘书省正字权礼部郎官孙道夫草定。方议论之际,翰林学士朱震多依违,人或罪其缄默。

绍兴七年二月癸巳朔

庚戌。吏部尚书孙近等请谥大行太上皇帝曰圣文仁德显孝,庙号徽宗。于是监察御史已上先集议,而后读谥于南郊,用翰林学士朱震、给事中直学士院胡世将请也,自是遂为故事。

己卯。尊宣和皇后为皇太后。先是上谕辅臣曰:"宣和皇后春秋已高,朕朝夕思之,不遑安处。"翰林学士朱震乃奏引唐建中故事,乞遥上宝册。且言:"陛下虽从权宜,而退朝有高世之行,谓宜供张别殿,遣三公奉册,以伸臣子之志。册藏有司,恭俟来归。"诏礼官条具。太常少卿吴表臣请依嘉祐、治平故事,俟三年礼毕,检举施行,乃先降御札播告中外焉。

绍兴七年九月庚申朔

壬申。特进守尚书右仆射同中书门下平章事兼枢密使都督诸路军马监修国史张浚罢为观文殿大学士,提举江州太平观。制曰:"春秋之义,责备于股肱;赏罚之功,必先于贵近。朕行法而待人以恕,议罪而不忘其功。用能全君臣进退之恩，成风俗忠厚之美。粤有定命，告于外庭。张浚顷尝奋身，事朕初载。入勤王室，位冠枢机。出捍疆陲，谋专帷幄。乃畴宿望，俾践台司。期左右于一人，庶赞襄于万务。属者式遏戎寇，经理淮壖。番休御侮之师，更戍乘边之将。而乃抚御失当，委付非才，军心乖离，卒伍亡叛。邮传沓至，骇闻怨怒之情；封奏踵来，请正失谋之罪。然念始终之分，察其平昔之怀，许上印章，退休真馆。锡名秘殿，庸示眷私。於戏！枸邑遣兵，邓禹致威权之损；街亭违律，武侯何贬抑之深。尚继前修，免图来效。"学士朱震之词也。浚为相凡三年。

辛巳。合祀天地于明堂，太祖、太宗并配，受胙，用乐，赦天下。故事，当丧无享庙之礼，而近岁景灵宫神御在温州，率遣官分诣，至是礼官吴表臣奏行之。今年四月甲子，翰林学士朱震言："王制：'丧三年不祭，惟天地社稷为越绋而行事。'春秋书'夏五月乙酉，吉，禘于庄公'，公羊传曰'讥始不三年也'，穀梁传曰'丧未毕而举吉祭，故非之也'。国朝景德二年，真宗居明德皇太后之丧，即易月而除服，明年遂享太庙，合祀天地于圜丘。当时未行三年之丧，专行以日易月之制可也，在今日行之则非也。"诏侍从、台谏、礼官参议。

绍兴七年冬十月庚寅朔

诏依旧间一日开讲筵，用右正言李谊奏也。初，权礼部侍郎陈公辅建议，以为上日临讲筵，有妨退朝居丧之制，乞令讲读官供进口义。今年八月己未。事既行，而讲读官孙近、胡交修、朱震论："天子之孝，有百姓四海，其势不得与诸侯卿大夫同也。且以古今论之，丧礼唯而不对，今陛下亲庶政，决万几，可否天下事，其可唯而不对乎？丧礼，未葬，衰麻不去身，今越绋行事，被黼服冕，其可不去衰麻乎？今便殿按弓马，抚将士，金革之事有不避也，何独至于讲筵而疑之？真宗咸平元年，在谅暗之中也，是年正月，诏访明达经义者，召崔颐正讲尚书于广福殿，又于苑中说大禹谟。二年，置翰林侍讲学士，命邢昺讲左氏春秋，亦在三年之中。伏望以时开讲筵、见儒生，臣等不胜大愿。"兵部侍郎兼直学士院兼侍讲胡世将时为给事中，言"神宗皇帝治平四年四月，同知谏院傅卞请开经筵，诏俟祔庙毕取旨。按祖宗旧制，即无前件供进口义典故，况陛下亲御经筵，讲明治道，与其余事体不同。臣恐于居丧之制，实无所妨，伏望更令侍从官讨论事故"。奏可。

绍兴七年十有一月 按是月己丑朔

乙卯。为徽宗皇帝、显肃皇后立虞主，不视朝。故事，山陵埋重于皇堂之外。及将祔徽宗主，翰林学士朱震言不当虞祭，又请埋重于庙门之外，上命礼官议。闰月辛巳。太常以为不可，乃埋重于报恩观，立虞主，昭慈之丧也。工部侍郎韩肖胄题虞主，至是震引汉、唐及永、昭陵故事为言，乃不题。

绍兴八年春正月戊子朔

甲午。诏建国公听读尚书终篇，本阁及资善堂官吏以下并减二年磨勘。先是翊善翰林学士左朝奉大夫朱震，赞读左奉议郎太常少卿苏符皆用例进秩。已赐告，复改命之，自是恩始杀矣。

绍兴八年夏四月丙辰朔

庚辰。翰林学士兼侍读朱震乞在外宫观。赵鼎之免相也，自刘大中、范冲、林季仲、吕大中已下，皆相继补外，震独居近侍如故。至是震乞祠之章，以谓"夙夜自竭，图报上恩，不敢雷同，上幸任使。知臣者以臣为守义，不知臣者以臣为守株。自非陛下断而行之，则如愚臣黜已久矣。今则大明垂照，公论渐伸，既俊义相率而在官，则支离岂烦于攘臂"。不许。

壬午。命翰林学士朱震知贡举，是岁增参详官二员。翌日，礼部言，参详官左司员外郎程克俊、点检试卷官左宣教郎黄丰尝考太学秋试，乃命官之。

绍兴八年五月 按是月乙酉朔

丙申。诏韩愈昌黎集中，有佐佑六经、不抵牾于圣人之道者，许依白虎通、说文例，出题以取士，用翰林学士知贡举朱震等请也。震寻以病出院，遂卧家不起。

辛丑。徽猷阁待制提举江州太平观胡安国上遗表，诏赐银帛二百匹两。时已除安国直学士致仕，然未受命也。已而翰林学士朱震奏："安国正义直指，风节凛然。时晚归衡山，讲道自乐，遭遇圣明，学遂显行，盖其功不在先儒之下。去年有旨召其子寅于永州，寅过衡山，安国已病，徘徊不进，欲留侍疾，安国勉令如期而发。手作书遗臣曰：寅已促令上道矣。其书具在。安国义不忘君，有如此者。夫昔人有一节可称,犹褒之以谥,列诸史传,况安国孝于亲,忠于君,好学不倦,安贫守道,身死而言立,不可饰其终乎? 伏望下太常礼官,特赐以谥,用为儒林守道之劝。"乃谥文定。后数月,诏曰:"安国所进春秋解义,著百王之大法,朕朝夕省览,以考治道,方欲擢用,遽闻沦亡,可拨赐银帛三百匹两。令湖南监司应副葬事,赐田十顷,以给其孤。"

绍兴八年六月乙卯朔

丁丑。翰林学士兼侍读兼资善堂翊善朱震疾亟,上奏乞致仕,且荐尹焞代为翊善。夜,震卒,年六十七。中夕奏至,上达旦不寐。戊寅,辅臣奏事。上惨然曰:"杨时既物故,胡安国与震又亡,同学之人,今无存者,朕痛惜之。"赵鼎曰:"尹焞学问渊源,可以继震。"上指奏牍曰:"震亦荐焞代资善之职,但焞微瞆,恐教儿童费力,俟国公稍长则用之。"乃诏国公往奠,赐其家银帛二百匹两,例外官子孙一人,又命户部侍郎向子𬤇治其丧事。

附录六　朱震传见宋史儒林传

朱震字子发,荆门军人。登政和进士第,仕州县以廉称。胡安国一见大器之,荐于高宗,召为司勋员外郎,震称疾不至。会江西制置使赵鼎入为参知政事,上谘以当世人才,鼎曰:"臣所知朱震,学术深博,廉正守道,士之冠冕,使位讲读,必有益于陛下。"上乃召之。既至,上问以易、春秋之旨,震具以所学对。上说,擢为祠部员外郎,兼川、陕、荆、襄都督府详议官。震因言:"荆、襄之间,沿汉上下,膏腴之田七百余里,若选良将领部曲镇之,招集流亡,务农种谷,寇来则御,寇去则耕,不过三年,兵食自足。又给茶盐钞于军中,募人中籴,可以下江西之舟,通湘中之粟。观衅而动,席卷河南,此以逸待劳,万全计也。"

迁秘书少监兼侍经筵,转起居郎。建国公出就傅,以震为赞读,仍赐五品服。迁中书舍人兼翊善。时郭千里除将作监丞,震言:"千里侵夺民田,曾经按治,愿寝新命。"从之。转给事中兼直学士院,迁翰林学士。是时,虔州民为盗,天子以为忧,选良太守往慰抚之。将行,震曰:"使居官者廉而不扰,则百姓自安,虽诱之为盗,亦不为矣。愿诏新太守,到官之日,条具本郡及属县官吏有贪墨无状者，一切罢去，听其自择慈祥仁惠之人，有治效者优加奖劝。"上从其言。故事，当丧无享庙之礼。时徽宗未祔庙，太常少卿吴表臣奏行明堂之祭。震因言："王制：'丧三年不祭，惟天地社稷为越绋而行事。'春秋书：'夏五月乙酉，吉，禘于庄公。'公羊传曰：'讥始不三年也。'国朝景德二年，真宗居明德皇后丧，既易月而除服，明年遂享太庙，合祀天地于圜丘。当时未行三年之丧，专行以日易月之制可也，在今日行之则非也。"诏侍从、台谏、礼官参议，卒用御史赵涣、礼部侍郎陈公辅言，大飨明堂。七年，震谢病丐祠，旋知礼部贡举，会疾卒。

震经学深醇，有汉上易解云："陈抟以先天图传种放，放传穆脩，穆脩传李之才，之才传邵雍。放以河图、洛书传李溉，溉传许坚，许坚传范谔昌，谔昌传刘牧。穆脩以太极图传周惇颐，惇颐传程颢、程颐。是时，张载讲学于二程、邵雍之间，故雍著皇极经世书，牧陈天地五十有五之数，惇颐作通书，程颐著易传，载造太和、参两篇。臣今以易传为宗，和会雍、载之论，上采汉、魏、吴、晋，下逮有唐及今，包括异同，庶几道离而复合。"盖其学以王弼尽去旧说，杂以庄、老，专尚文辞为非是，故其于象数加详焉。其论图、书授受源委如此，盖莫知其所自云。

附录七 汉上学案 见宋元学案

汉上学案序录

　　祖望谨案:上蔡之门,汉上朱文定公最著。三易象数之说,未尝见于上蔡之口,而汉上独详之。尹和靖、胡文定、范元长以洛学见用于中兴,汉上实连茹而出,顾世之传其学者稍寡焉。述汉上学案。梓材案:汉上传本在上蔡学案,自谢山为别立学案。

文定朱汉上先生震

　　朱震,字子发,荆门军人。登政和进士第,累仕州县。胡文定安国大器之,荐召为司勋员外郎。赵忠简鼎复荐其“廉正守道,士人冠冕,使备讲读,必有裨益”,再召始至。首问易、春秋之旨,上悦,改除祠部员外郎,兼川、陕、荆、襄都督府详议官。迁秘书少监,侍经筵。转起居郎兼建国公赞读,与翊善范元长冲,人谓极天下之选。迁中书舍人兼翊善,转给事中,累迁翰林学士。太常吴表臣议行明堂之祭,先生言:“王制,国有大丧,三年不祭,惟天地社稷为越绋而行事。春秋讥吉禘于庄公,谓不三年也。国朝景德三年合祀天地,遂享太庙,时真宗

未行三年之丧,以日易月,在今日行之则非矣。"其言不用。绍
兴七年,谢病丐祠,卒。上惨然曰:"杨时物故,安国与震又亡,
朕痛惜之!"录其子官。先生经学深醇,有汉上易解云:"陈抟
以先天图传种放,种放传穆修,穆修传李之才,之才传邵雍。
放以河图、洛书传李溉,李溉传许坚,许坚传范谔昌,谔昌传刘
牧。修以太极图传周敦颐,敦颐传程颢、程颐。是时,张载讲
学于程、邵之间,故雍著皇极经世书,牧陈天地五十有五之数,
敦颐作通书,程颐述易传,载造太和、参两等篇。臣今以易传
为宗,和会雍、载之论,上采汉、魏、吴、晋,下逮有唐及今,包括
异同,庶几道离而复合。"盖其学以王弼尽去旧说,杂以庄、老,
专尚文辞为非,故其于象数加详焉。其论图、书授受源委亦如
此,盖莫知其所自云。云濠案:四库书目经部收录汉上易集传十一卷,卦
图三卷,丛说一卷。

祖望谨案:汉上谓周、程、张、刘、邵氏之学出于一师,其说
恐不可信。其意主于和会诸家,而反不免于晁氏所讥舛错者
也。然汉上之立身,则粹然真儒也。

附录八　汉上易传提要^{见四库全书总目提要}

汉上易集传十一卷,卦图三卷,丛说一卷。两江总督采进本

宋朱震撰。震字子发,荆门军人。政和中登进士第,南渡后赵鼎荐为祠部员外郎,官翰林学士,事迹具宋史本传。是书题曰汉上,盖因所居以为名。前有震进书表,称起政和丙申,终绍兴甲寅,凡十八年而成。其说以象数为宗,推本源流,包括异同,以救庄、老虚无之失。陈善扪虱新话诋其妄引说卦,分伏羲、文王之易,将必有据杂卦反对造孔子易图者。晁公武读书志以为多采先儒之说,然颇舛谬。冯椅厚斋易学述毛伯玉之言,亦讥其卦变、互体、伏卦、反卦之失。然朱子曰:"王弼破互体,朱子发用互体,互体自左氏已言,亦有道理,只是今推不合处多。"魏了翁曰:"汉上易太烦、却不可废。"胡一桂亦曰:"变、互、伏、反、纳甲之属,皆不可废,岂可尽以为失而诋之。观其取象,亦甚有好处。但牵合处多,且文辞繁杂,使读者茫然,看来只是不善作文尔。"是得失互陈,先儒已有公论矣。惟所叙图、书授受,谓陈抟以先天图传种放,更三传而至邵雍。

放以河图、洛书传李溉，更三传而至刘牧。穆脩以太极图传周敦颐，再传至程颢、程颐；厥后雍得之，以著皇极经世；牧得之，以著易数钩隐图；敦颐得之，以著太极图说、通书；颐得之，以述易传。其说颇为后人所疑。又宋世皆以九数为洛书、十数为河图，独刘牧以十数为洛书、九数为河图，震此书亦用牧说，与诸儒互异。然古有河图、洛书，不云十数九数。大衍十数见于系辞，太乙九宫见于乾凿度，不云河图、洛书。黑白奇偶，八卦五行，自后来推演之学，楚失齐得，正亦不足深诘也。